The Enlightened Eye

Qualitative Inquiry and the Enhancement of Educational Practice

啓発された眼

教育的鑑識眼と教育批評

エリオット・W・アイスナー 著
池田吏志・小松佳代子 訳

新曜社

Elliot Wayne Eisner

THE ENLIGHTENED EYE: Qualitative Inquiry and the Enhancement of Educational Practice, Reissued with a New Prologue and Foreword by Elliot W. Eisner

スティーブとリンダへ ——

ベートーヴェンは核心を突いている。

「心より出で、再び心に戻らんことを」

感謝のことば

本書の執筆にあたり、私は多くの人びとや関係機関の支援を受けた。その寄与に感謝したい。１９８７年９月から１９８８年８月まで、私はカリフォルニア州スタンフォードにある行動科学高等研究センター（Center for Advanced Study in the Behavioral Sciences）の特別研究員だった。この世に学者にとっての楽園があるとすれば、それはきっとこの幸せな場所に違いない。当時のセンター長ガードナー・リンゼイと副センター長ボブ・スコットは、彼らの優れた質的判断によって、知的生活を歓びに変える控えめなサポートと社会的・知的構造とをうまく融合してくれた。彼ら、そしてスペンサー財団（Spencer Foundation）、特に同財団のラリー・クレミン会長には、スペンサー財団特別研究員としてセンターに滞在した一年間、活動支援をしてくれたことに深く感謝している。

特別研究員は時として、特別な関係を持つ同僚を必要とする。私は幸運にも、何人かの特別研究員と個人的に心満たされる温かい関係を築くことができた。センターにおける隣人のデイビッド・バーリナーは、常に刺激を与えてくれる存在であった――知的な問題に対する私たちの情熱は深いものだった。ゲイリー・マルクスとバリー・シュワルツは、私が知る中で最も鋭敏な社会学者である。二人とも、それぞれのやり方で実際的な考え方をする。彼らが私の研究のアイデアを吟味し、またそれを支持してくれたことで、私は彼らから多くのことを学べた。ナンシー・シェパー＝ヒューズは、鋭い洞察力を持ち、深く社会にコミットする人類学者であり、その文体は煌めいている。ブラジルでの彼女の研究についての注解は、私の研究分野外の人たちも私の見解の一部を共有してくれるという確信を与えてくれた。スタンフォード大学の同僚であり、当センターの特別研究員でもあるネイト・ゲイジは、常にそのアイデアで他者を挑発し、刺激する人物である。私たちの議論や討論には、長く生産的な変遷がある。模範的な実験心理学者であるマーシャ・ジョンソンも、私の思考に貢献してくれた。さらにセンターには科学哲学者のフレッド・ドレツキがいて、実のところ、あらゆる哲学的な問題に対する彼の見解は、私の見解とは180度異なっていたが、彼とはこの一年で最も満足のいく刺激的な議論を何度か共にできた。これらの学者 —— そして友人たち —— はそれぞれ、多くのことを私に与えてくれ、そのことに感謝している。

私の研究に貢献してくれた人びとは、センターの垣根をはるかに超えている。オンタリオ教育研究所（Ontario Institute for Studies in Education）のマイケル・コネリー教授と彼のチームは、最初の三章を読んだ上で、トロントで三時間のセミナーを開き、私と議論してくれた。その後も、多くのコメントや手紙をもらった。公に感謝の意を表したい。ドン・アムスタイン、バーバラ・アムスタイン、デイヴィッド・フリンダースは、それぞれ教育哲学とカリキュラムを専門とする観点から、本書のいくつかの章に入念な注意を傾けてくれた。彼らは私からの批評の依頼を真摯に受け止めてくれ、このことにも感謝したい。

また、この原稿を注意深く読み、洞察に満ちたコメントをしてくれた友人のアラン・ペシュキンにも深く謝意を示したい。彼はこの原稿の完成稿に重要な貢献をしてくれた。

さらに、ロジャー・シュイとジム・クンツにも、彼らの研究を本書に含めることを許可してくれたことに感謝したい。彼らの寛大さに心から感謝している。また、ペギー・ハグバーグにも感謝している。彼女は、大学院生として、私の提案に応じて第5章で長文引用した論文を用意してくれた。

センターでの特別研究の期間中、私は自分の博士課程の学生たちと定期的に面談した。チョーヤ・ウィルソンとレベッカ・ホーソーンは、最初の三章の草稿を読み、コメントをくれた。マーシー・シンガーとブルース・ウールマッハーは、事実上すべての原稿についてコメントし、私と詳細に議論をし、本書執筆に必要な書籍や論文の入手を手伝ってくれた。彼らには深く感謝している。

その他にも四人の人びとが、それぞれのやり方で、私の研究に最も大きな貢献をしてくれた。キャスリーン・ムーチは才能ある編集者で、原稿を隅から隅まで読み、より良い仕上がりとなる手助けをしてくれた。エヴィ・シフマンは、考慮すべき細部に細心の注意を払い、文体に関する貴重な提案をしてくれた。ナンシー・バウマンは、誰よりもこの本の実現に貢献してくれた人物である。ナンシーは手書き資料を取りにセンターまで車を走らせ、校訂文を準備し、私が推敲した資料を修正し、励ましを与え、そうでなければ読書や執筆に集中できなかったであろう雑事から私の心を解放してくれた。キャスリーン、エヴィ、そしてナンシーにも心から感謝する。

文章を読み、書き、編集することは重要ではあるが、本はそれだけで書けるものではない。本は人間によって書かれるのであり、人間は育まれ、世話をされ、時には優しくされ、常に励まされる必要がある。妻のエリーは、いつも寛大で愛情深いやり方でそのようなサポートをしてくれた。彼女は私が夢中になっているときには理解を示し、熱意を分かちあい、私の知的井戸が枯渇したときには元気づけてくれた。私の研究に対する彼女の貢献は、すべてのページに息づいている。

エリオット・W・アイスナー
カリフォルニア州スタンフォード
1990年1月

凡例

- 本書は、Elliot W. Eisner, *The Enlightened Eye: Qualitative Inquiry and the Enhancement of Education Practice*, New York: Macmillan, 1991. の全訳である。
- 原注は［1］、［2］・・・で記した。
- 訳注は［＊1］、［＊2］・・・で記した。
- 引用文は、既刊の翻訳書がある場合にはそれを参考にした。ただし、全体の調子を整えるために引用元の原書を参照し、翻訳した。
- いくつかの重要なキーワード（探究、探求、鑑識眼など）や理論名は、訳語と原語を併記した。
- 人名、地名、学校名はカタカナで記した。
- 学会名・団体名は、翻訳したものを記し、初出時のみ（ ）内に原語を記した。
- 原書の本文に著者と文献の発行年が記されており、なおかつ巻末の文献一覧に文献が記載されている場合は、本文でカタカナの著者名を記し、（ ）内に英語の著者名と発行年を記した。ただし、原書の本文に記された文献の発行年が巻末の文献一覧に記載された文献の発行年と異なる場合は、訳者の判断で修正した。
- 原書の本文に記された文献が巻末の文献一覧に記載されていない場合は、著者名と発行年から推測される文献を訳者の判断で加えた。
- 原書の本文および原注で明らかな誤りと思われる箇所は、訳者の判断で修正した。
- 書籍・雑誌・小冊子は『 』、美術作品・音楽作品・映像作品は《 》とした。

- ジャーナルは、原語で記した。
- 翻訳書がある書籍は、書名を日本語で記した。翻訳書がない書籍は、初出のみ日本語訳と英語の書籍名を併記した。
- 原注に記載された文献は日本語訳を付さず、英語の書籍名を記した。ただし、翻訳書がある場合は、書名と発行年を記した。
- 原書のイタリック体は、書籍名と雑誌名を除き、ゴシック体で記した。
- 原書の“ ” ‘ ’は、「 」とした。: ; ?は記載しなかった。

啓発された眼　目次

装幀＝新曜社デザイン室

序章

目的・課題・概要

本書のタイトルである『啓発された眼（*The Enlightened Eye*）』は、私の画家としての人生と密接に関係しており、画家としての人生は、探究について考えることと密接に関係している。私は四半世紀以上絵を描いていないが、6歳からの視覚芸術との関わりや、シカゴ芸術大学、その後のイリノイ工科大学デザイン研究所での研究は、私が問題を見取ったり解決したりするための思考方法を形成することに大きく貢献している。視覚芸術が一つ教訓を教えてくれるとすれば、見ることはつくることの中心であるという点にある。ただ眺めるのではなく見取るためには、啓発された眼を持つ必要がある。このことは、絵を創作する場合と同様、教育を理解し改善する場合にも当てはまり、なおかつ重要である。

視覚は、少なくとも最初は、見えている事物の質の存在に依存している。これらの質は、私たちが住む世界の側面であり、あるいは私たちの想像力の産物である。想像することはイメージを生成することであり、見取ることは質を経験することである。世界の内容も想像力の内容も、どちらも質に依存している。私たちの意識は、目に見えるものだけでなく、感覚を通して経験するものも含めて、質の知覚によって生まれる。『啓発された眼』は、慣れ親しんだ社会生活に浸透している質や、学校のような複雑な社会制度を構成している質の知覚について述べている。また、そうした質が持つ意味や、私たちがそれらに与える価値についても論じている。

しかし、質を見取り、その意味を解釈し、価値を評価することは、コインの一面にすぎない。もう一つの側面は、私たちの意識の中身を公の形にするという、不思議で神秘的な妙技に属している。私たちはこの技能をあまりにも当たり前のことだと思っている。では、イタリアのフィレンツェやアイオワ州ダブークの夏の午後の感覚をどうやって他者と共有するのだろうか。見た教室、聞いたディスカッション、訪れた学校についての感動を世界に伝えるには、どうしたらよいのだろうか。その場にいなかった人にも知ってもらえるように、その出来事をどうやって再現すればよいのか。そして、そのためのスキルをどうやって身につけるのか。それは経験から生まれるものなのか。教えることはできるのか。本書はそのようなことについても述べている。

このテーマのルーツは、歴史そのものと同じくらい古い。というのも歴史とは、過去がどのようなものであったか、どのようにしてそのようになったかを理解する助けとなるような、過去についてのストーリーを人びとに伝える方法だからである。このようなルーツは、書き残された歴史よりもさらに古い。ラスコーの洞窟の壁に描かれた動物の絵は、約二万年前に人間が自分たちの経験を、そしておそらくは自分たちの願望や恐れを伝えようとしたものである。

芸術と人文科学は、世界を描写し、解釈し、評価する方法として長い伝統を持つ。歴史、美術、文学、舞踊、演劇、詩、音楽は、人間が自身の経験を表象し、形作ってきた最も重要な形式である。これらの形式は従来、知に対する偏狭で限定的な概念ゆえに、教育的探究において重要視されてこなかった。本書における私の目的は、芸術、人文科学、社会科学の方法、内容、仮説を使用し、学校や教室をよりよく理解するために利用する方法を探求する（explore）ことである。私の目的は、教育における探究（inquiry）の考え方を広げ、「知る」ことの意味に関する見解を拡張することである。しかし、私の最終的な目的はそれだけにとどまらず、教育の改善に資することである。私にとって、一連の教育的アイデアの最終的な試金石となるのは、学校で生活し、活動する人びとの教育経験に光を当て、肯定的な影響を与える度合いにある。

私は、学校の問題や成果から距離を置くようでは、学校の改善は望めないと考えている。複雑な社会組織や、教えるという捉えがたい営みを改善したいとき、距離を置くことや分離は得策ではない。現場を知ることが重要である。そして、学校のような組織の現場は、相互作用する要因が混在しているため、学校の改善とは、主要な特徴や次元の相互作用を知ることでもある。人間の膵臓は、他の臓器や器官との関係を考慮せずに研究しても理解できない。システムの一部としてようやく理解されうる。教室も根本的には違わず、教師や生徒が何をするかは、教育システムにおける彼らの位置づけによって影響を受ける。このように、方法論的多元主義と組織的全体論は、私の研究を構築する上での概念的な二本の柱である。

これらの概念は、アーヴィング・ゴフマンのような社会科学者によって熟考されてきた。彼は、私たちの最も重要な社会制度のいくつかにおける社会生活を誰よりも鮮やかに見せた。ブルーノ・ベッテルハイムの研究は、自閉症の子どもたちに関するものであり、その研究分野で最も啓発された眼の一つを示した。ウィリアム・フォート・ホワイトが、北ボストンのイタリア人を観察した『ストリート・コーナー・ソサエティ（*Street Corner Society*）』は古典になっている。これらは、人文主義的な伝統に位置づく研究者の著作である。教育分野では、フィリップ・ジャクソン、サラ・ローレンス・ライトフット、セオドア・サイザー、アラン・ペシュキンらは皆、リンカーンとグバ（Lincoln & Guba, 1985）が「自然主義的探究」と呼ぶ方法で学校やコミュニティに知的注意を向けてきた。

これらの研究者は、「自然の状態」にあるありのままの場を研究するだけでなく、形式主義に縛られない言語や、鮮やかな個別性を抽象化し忘却の彼方へと追いやるような理論に縛られない言語で、そうした場を意味づけようとしている。それぞれの研究者は、比喩的言語や解釈的言語に妥協することなく、真実の響きを持ったストーリーを伝えようとしている。

もう一つ、私が取り組んできた実践的な系統がある。批評の実践である。批評家には、人間が創造した最も複雑で捉えがたい作品――つまり芸術作品のいくつかを意味づけるという手ごわい課題がある。彼らの専門的な課題は、例えばウィレム・デ・クーニングの絵画やベートーヴェンのソナタ、E・E・カミングスの詩、ジョン・アップダイクの小説などの作品に対し、それらの作品を公平に扱い、他の人がその質や意味を体験できるような方法で語ることである。この点で、私は芸術作品への反応が、ロールシャッハのインクの染みへの反応に似ているとは考えていない。また、芸術作品のどのような解釈や評価も、他のものと同じように優れているとも思っていない。もしそう考えているなら、この本を書かなかっただろう。芸術作品は、教室や学校、教育と同様に、歴史に参与し、伝統の一部である。それらは、実践のジャンルやイデオロギーを反映している。伝統を知り、歴史を理解し、それらのジャンルに精通し、そうした場や実践がどのように構成されているかを理解している人は、有用で見識ある何かを持ち合わせている可能性が非常に高い。批評とは、複雑で捉えがたい対象や出来事について有益なことを語る芸術であり、それによって、他の洗練されていない人、異なる方法で洗練されている人が、それまで見取れなかったものや理解できなかったことを見取ったり理解したりできるようにすることである。

本書『啓発された眼』は、自分たちが出会ったものを鋭く知覚し、それを明瞭に表現することを試みてきた人びとによって形成された伝統や歴史の中に位置づいている。この意味で、教育批評家と芸術批評家は共通の目的を持っている。他の人が見取り、理解するのを助けることである。

この目的を達成するためには、逆説的ではあるが、言葉では決して言えないことを明らかにするために言葉を使わなければならない。これは、文章の中に声が聞こえるようにすること、頭韻が許されること、そして韻律の使用が奨励されなければならないことを意味する。適切な引喩を採用すべきであり、示唆することによって理解を与える暗喩を用いるべきである。[＊1] こうしたあらゆる工夫は、従来の量的な研究様式で研究している人にとっての分散分析と同様、質的探究を行う人にとってのツールキットの一部である。

声について一言述べたい。私はこの著書において、私の書くすべての文章と同様に、声の感覚が存在するようにしている。読者には、この著者が人間であり、自分の署名を隠す言語的慣例によって非人格化された、身体を持たない抽象的な存在ではないことを知ってもらいたいと思っている。ここでのアプローチはさらに誠実なものである。そのため、本書のページに個人的な語調が現れるよう願っており、それについて言い訳はしない。私の言葉はパソコンで作成されたものではあるが、それは「一人の人間」によって作成されたものである。私はそれを示したいと思っている。

声やその他の言葉の比喩的用法を強調する理由は、言語を飾りたてるためではなく、言語を「人間的」・「芸術的」にし、認識論的な利益を得るためである。私たちが何を探し、何を見取り、何を言うかは、私たちが使い方を知っていて、それが適切であると信じているツールに影響される。ランガー(Langer, 1942)は、経験科学の基礎となる言語である命題言語では、感情による生命の感動を得ることはできないと説いている。感情が伝達されるためには、芸術の「言語」が使われなければならない。感情が実質的に生命を吹き込まれるのは、シンボルが表示する形式を通してだからである。したがって、言語を十分に活用するポイントは、見取ったものを正当に扱い、読者がそれを知るための手助けをすることである。

この実践にも長い伝統がある。その理論的な前身は、アリストテレスの『詩学』にあり、後にはエルンスト・カッシーラーの哲学と彼の象徴形式の概念、そして彼の教え子であるスザンヌ・ランガーの著作にみられる芸術的認知機能に関する見解にも見出すことができる。それらは、デューイの『経験としての芸術（*Art as Experience*）』や、それ以前の『哲学と文明（*Philosophy and Civilization*）』にも根ざしている。また、ヴィルヘルム・ディルタイのような大陸の哲学者や、ゲオルク・ジンメルのような社会学者の著作にも由来している。さらに最近では、ルドルフ・アルンハイム、ネルソン・グッドマン、そしてもちろんマイケル・ポランニーの著作にも、経験が象徴化される複数の方法に関する同様のテーマが見られる。アルンハイムは、ほとんどの知は本来視覚的なものであり、命題と視覚芸術は概念化されたものを表現する二つの方法であると考えている。グッドマンは、それらを説明する方法と同じ多くの世界があり、私たちが知っている世界は私たちが作る世界であると主張している。ポランニーは暗黙知について語る。彼は、「私たちは語ることができること以上のことを知っている」と述べる。確かにその通りである。

リチャード・ローティとその後に続くスティーブン・トゥールミンもまた、知ることとの複数の方法を認識している人びとである。両者とも、**エピステーメー**、つまり真の確かな知を得るという願望を、誤った野心であるとして「放棄」した。トゥールミンは、私たちがこれまでに得てきたこととほぼ同じくらい、信念が大切であると述べている。

これらの学者は、アメリカの教育研究コミュニティでは有名ではない。実際、社会科学の研究者を養成するプログラムでは、哲学はしばしば学問的な気晴らしと見なされている。哲学は口うるさく、学生に基本的な前提について質問させ、疑念や不確実性を生み出し、人びとの研究を成し遂げるのを妨げていると言われている。多くの人は、答えの出ない疑問や解けない問題は放っておいて、現実問題に入った方がよいと思っているようだ。私はそのような態度は近視眼的だと考えている。社会科学の核となる概念は、客観性、妥当性、真実、事実、理論、構造等、本来哲学的なものである。たとえ、それらの検証が唯一の揺るぎない意味をもたらさなくとも、検証しなくてよいわけではない。

研究の世界で注目される必要のある概念の一つに「質的」という概念がある。本書の副題でも各章でも、**質的**と**探究**という用語を使っているが、この用語をある程度明確にする必要がある。私は、**質的**という言葉に落ち着く前に、いくつかの用語を検討し、却下した。その中には、**自然主義的**、**解釈的**、**実践に導かれた**、**エスノグラフィー的**などがあった。例えば、**自然主義的**は、教師が指導の際に行っていることとうまく合致しない。**解釈的探究**は、従来の量的な研究を行う人が解釈をしないことを示唆してしまう。私は、一見最も非解釈的な活動であっても、そうではないと考えている。教師が高次の問題を提起した回数を数えるのは、単に数字だけではなく、何を高次の問題とするかに依存しており、それを判断するには解釈が必要である。**実践に導かれた探究**というのは、適切なフレーズではあるが、あまりにも限定的である。教科書や校舎、教材の質的な特徴に興味を持つことも大いにあるだろうが、これらは実践とは言いがたい。**エスノグラフィー的**は文化人類学の分野での研究を説明するものであり、本書が扱う対象はエスノグラフィーよりも広い。

これらの用語に限界があるように、**質的**にも限界がある。**質的**という言葉は、その反対語である**量的**を示唆しており、質的な探究は量的なものを使わないということを含意している。これは本当ではない。教育のいくつかの側面では、伝えるべきことを記述する手段として、量化が最も適切であるかもしれない。また、**質的**ということは、他の形式の探究（例えば、科学的実験など）が質とは何の関係もないことを含意してしまう。これほど真実から遠いものはない。すべての経験的現象は質的である。「質的探究」と「量的研究」の違いは、主に研究成果を提示する際に強調される表象形式の違いにある。両者の違いは、一方が質を扱っていて他方が扱っていないということではない。

ではなぜ、これらの留意点があるのに、私は**質的**という用語を使ったのか。それには三つの理由がある。第一に、**質的**という用語は、指導やその他の人間の活動だけでなく、建物や本のような物も含めて十分に一般的であるためである。ソネット[*2]や歌、シナリオの創作でも質は考慮される。また、指導、軍隊の指揮、理論の構築でも用いられる。ストーリーを語るとき、恋愛をするとき、友情を維持するとき、車を販売するときにも質的な考慮がなされる。要するに、質的思考は人間が関わる事象のどこにでもある。それは、何か特殊な行為や作られた形態ではなく、日常生活に浸透している側面である。そのため、そして他の理由からも、「質的」を用いることは有用であると考える。

第二に、**質的**という用語が、教育研究のコミュニティにおいて確固たる足場を築いてきたためである。この用語は、教育の世界の言説において一般的に用いられており、新しい用語を作るよりも、より批判的で分析的なアプローチの展開によってその言説を洗練させる方が良いと考えている。

質的を使う第三の理由は、芸術に関連している。芸術は、質的知性が作動する模範ケースである。芸術作品となる質を構成するには、質的な考慮がなければならない。芸術の中に含まれた質が情報を与えてくれると信じているがゆえ、また、社会的世界を明らかにする手段として芸術の潜在的可能性を伝えたいと考えているがゆえに、**質的探究**という用語がふさわしいと考える。

探究という用語についても言及しておく。**研究**や**評価**ではなく、**探究**を用いたのは、本書が扱う領域として、教室や学校の質のみならず、指導のプロセスの質をも明らかにしたいと考えたためである——教えることは質的探究の一形態である。また、探究は、研究や評価よりも広い概念である。研究や評価は探究の一例であるが、すべての探究が研究や評価の一例というわけではない。質的思考が適用される領域を拡張することで、そのより一般的な現れ方が認識されることを期待している。

用語について最後に一言。本書の主な焦点は、教育的鑑識眼や教育批評と呼ばれる特定の種類の質的探究にある。その特徴の一般的な面を強調するために質的研究について言及する場合と、教育的鑑識眼や教育批評について具体的に言及する場合がある。この15年で私自身が行った研究を特徴づけている一般的な問題と、質的探究という特殊な形態との両方を取り上げたいと思っている。読者の皆さんには、私の言うことの焦点が一般的なものであるか、また具体的なものであるかを、文章の文脈から判断できるようにしたいと思っている。

鑑識眼（connoisseurship）という言葉は、ラテン語のcognoscere（知ること）に由来する。視覚芸術では、知るということは、単に眺めるだけでなく、見取る能力に依存している。**批評**とは、芸術作品が持っている質を他の人に見えるようにするプロセスを意味する。効果的な批評は、知覚の助産師として機能する。批評は、知覚を生じさせ、そこからそれを洗練し、より鋭くなるよう促す。鑑識眼も批評も、芸術作品だけでなく、社会的・教育的な現象にも適用できる。これらは、学校や教室、そして指導にも適用できるし、教材教具の知覚と分析にも応用できる。その応用例は、スタンフォード大学の私の学生たちが教育的鑑識眼と批評を用いて完成させた15本の博士論文に見ることができる。

鑑識眼と批評は、どちらも質に焦点を当てる。目利きになるために批評家である必要はないが、有用な批評を生み出すために、目利きは質を意識しなければならない。鑑識眼と批評は、芸術や人文科学からの参照枠組みを教育の世界に持ち込むことへの私の関心を反映している。しかし、用語としては、**質的**と同様、難点がある。

鑑識眼というと、何か時代遅れのものやエリート的なものを連想しがちである。私はそのようなつもりは毛頭ない。例えばピアノの調律師のように、何らかの分野で高度な知覚を持つ人は誰でも、その分野での目利きである。**批評**はネガティブなものと関連づけられるきらいがある。残念ながら、**批評**という言葉を聞いたり読んだりすると、多くの人が否定的な解説を思い浮かべる。しかし、これは必然の意味でも意図された意味でもない。美術、音楽、文学、詩、社会問題への批評は、批判的なコメントをする義務を課すものではない。批評は賞賛することもありうる。批評の目的は、状況や対象を照射し、それを見取ったり評価したりできるようにすることである。悪徳だけでなく美徳も評価する。

解釈の仕方に関して、概念的な欠点を持たない用語はほとんどない。私は、私が使用する用語の潜在的な欠点を認識している。読者は、私がそのように使用すると決めた仕方で用語を取り扱っていただければと思う。

『啓発された眼』の各章のタイトルは、私が質的探究の主要な問題と考えていること ── すなわち、一般化、客観性、倫理、質的研究者の養成、妥当性などを示唆している。これらの問題は、過去20年間、私の心を捉えて放さなかったものであり、それゆえ同じように読者の心を捉えることを願っている。私は、人間的事象については「決定的な言葉」はなく、せいぜい、より良い対話があるだけだと信じている。各章の内容が、教育者の対話を深め、教育界をより豊かで複雑なものにしてくれることを願っている。

本書はいくつかの前提に基づいて書かれているが、はじめに、その前提を明示しておきたい。これらの前提の中には、議論の余地があるものも含まれるが、私はそれらに対して説明し、議論し、質問に答える用意がある。実際、本書は、以下のそれぞれの前提を支持する論拠と見なすことができる。

1　世界を知る方法は複数ある。科学者だけでなく、アーティスト、作家、ダンサーは、世界を語る上で重要な役割を担っている。

2　人間の知は、構築された経験の形であり、自然だけでなく心の反映でもある。知は単に発見されるのではなく、作られるのである。

3　人間が世界の概念を表象する形式は、彼らが世界について語ることができることに大きな影響を与える。

4　世界が知られ、表象される何らかの形式を効果的に利用するためには、知性の使用が必要である。

5　世界が表象されることになる形式の選択は、私たちが何を言えるかに影響を与えるだけでなく、私たちが経験する可能性のあることにも影響を与える。

6　教育の世界を描写し、解釈し、評価する方法の幅を広げていくことで、教育的な探究がより完全なものになり、さらに有益な情報が得られるようになる。

7　教育研究コミュニティにおいて、どのような特定の表象形式が許容されるようになるかは、認識論的な問題であると同様に政治的な問題でもある。新しい表象形式が受け入れられるようになれば、新たな能力が必要となる。

本は、講義や授業と同じように、著者が意図した以上のことをしてくれることもあれば、そうでないこともある。この本が成し遂げるだろうと期待していることを抜き出すと、第一に、私たちの日常生活における質的探究と、教育の実践と研究における質的探究の働きとの間のつながりを確立することである。第二に、人間が世界を知っていく方法について理解の幅を広げることである。私が目指すのは、私が社会問題に対する正当な探究の様式と思うものを拡大することである。第三に、本書が、教育においてすでに大きくなりつつある質的研究の実施に対する関心を高め、そのような研究に関心を持つ人びとがうまく研究を実施できるようにすることである。

1975年にアメリカ教育学会（American Educational Research Association）の会議で発表した「知覚の眼 ── 教育評価の改革に向けて（The Perceptive Eye: Toward a Reformation in Educational Evaluation）」と題する論文の中で、いつか質的探究に特化した雑誌や、そのような研究をする人たちを育成するプログラムが登場する日が来てほしいという希望を述べた。それから10年後、私の希望の一部が実現したことを嬉しく思っている。スタンフォード大学教育学部では、現在、博士課程の学生を対象とした質的方法論のコースが設けられており、1988年には、質的方法論が中心的な役割を果たす研究と評価方法論の博士課程の専攻が誕生した。同様に、1988年の時点で、この分野には新しいジャーナル *International Journal of Qualitative Studies in Education* が発行されている。これは、教育における方法論的関心が拡大していることをさらに証明している。私は、この拡大は今後も続くと信じている。

最後に、そして私にとって最も重要なことは、願わくば『啓発された眼』が学校や教室をうまく機能させているものについて、より十分に、より複雑な理解をもたらして、教育実践の改善に貢献することである。では、始めよう。

訳注

[＊1] 頭韻（Alliteration）は、詩歌・韻文などの句頭・語頭に、同一の音を持った語を繰り返して用いること。韻律（Cadences）は、韻文における音声上の形式。音声の長短、アクセント、子音・母音の一定の配列の仕方などで表す音楽的な調子のこと。引喩（Allusions）は、故事・ことわざや人の言葉をたとえに引用して、言いたいことを間接的に表現する方法。

[＊2] ソネット（Sonnet）は、14行からなる代表的定型詩。特定の文学的な構造と韻律パターンを持つ。

第1章
質的思考と人間理解

絵描きは太陽を黄色い点にする。芸術家は、黄色い点を太陽にする。

パブロ・ピカソ

現在の状況

合衆国のほぼすべての人が、アメリカの教育状況を憂慮している。マスコミは、アメリカの若者の5人に1人が実質的に読み書きの能力を獲得できないまま学校を去っていると報じている。軍隊では、新兵が技術マニュアルを読めず、装備品の操作が困難であることが指摘され、経済界では、最も簡単な計算さえできない学生が育っており、企業は補習教育をしなければならないと報告されている。連邦政府が任命した委員会からは、アメリカの学校教育には多大な問題があり、それを改善しない限り、競争力だけでなく国家をも失う危機があることが指摘されている。[1]

教育の分野で数年以上働いている者にとって、このような懸念は新しいものではない。１９５０年代半ばには、アメリカの学校は教育の荒れ地と考えられていた（Bestor, 1985）。１９５０年代後半には、ソビエト連邦との宇宙開発競争に敗れ、その失敗がアメリカ議会に何億ドルものカリキュラム改革のための資金を提供させる刺激となった。１９７０年代には、大学進学適性試験（ＳＡＴ：Scholastic Aptitude Test）のスコアの低下が嘆かれ、成績の下駄を履かせることがさらに私たちの教育水準を蝕むのではないかと懸念された。１９８０年代には、経済界が独自の行動計画を持って教育界に踏み込み、教育専門家が教師の育成方法の見直しを行うのを目の当たりにした[2]。

このような状況に対する反応はさまざまな形で出ている。生徒の一年間の登校日数を増やすことについて多くの議論はあったが、これは行動には至らなかった。しかし、41の州が卒業に必要なカーネギー単位数[*1]を増やすことでカリキュラムを強化し、現在は19の州が、卒業するための最低能力を有しているか生徒にテストしている（Digest of Educational Statistics, 1989）。

一般の人びとも憂慮を表明し、公的な説明責任を要求している。多くの州では、各学校の学年別の標準化された学力テストの成績が地元の新聞に掲載される。生徒の成績レベルは、たいていは何の解釈もされないまま、誰もが閲覧可能な状態で示されている。法的要件やテスト成績の公的な精査がパフォーマンスを向上させるのに十分でない場合、資金がインセンティブとして使用される。カリフォルニア州では、学業成績に対する資金提供は、最近まで州教育省の常套手段であった[3]。国家レベルでは、ブッシュ大統領は、優秀な学校に対して卓越への報奨として資金提供する計画を提案した。

よりアカデミックな傾向のある人は、研究に目を向ける。ウィリアム・ベネット元教育長官の下、全米教育局（The U.S. Office of Education）は、『何が効果的なのか（*What Works*）』（1987）と題した小冊子を発行した。それは、研究で証明された方法で学校の成績向上を提供するものとされた。研究者からは、生徒の成績向上のための他の方法も聞かれる。教師たちは、生徒の学業時間の増加を迫られている（Rosenshine, 1976）。協調学習を提案する研究者（Slavin, 1983）がいる一方、優れた指導を構成すると信じられている5段階、もしくは6段階のプロセスを規定する研究者もいる。こうしたことすべてが生じていると同時に、研究者たちは、アメリカの教育は国の恥であるという喧伝の只中で学校の改善をするという、一見手に負えない問題に取り組み続けている。

大学の教育学部があまりにも難解で実用的ではないと思われているところでは、そのギャップは商業組織によって埋め合わされてきた。そうした組織は、事実上あらゆる実践の側面を改善するためのより有用なテクニックを教師や学校管理者に売り込むことに熱心であり、いろいろ名前が付けられている。より良い指導のためには、ハンター・アプローチ[＊2]（Hunter, 1982）がある。カリキュラムの改善のためには、ダン法[＊3]（Dunn, 1978）がある。精神的なスキルの開発のためには4MATシステム[＊4]（McCarthy, 1987）がある。教室の規律を改善するためには、回避的規律アプローチがある。すべての問題に対する解決策があるように思われるが、問題は残っている。私たちの学校の全体的な状態に満足している人はほとんどいないと思われるが、それについて何をすべきかを知っている人はさらに少ないのである。

学校改善に対する「古典的」なアプローチは、大学が研究に基づく知を提供して、それが教師や他の教育実践者に伝わることを期待するものである。研究者の目的は、実験によって原因と結果の関係を発見することであり、それができない場合は、ある変数が一貫して互いに関連しており、一方の操作によってもう一方の変数が変化するであろうと確信できるような、十分に強い相関的関係を発見することである。多くの教育研究は、入念な研究の結果として産出された知が、大学での課程、現職教育、ジャーナル、学会、そして農業改良普及員の教育版、つまりよく知っていて他者にメッセージを伝えられる人を通して実践者に伝わることを前提にしている。つまり、古典的なアプローチは、主として上意下達のアプローチであった[4]。

教育における「基礎的」な研究は重要であると考えているが、この10年ほどの間に教育の世界は変化し、学校教育の改善における研究や研究者の役割に対する従来の前提が疑問視されるようになってきた。その結果の一つは、質的探究として知られるようになったものへの転換である。

変革のための提言をする前に、教師や教室がいかに機能しているかを理解しようとすることが重要であると述べることは、特段画期的ではないように思われる。しかし、教師や学校の管理職に提案されていることの多くは、文脈とは無関係に、しかも改善を求めようとする当の実践に無知な人たちによって語られることが多い。教育における質的探究が何かを目指すとすれば、それは教師や子どもたちが活動する場の中で何が行われているかを理解しようとすることである。この目的を達成するために——もちろん質的探究の目的には他にも同様に重要なものはあるが——私たちが関心を持っている学校や教室と「接触をもち」、それらを実際に見取り、見取ったことを解釈や評価のための情報源として利用することが必要である。例えば、なぜ授業期間の延長によって教育の成果が促進されると思い込むのだろうか。特に、授業期間の延長を望む人たちが、学校は子どもにとって特に良い場所ではないと訴えているというのに。なぜ私たちは、課題に取り組む時間を増やすことが教育上の美徳であると考えるのだろうか。それは、生徒がどのような内容の課題に従事しているかによるのではないだろうか。また、生徒が白昼夢を見たり、教室で起こっていることよりも面白いことを考えたりしているならば、そのような行動は、生徒の判断力の高さの証しではないだろうか。基準を上げることが教育の達成度を高めるのに役立つ可能性が高いとか、あるいは数学や理科を増やすことが生徒の教育の質を向上させると考えるのはなぜだろうか。どのような数学なのか。どのような種類の理科なのか。どのような機会費用が支払われるのか。私たちは、教師に年々、より多くの責任を負うように求めている。数年前は価値の明確化、次に親教育、そして最近ではエイズ教育である。他の分野の責任を減らすことなく、教師にもっと多くのことを期待することは現実的なのか、それとも教師が教えるべきことが少なすぎるということなのか。[5]

このような問いは、新しい指導方法を検討したり、到達度テストの点数を精査したりしても答えが得られるものではない。これらの問いに答えるには、学校で行われていることに精通していることが必要である。学校教育は、旧約聖書的な意味で、すなわち直接的な、親密な接触によって「知られる」必要がある。

そうした接触の結果は、個々の学校や教室がどのように機能しているかについて、私たちが知る必要のある多くのことを教えてくれる。個々の事例の研究は一般化することができる。この考えは第9章で述べる予定である。また、**特定の**学校の**特定の**教室や**特定の**教師を対象とした質的研究は、現職教育プログラムやジャーナル等の出版物を通して得られる情報とは根本的に異なるフィードバックを教師に提供できる。

現職教育プログラムは一般的に、カリキュラムや教授法、学級編成について語るべきことがある人によって行われるが、そうした人は、語りかけている相手である教師の指導を実際に観察したことがない。その結果、彼らのアドバイスはあまりにも一般的であり、彼らが話しかけている個々の教師の長所や短所を考慮に入れることができない。それはまるで、裕福な、しかしケチなバスケットボールチームのオーナーが、経費節減のために月に一日だけ、チームのためのコーチを雇うようなものである。チームはアドバイスのために月に一日コーチのところに行き、コーチはチームのプレーを見たことがないのにアドバイスをするだろう。現職教育プログラムは月に一日ほどの頻度で提供されることはほとんどなく、そのようなプログラムは、教師の行動を観察したことがある人が教えることはほとんどない。講師が、個々の教師に対してどのようなアドバイスが適切であるかを知るためには、千里眼を持つ人であることが必要ということになってしまう[6]。

質的探究 ―― この場合、学校や教室の研究 ―― は、他の学校や教室を理解するのに役立つ方法で学校や教室について学び、さらに、個別の教室や特定の教師について、そうした教室や教師にとって有用な方法で学ぶという二重の利点を提供できる。学校でのこのような研究の始まりは、19世紀のイングランドの学校を見事な洞察力をもって著したイギリスの視察官、マシュー・アーノルド (Arnold, 1932) に遡る。アーノルドが行ったこのような活動は、女王が任命するイギリスの視学官のエリートグループである、勅任視察官[*5]によって模範的な方法で行われ、まさしく、学校と教師を観察し、その強みと弱みが女王とイギリス文部科学省に報告されてきた。アメリカでは、勅任視察官に最も近いのは教科コンサルタントと郡の視学官であるが、その記録は到底深い感銘を与えるものとは言えない。アメリカの監督者のモデルは産業界に根ざしている。キャラハン（Callahan, 1962）が指摘するように、初期のアメリカが、指導を実用的なルーチンに切り下げようとしたのは、効率化崇拝のためである。監督者の仕事は、組立ライン上のボスと同じように、仕事が正しく行われているかを確認することであり、これは仕様に従っているかを確認することを意味した。時間と動作の研究は無駄な動きをなくすことで労働者（教師）の効率を最適化すると信じられていたため、学校の生産性を高める方法となった。

20世紀の最初の20年間のアメリカの教育の多くを特徴づけていた時間‐動作指向から、私たちは大きく進歩した。この時代の遺産は、学校を研究と科学的管理によってより生産的なものになる一種の教育機械として捉える超合理的な概念である。最良の方法を発見することは、教育の実践者と研究者の長年の願望であった[7]。

マシュー・アーノルドがイギリスで行ったような研究に匹敵するものは、アメリカでは存在しなかった。私たちの研究の伝統は、教育改善のための解釈的・質的指向よりも、人間の行動を科学的に管理するテイラー主義に沿ったものであった。しかし、１９６０年代半ばに状況が変わり始めた。

アメリカの社会学者ウィラード・ウォーラー（Waller, 1932）は１９３０年代に学校を研究したが、彼の研究は、リンドら（Lynd & Lynd, 1937）のような他の社会学者の研究と同様に、教育研究者の目に留まることはなかった。アメリカの教育研究の伝統は、エドワード・L・ソーンダイクの研究に由来する。それは具体的で、個人に焦点を当て、学習と行動の形成に関するものである。それは、統制を指向していて、解釈はあまり指向していない。

１９６０年代には、フィリップ・ジャクソン（Jackson, 1968）の『教室での生活（*Life in Classrooms*）』が出版された。ジャクソンは、１８９６年にジョン・デューイが設立したシカゴ大学実験学校の授業を一年間観察した。ジャクソンの観察から得られたものは、洞察に富み、芸術的に作られた本となり、その後半でジャクソンが提示する定量的なデータへの納得感よりも、その比喩と洞察力で記憶されている。

ジャクソンの本はすぐにルイス・スミスとウィリアム・ジェフリー（Smith & Geoffrey, 1968）の『都市の教室の複雑さ（*The Complexities of Education in an Urban Classroom*）』へと継承された。スミスは、ジャクソンと同じく、心理学者として訓練を受けており、その点で厳格な考え方の持ち主であり、ジェフリーは、研究が行われた教室の教師であった。『教室での生活』と『都市の教室の複雑さ』は両方とも非常に重要な研究であった。重要なものではあるが、それは彼らの洞察力ゆえにだけでなく――おそらくそれが主なものでさえなく――学校に入り込み、そこで何があったかを見取るという研究方法ゆえに重要であった。スミス（Smith, 1971）はその後の研究を『教育革新の解剖学（*Anatomy of Educational Innovation*）』にまとめた。徐々に、他の研究者も学校教育に関する考察を始め、観察に基づいた研究を展開していった。１９５０年代から１９６０年代にかけての学校教育に関する最も重要な研究のいくつかは、教育専門学校で行われていた。その多くは、教育学界では確固たる地位を持ってはいないが、重要な論評をしていた人によるものであった。例えば、ポール・グッドマン（Goodman, 1960）の『不条理に育つ』は、アイゼンハワー世代についての痛烈で辛辣な記述であり、車はすべてのガレージに二台、すべてのゲージに鶏が二羽、家は郊外にあるという目標を掲げていた。その後、ポール・グッドマン（Goodman, 1964）の『不就学のすすめ』は知性の低下における学校の役割について語り、ジョナサン・コゾル（Kozol, 1968）の『死を急ぐ幼き魂』は、アメリカの学問の中心地であるボストンの街で、幼い黒人の子どもたちに与えられた屈辱と不公平について、すぐれて感動的な描写をした。

これらの本の著者は、学者として立派であろうと自覚して努力していたわけではない。実際、今日の教育学者の多くは、彼らの仕事を「ロマンティック」で「厳密さ」が足りないと見下すだろう。しかし、私は、彼らが言わなければならないと思ったことは、しばしば本物であり、「正しい（right）」ものであったと信じている。それらは確かに広く読まれていた。これらすべての著書が示していたのは、教育の世界、あるいは教育の世界ではないにしても、その小さな一部を理解しようとするもう一つの方法であった。このアプローチが発展し始めるにつれて、方法論的な問題が大きく現れるようになった。『死を急ぐ幼き魂』を本当に研究と見なすことができるのだろうか。そのような著書の妥当性はどのようにして検証できるのだろうか。その信頼性はどうやって判断されるのだろうか。その主観性はどのように評価されるべきなのだろうか。結局のところ、研究とは意見の問題であり、意見は知識と同じなのだろうか。

アメリカ教育学会の機関誌 *Educational Researcher* にざっと目を通すと、論争の大きな特徴が見えてくる。質的研究や評価は、従来の研究や量的性質の研究と本当に性質が違うのか。個々の事例の研究から一般化が引き出せるのか。質的研究と量的研究を区別することに意味があるのか。これらの質問に対する答えは大きく異なっている。[8] スミスとヘシュシウス（Smith & Heshusius, 1986）は、違いを和らげようとする努力の中で、対話が閉ざされることを心配している。１９８１年に発表した論文（Eisner, 1981）の中で、私は、従来の研究と質的研究と呼ばれてきたものの違いは、芸術をすることと科学をすることの違いであると述べた。フィリップス（Phillips, 1987）は、**知**という言葉は科学の成果に限定されるべきであり、**芸術的な知**は撞着語法[*6]であると考えている。リンカーンとグバ（Lincoln & Guba, 1985）は、正統性のための「戦い」は、競合するパラダイムの間の戦いであり、世紀の変わり目以来、教育の分野を支配してきた側は、指導と学習の問題とはほとんど無関係であるだけでなく、問題を解決したというよりも問題を引き起こしてきたと考えている。しかし、マイルスとフーバーマン（Miles & Huberman, 1984）は、質的研究の成果が信頼されうるよう、質的データを「厳密に」――彼らの考えに従って――扱おうと果敢に努力した。

教育の分野では、質的探究が生み出す類の理解に惹かれる学者が増える一方で、この問題の議論は続いている。

例えば、コネリーとクランディニン（Connelly & Clandinin, 1988）は、カリキュラムを計画し、指導に従事する教師の経験を理解するために、教師のナラティブを広く利用している。これらのナラティブは、コネリーとクランディニンが教師の経験の特徴にアクセスするための質的な資料であり、その特徴を次には彼ら自身のナラティブを通して明らかにする。主に現象学的用語による経験への関心は、パイナー（Pinar, 1988）の研究や、彼がカリキュラム理論の再概念化において果たしたリーダーシップの中に見出すことができる。マキシン・グリーン（Greene, 1988）やマデリン・グルメ

（Grumet, 1988）のような他の学者も、教育実践の質的側面、特にその現象学的特徴に長年関心を持っていた。

アメリカの教育研究コミュニティにおいて質的探究を正当化しようとする最初の試みが、そのような探究とエスノグラフィーとを同一視していることは驚くことではない。エスノグラフィーがその一部をなす文化人類学は、結局のところ、心理学や社会学と同様、社会科学のグループの一員である。研究の伝統があり、フィールドワークに関係している。さらに研究者は、自分の仕事が人類学的であるとすれば、科学を行っているという主張を放棄する必要がない。ハリー・ウォルコット（Wolcott, 1975）のような人類学の訓練を受けた教育学者は、現在のところ教育的エスノグラフィーとして通用するものの多くはまったく人類学的ではないと指摘しているが、エスノグラフィーはいまだに一つのモデルとして求められている。

私は教育における人類学的転回を支えたもう一つの要素があると考える。それは、アメリカを代表する人類学者の一人であるクリフォード・ギアーツ（Geertz, 1973）によって著された古典的な論文に表現されている。ギアーツの「厚い記述」は、方法の本質とエスノグラフィーの目的に焦点を当てている。ギアーツ自身はスザンヌ・ランガーなどの美学者の影響を受け、自身の分野に大きな影響を与えている整然とした実証主義に疑問を投げかけた。厚い記述は、解釈、すなわち表面のトに潜む人間の状態の最も不可解な側面 ── 意味の構築 ── を目的とした努力である。行動主義者は、実証主義者と同じく、意味にはあまり関心を持たなかった。彼らにとっての問題は、いかにして人びとを特定の課題に取り組むようにさせるかを見出すことであった。強化理論とオペラント条件づけは、多くの場合、動物を対象に実験室という場で発展し、学校に適用された。私たちが使用してきた産業モデルを考慮すると、それは妥当であるばかりでなく適切であるように見えた。ギアーツはもっと深い問題に関心を持っている。実際、彼の関心事の多くは、ポール・グッドマン、ジョン・ホルト、ジョナサン・コゾルの目的と一致している。四人とも、人びとが人生の中で持つ類の意味に関心を持っている。ギアーツの厚い記述についての広く読まれている章は、言語学的にエレガントで概念的にも洞察力があり、1970年代に出現し始めた研究の発展に貢献した。

私は先に、教育において正当な質的研究を行う方法としてエスノグラフィーに向かう動きは理解できると示唆した。社会科学の一つとして、エスノグラフィーは同じ家族の一員である。しかし、質的研究や、より広い意味での質的探究は、エスノグラフィーよりもはるかに広い範囲にわたっている。政治学者、歴史学者、社会学者、臨床心理学者もまた、質的探究を行っている。実際、質的探究は、日常生活の普通の出来事にしみ込んでいる。質的探究、さらに一般的に質的思考は、特別な才能のある人や、文化人類学の特別な形態に正しく仲間入りした人たちのために割り当てられた、ある種の神秘的な活動なのではない。それは、誰を配偶者として選ぶか、どこに住むか、どのようなキャリアを追求するか、家族や友人とどのように関係するかといった私たちの日常的な判断に浸透し、私たちの最も重要な決断の基礎を提供している。このような決断は、質的な考慮事項によって導かれている。教会やユダヤ教の儀礼や儀式、私たちが参加する公的な祝賀会、そして実際、私たちが友人や家族のためにテーブルをセットする方法は、質的探究の結果である。

そのような考えのルーツは、ジョン・デューイの最後の大作の一つに見出すことができる。デューイは一連の公開講義をするためにハーバード大学に招待されたとき、齢74歳であった。彼が選んだトピックは芸術であり、それらの講義は、『経験としての芸術』(Dewey, 1934) としてまとめられた。彼の最後の大作であるこの著書は、教育学界ではほとんど無視されているが、私のように、探究について考える方法を拡げることに関心のある者にとっては大いに役立つ精神、意味、方法に関する見解を与えてくれる。デューイにとって、芸術とは美術館に飾られている作品やコンサートホールで行われるパフォーマンスに限定されるものではない。実際彼は、アートの難解な概念によって、しばしば私たちの日常生活におけるアートの広範な役割を理解することが妨げられていると考えていた。デューイは、芸術とは基本的に特別な経験の質であり、芸術が命を宿すプロセスは、質的思考の使用に依存していることを思い出させてくれる。この質的な思考の様式は、人間の知性が現れる一つの方法を構成している。デューイ (Dewey, 1934) は次のように述べている。

芸術作品の創作に必要不可欠な知性の役割を無視するという考え方は、思考というものを、ある一つの特別な素材、つまり言語的な記号や言葉の使用と同一視することに基づいている。質の関係という観点から効果的に思考することは、言語的・数学的な記号を使って思考する場合に比べて、勝るとも劣らない厳しい要求を思考力に課す。実際、言葉は機械的な方法で容易に操作できるため、本物の芸術作品の制作には、「インテリ」を自認する人たちの間で行われているいわゆる思考の大半よりも、いっそう多くの知性を必要とするのである。(Dewey, 1934, p.46)

デューイが教える教訓は、芸術は人間の知性の所産であり、それは美術館の作品に限定されるものではなく、日常生活に浸透しており、デューイが「芸術」と呼ぶ経験の形式を持つ能力は、一般的な文化、特に学校で育成することができるということである。[9] 教育における質的探究にも同様の条件が当てはまる。質的探究は、研究雑誌が通常掲載しているものに限定されない。それは知性の産物であり、そのような探究を行う能力は、教育を通じて養うことができる。

ここまで述べてきたように、質的思考が私たちの日常生活に浸透していると述べることが、私の主張の骨格である。私が直面し、読者も検討しなければならない問題は、それがどこで、どのように発生するかを理解することである。質的探究を研究や評価の実施に限定することは、それが意識の生成に果たす基本的な役割を見逃すことになる。この点は私の論文の中心であるため、私は、生活の平凡な側面と深遠な側面の両方における質的探究の存在を具体的に説明する必要がある。この旅に出るためには、経験から始めなければならない。

相互生成と達成としての経験

経験は、取り巻く環境が構成する質と私たちとの相互生成の中で生まれる。質とは、感覚を通して経験できる環境の特徴を意味している。私たちが「青い」「熱い」「高い」「うるさい」「チクチクする」などと呼ぶ質に言葉を割り当てる前に、私たちは無名の状態でそれらを経験している。私たちの感覚システム[*7]が損なわれていない限り、私たちはその及ぶ範囲にある多数の質を知覚することができる。

質を経験する能力は、ある観点から見れば、私たちが世界の一員になったときに十分に発達している。実際、よく発達した胎児は、音に敏感であり、生まれる前に動きを経験している場合もある[10]。子どもが成熟するにつれて、感覚システムはますます分化していく。その結果、子どもはより多くの環境を経験できるようになる[11]。実際に、経験――つまり世界のある側面に対する私たちの意識――は、一つの達成であり、私の考えでは、それは認知的達成である。私たちは、見取ることを学ぶ。もしくは、少なくとも微妙で複雑な世界のそうした側面を見取ることを学ぶ。私たちがある分野の専門家と見なす人びとのことを考えるとき――レントゲン検査を行う放射線技師、ダイヤモンドを検査する宝石鑑定人、オーケストラを指揮する指揮者、クライアントの話を聞く臨床心理士など――、彼らは私たちよりも多くのことを聞き、見取っていることは明らかである。彼らはまた、関心を向けている物や人びとの歴史や背景についてより多くを知っている。しかし、これらの事象が扱えるようになるには、それ以前にその質に気づくことができなければならない。これらの質を経験することができないということは、それ以上の省察の余地がないということである。私たちは、経験できたことしか評価し、解釈することができない。最も洗練されたレベルでは、私たちはこれらの人びとを「目利き」と呼んでいる。これは本書の中心的な概念である。

質の知覚について、もう一つのポイントがある。私たちはしばしば、質をラベル付けされたものとして経験する傾向がある。――「木」、「椅子」、「教室」、「先生」等々である。つまり、私たちは、見取った質から、ほぼ瞬間的に、質の分類やラベル付けに移ってしまうのである。私たちは分類する。

もちろん、分類は有用である。分類することで、私たちは自分の経験の「種類」を知ることができる。しかし、分類によって、よくあるように、**この**教室を構成する質、**この**生徒、**この**特定の学校を構成する質の考察が妨げられると、不都合なものとなりうる。分類のために知覚的経験が中断されてしまうと、私たちの経験は減衰してしまい、可能なすべてを経験することができなくなる。デューイ(Dewey, 1934)は注意を二つの様式に区別している。分類のプロセスを**認識**と呼び、視覚的探求のプロセスを**知覚**と呼んだ。科学と同様に芸術は、私たちの知覚を活性化し続けることに役立つツールの一つである。

経験の質的側面は、そこにある質に注目することで確保されるだけでなく、私たちがなすことやつくるものにも現れる。画家はキャンバス上に描くものについて質的な判断をし、作曲家は音楽的想像力を使って、楽譜へと至る音の配列を生み出す際に質的な思考をし、振付家は空間と動きの観点からバレエをデザインする。質的思考の体現は、ファインアートにおいて頂点に達するが、そのルーツは先ほど述べたように日常生活で普通に行われていることである。

サラダ作りを考えてみよう。サラダは一般的には当たり前のものとされている――サラダを**創造する**とか、サラダ作りにおいて創造的であるというのは一般的な言い方ではない。ほとんどのサラダは、文化的なステレオタイプ――つまり私たちが知っている他のサラダ――をモデルにしている。しかし、実際には、可能性は無限大である。想像力の中で、私たちは新しい味覚の可能性を思い描くことができるし、ありそうで、まだないものを想像することもできる。また、私たちは自分の手元にある材料と、入手可能な材料を勘案することもできる。イメージと現実の相互作用の中で、私たちは調理へと向かう。利用可能な選択肢は複数ある。何を使うかだけではなく、使うと決めたものをどのように準備するかを決めることもできる。野菜はどのようにスライスするのか。それぞれの食材をどのくらいの割合で入れるべきか。具材はどのように配置するのか――混ぜて、重ねて、平皿に並べるのか。また、ドレッシングはどうするのか――どんな種類で、どれくらいの量で、野菜に直接かけるのか、それともサイドにつけるのか。それぞれの望ましいイメージは、他の選択肢のサラダの質に着目し、省察し、思索することを求める。平凡なサラダは、今や単によく知られたレシピの産物ではなく、私たちの味覚、視覚、触覚、嗅覚等の感覚を楽しませることを意図した創造的な発明なのである。私たちは知覚し、想像し、比較し、対照する。私たちは、各選択肢の時間とコストを見積もる。そして、行為し、確認し、評価する。最終的に、サラダは私たちの調理についての願い、その願いを現実化するスキルの度合い、そして、私たちの想像力と感性が革新をもたらし確認する度合いを反映している。このように、慎ましやかなサラダは、洗練された質的な問題解決の模範となりうる。私たちが作ったものの質は、私たちが成功した程度を反映している。

サラダは人が作るものであり、質に注意を払う必要がある。そうしたもう一つの「もの」は会話であり、会話は教えることに似ている。会話術に長けているということは、話すときにいつ黙り、何を強調するかを知っていること、聞くときにどのように聞くかを知っていること、そして、体や声、しぐさに表れる表現を見取ることを意味している。それには、人びとがもたらすさまざまな質的な手がかりに細心の注意を払い、次には、会話を生き生きと面白く保つ質を同様の言葉で伝えることが求められる。

会話に長けた人――そして優れた教師――は、広い範囲のたいていは非言語的な意味を経験し、それに応答する方法を知っている。結局のところ、「あなたはそれをやりましたか（Did you do that?）」のようなあらゆるフレーズは、どの単語が強調されるかによって、非常に幅広い意味を持つ。強調することは、質を制御するという問題である。「**あなたは**それをやりましたか（Did *you* do that?）」「あなたは**それを**やりましたか（Did you do *that?*）」、「あなたはそれを**やり**ましたか（Did you *do* that?）」、「あなたはそれをやり**ましたか**（*Did* you do that?）」このような強調を省略した教室での談話の書き起こしは、誤った伝達をする可能性が高い。いわゆる文字通りの意味内容というのは、どんな一連の言葉でもその意味の一部でしかない。学校や教室で何が行われているかを理解するためには、何が言われ、何が行われているかだけではなく、どのように言われ、どのように行われているかに敏感でなければならない。実際、「何を」は、「どのように」次第だろう。

　言語の質的な扱いに最も長けているのは作家である。彼らの技術が優れているとき、彼らは逆説的にも、言葉では表現できないことの理解に役立つ材料を私たちに与えてくれる。エリ・ヴィーゼルの言葉を考えてみよう。第二次世界大戦中に子どもだったヴィーゼル（Wiesel, 1969; 1970; 1972; 1978）は、ナチスの死の収容所であるブッヘンヴァルトで四年間を過ごした。そこでは２００万人が組織的にガス室で殺され、その遺体は火葬場で焼かれた。これらの出来事を私たちはどのようにして知ることができるのだろうか。彼らは亡くなっている。私たちはそこにいた人びとが経験した出来事をどのように再体験する――あるいはできる――のだろうか。そして、私たちはどのような手段を使って、彼らの現実に、たとえ代行的にであれ参加し、彼らが何を感じたのかを漠然とでも知ることができるのだろうか。エリ・ヴィーゼルが紡ぐ言葉には、学校やその他の施設の質的描写に関心を持つ私たちに教えてくれる教訓がある。ヴィーゼルの言葉に耳を傾けてみよう。

私はあの夜のことを決して忘れないだろう。収容所での最初の夜は、私の人生を七重に封印した長い夜に変えた。私はあの煙を忘れないだろう。私は子どもたちの小さな顔を忘れないだろう。私が見た子どもたちの遺体は、静かな青空の下で煙の花輪と化した。

私は私の信仰を永遠に焼き尽くした炎を決して忘れないだろう。

私は私から永遠に生きる意欲を奪った夜の静寂を決して忘れないだろう。私は私の神と魂を殺し、私の夢を塵と化したその瞬間を決して忘れないだろう。たとえ神と同じくらい長く生きることを宣告されたとしても、私はこのことを決して忘れないだろう。決して。

私たちが入ることになった兵舎はとても長かった。屋根の中には青みがかった天窓がいくつかあった。地獄の待合はこのように見えるに違いない。あまりに多くの狂人、あまりに多くの叫び声、あまりにひどい獣のような残虐性。

何十人もの看守が私たちを連行しに来ていた。棍棒を手に、理由もなく、どこでも誰にでも殴りかかる。命令だ。

「脱げ！　速く！　まっすぐ並べ！　ベルトと靴だけを手に持って…。」

私たちはバラックの一端に服を投げ捨てなければならなかった。そこにはすでに大量の服があった。新しいスーツと古いすり切れたコート、ボロ布。私たちにとっては、これが真の平等、つまり裸になった。

寒さに震えながら。

何人かのSS将校が部屋の中を動き回り、強い男を探していた。彼らがそんなに強さにこだわるのであれば、もしかしたら、自分を頑丈な人間に見せるべきなのか。父は逆のことを考えていた。自分に注目されない方がいいと。そうすれば、私たちの運命は他の人たちと同じになる。(後に、父の考えが正しかったことを知る。その日選ばれた人たちは、火葬場で働く一団であるゾンダーコマンドのリストに入れられた。ベラ・カッツ――私たちの街の大商人の息子――は、私たちが収容される1週間前に最初の移送でビルケナウに到着した。彼が私たちの到着を聞いたとき、彼は私たちに何とか言葉を届けようとした。体が頑丈で選ばれたため、彼は火葬場で自分の父親を焼却炉に入れたと。)

打撃は雨のように襲ってきた。

「床屋へ!」

ベルトと靴を手に、私は床屋に引きずられるようにして行った。床屋ではバリカンで髪を刈り、体中の毛を剃り落とした。私の頭の中では、父から離れたくないという思いがずっと巡っていた。

床屋から解放された私たちは、群衆の中をさまよい始め、友人や知人に会った。これらの出会いは私たちを喜びで満たしてくれた――そう、喜び――「神に感謝!あなたはまだ生きていたのですね!」と。

しかし、他の人たちは泣いていた。残っている力のすべてを使って泣いていた。なぜ彼らはここに連れてこられたのか。なぜ彼らはベッドの中で死ぬことができなかったのか。嗚咽が声を詰まらせた。

突然、誰かが私の首に腕を回して抱きついてきた。シゲトのラビの弟、イェキエルだった。彼は苦しそうにすすり泣いていた。私は、彼がまだ生きていることの喜びで泣いているのだと思った。

(Wiesel, 1969, pp.44-46)

このいくつかの段落の中でヴィーゼルは、彼がブッヘンヴァルトに到着したときの絶望感を視覚化し、感じることができる文章を作り上げた。七回繰り返される「決して忘れないだろう……」というフレーズが、「決して」の意味を裏づける韻律、終わりのない感覚、そして強烈な瞬間の強度を高めるよう工夫された力強い反復を生み出している。また、言葉のペース、バラックの様子、彼らの体が裸であることを通して、囚人の脆弱性が感じられる。この数少ない段落の中でも、韻律、イメージ、そして暗示は、私たちをつかんで離さず、強い印象を与え、それを通して私たちはその場に代行的に身を置くことができる。ここにあるのは、文章で描かれた一種の肖像であり、悪夢の強烈な視覚イメージを生み出している。

このような肖像の創造は、場所の質を経験し、その関係性を概念化し、それらの関係性にしみ渡っている刻々と変わる浸透的な質を経験し、そして特に、文章を通してそれらを想像し、表現する作家の能力にかかっている。生きられた出来事は過ぎ去り、書かれたものとしての文章は生きている。このように、二つの意味で質的なものが使われている。第一は、特定の状況を経験する能力であり、それがどのようなものであったかを把握することである。第二は、その表象であり、ヴィーゼルの場合は文章を通してである。

教育における質的探究の本を読んでいるのに、最初に取り上げた話題が、サラダ作りと、第二次世界大戦中にナチスが行った死の収容所というのは奇妙に思うかもしれない。これらの例を用いた理由は二つある。第一に、死の収容所のような嫌悪感を抱かせるような出来事に読者を没入させようとする作家は、その代行的参加を可能にするような文章を何とかして生み出さなければならないということを示したいためである。収容所の経験と文章の形式は、何らかの経験的な整合性を持っていなければならない。第二の理由は、先述の通り、人間的事象についての質的考察は、恐ろしいものやエキゾチックなものに限られないことを示したいためである。それらは生活のどの部分にでもあり、私たちが環境の質を体験するときはいつでも、仮にサラダのような単純なものであっても現れている。質は経験の中心的な対象となりうる。経験は、それらの質が知られるようになるにつれて獲得されるものである。質的な探究、つまり質的な世界の知的理解を通して、私たちは**意味を生成している**。

質的探究の特徴

これまでの私の議論では、いくつかの問題点を考察してきた。これらの中で最も重要なものを抽出して再要約し、教育の文脈の中で質的探究が何を意味するのかを具体的に示していくことが有益であると考える。

第一に、私たちの感覚システムは、私たちが生活する環境を構成する質を経験するためのツールである。経験を獲得するためには、環境の中に、あるいは活発な想像力を通して、質が現れていなければならない。

第二に、質を経験する能力は、その現れ以上のことを必要とする。経験は人間の達成の一形式であり、そうしたものとして心の働きに依存している。質的な経験は、探究の質的形式に依存している。私たちは、見取ること、聞くこと、感じることを学ぶ。このプロセスは、知覚分化に依存しており、他の形式の内容と同様、教育的事象においても、捉えづらいが重要であるものを見取る能力は必須である。このような能力を持つ人はしばしば洞察力があると言われる。

第三に、質的探究は、「外側」にある世界の各側面だけに向けられているのではなく、私たちが創造できる物や出来事にも向けられている。サラダやシンフォニー、会話には、質的思考の行使が必要である。質の選択や編成には質的判断が必要であるため、教えることや教科書、学校の建築や教室のレイアウトなどもすべて質的思考の影響を受ける。質的事象について賢明になるには、経験する価値のある質を体験したり、創造したりする能力が必要である。そのような経験の最高の状態を私たちは芸術と呼んでいる。

第四に、私の目的のために最も有用な質的探究の形式の一つは、文学にみられる。作家は、自分の経験を文章という公共の形に変換する能力を発揮し、それが巧みに作られたとき、私たちはある生き方に参与できる。私たちは、作家の創作によりその場面を知るようになる。このように、作家は質から始まり、言葉に到達する。読者は言葉から始まり、質に到達する。

最後に、文章はさまざまな形をとることができる。文字通りに書かれた文章は、言語の比喩的な表現では伝えられないことを伝えられる。詩は散文では伝えられないことを伝えることができ、その逆もまた然りである。世界中の文化は、経験を公共的な形に変え、他者が経験できるようにするために必要な情報源を、その文化の人びとに提供してきた。二人の経験が同じになることはありえないが、ある人が作成した文章の種類によって違いが生まれ、その違いを認識できる。私たちは、読んだテキスト、見取ったイメージ、歌った歌によって部分的にでも世界を知るようになる。

サラダとホロコーストの例は教育への探究と何の関係があるのか。この点だけである。私たちの学校を悩ませている問題は、通常、その問題に関する直接的な知識をほとんど持っていない政策立案者によって対処されている。その結果、私たちは、問題に対して機能しない「解決策」を提示される。学校の日数や学年の期間を長くすれば、到達度が高まると言われている。期待値を上げることで、生徒のパフォーマンスが上昇すると言われている。自国の生徒が他国の生徒と比べて標準化された学力テストで十分に高い得点を得られないために、世界における私たちの国の地位が脅かされていると言われている。親が子どもの通う学校を選べるようになれば、学校間の競争で学校教育の質が上がると言われている。

学校での時間を増やすことが子どもたちにとって良いことかどうかを知るためには、学校で何が起こっているのかを知る必要がある。もし学校が子どもたちにとって本当に劣悪な場所であるならば、子どもたちが学校で過ごす時間を増やすことは最も避けたいことである。学校がどのようなものか、その長所と短所を知るためには、学校で何が起こっているのかを**見取る**必要がある。また、見取ったことを、鮮やかで洞察力に満ちた方法で他者に伝えることができなければならない。そのためには、何が重要かを認識できる批評家レベルの教育的鑑識眼が必要であり、私たちが見取っているものを、私たちの学校に携わる人びとに明らかにすべく教育批評の一形式を生み出す必要がある。多肢選択式テストの点数を上げることは確かに可能かもしれない。しかし、教育の観点から見れば、それは何を意味するのだろうか。指導の質や指導内容の意義を評価することによってのみ、私たちはそのような判断を下すことができる。そのためには、批評家が小説や映画、詩や芸術を評価するのと同じような方法で、教育を評価する必要がある。それには判断が必要である。学問の成果は、論文のページ数や、その学者が発表した論文の数で決まるものではない。質的な判断がなされなければならず、そのような判断は、その活動が行われている分野の鑑識眼によってなされる。

教師は生徒への期待を高めるべきだと言われても、その前に現在の期待が低すぎるのかどうかを知る必要がある。それを知る一つの方法は、教師が何を期待しているのかを問うことである。さらに良い方法は、教師の授業を観察することである。私たちが観察したことを見取るためには、教師が提供する明示的な合図だけでなく、暗黙の合図にも注意を払うことができなければならない。そのように見取ることは、質的な思考形式に依存している。明白なこと以外は何も見取ることができない人は、学校とは何か、教室がどのように機能しているか、あるいは教師がどのように教えているかを判断する上で、ほとんど役に立たない可能性が高い。教師の期待は低すぎるのだろうか。今のところ、私たちには分からない。

学校、死の強制収容所、サラダの間のつながりは、私たちが話したり書いたりしたいと思っている材料や状況の質に注意が払われている点である。質的思考は、サラダを作るときだけでなく、教えるときにも発揮される。それは私たちが他者と形作る関係、そして私たちが子どもたちのために作る環境の中で起こる。印象的な散文、熟練した指導、建設的な関係を築くためには、それらを集合的に構成する質に注意を払う必要がある。この注意は理解を促進する。教育の場合、私たちがより良い学校を作り、私たちの努力の結果を評価するために必要な種類の理解をもたらす。テストの点数ですべてのことが語れるわけではない。文学的な形式が必要な場合もある。本書は、一般的に教育実践の理解と強化の方法として軽視されてきた芸術・人文科学の既存の伝統を土台とし、そのような理解を確保していくプロセスについて述べている。次のステップは、そのような仕事の特徴を問うことである。研究を質的にするものとは何かということである。このことについて考えてみよう。

注

［1］私が記述した懸念は、毎週のように地方紙や合衆国全土で発行されている定期刊行物に掲載されている。1980年代初頭以降、アメリカの教育の嘆かわしい状態を宣言する全国的な報告書が何十冊も出版された。例えば、D. I. Commons（1985）, *Who Will Teach Our Children?*; L. M. Branscomb（1986）, *A Nation Prepared: Teachers for the 21st Century*; W. J. Bennett（1986）, *First Lessons: A Report on Elementary Education in America*; L. Alexander（1986）, *Time for Results: The Governor's 1991 Report on Education* などを参照。

［2］例えば、California Business Roundtable Report（1988）, *Restructuring California Education: A Design for Public Education in the Twenty-First Century* を参照のこと。

［3］このプログラムは「Cash for CAPS」と呼ばれている。CAPSとは、California Assessment Program のことである。

［4］教育における基礎研究で生み出された知の活用は、基礎研究者から情報を得た農業改良普及員から農民が情報を受け取るのと同じようなものだと喩えられることが多い。教育の基礎研究者が研究成果を教育の普及員に伝

え、普及員が現職教育を通じて現場の教師に研究の結論を伝えるという考え方である。このような研究活用の方向性は、農業と教育の違いを著しく見誤っており、教師を受動的で受容的な役割に押し込めている。このような手順とそれが依拠する前提に関する批判的なレビューは、H. Broudy（1976）, "The Search for a Science of Education" を参照されたい。

［5］教育現場の悩みの一つに、実践を改善するためのアイデアが次々と打ち出され、忘れ去られることがある。3〜4年ごとに、一見難解に見える教育問題に対して、新たな「解決策」が発見される。そのような処方箋が出てくると、教師はその新しい方針に従うことを期待される。結局、ベテランの教師たちは、新しい流行を無視して乗り切ることを学び、おおよそ彼らがいつもしてきたことをやり続けることになる。何が提供されているかにはほとんど関心がなく、過去に提供されたものでほとんど成功したことがないため、彼らは、受動的な抵抗こそが、変化する教育の流行に対処する効果的な方法であることを学んでしまっているのである。

［6］最近の学校改善のアイデアの中でも、教師自身が研究課題を定義し、それに取り組む機会を与えられるべきであるという**アクションリサーチ**への関心が再浮上している。私からすると、それが成功するためには、教師の役割を多様化することが必要で、それによって研究課題に関心のある教師が通常の仕事の一部として、そういった研究に取り組む機会を持つようになると考える。そのような研究が、すでに重い教職の負担に付加されるのであれば、効果的になされえない。この問題についての洞察に満ちた議論としては、J. M. Atkin（1989）, "Can Educational Research Keep Pace with Education Reform?" を参照されたい。

［7］統一された効果的なシステムを作るためのアメリカの教育学者の努力を明らかにする議論として、D. Tyack（1974）, *The One Best System*、また、この一般的なトピックに関連するものとして、L. Cuban（1988）, *The Managerial Imperative* を参照されたい。

［8］これらの議論の例としては、E. W. Eisner and A. Peshkin（1990）, *Qualitative Inquiry in Education: The Continuing Debate* を参照のこと。

[9] 芸術におけるパフォーマンスは、一般の人びとや一部の教育者の間でさえ、思考の結果ではないものとして捉えられている傾向がある。感情と芸術の関連づけが非常に強力であったため、芸術はしばしば感情の派生物と捉えられており、感情は思考と正反対のものと見なされてきた。デューイが芸術的思考の知的な性格を早くから認識していたことは、人間の知性のさまざまなタイプに関する現在の見解のいくつかの先駆けとなっている。例えば、J. Dewey (1931), "Qualitative Thought" in *Philosophy and Civilization* を参照のこと。

[10] よく発達した胎児の感覚刺激に対する感受性については、M. C. Robeck (1978), *Infants and Children: Their Development and Learning* で詳述されている。

[11] 特にゲシュタルト心理学者は、世界の質の間でますます洗練された区別が知覚される過程である知覚分化のプロセスを強調してきた。例えば、R. Arnheim (1954), *Art and Visual Perception*（波多野完治・関計夫訳『美術と視覚 —— 美と創造の心理学 上・下』、1963~64）を参照のこと。

訳注

[＊1] カーネギー単位（Carnegie units）は、中等学校において、一科目を一年間履修した場合に与えられる。はじめ、カーネギー教育振興財団が定義したのでこう呼ばれる。

[＊2] ハンター・アプローチ（Hunter approach）は、最適化問題を段階的に解決し、制約条件を守りながら目的を達成する手法。

[＊3] ダン法（Dunn method）は、クラスター分析においてクラスターの数を決定するための統計的な手法の一つ。類似した学習スタイルを持つ生徒を同じクラスターにグループ化する際に用いられる。

[＊4] 4MATシステム（4MAT System）は、教育分野における教育デザインや教育プランニングに使用されるフレームワークの一つ。このアプローチは、異なる学習スタイルを理解し、それに基づいて多角的に教材や授業計画をカスタマイズするのに役立てられる。体験（Experience）、概念化（Conceptualize）、適用（Apply）、

反映（Reflect）を主要な概念・ステップとしている。

［＊5］イギリス（イングランドとウェールズ）では、1839年以来、勅任視察官（Her Majesty's Inspector）による学校視察が発展した。

［＊6］撞着語法（oxymoron）とは、意味の矛盾する語句を並べて、言い回しに効果を与える修辞法。

［＊7］感覚システム（sensory systems）とは、生物が外部からの刺激や情報を受け取り、それを解釈し、感じるための生理学的なシステムまたは器官の総称。

第2章
何が研究を質的にするのか

芸術の形式は、私たちの直接的で感覚的な生活のダイナミックな形式と密接に関係している。芸術作品とは、ヘンリー・ジェームズが「生命感」と呼ぶものの空間的、時間的、詩的な構造への投影である。芸術作品は、「生命感」を私たちに理解できるよう定式化する感情のイメージである。

スザンヌ・ランガー

経験の優位性

すべての**経験的**な探究は、質に言及する。科学における最も量的な探究でさえ、質に言及する主張に帰着する。人が行う主張の真偽は、それらが言及していると主張する質と関連づけることによって決定される。これらの質とそこに割り当てられる意味は、私たちの経験の内容を構成する。**経験的**(empirical)という言葉は、ギリシャ語の emperikos（経験）に由来するラテン語の empericus からきている。科学も芸術も経験の外には存在できず、経験には主題が必要である。その主題は質的なものである。

しかし、そう言うだけであれば、私たちが量的と呼ぶ研究と質的と見なす研究の間に違いはないだろう。しかし、両者が同じものではないことは、直感的にも頭でもわかっている。本章の目的は、質的研究の特徴を説明することである。原理的な方法でこの問題を検討するためには、一から議論を構築する必要がある。最初のステップは、経験は質に依存しており、すべての経験的な探究は基本的に質に根ざしているという考え方である。

この所見の結果として、経験的世界の知は質的であるということのみならず、何らかの媒体を通じて私たちが知りえたことの表象(represent)を試みるという困難な課題にも直面することになる。私たちが使う最も一般的な媒体は言語である。媒体の特徴の一つは、仲介することであり、仲介するものは伝達する内容を変えてしまう。地図は領土ではなく、文章は出来事ではないのである。私たちは、世界を私たちがそれを知っているように再-提示(re-present)するために、書くことや描くこと、踊ることや歌うことを学ぶ[1]。

私たちが何を表象できるかは、二つの重要な要素に依存している。第一は、私たちが使用したい表象形式である。文章で創造できる世界は、写真で提示できる世界とは異なる。第二に、私たちが採用する概念的な枠組みは私たちの注意を特定の方向に向けるのであり、それゆえ私たちが経験することは、その枠組みによって形作られる。このように、私たちが問いかける質問、採用するカテゴリー、使用する理論は、私たちの探究を導き、実際、世界について知ろうとするときには、利用できるツールの影響を受ける。ここで、重要だが捉えがたいポイントとして、言語は他のすべての表象形式と同様に経験を構成するのであって、単に経験を伝達するだけではないということである。言語は、私たちの注意を形作り、焦点を合わせ、方向づける。つまり言語は、私たちの経験を公開する過程で、経験を変化させる。

これらの考えの含意として、例えば社会学を通して教育の世界を研究し、説明するという決断は、私たちの研究にさまざまな影響を与える。第一に、社会学では、関心事を定義するカテゴリーと理論の提示によって経験の内容を形作る。社会学者は人間集団の多くの側面に関心を持っているが、すべてに関心があるわけではない。第二に、社会学を通して教育研究を行うという決断は、経験が表象される方法を形作る。というのも、社会学的理解を伝えるために用いられる形式が言語的性格を持つからである。第三に、社会学は、焦点とメッセージの両方を形成する。社会学は一般的に特定の認識論を包含しており、社会学コミュニティ内で許容される研究に対する従来の規準を満たさないものを軽視する傾向があるためである。方法と媒体は、メッセージを作る上で受動的な手段ではない。

さらに、（便宜上例として使用した）探究の社会学的な形式が経験の内容に影響を与えるのは、他の社会科学の分野も同様である。政治学者は権力、政治的提携、取引に関心を持ち、心理学者は反応の強化、自我、スキーマ[*1]に関心を持ち、社会学者は所属、地位、役割に関心を持ち、人類学者は親族関係、文化、儀礼に関心を持つといった具合である。それぞれの学問分野は、独自の関心事を定義し、独自のカテゴリーを採用し、独自の目的を特定し、そうすることで、独自の世界を創造している（Goodman, 1978）。しかし、彼らは質的な方法を用いているという点で共通している。質的探究は、特定の学問分野の所有物ではない。

歴史や文学だけでなく、すべての社会科学は世界を記述するために言語を使用しているが、それは特定の方法で用いられている。言語の一つの形式は、命題である。命題的言説は、名詞 - 述語の関係を持つ断言文で構成される。研究と評価への従来のアプローチでは、そのような言説は、言語の明確で客観的な使用と、字義通りの使用を理想として強調する。操作的定義 ―― 測定可能な方法に関して定義する用語 ―― は、精度を高めるための重要な手段の一つである。実際、数学的言語を表象の正確さの典型と見なす人もいる。

言語の精密さを達成するもう一つの方法は、その感情的で個人的な特徴を減じることである。一部の社会科学は、研究報告を書く際に言い分を中立化することの重要性を依然として強調している。言い分があると足枷になると考えられている。このような態度は、科学的な文章では三人称単数形や一人称複数形を使い、研究対象者を被調査者（subjects）とか「Ｓｓ」と呼び、比喩や直喩を避けるようにという忠告（幸いにして以前ほど顕著ではないが）に表れている。研究における主観性と客観性の問題を扱う際に、この問題に戻ってこようと思うが、今のところのポイントは、社会科学が研究する世界の描写は、最終的には何らかの形で表象されなければならないということである。言語はそのような形式の一つを構成し、言語の使用方法は複数ありうる。

例えば、小説家、劇作家、詩人もまた、自分が経験したことを描写し、解釈するために言語を使用する。しかし、彼らの言語使用は、主として文字通りのものであることはめったにない。例えば小説家は、物語を語るための手段として、プロット、比喩、韻律、そして隠喩を用いる。その理由は、これらの言語装置が果たす特別な機能と関係している。狭い言語的慣習に縛られない限り、設定を説明したり人間の経験の内容を伝えたりするための言語の潜在的可能性はとてつもなく大きい。次の文章で、言語がどのように機能するか考えてみよう。

ホルコム村はカンザス州西部の、背の高い小麦の育つ平地にあり、他のカンザス人が「向こう側」と呼ぶ寂れた地域である。コロラド州との州境から東へ70マイルほど行ったところにあるこの田園地帯は、まっ青な空と、砂漠のような澄んだ空気が特徴で、中西部というよりはむしろ極西の雰囲気が漂っている。地元の訛りは、プレーリー特有の鼻にかかったもの、牧場労働者特有の鼻声の癖があるもので、男性の多くは細身のズボンにカウボーイ帽、つま先が尖ったかかとの高いブーツを履いている。土地は平坦で、景観は驚くほど開けている。馬、牛の群れ、ギリシャの神殿のように優雅にそびえ立つ白い穀物用のサイロの群は、旅人がそれらにたどり着くずっと前から見えている。

ホルコムもはるか遠くから見ることができる。見るべきものが多くあるわけではない——サンタフェ鉄道の主要路線によって中央で分断された、漫然とした建物群があるだけである。南は褐色のアーカンザス（「Ar-kan-sas」と発音される）川の流れ、北はルート50のハイウェイ、東西は草原と小麦畑に囲まれたまとまりのない集落である。雨が降った後、または雪が解けると、名前もなく、陰もなく、舗装もされていない道々は、埃まみれから汚泥に変わってしまう。町の一端には古い漆喰の建物が建っていて、その屋根には「ダンス」の電光掲示板が掲げられているが、ダンスはもはや行われておらず、広告は数年前から暗いままである。近くには時代遅れの看板がついた別の建物があって、これは汚れた窓の上に薄くはげた金色で「ホルコム銀行」と書かれている。この銀行は1933年に閉鎖され、かつての会計室はアパートに改装された。それは町にある二つの「アパート」のうちの一つで、もう一つは、地元の学校の教員がかなりの割合で住んでいるので、教員宿舎として知られているボロアパートである。しかし、ホルコムの家の大半は平屋建てで、玄関ポーチが付いている。

駅を下ったところでは、牛革のジャケットにデニムとカウボーイブーツを履いた、やせ細った郵便局員の女性が、崩れそうな郵便局を取り仕切っている。駅自体も、硫黄色のペンキが剥がれて、同じように哀愁を帯びている。チーフ号、スーパーチーフ号、エルキャピタン号は毎日通過しているが、こうした有名な特急はここに停車することはない。旅客列車はなく、たまに貨物列車が停車するだけである。ハイウェイ沿いには二つの給油所があり、そのうちの一つは品揃えの乏しい食料品店として、もう一つはカフェとしても付加的な役割を果たしている――そのハートマン・カフェでは、経営者であるハートマン夫人がサンドウィッチ、コーヒー、ソフトドリンク、3・2ビールを提供している。ホルコムはカンザス州の他の地域と同様に「禁酒」が行われている。

そして、本当にこれですべてである。(Capote, 1965, pp.3-4)

トルーマン・カポーティの『冷血』は実話であることに注意すべきである。彼は、「1959年11月中旬のある朝」に起こったことを、ある種の文学的な自由さをもって描いている。それはある批評家が「文学ジャーナリズム」と呼ぶものである(Wolfe, 1973)。しかし、ここで私が言いたいのは、ジャンルを分類するのではなく、作家がどのように舞台を設定し、カポーティの場合、殺人が行われる場面や雰囲気を読者が感じとれるようにしているかを示す点にある。

学校にもムードがあり、そこにも、政策立案者や実践を改善しようと試みる人たちが知っておくべき劇的な出来事がある。そうした知を可能にする手段は、啓発された眼 ―― その場面を見取ること ―― と、観察者が体験したことをその場にいなかった人に共有できるよう文章を工夫する力である。

今述べたアイデアにはいくつかの含意がある。第一に、たとえ想像力から生まれた文章であっても、世界の重要な側面を説明、あるいは例示するような文章を書くことは原理的に可能である。例えば、作家は想像力を駆使して、実際には起こらなかったが起こったかもしれない出来事を細密な描写で伝える小説を創作する。あるいは、作家は実際には自身に起こらなかったが、他者に起こった出来事を描写する文章を創作する。そして、カポーティのように、実際に起こり、事後に再構築された出来事について、芸術的な自由さをもって書く作家がいる。そして、特定の状況を研究対象として選び、計画的な手段を用いて記述することで、その出来事について言わなければならないことを他者が反復できるようにする研究者がいる。このような手順の最も体系的な例は、実験室での実験に見られる。このように、「本物の」フィクション ―― 例えば小説 ―― から、高度に制御され定量的に記述される科学的な実験までにわたる一種の連続体がある。この連続体のいずれかの端に位置する作品は、重要な情報を提供する力を持っている。質的研究と評価は、言葉の狭い意味でのフィクションであることなく、この連続体のフィクション側の端に向かうものとして位置づけられる。

意味を記述することと表現すること

美学的指向の哲学者たちは、質的で芸術的に作られた形式が意味を伝えうる方法に注目してきた。その一人がジョン・デューイである。デューイは意味を記述する形式とそれらを表現する形式の間に重要な区別を設ける。『経験としての芸術』の中で彼は言う。

> この目下の問題は、表現と記述とを区別することで取り組むことができる。科学は意味を記述し、芸術は意味を表現する。記述とは、ある対象や状況を経験するための条件を提示するものである。優れた、すなわち効果的な記述とは、これらの条件を、人がその経験に到達するための道標として使用できるような方法でどの程度記述されるかによる。
> 散文的なものとは異なる詩的なもの、科学的なものとは異なる審美的な芸術、そして記述とは異なる表現は、一つの経験に導くこととは違った働きをする。それは経験を作り出す。(Dewey, 1934, p.84)

ここでのデューイのポイントは、スザンヌ・ランガーが述べた**再現的なシンボル**と**現示的なシンボル**の区別に反映されている。ランガー(Langer, 1942)の場合、デューイの言う、規定された意味と同じく、再現的なシンボルは、伝えようとしている意味を**指す**シンボルである。代表例として、命

1　2　3

題的言説は、読者または聞き手の注意をその指示対象に向ける。「猫がソファーの上にいる」という文は、ある意味では、その記述をガイドとして使った場合に何を予測すべきかを伝える一連の指示である。その言葉自体は、「猫らしさ」、「上にいることらしさ」、「ソファーらしさ」を表現しているわけではない。このような意味が表現されるためには、記述されていることとは対照的に、著者や話者が伝えたい経験の質を直接的に提示する形式が作られなければならない。ここでこの課題は芸術的なものとなる。このように、デューイが科学は意味を記述し、芸術は意味を表現すると述べるのは、ランガーの用語を用いれば、科学で使用されるシンボルが再現的であるのに対し、芸術で使用されるシンボルは現示的であることを意味している。再現的なシンボルは、いわば透明である。私たちは記述を介してその参照先に移動する。芸術的なシンボルは不透明である。私たちはシンボルを使ってそれらの参照先に移動するのではなく、シンボルが示す意味を直接手に入れるのである。この例は、上の猫という言葉のグラフィック処理で確認できるだろう。

　最初のバージョンでは、catという単語は非常に指示的であり、定型的である。ボドニ書体には表現的な質もあるが、この書体はあまりにも普及しているため、私たちは形を軽視し、指示と形態の相互作用よりも単語の指示的な意味を扱う傾向がある。バージョン1のcatという単語は、その指示対象を容易に想像できる手がかりとなっている。

バージョン2では、異なる様相が示されている。ここでも、C－A－Tの文字はかなり読みやすい。文字通りの観点から見れば、バージョン1とバージョン2に違いはない。しかし、バージョン2のcatのスペルに使用される形態は、バージョン1とはかなり違っている。バージョン2では、猫が持つなめらかでしなやかな質のいくつかを経験する。このバージョンのcatは、猫の「猫らしさ」の一側面を描写、または表現している。単語、より正確には単語内の文字の扱いは、文字を文字として考慮するのと同じほどにものを言う。

バージョン3にも表現力豊かな特徴があるが、バージョン1、2に例示された特徴とはまったく異なる。文字も単語も同じであるにもかかわらず、それぞれのバージョンの扱われ方は異なる意味を伝えている。バージョン3は、バージョン2とはまったく異なる猫――あるいは少なくとも「猫らしさ」の側面――を私たちに提示している。

質的研究の六つの特徴

次に、研究を質的なものにする特徴を列挙し、説明する。特徴は六つあり、それぞれが質的研究全体の特徴に異なる形で貢献している。

第一に、質的研究は**現場を重視する**傾向がある。教育分野では、質的研究の実施者は、学校に出かけ、教室を訪問し、教師を観察する。教育委員会の活動を観察したり、子どもたちが遊ぶ様子を観察したり、必要な情報を手に入れるために地元の公園に行くこともあるかもしれない。しかし、私が描写する現場の焦点は、人間が相互作用する場所だけではなく、学校建築、教科書、教室のデザイン、学校のトロフィーケースの位置、ランチルームのデザインなど、無生物の研究も含んでいる。要するに、教育に影響を与えるものであれば、何でも質的研究の対象になりうる。

教科書の中の女性運動と性差別的な言葉への懸念、教科書のページで男女に向けられている注意の割合、使用されている視覚的なイラストなどについて、しばらく考えてみてもらいたい。これらすべてが質的研究の対象となる。ヴァランス（Vallance, 1975）は、社会科の教科書を質的研究の対象とした。彼女は、テキストがメッセージを伝えるためにどのような美的特徴を用いているか、その方法に興味を持っていた。そうした事象は周辺的なものではない。なぜなら、本がどのように書かれているか、建物がどのように設計されているか、教室がどのように構成されているかは、人びとがどのように振る舞い、何を学ぶと考えられているかについて、他のことと同じく多くのことを私たちに教えてくれるからである。銀行がドーリア式の列柱や新古典主義建築を多用してきたのは理由のないことではない。ギリシャ建築に本来備わっている合理性と信頼性、そのメッセージは疑いようがない。

現場重視の一環として、質的研究は通常、非操作的であり、状況や対象をあるがままに研究する傾向がある。リンカーンとグバ（Lincoln & Guba, 1985）が述べるように、それは「自然主義的」である。この特徴は、対象とする文化の中の人々から見えないようにしたいという人類学者の願望に近い。もっとも一部の人類学者は、研究者が研究する文化に介入することの重要性を探り始めているが（Scheper-Hughes, 1979）。しかし、全体としては、質的研究者は、観察し、インタビューし、記録し、記述し、解釈し、あるがままの場を評価する。

質的研究の典型的な特徴を強調するにあたり、私は教育の変化を検証する研究をあらかじめ排除したくない。デッカー・ウォーカーと私が行った質的研究では（Eisner & Walker, 1989）、三つの州にある四つの学区のカリキュラム変更に割り当てられた資金が、どの程度の好ましい変化をもたらしたのかを民間の財団に情報提供した。その財団から課せられた私たちの任務は、変化のプロセスを研究し、変化がどの程度起きているかを判断し、プログラムの目標との関連で実施されているプログラムの質について判断を下すことであった。そのために、私たちは仕事中の教師を観察し、各学区の教室を訪問し、教師だけでなく学校の管理職や教育委員会のメンバーにもインタビューを行い、各学区が使用しているカリキュラムや教材を評価した。この研究では、変化（実際には改善）が私たちの主要な関心の対象であったが、私たちは変化を観察しているのであって、変化を操作しているわけではなかった。変化のプロセスは各学区の管理下にあったため、自己生成的変化を質的に研究すべきではない理由はなかった。実際、多くの学区では、マグネット・スクール[*2]、協同学習、再構築、メンター教師の活用、ピア・コーチング、コンピュータ支援教育など、質的研究を必要とする教育的実験が行われている。全国の学区は、質的研究の機会にあふれている。

質的研究の第二の特徴は、**道具としての自己**に関連している。私は、質的研究の文脈において、感性と知覚力の重要性を強調してきた。私が強調しているのは、その場において見出される特徴は、そのラベルを袖につけているわけではないという事実である。そうした特徴は自ら申し出てくれるわけではない。研究者は、何らかの参照枠と意図を持った上で、何が見取られるべきかを見きわめなければばならない。自己とは、状況に関与し、それを理解するためのツールである。これは観察調査票の助けを借りずに行われることがほとんどである。それは、行動をチェックするという問題ではなく、むしろその存在を知覚し、その重要性を解釈することである。

何が重要かを見取る能力は、初心者と専門家を区別する特徴の一つである。バーリナー(Berliner, 1988)によると、初心者の教師は、教室で何が起こっているのかと問われると、教室において説明できることは実質的に何でも説明する傾向があるという。専門家は何を無視するかを知っている。何を無視すべきかを知っていることは、重要なことに対する感覚と、重要なことを効率的に探索できる枠組みを持っているということである。1940年代に、デ・グロート(de Groot, 1946)は、チェスの名人の視覚記憶は、そうでないチェスのプレイヤーよりも洗練されているわけでも十分に発達しているわけでもないことを実証した。専門家とそうでない人との違いは、名人は、盤面上の配置を整理するための幅広いスキーマを持っていたことにある。彼らの視覚記憶はチェスに特化していた。意味が彼らの知覚の源泉であった。

教室や学校の研究に応用した場合、感性とスキーマの相互作用がある。感性とスキーマは共に、複雑な質的な配列を理解するための手段を提供する。感性は、ある領域に関連する微妙な質やスキーマ、そして、何を求め、何を見取るべきかの重要性を私たちに知らせてくれる。感性がなければ、社会世界の機微は経験されない。スキーマがなければ、重要性の選別は不可能である[2]。

道具としての自己と関連しているのは、私たち自身の主観性を積極的に利用することである(Peshkin, 1988)。前述したように、各人の歴史、ひいては世界は、他の誰とも異なる。これは、私たちがある状況をどのように見取り、どのように対応するか、また、私たちが見取ったものをどのように解釈するかということが、私たち自身の証となることを意味している。この独自の証しは、不都合なものではなく、状況に対して個人的な洞察力を加えるやり方である。従来の研究は、審査団によって一律に適用される標準的な規準への適合が特徴的であり、審査員のそれぞれの点数を相関させて同意のレベルが決定される。操作的に問われるのは、「審査員の判断が偶然性を超えた有意なレベルで相関しているか」ということである。高いレベルの審査員間の合意を達成するために、審査員は、審査員間の判断の違いがなくなるまで、サンプルケースに事前に指定された規準を適用するよう訓練される。審査員間の評価が十分に均一になると、実際の審査が始まる。

教育批評と呼ばれる質的探究の形式では、質的研究の様相や仮説は異なる。批評家は、教室について共通の評価をし、共通の解釈をもできるように訓練することは可能だが、事前の明確化は、洞察力ある教育批評家の証しである独自の鋭い観察や解釈の抑圧、あるいは無視につながる。教育批評は、画一性や標準化を最高の善とするのではなく、むしろ独自の洞察力を高次の善と見なす。

意味の源泉として個人的な洞察力を高く評価することは、自由自在の許可証を与えるものではない。[3] 教育批評家は証拠と理由を提供しなければならない。とはいえ彼らは、独自の解釈が理解における概念的な弱点であるという仮定を否定し、複数の見解から得られる諸々の洞察は、単一の正しいものを信じることで得られる快適さよりも魅力的であると見ている。

研究を質的なものにする第三の特徴は、その解釈的な性質である。質的探究の文脈において、解釈的という言葉には二つの意味がある。第一に、それは、探究者が記述したことに対して説明しようとすることを意味する。なぜ教師はこのように授業で反応するのか。教室でこのような種類の動機づけが使われているのはなぜか。新しい教育政策は教師の教え方にどのような影響を与えているのか。新しいカリキュラムの要件には、知性に関するどのような前提が反映されているのか。教科の学習への時間配分は、学習内容の重要性について生徒にどのようなメッセージを送るのか。要するに、**解釈**の一つの意味は、何かが起こっている理由を説明する能力に関係している。これには、社会科学的な構成概念の使用が必要となる場合もある。また、新しい理論の創造を必要とすることもある。

解釈の第二の意味は、研究対象となっている状況にいる人にとって経験が何を意味するかに関係する。先述の通り、質的研究は意味の問題に関わる。**意味**とは捉えどころのない言葉であり、そうした捉えどころのない問題を扱う一つの方法は、それを完全に無視することである。行動主義はこの道をとった。行動主義で最も重要なのは、人や動物が何をするかであって、その行動が彼らにとって何を意味するかではない。質的研究者や評価者にとっては、捉えどころがないものであっても、意味はなお重要である。この点で、質的研究者は動機の問題と、研究対象の状況にいる人が体験する経験の質に関心を持っている。ジミーが数学の勉強をする動機は何か。今度開催される演劇のために壁画を描くよう依頼されたとき、ジェーンはどのように感じているのか。読んだばかりの詩についての活発な議論を公共放送のアナウンスによって中断されたとき、四年生にどのような影響があるのか。

行動への注意が必要なことは確かだが、観察や記述は行動だけで終わるものではない。質的探究とは、表層の奥に踏み入る。質的探究者は、ギアーツ（Geertz, 1973）が「厚い記述」と呼ぶものを求める。彼らは、顕在化した行動の下にある、出来事を経験した人にとっての意味まで追求することを目指している。エリ・ヴィーゼル（Wiesel, 1969）は、第1章で引用したホロコーストに関する文章のわずかな段落の中で、その深い構造のいくつかを私たちに理解させてくれる。彼は、顕在的な行動だけではなく、イメージとその重要性を描き出そうとしたのである。

意味の問題を明らかにする用語は、その場面に持ち込まれた理論的構造や参照枠組みに大きく依存する。先に、感性とスキーマの両方が観察に何が重要かを教えると述べた。何らかの状況の描写において現れてくる重要性の種類は、採用されるスキーマの種類によって形作られる。人類学者がある村を研究する場合、彼らが実践している人類学の伝統や習慣、理論的な制約が、知覚のための窓と、意味が形作られる用語を提供することになる。儀式、慣習、親族関係などは、焦点を定めるための顕著なスキーマとなる可能性が高い。もし村に出会ったのが政治学者ならば、同じく現実的な、別のストーリーが語られるだろう。歴史家は他の事柄に注目し、画家はまた別の事柄に注目するだろう、等々。意味が解釈され、どのように形作られるかは、部分的には、人びとが使いこなす方法を知っているツールに依存する。異なる学問分野では、異なるツールが用いられる。そこにどのような意味が立ち上がるかは、「そこにある」質のみならず、人びとが持ち込むツールの作用でもある。

手持ちの概念的なツールだけが、観察したことから得られる意味に影響を与えるわけではない。その他にも、先行事例要因に対する私たちの評価も影響を与える。ある文脈の歴史的な先行事例は、特定のエピソードが意味を獲得する背景となる。人間は学習し、過去の出来事の記憶や解釈を持ち込む。彼らが経験することは、部分的には彼らの個人的な歴史によって形作られている。例えば、学校監督官[＊3]がリスクを取るか取らないかは、その学区の歴史、そして、彼女と学区に対するその影響を彼女がどのように認識しているかに関係しているかもしれない。動いているビリヤードのボールにはすべて原因と結果がある。私の知る限り、ビリヤードのボールは文化的伝承には関与しておらず、記憶も持っていない。ここでは、歴史は重要ではない。教室、学校、学区ではそんなことはない。そのコミュニティはどこに由来するのか。それはどのように変化してきたのか。どちらの方向に向かっているように見えるのか。また、この特定の10歳の子どもについてはどうだろう。彼の両親の結婚生活はまだ続いているのか。不安定な家庭生活は、彼が批評を扱う能力にどのような意味を与えるのか。私は追加のサポートをする必要があるか。このような問いは、質的研究に関連している。

質的研究、特に教育批評に見られる第四の特徴は、すでに述べたように、**表現的な言語の使用**と文章に声が存在することである。一部のジャーナルが賞賛する分離の類 ── 声の中立化、比喩や形容詞への嫌悪、一人称の不在 ── は、質的研究の特徴としてはほとんど見られない。私たちは自分の証しを表示する。私たちの証しは、言葉の背後に機械ではなく人がいるのだということを明らかにする。報告された研究を人が行ったという事実を隠すために、いくつかの社会科学雑誌で使用されている修辞的技巧は皮肉なものである。つまり、客観性への要求がカモフラージュに至るのである。「私」は「我々」や「研究者」になる。このような魔法がどのようにして起こるのかは不明であるが、明らかなのは、このような書き方は欺瞞的であるということだ。

声の存在や表現的な言語の使用は、人間の理解を深める上でも重要である。ドイツの心理学者はこれをEinfühlungと呼んでおり、英語では「エンパシー（empathy）」と呼ばれている。

エンパシーとは、他人の立場に立ってみる能力のことである。エリ・ヴィーゼルやトルーマン・カポーティを読むとこれを経験する。良い作家はあなたをその場に置く。エンパシーは感覚や感情に関連しており、興味深いことに、感情はしばしば認識の敵と見なされている。私はそのような見解を否定する。感情的な力を持つ人や場所、出来事について読み、それを骨抜きにする説明を受けることは、何か嘘を読むことである。私たちが読者に理解してもらおうとする状況から、なぜ心を取り出してしまうのか。

科学的言語が経験を感情のない記号に変換する方法についての興味深い議論が、20世紀前半の偉大な物理学者エディントン（Eddington, 1929）にみられる。

精密科学が扱う知の種類を調べてみよう。物理学や自然哲学の試験問題から、より分かりやすい問題を探してみると、次のような問題に出くわすかもしれない。「象が草の生えた丘の中腹を滑り降りる…。」経験豊富な受験生は、これにあまり注意を払う必要がないことを知っている。つまり、この文はリアリズムの印象を与えるためだけに挿入されている。彼は読み進める。「象の重さは2トンである。」今や私たちは本題に入りつつある。象は問題から消えてしまい、2トンという質量に取って代わられる。2トンとは正確に何なのかが問題の主題だろうか。それは、外界の特定の領域で生じている「非常に重いこと」として漠然と記述される何らかの性質や状態のことである。しかし、私たちはその方向をさらに進んではならない。外界の性質は不可解であり、記述不能の泥沼にはまるだけだからである。2トンとは何を指しているのかは気にすることはない。2トンとは何であるのか。それは実際にどのようにしてこれほど明確な形で私たちの経験に入り込んだのか。2トンとは、象が体重計に乗せられたときの針を読んだものである。続けてみよう。「丘の傾斜は60度である。」ここで丘の斜面は問題から消え、60度という角度に取って代わられる。60度とは何か。ここでも、方向という曖昧な概念に苦労する必要はない。60度とは、分度器の分割に対する垂直線を読んだものである。問題の他のデータも同様である。象が滑ったとされる軟らかく茂った草は摩擦係数に置き換えられる。それはおそらく直接的にではないが、針の読み取りと同様の性質である。もちろん、象の体重や丘の傾斜を測定するために、実際にはもっと回りくどい方法が使われていることは間違いないが、それが正当化されるのは、直接針を読むのと同じ結果が得られることが分かっているからである。

……そして、詩は問題から消え去り、精密科学の本格的な応用が始まる頃には、私たちに残されたのは針の読み取りだけであることを知る。もし、針の読み取りかその等価物だけが科学的な計算機に投入されたとしたら、私たちはそれ以外のものをどうやって抽出できるのか。しかし、これがまさしく私たちが抽出するものなのである。問題はおそらく、象の下降時間を算出することであり、その回答は、時計の文字盤の秒針を読むことである。(Eddington, 1929, pp.251-253)

さて、物理学の目的のためには、情報を測定された知へと変換することが適切であると言わなければならない。他の人が経験することを読者に理解させようとするのであれば、それは不適切である。物理学の探究に倣って教育学の探究を形作ることは、何らかの小さな目的に対しては役立つかもしれないが、物理学が教育研究の適切なモデルになるとは思えない。斜面を滑り降りるときにズボンのお尻に熱さを感じるのは、速度や摩擦を測るゲージを読むのとはまったく異なる。質的に優れた文章は、読者が熱さを経験するのを助けてくれる――もちろん代行的にではあるが。

質的研究の第五の特徴は、**個別性への関心**である。従来の社会科学は、個別性を使用して一般的な記述に到達する。これは、サンプリング手順と推論統計を通じて行われる。統計的手続きを使用するためには、データを作成しなければならない。データを統計的に扱うための形式は数値である。この変換が起こるとき、個別の特徴である単一性は失われる。出てくるのは関係性の記述であり、データがそもそもそこから得られている個別性からはほとんど切り離されてしまう。

質を量的な「等価物」へと変換すること――それらは決して等価ではないが――は、ガリレオ後の科学の貢献の一つである。『確実性の探求』の中で、デューイ（Dewey, 1929）はこの変換について論じている。


ガリレオの仕事は発展ではなく、革命であった。それは、質的なものから量的なものあるいは計量的なものへの変化、異質なものから同質なものへの変化、内在的な形から関係への変化、美的調和から数式への変化、瞑想的な楽しみから能動的な操作と制御への変化、静止から移り変わりへの変化、永続的な物から一時的な継起への変化を示した。（Dewey, 1929, pp.94-95）

もちろん、特定の質的特徴を一般的な記述に変換することは有用でありうる。この過程を通して集約が可能になり、集約を通して概念的節約が可能になる。同時に、特定の状況、個人、出来事、または対象の趣は失われる。質的研究は、そのような趣を提供する。このことは、何よりも、その事例の美的特徴と呼ぶにふさわしいものに対する感受性によってなされる。このような知覚の最も洗練された現れは、ファインアートに見られる。ファインアートの目利きは、彼らが注目する芸術作品を非常に細かく識別できる。実際、最高の目利きは、やや洗練されていない人なら騙されるような贋作や捏造を見抜くことができる。特定の状況を明らかにするには、まず、その特徴に気づく必要がある。知覚は依然として中心的なものであるが、それ以上に、文章を通してそれらの特徴を表現する能力が求められる。教育批評を用いた研ぎ澄まされた事例研究を読むと、読者はその事例の顕著な特徴を感じとれる。教室、学校、教師が抽象へと消えてしまうことがない。先述のホルコムとブッヘンヴァルト、カポーティとヴィーゼルが私たちにこれを示してくれている。同時に、個別性は直接的に描写する以上のものを例証する。個別性の中には、一般的なテーマが含まれている。

この問題については第9章で述べる。目下のところポイントは、質的研究は事例の独自性を感じさせることである——つまり、最良の研究はその事例を触知できるものにするのである。

質的研究の第六の特徴は、その成功を判断する規準に関係する。質的研究が信憑性を持つようになるのは、その**一貫性**、**洞察力**、そして**道具的有用性**があるからである。

関連性の強さを統計的に記述して因果関係や相関関係を示す実験とは異なり、質的研究は通常、複数の種類の証拠を採用し、理性によって説得する。人間の理解を深めることを目的とした営みに対して、**説得**という言葉は、最初は不適切に思えるかもしれない。私たちは通常、真理を発見し、事実を掘り起こし、客観的に物事を知ろうとする。このような知についての概念では、その社会的性質や、枠組みや視点が、私たちが知ることを作り上げる仕方に与える影響を軽視しがちである。質的探究は、従来の量的アプローチと同様、最終的には説得の問題であり、私たちが掲げる目的を果たす、もしくはそれに役立つ方法で物事を見取ることである。質的研究で使用される証拠は、複数の情報源から得られる。私たちは、その「重み」や一貫性、解釈の妥当性によって説得される。私たちは自分の視点を試し、それが「正しい」と思えるかどうかを見取ろうとする（Goodman, 1978）。質的研究では、結果が「重要」であるかどうかを決めるための統計的な有意性の検定は存在しない。結局のところ、何が重要かは、判断の問題なのである。

こういった取り組みの包括的な特徴として、強い合理性と、時に美的な精神がある。それは社会的世界へのアプローチであり、そのダイナミックで生きた質を受け入れるものである。私たちが事実だと信じている事柄は、一時的な状態にすぎないことを私たちは認識している。社会状況は流動的である。ただしこれは、学校、教室、教師、生徒について導き出された結論が、短く儚い命だということを意味しているわけではない。質的探究者は物理学者の目的に見られるような普遍的で不変で、そして永遠の自然法則を求めているわけではないという意味である。私たちが目指すのは、「より柔軟」で、より順応性のある宇宙 —— あるいはそれらの集合体なのである。

上述の実際的な意味合いは、探究の結果が「揺るぎないもの」に見える場合ほど、判断がより大きな役割を果たすだろうということである。質的探究では、判断は生き生きと十分になされ、それゆえに議論や相違を検討する場は常に開かれている。質的研究では、事実は決して自分自身で語ることはない。

もちろん、そうした研究のモデルは文学や人類学だけでなく、その結論が深刻な社会的、個人的な結果をもたらす分野にもある。その分野とは、法律である。法廷とは、裁判の勝敗を決する場であり、そのための手段は多くの場合、さまざまな種類の証拠に訴えるが、単一の結論に明白に至ることはめったにないような、論拠に基づく議論である。曖昧さ、状況、代替的な見解、証拠を解釈する他の方法、その他の証拠が常に存在している。法廷での弁護士は、無実の判決を求めて陪審員を納得させるような証拠を集め、自分の論証を構築しようとする。そして、敵対者はその逆を求める。多くの点で質的研究は、説得しようとする努力において似ている。

明確にしておきたいことは、従来の研究、特に教育分野の研究が同様の取り組みをしていないと言っているのではない。同じようには行われている。しかし、通常このような言葉でその努力を説明することはない。**説得**には主観的な響きがあり、ある人には押し売りの響きになる。しかし、どのように研究をデザインし、どのようなツールを使い、どのような環境で研究し、どのような統計をとり、どのようにデータを解釈するかはすべて、最終的には懐疑論者の疑念や、価値観が異なる見方をする人びとの攻撃に耐えうる説得力のある主張を生成するためのものである。自然が存在し、それを実際あるがままに知ることができると信じている人にとって、パースペクティビズム[＊4]は、魅力的な考えではない。

最後に、私が説明した特徴は、どのような特定の研究においても程度の差こそあれ存在することを認識すべきである。研究は、ある程度質的になりうるのである[4]。心理学の実験室で形式化され、量的に記述された実験は、私が説明した特徴をわずかしか持っていない。サラ・ローレンス・ライトフット（Lightfoot, 1983）やトム・バロン（Barone, 1978）が生み出した学校の研究は、その特徴の多くを持つ。その間にあらゆる実例を見つけることが可能である。いくつかの研究は、明示的に質的な要素と量的な要素を組み合わせており、それを効果的に行っている（Sternberg, 1988）。ここでの私の論点は、研究を質的にするものについて私が語るとき、私は集合包含[*5]、集合排除[*6]といった概念 ── 何事もあれかこれかでなければならないという考え ── に言及しているのではないということである。人間の仕事はすべて連続体の上に位置づけることができる。『ハムレット』は連続体の一方の端にあり、ダンカン・ルーチェ（Luce, 1986）の数理心理学の仕事はもう一方の端にある。

質的研究における方法論的な問題を省察する人びとの大きな関心事の一つは、主観性と客観性の問題である。私たちは主観的な記述を信頼できるのか。第3章では、この問題とそれに関連した問題を取り上げる。

注

［1］本書においては、知覚された世界と同形のイメージ創造を意味するものとして表象（representation）という概念を解釈すべきではない。再－提示のプロセスは、解釈のプロセスであり、再構築のプロセスであり、そうすることで、その起源となった経験を再構成するのである。私たちは自然を映す鏡を持っていない。

［2］認知におけるスキーマの役割についての明快で有用な議論として、U. Neisser（1976）. *Cognition and Reality*（『認知の構図』、1982）を参照のこと。

［3］質的研究では「何でもあり」だという非難がよく見られ、それはしばしば、主張の意味や価値を判断するためには厳格な基準や評価軸が必要だと考えている人や、単に質的探究の特徴を理解していない人によってなされている。質的方法のトレーニングが教育学部やその他の場で増え続けるにつれ、「何でもあり」という言葉を耳

にすることは少なくなるだろうと私は期待している。

[4] 研究はある程度質的になりうるだけでなく――つまり、質的研究の中には非常に比喩的で文学的なものもあれば、言語の使用においてより文字通りである場合もある――、文学的な表現と量的な表現の両方を採用することも可能である。量的な方法を含むいくつかの表象形式を質的な性格が優勢な研究の遂行に組み入れることができないという理由はないし、またその逆も同じである。

訳注

[＊1] スキーマ（schema）は認知プロセスにおける情報処理の枠組みを指し、知識、期待、および経験に基づいて情報を整理、理解し、記憶しやすくする役割を果たす。

[＊2] マグネット・スクール（magnet schools）とは、アメリカ合衆国において学校選択制の下、１９７０年代から普及した公立学校の一種である。特色あるカリキュラムや教育方法によって、学区を越えて広範囲から、子どもたちを磁石のように引きつける学校という意味である。

[＊3] 学校監督官（school superintendent）は、教育機関における高位の管理職の一つを指す。学区の組織内で最高責任者として働き、教育政策の実施、学校の運営、教育プログラムの監督、予算の管理などの重要な職務を遂行する。

[＊4] パースペクティビズム（perspectivism）は、ある事柄や現象は異なる視点から見ることで異なる解釈や理解が生まれると主張する。つまり、真実や現実は、個人や文化、言語、社会的背景などの異なる要因によって影響を受け、多面的で多様なものとされる。

[＊5] 集合包含（class inclusion）は、カテゴリーや階級の包含関係に関連している。具体的には、より大きなカテゴリーまたは階級に含まれるより小さなカテゴリーまたは階級を理解するプロセスを指す。例えば、「動物」というカテゴリーは、「哺乳類」「鳥類」「爬虫類」を含む大きなカテゴリーである。つまり、小カテゴリーの要

素は大カテゴリーにも含まれているという認識である。

[＊6] 集合排除（class exclusion）は、あるカテゴリー内の要素が別のカテゴリーに含まれていないことを理解 70
するプロセスを指す。例えば、「哺乳類」というカテゴリーは、「鳥類」や「爬虫類」とは異なるカテゴリーであ
り、これらのカテゴリーは互いに含まれていない。

第3章　質的研究と評価における客観性と主観性

人間は自分自身が紡いできた意味の網に捕らわれた動物である。

クリフォード・ギアーツ

リアルなものの追求

アメリカ文化全体、特に教育研究の世界では、物事の客観的な見方を求めることは、いまだ手に入れにくい理想のままである。世界を理解しようとする私たちの努力の中で、他に何を求めようとも、客観性は最も大切な理想の一つであることは間違いない。しかし、客観性とは何で、何がこれをそれほど重要なものにしているのか。そして、どのようにすれば客観性は達成できるのか。

本章では、これらの疑問に取り組む。私の分析は、ニューウェル（Newell, 1986）が言うところの**存在論的客観性**と**手続き的客観性**の区分に基づいて行われる。存在論的客観性は原理的に、私たちが期待するものを提供できず、手続き的客観性は私たちが考えている以下のものしか提供できないということを読者に納得してもらいたい。その上で、私たちが客観的に物事を見ることに対して抱いてきた実現不可能な期待に悩まされることのない概念を提供したい。私たちが参加している世界を創造し、それに関わる方法を再概念化することで、私たちの経験的な信念の位置づけについて、より合理的で有用な思考方法を確立できるようになることを願っている。

客観性とは、通常、物事をあるがままの姿で見ることを意味する。客観的であるとは、物事を実際の特徴の通りに経験することである。物事をあるがままに見るということは、その存在論的な状態でそれらを経験したり、知ったりすることである。これは、**存在論的客観性**、または**真正性**（verdicality）と呼ばれている。最善の状態として、私たちは知覚と理解の両方において、真正性を追求する。私たちが見たいもの、知りたいものは、空想、イデオロギー、または欲望によって作られた何らかの主観的な作り話の世界ではなく、実際にそこにあるものである。フライデー刑事[*1]のように、私たちは「事実、奥さん、ただ事実だけ」を知りたいのである。真正性は、主張と現実との間に同型関係があることを意味する。[1]

認識論に精通している人は、理想としての真正性が真理（truth）の対応理論を前提としていることを知っているだろう。ギリシャ人が考えていたように、認識論の目的は、真実で（true）確実な（certain）知に到達することであった。これは、信念から知を区別するものであった。知は**エピステーメー**（episteme）であり、信念は**ドクサ**（doxa）であった。したがって、私たちが**知っている**ことは何であれ、定義上、真実である。もしそれが真実でなければ、私たちはそれを知ることができない。

私たちはそれを真実であると信じることはできるが、信念と知は当時も今も、異なる存在状態にある。知に対するこのような考え方は、知を発見の問題として捉える。それゆえ、科学者は宇宙を支配する法則を発見し、事実を掘り起こすと言うのである。私たちは、客観的に知られた客観的な世界を求めている。

また、理想として、世界と探究者との間の対応関係は、探究者が知覚することだけではなく、探究者が世界について語らなければならないことも指している点に留意すべきである。換言すれば、対応関係は知覚と理解だけではなく、表象においても起こる。このような表象は、最高の状態では、リチャード・ローティ（Rorty, 1979）が批判したように、自然を映す鏡を提供する。

手続き的客観性とは、ある状態の記述や評価において、個人的判断の余地を排除する、あるいは排除しようとする方法を開発し使用することである。このような方法の最も一般的な例の一つは、客観的に採点される到達度テストである。テストがいったん作成されれば、正解・不正解を特定する際に解釈を必要としない。テストの作成段階には解釈の問題が含まれるが、採点の段階では光スキャナーで十分である。採点は判断を必要としないため、手続き的には客観的である——したがって、私たちは、回答を採点するための客観的なテストまたは客観的な方法を持っていると言える。

操作的定義もまた、手続きとして客観的なものである。どのように測定されるかによって概念やスキルを定義することは、他の人も使用できる一連の手順を採用することを意味する。さらに、そのような手順を使用する場合、手順に従う限り、また、測定された現象自体が変化しない限り、同一の結果が得られることが期待される。個人の判断に依存した試験や手順は主観的と呼ばれ、大方の研究者がそう信じているように、主観的な判断は信用されない。研究事業の目的は、方法論的な観点から言えば、研究対象となる出来事や対象物について存在論的に客観的な理解を得るために、手続き的に客観的な一連の方法を用いることである。

手続き的客観性は、判断の対象について同一の判断をするように審査員を訓練することによっても保証される。これは、採用されるべき規準を特定し、各規準の優劣を示す連続体に沿って質に数字を割り当てることによって行われる。審査員が規準の適用の訓練を受けていれば、審査員の得点の相関性は高く、理想的には一致する。このような状況下では、文字通りの意味での測定が行われていない場合でも、審査員は客観的またはほぼ客観的な採点手続きを用いたと言われる。オリンピックの審判員は、採点する飛び込みの質について、単なる主観的な判断をしているわけではないと私たちは信じている。審判員の得点の差が大きくなればなるほど、審判員の判断に対する私たちの信頼は低下する。コンセンサスがあることで、判定の客観性に対する信頼感が生まれる。

主観性は教育研究コミュニティでは厄介な概念であるため、それが現れるのを減らすために、私たちは言語規範を作り上げてきた。[2] 私たちは自分自身を**研究者**と呼んだり、一人称の複数形を使ったりする。かなり最近まで研究報告書では、一人称単数形 ―― I, me, my ―― は禁止されていた。私たちは**被験者**（subjects）について語っているのであって、人びとについて語っているのではないし、もっと距離を置いて、被験者に言及するのにSという文字を使ったりする。要するに、私たちが生み出す研究において自分たちの存在を非人格化するために、可能な限り言語を形式化しているのである。人格化は客観性を損なう。つまり、私たちが世界について語るべきことは、世界のあるがままというよりも自分たち自身についてより多くを反映していることを示唆することを恐れているのである。私たちの言説の伝統は、あたかも私たちが存在論的に客観的な、現実にそこにあるものの鏡像を提供したかのように錯覚させることを意図している。

存在論的客観性と手続き的客観性の問題は重要である。それは、実証的研究を行う上でのある種の実践的な問題（例えば、測定できないものを研究することを避ける傾向がある）につながるからであり、また、それ自体問題のある知の見方を強化するからである。例えば、存在論的客観性が基盤としている真理の対応理論を考えてみよう。

現実に対する私たちの見方が現実と一致しているかどうか、あるいは対応しているかどうかを、私たちはどのようにして知ることができるのだろうか。現実に対する自分の見方と現実そのものの間に対応があることを知るためには、二つのことを知る必要がある。それは、現実を知ることと、加えて現実に対する自分たちの見方を知ることである。しかし、もし現実を実際あるがままに知っているのなら、現実に対する見方を持つ必要はないだろう。逆に言えば、現実をありのままに知ることができないのだから、自分の見方が現実と一致しているかどうかは分からないのである。

ある人は、現実の「真の（true）」見方は、出来事を予測したり、制御したりするのを可能にすると主張する。これができれば、私たちの現実に対する見方は現実そのものと一致していると言えるであろう。しかし、私たちが出来事を予測したり制御したりできるからといって、私たちが抱いている世界についての見方が現実の世界と一致していると結論づけることはできない。信仰療法を行う人たちは長年にわたり、その奉仕によって「奇跡的な」結果を得てきた。彼らの奉仕がときどき効果を発揮するという事実は、その効果の源泉である彼らの信念が真実であることを意味するものではない――かといって、私たちの見解が真実であることを意味するものでもない。信念を検証するための規準として予測と制御を使用することは、後件肯定[＊2]の例であり、ポパー（Popper, 1959）などが指摘しているように、論理的に正当化されない手順である。実際、ポパーの見解では、私たちは、ある主張の真理を立証することは決してできず、せいぜい反証できるだけであり、その場合も完全にはできない。ポパーは検証主義者[＊3]ではなく、可謬主義者[＊4]である。

世界をありのままの状態で知ること――ある種の無垢な知覚――の不可能性に関係しているのは、知覚が枠組みに依存しているという性質である。世界の知覚は、スキル、視点、焦点、言語、そして枠組みに影響を受ける。眼は脳の一部であるだけではなく、伝統の一部でもある。教えることはどのように知覚されるのか。それは、私が何を重視するかによる。私が（発問に対する応答の）「待ち時間」に興味があるなら、私はそれを見る。言葉の明快さ、教師と生徒との関係性やラポール、提示されたアイデアの意義、教師の個人的なスタイル、温かさ、熱意など、すべてが着目する候補となりうる。どれを選択するかは、枠組みによる。カントの言葉を言い換えれば、枠組みのない知覚対象は空虚であり、知覚対象のない枠組みは盲目である[＊5]。私たちは、職業上、またそれ以外の社会化を通して枠組みを手に入れる。何を見取るようになるかは、私たちが何を求めているかにかかっており、何を求めるかは、ゴンブリッチが指摘しているように、私たちが語り方を知っていることにかかっている。ゴンブリッチは、画家は、見ているものを描くのではなく、描くことができるものを見取るのだということに気づかせてくれる。空っぽの心は何も見取らない。ブルーナー、ナイサー、グッドマン、アルンハイム、ギアーツはいずれも、心が世界を媒介しており、それゆえに、知覚自体が認知的な事象であると指摘している。

もちろん、存在論的客観性については、さらに複雑な問題がある。この複雑さは、表象に内在する限界に対処するためである。世界のいかなる報告も、何らかの形をとり、何らかの記号システムによって伝達されなければならない。言語のようなシステムは、記述する。視覚芸術のような他のシステムは、描写する。文字通りに記述する言語もあれば、比喩的に記述するものもある。視覚システムは、視覚的に描写しつつも、基本的には私たちの情動に訴えかけるものがある ― 表現主義のように。視覚的に描写しつつも、私たちの想像力に訴えるものもある ― シュルレアリスムのように。さらに、視覚的に描写しつつも、私たちの光学的経験に訴えかけるものもある ― ジョヤフ・アルバースの作品やカラーフィールドペインティングが思い浮かぶ。一つの記号システムには、独自の制約と独自の可能性がある。どのような記号システムでも、明示と隠匿の両方を行うため、その使用は必然的に、記述や描写を意図している現実の、部分的な見方を提供することになる。実際、私たちが選択する形式は、私たちが獲得する理解の構成要素であり、表現媒体はメッセージの一部なのである。

さらに問題を複雑にするのは、私たちが使用するスキーマ自体が、知覚を組み立てることである。これらのスキーマは、**領有の構造**（structures of appropriation）と考えることができる。それらは、私たちの世界の認識と理解を創造する際の輪郭をはっきりさせる。この意味で、記号システムの世界制作的性質に関するグッドマン（Goodman, 1978）の指摘は、特に当を得たものである。妊娠中絶合法化に反対する活動家にとって、受精卵は子どもであり、その堕胎は殺人である。他方、選択権賛成派にとって、受精卵はまだ人としての地位に達していない、生存不可能な原形質として認識される。それぞれのグループは、用いている人間についてのスキーマを通して自らの世界を創造しているのである。

このようなことを考えると、存在論的客観性 ―― つまり世界をありのままに、媒介なしに把握すること ―― を達成する見込みは薄れていくように思われる。多くの人にとって、グッドマンが述べる「基底部にある鈍重なもの」(Goodman, 1978, p.96) がないことは問題なのではないだろうか。アンカーがなければ、私たちはどのようにして安定性を維持できるのだろう。このようなアンカーの必要性は、それを見つけようとする動機を生み、アンカーがそこにあり、十分な努力と工夫をすれば必ず見つかると確信するのである。デューイが嘆いたように、この探索は、確実性を求める探索である。

手続き的客観性に関しては、判断を排除した手続きを作ることは確かに可能である。外部の影響を受けないようラップに包まれ、パッと開き、人間の手が触れない機械で採点できるよう鉛筆で空欄を埋めることで解答される到達度テストがあまねく普及しているのは、そのような手順が魅力的であることの証左である。それらは政治的にも安全であり（ハイステークテスト[*6]で判断力を行使するのは危険なことになりうる）、効率的でもある。しかし、合意は現実をもたらすわけではなく、あくまでも人びとが合意できることを示すにすぎない。合意はいくつかの方法で円滑に進めることができる。一つは、知覚の解釈や微妙さを必要としないよう、判断する対象や属性を単純化することである。これは低-推測データ[*7]と呼ばれる。もう一つは、判断が不要であり、不可能とさえなるように判断の範囲を制限する一連の制約を作ることである。制約が非常に大きいと、選択の幅は非常に狭くなる。例えば、銀行の出納係はそのような状況に置かれることが多い[3]。手続き的客観性の規準としての合意は、合意についての情報は提供するが、必ずしも世界のありのままの姿に関する情報ではない。したがって、手続き的客観性が私たちに教えてくれるのは、人びとが同意するということである。彼らが正当な理由からそうすることが望まれる。これが私たちが手にできるすべてであるだろうし、私たちはそれが何のためであるかを認識すべきである。

独我論とバベルの塔について

ここで提示している見方、すなわち枠組みに依存した知という見方は、独我論[*8]につながるのだろうか。私たちは外部にある世界の存在や貢献を否定しているのだろうか。私たちが参照できる質が頭の中だけにあるものなら、どのような意味で質的探究が可能なのだろうか。要するに、存在論的客観性を否定するとき、私たちは急進的な主観主義に陥り、それゆえに合理的な選択をするためのいかなる根拠も失ってしまうのだろうか。デニス・フィリップス（Phillips, 1983）が主張したように、私たちはバベルの塔へと進んでいき、コミュニケーションをしたり、間違いを犯したかどうか判断したりする能力を手放してしまうのだろうか。バベルの塔を回避したいのであれば、単一の公用語に合意しなければならないのだろうか。

私はそうは思わない。存在論的に客観的な知を持つことができることを否定することは、つまり、私たちが世界について知るようになるものはすべて、私たちの経験を通して知られるだろうと言うことだ。そして、私たちの経験は、それ以前の経験に媒介される。私たちのこれまでの経験は、文化によって、言語によって、私たちのニーズによって、そして私たちを人間たらしめているすべての考え、習慣、出来事によって形作られている。それはまた、私たちの遺伝的な素質、つまり知的な指紋を組成し、人類の他の人たちと私たちを区別する特定の性向や気質によっても形成されている。私たちの独自性を認識し、私たちの文化や、それが物の見方に寄与していることを認めることは、フィリップスが必然的な目的地であると主張するバベルの塔に追いやられることではない。私たちには、コミュニケーション能力、相互に親密な関係を築く能力、視点の違いに対応する能力、経験の異なる解釈を受け入れる能力、そして実際に自分の考えを変える能力があり、それらは、私たちに警告する者たちが予測する大惨事が、基本的にはある一定の認識論を受け入れさせようとするための修辞的な装置あるいは脅しの戦術であるということの十分な証拠である。実際、私は、単一の公式な真理の説明やそれを見出す唯一の方法を持つ世界よりも、多くの異なるパラダイムや手続きがある世界で生きる方がはるかに開放的だと考えている。検証主義者が、主張の真正性を懸念するのは正しいが、真理への道は自分たちの側だけにあると主張するのは間違っている。

主観性の美徳と多面的な視点

主観性には美徳はあるのか。主観性は一つなのか、または多数あるのか。ペシュキン（Peshkin,

1985）は、美徳としての主観性に関する興味深い論文の中で次のように述べている。

私の主観性は機能的であり、それが生み出す結果は合理的だ。しかし、今もこれからも、それらが私にとってのみ合理的であり、他の誰かにとっては合理的でないのなら、私は幻想を生み出していることになり、私の見解は無視されるに違いない。私が見取ったものを開示するとき、私が得た結果は、他の研究者たちに、私がおこなったことに視線を向け、私が見取ったものをよく見るように促す。私の考えは、他者を楽しませる候補であり、それは必ずしも唯一の真理としてでも、ましてや真実としてでもなく、彼らの感性と合致し、彼ら自身の探究についての思考を形成するかもしれないある現象の本質と意味に関する立場としてである。もし、どういうわけか、すべての研究者が同じであれば、同じ現象に対して（非指示的側面に関する限り）同じストーリーを語ることになるだろう。主観性ゆえに、私は心を動かされたストーリーを語る。私の主観性を留保すれば、私は価値中立的な参与観察者となるわけではなく、単に頭が空っぽの観察者になるだけである…。（Peshkin, 1985, p.280）

ペシュキンの論点の一つは、個人の履歴と固有の思考様式は、個々人に独自の方法で世界を経験することを可能にするということである。このような独自の経験の仕方が、新しい知の形式を可能にし、文化を存続させてゆく。これらの新しい形式は、そうして他の人の経験を形成するための候補となり、次に他の人がそれを利用してさらに新しい形式を作り出すことができ、そしてその形式は次に…というように続く。

ペシュキンはまた、私たちの主観的自己は、その自己にとって妥当で他の自己とは異なる見地から新しい状況を見ること、そして私たちは多数の主観的な自己を持っていることを指摘している。多数の自己のうち、どの自己が前面に出てくるかは、私たちが置かれた状況によって異なる。この主観的な自己は、誰であれその人が持つ自己のすべての範囲を一つと捉えるなら、単一の自己と見なすことができるし、それぞれの自己を一つとして捉えれば、多数の自己と見なすこともできる。一つであろうと多数であろうと、重要なことは、視点が変化することであり、私たちが選択する、あるいは使わざるをえないものは、そのときの文脈の特徴と関わっているということである。

自己が複数あると言われることには、もう一つ意味がある。その意味は、複数の視点から状況を見取る能力と関係している。ある意味では、公的な学校教育は、視点を変化させる能力を養うことを目的としている（Hirst, 1974）。私たちは、経済的な視点、心理学的な視点、生物学的な視点などから状況を見取る方法を学ぶ。つまり、私たちは参照枠組みを変えることを学ぶことができるのだ。それぞれの参照枠組みは、状況に対して異なる見方や解釈をもたらす。[4] この点を簡単な挿話で説明してみたい。

ある大学生のグループは、彼らが住む緑豊かな森に恵まれた州で、もうすぐ狩猟シーズンが始まると聞かされた。また、来る狩猟シーズンには、多くの鹿が死ぬことが確実だとも聞かされた。そこで彼らに「なぜ鹿が死ぬことになるのか？」という質問がなされた。

ある学生は、州のハンターは射撃が上手で鹿の追跡に長けているため鹿は死ぬと述べた。別の学生は、鹿が死んでしまうのは、出血とその結果としての脳への酸素不足が原因だと述べた。別の学生は、鹿が死ぬ本当の理由は、人間には攻撃的な本能を表出する生得的な必要性があり、鹿を殺すことで合法的なはけ口を見つけたからだと述べた。別の学生は、鹿が死ぬ本当の理由は、全米ライフル協会が鹿の狩猟を許可するよう州議会に圧力をかけたからだと述べた。

これらの説明はそれぞれ、何らかの意味でもっともである。これらの説明のどれか一つが必ずしも他のものよりも真実であるということはない――それはその人が持つ視点次第である。異なる視点を用いる能力が成長すると、何を重要だと思うかも変化する。求めるデータも変化する。適切な解釈も変わる。さまざまな視点を持つことは、状況を異なる角度から検討する方法である。多くの視点の中で最終的に首尾一貫した統合を達成するというより、知的に多才であること、あるいは理論的に折衷的であることが重要である（Schwab, 1969）。すべての視点を単一の正しいものに還元するというよりも、むしろ一連の異なる視点として複数の見方を扱うことができることが重要なのである。

道具としての自己

私たちの目的――教育実践の充実――に、より十分に資すると私が信じている概念に進む前に、質的研究や評価が客観性に及ぼす脅威について客観主義者が抱く懸念を列挙しておきたい。

1　手続きが特定され、個人的判断の範囲が狭められなければ、結論は観察された対象と同じくらい観察者のことを語ることになる。

2 非命題的な言語、例えば比喩や修辞的な言語の使用は、立証の可能性を損なう。

3 論理的に整合性の取れない複数の枠組みを使うと、解決策を見出せないまま矛盾した結論を導き出してしまいかねない。

4 知は科学的探究の産物として最もふさわしいと考えられており、美術、詩、文学はそのようなものとは本質的に無関係である。

5 真理は信念を超えたものである。というのも、真理ではない信念でも高度な同意が得られる可能性はあるからである。

6 存在論的客観性は、すべての研究が目指すべき理想である。

もう一つの見方――相互生成的な説明

上に列挙した懸念や信念はいずれも、本章で展開する見解とは対立するものである。定められた標準的な手順を踏まなければ世界の有用な記述、解釈、評価を確立できないという信念は、小説家、映画制作者、歴史家、人類学者が作品を通じて提供してきたことを否定するものである。これらの分野の最も重要な仕事は、個人的な洞察力と解釈に依存しており、単純に再現可能な一連の手順に従うことに依存しているのではない。

非命題的言語について、フィクションの正しさは物理学の真理ではない。フィクションの作品が「正しい」とか「人生そのものである」という場合、それは作品が現実のある側面を捉え、照射しているためである。このリアリティーは、彼または彼女が経験し、私たちが信じられると認める世界についてなにがしかを明らかにするために、文学と呼ばれる形式を用いることができる作家の能力にかかっている。フィクション的真実のテストに科学的な真理テストが関係するのは、スフレ作りに化学の知識が関係していることと同じである。科学的に検証できないからといって、文学や詩による情報を伝える方法を否定することは、カテゴリー間違いを犯している。私たちは、多くのバージョンの正しさと共存できるのであって、真理はその一つである。

枠組みの非整合性に関する限り、客観主義者はときどき、質的研究について、予備調査としては妥当だが、真の知は実験によって確立されると言う。この見解は、実験科学への彼らの傾倒を反映している。実験は理解するための良い方法ではあるが、唯一の方法ではない。カッシーラー（Cassirer, 1961-64）、ポランニー（Polanyi, 1958）、ランガー（Langer, 1942）が述べる通り、命題は、人間が知りえたこと、表象したいと考えることのすべての刻印を保持するものではない。どのような形式であっても言語は、それらの形式が表現しようとしている経験と同じではない。これが、客観性や真理の規準として真正性が機能しない理由の一つである。どんな命題も、記述しようとしている質と一対一の関係に立つことはできない。命題は他の命題と矛盾することはありうるが、質はそうではない。

真理が信念を超えるという考えは、それ自体が存在論的客観性の可能性に対する信念である。しかし、私たちが知りえることはすべて、世界との交流を通したアクティブな心の産物である。**自分の信**

念を保つのに適した規準を用いて、最終的にその信念を参照する以上のものを求めることは、より高い権威に訴えること、あるいは、心の自然への媒介を素通りする幹線を求めることである。どちらも、私の知る限りでは、成功しそうにない。アメリカを代表する科学哲学者の一人であるスティーブン・トゥールミン（Toulmin, 1982）は、この点について次のように述べている。

私たちの科学的な説明や批判的な読解はすべて、何らかの解釈的立場、概念的枠組み、または理論的視点から始まり、それを具現化し、含意している。私たちの説明の適切さや妥当性は、プラトン哲学における厳密さや幾何学的な必然性で証明されることは決してない（はっきり言えば、**エピステーメー**は問うには常に大きすぎる）。それに代わる有効な問いは、我々の立場のうちどちらが合理的に妥当であり、筋が通っており、擁護可能であるか ―― つまり、根拠のない意見ではなく、十分な根拠がある意見であるか、揺らぎのある不安定な見解ではなく、健全な**ドクサ**であるか、である。（Toulmin, 1982, p.115）

存在論的客観性を信じる人びとが懸念するのは、**エピステーメー**の可能性を損なうパラダイム、規範、方法が、彼らが属する研究や評価のコミュニティに導入されることである。彼らは、認知的多元主義、さらには相対主義を懸念し、その主張が真実かどうかを知る術のない探究アプローチのために、合理性が失われることを危惧している。

方法の規定は、基本的に認識論的であるだけでなく、政治的でもある（Eisner, 1988）。従来受け入れられてきた規範から逸脱した方法や視点は、しばしば間違いと見なされる。つまりそれらは、技能や従来の知を脅かすのである。新しい探究の形式を評価するために新しい規準が必要とされるならば、また物事がいかに語られるかがメッセージの意味理解に関連しているならば、人はこれらの意味を「読む」こと、そしてそれらを伝える諸形式を理解する必要がある。必要なのは解釈と意味解明——つまり合理性である。

合理性とは、諸要素を創造したり知覚したりする際に、それらが関与している全体に関連するよう知性を行使することを意味する。私は、合理性を言説に媒介された思考に制限したり、論理の適用に限ったりしない。人間の合理性は、要素間の関係が巧みに作られたり、洞察力をもって知覚されたりするときにはいつでも発揮される。物理学者と同じく詩人も、哲学者と同じく画家も、数学者や天文学者と同じく俳優や教師も、合理的に役割を果たしている。合理性という言葉の語源は比率——つまり関係性の秩序——に関連している。授業を計画する教師も、教室を評価する評価者も、教員のリーダーシップをとる管理職も、すべて合理的な行為者である。

私の考えでは、論理は、より狭義に定義した意味では、一連の前提条件から正当化できる結論を導き出すことに関係している。論理的であるということは、一貫性を達成するために必要な推論あるいは演繹に際して理性を行使することである。しかし、論理自体は合理性よりも狭い。論理は、合理性の部分集合の一つである。論理的に機能することは、合理的に機能することであるが、合理的に機能することは、論理的に機能することを必要としない。

この区別の趣旨は、合理性を論理に勝る知性の美徳として認識することである。合理性は、その傘下に、論理の適用に依存しない知的な追求を行う幅広い活動を含んでいる。第二の意味合いは、教育の目的に関係する。合理性が主要な知的美徳である以上、それを発揮できる幅広い分野での洗練は、教育の主要な目的であるべきである。

相互生成への転換

客観的と主観的という概念が示唆する二項対立を避ける方法はあるだろうか。私は、デューイの著作（Dewey, 1938）に由来する代替案を提案したい。ここで提示された三つの概念を考えてみる。

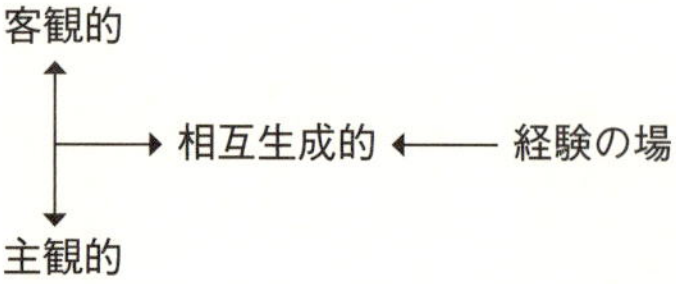

ここで、**相互生成的**であることは、人間の経験の場として考えられている。それは、客観的なものと主観的なものという二つの仮定された実体の相互生成の産物である。世界について私たちが知ることができるのは常に探究の結果であるため、それは心に媒介されている。心に媒介されているため、世界は存在論的に客観的な状態で知ることができない。客観的な世界は、一般的な実体としても、特定の実体としても仮定される。世界について私たちが知っていることは、私たちの主観的な生活と、仮定された客観的な世界の相互生成の産物であるため、これらの世界は分離できない。それらを分離するには心の働きを要し、分離には心が用いられることが必要なので、心を用いた結果として「分離された」ものは何であれ、心から「分離された」ものだけでなく心も反映することになる。したがって、私たちが有するの

は経験――すなわち、独立した主観的実体と客観的実体というよりも、一つの相互生成である。

このことで、私たちはどうなるのか。私たちは純粋に客観的な見解を持つことができず、主観的な見解を信用することを拒否するとしたら、相互生成の根拠を信頼すべきときをいつ知るのか。次にこの問題に目を向ける。

相互生成の根拠の評価規準

私たちが何を信頼するかは、最終的には、私たちが読む文章の特徴と、その特徴によって私たちが理解したり、見取ったり、予測したりできることにかかっている。質的研究や評価に適用するための操作的に定義された真理テストは存在しないが、問うべき質問や、検討、評価すべき特徴はある。始原的な客観性も純粋な主観性もありえないことを認識し、文章から得られる経験はすべて相互生成的であることを認識すれば、文章についてそれを信憑性のあるものにするのは何かを問うことができる。私は、以下の特徴が重要であると考える。(1)**一貫性**、(2)**合意**、そして、(3)**道具的有用性**である。

一貫性

質的なナラティブの信憑性を決定する一つの規準は、それが提示する議論の一貫性ないし堅牢さである。そのストーリーは筋が通っているか。結論はどのように裏づけられているか。解釈に信憑性を与えるために、複数のデータの源泉がどの程度用いられているか。観察は研究の他の部分と一致しているか。調整できないような例外はあるか。他に信頼できる解釈はあるか。もしそうならば、何が提示された解釈を受け入れるように導くのか。その研究は、すでに知られていることとどの程度よく関連しているか。

全体に行き渡っている一貫性は、美的な特徴である。研究や描写が「本当らしく響く」と言うとき、それは一貫性があり、筋が通っているという意味だと思う。私たちが「証拠の重み」について語るとき、物事のありようについての説明を聞いたり読んだりした後に経験する事実らしさの感覚を、比喩を使って説明している。何かが「正しく感じられない」と言うとき、私たちは説明できないが、それでも私たちは信頼している規準に基づいて判断を下している。

一貫性はゲシュタルト[*9]の質に関係している。ある意味では、「プレグナンツの法則[*10]」——よい適合——は、解釈や評価の一貫性に関連している。私たちは議論が「水も漏らさぬ」というとき、それは「そこに穴を見出せない」ことを意味する。私たちは、矛盾、論理の破綻、噛み合わない点を探すことによって議論を精査する。

一貫性は、ネルソン・グッドマンが「正しさ」と呼んだこととも関連している（Goodman, 1978）。描写や例示について、グッドマンは、詩、絵画、小説、戯曲などに対して真実かどうかを問うことは間違った質問だと主張している。彼は、それが正しいかどうかを問うべきだという。例えば、フィクションの登場人物は、実在の人物に対応しているという意味では、文字通り真実ではない。実際には、ウィリー・ローマンやブランシュ・デュボア、ハムレットなどは存在しないかもしれない。とはいえ、フィクションの登場人物は、特定の人物を指しているわけではないとしても、同じようなジレンマ、難問、苦悩を共有するすべての人を指している。これらの人物が登場する物語は、文字通りの真実ではないにしても、「正しい」。つまり、科学的な主張が真実であると言われる意味では、真実ではない。グッドマン（Goodman, 1978）は次のように述べる。

そのようなことはさておき、それが適合する世界に対して、言明は真実であり、叙述または表象は正しい。そして、フィクションの表現様式においては、言語であれ絵であれ、比喩的に解釈をすれば、世界に適合し、正しいかもしれない。記述の正しさや表象の正しさを真理のもとに包摂しようとするのではなく、真理をこれらと共に、適合の正しさという一般的な概念のもとに包摂する方がよいと私は思う。（Goodman, 1978, p.132）

グッドマンは、真理を超越した正しさという概念を提供している。彼の言葉で言えば、真理とは、適合の正しさの部分集合である。同時に、この世界にウィリー・ローマンたちが実在していないからといって、アーサー・ミラーが彼らについて語りたいことが、啓発的でも、有用でも、有益でも、示唆に富むものでもないとするのは誤りだろう。質的研究が文字通りの意味で真実ではない研究を産出すると言うことは、その研究が正しくもなく、有用でもないということではない。

一貫性は、質的研究の査定や評価の規準として重要ではあるが、誤解を招く可能性がある。ギアーツ（Geertz, 1973）が指摘するように、詐欺師の話ほど一貫性のあるものはない。一貫性は、まったくのでっち上げでありうる。研究者は、自分たちの研究事例を弱体化させ、不利になるような証拠を除外するかもしれない。データが都合よく加減されている可能性もある。言葉に陰影をつけることで、意味に少しばかり説得力を持たせることもできる。要するに、私たちは説得する必要がある人たちによって――そしてそうでない人たちによってさえも――惑わされる可能性がある。先入観にとらわれた結論や特定の物事の見方に固執してしまい、知らず知らずのうちに自分たちの先入観を裏づけるような状況や物語の側面だけに焦点を合わせてしまう可能性がある。

　操作的定義や光学的処理で採点された標準テストの美徳の一つは、それらを通じて再現の可能性が高まることである。[5] 少なくともこの方法でデータが確保されていれば、データは「人の手によって手が加えられていない」ことになる。質的研究では、観察者や研究者が主なツールであり、自分の価値観や期待に添わないものを無意識のうちに見落としてしまうことがある。

　私たちにはトレードオフがある。[*11] 標準化されたテスト用具や観察調査票に依存して状況を記述する場合、使用された特定の用具は、用具メーカーが予想できなかったこと、すなわち特定の教室の固有の特徴に対して柔軟かつ適切である保証はない。しかし、その用具が適した教室の特徴については、より高い信頼性を確保できる。再現性にとって必要なことは信頼性にとって必要であり、適切性にとって必要なことは妥当性にとって必要である。信頼できることと妥当なこととの間には、今も昔も古典的な緊張関係がある。

　質的研究の査定や評価の規準としての一貫性と関連するのが、**構造的裏づけ**である（Eisner, 1986）。

構造的裏づけとは、複数の証拠の組み合わせや、結論を支持する事例の反復を説明するための用語である。多くの評価の分野では、これをトライアンギュレーションと呼んでいる（Webb et al., 1966; Mathison, 1988）。研究を構造的に裏づけるためには、導きたい結論を実証する証拠の断片の集まりを繋ぎ合わせる必要がある。法律の分野では、目撃者がいない犯罪を有罪にするために状況証拠を用いることができる。その検証は合理的な疑いの検証であり、合理的な疑いに根拠がない場合、その評決は正当なものと見なされる。

アメリカの法律学では、有罪判決に必要な証拠の種類は、当該事件が刑法に該当するか民法に該当するかによって異なる。刑事事件において、有罪の評決は民法の場合よりも高い基準を満たさなければならない。刑事事件の場合、評決は合理的な疑いを超えた証拠に依拠する。民事事件の場合は、証拠の優勢というそれほど厳しくない規準を満たす必要がある。規準の違いは、評決が出されるさまざまな状況を適切に反映している。このような慣行は、教育的な探究にも適していると私は考えている。

教育研究において、ペシュキン（Peshkin, 1986）が挙げる、福音派キリスト教学校がキリスト教的価値を推し進める方法の多数の事例 —— そうした価値の配慮の下に生徒の生活を実質的に管理すること、ある種類の音楽の禁止、男女関係のルール、聖書の無謬性の強調、授業内容への聖句の組み込み —— は、これらの学校の性格についての結論を構造的に裏づける多くのデータを提供している。

ジャクソン（Jackson, 1981 a, b, c）やライトフット（Lightfoot, 1981 a, b, c）が行ったような短期の学校観察であっても、上層中産階級の親たちのコミュニティが、学業成績を上げることが —— ほとんどどんな犠牲をはらっても —— 重要であることを、教師にも学校管理職にも同じく伝えている例を数多く示している。ライトフットはハイランドパーク高校の「成績至上主義」について言及しているが、それはいきなり出てきたわけではなく、彼女が説明している教育環境に適合したものである。デイヴィッド・エルカインド（Elkind, 1988）が「せきたてられた子ども」について述べる際、野心的な親が子どもたちにプレッシャーをかける方法の例を何十も提示している。彼がそのような行動の潜在的な損失に対して懸念を表明するとき、私たちはその懸念を真剣に受け止める準備ができている。実際、幼稚園を「学校化」しようとしている学区の話を聞くと、私たちはそのような努力を、エルカインドが書いた「せきたてられた子ども症候群」の例として認識する。

複数のデータを情報源として使用することは、結論を構造的に裏づけるための方法の一つである。さまざまな種類のデータが収斂し、あるいは支持しあうと、パズルの中のイメージのように、全体像がより明確になる。最高の状況では、その解釈しかないように見えてくる。

どのような分析にも、競合する解釈を導入することは常に可能であり、フロイト派にとって説得力ある論拠を構成するものであっても、行動主義者を納得させられる可能性は低い。さらに、相違点を解消できる超理論は存在せず、解釈を選別し、どちらが正しいかを決定するための高等裁判所も存在しない。パラダイムの違いは、しばしば出発点の違いにある。最終的には、どれだけ裏づけが厳密であったとしても、すべての懐疑論者を満足させることはできないだろう。研究者は、自分が選んだ枠組みの中で、可能な限り自分の結論や解釈に信憑性を持たせようと努力する。いったんその難しい規準を満たしさえすれば、後は読者が自由に選択できるのである。

合意

合意とは、研究者または論文の読者が、研究者によって報告された発見および／または解釈が、彼ら自身の経験や、提示された証拠と一致していると同意する状態である。**合意**（consensus）とは、ラテン語の動詞 consentive「合意する」から派生した用語であり、多重的な裏づけの一形態である。質的研究や評価において、肯定的な合意は研究者の結論を承認するものとなる。質的研究と評価においては、どのように合意を得るのだろうか。

先述の、一貫性と構造的裏づけに関するいくつかの特徴は、合意を得るために重要である。合意とは結局のところ、意見の一致の問題であり、意見の一致とは最終的には説得の問題である。ある人は説得力があると思うことでも、別の人は説得力がないと思うかもしれない。ある人にとっては、測定された変数に帰結しない研究は、事実上、何の信憑性も持ちえない。社会化は非常に強力であり、彼らの方法論へのコミットメントは非常に強いので、彼らの研究に対するイメージに適合しないものは、知の殿堂に居場所はない。コミットメントとイメージの力は、ケネス・ボウルディングによって、宗教的信念に喩えられている。ボウルディングは『ザ・イメージ』(Boulding, 1956) という鋭く挑発的な書籍の中で、次のように述べている。

例えば、敬虔なムスリムは、コーランの戒律を守ることに人生のすべてを費やしてきた人たちであり、自分の神聖な仕事の権威に疑問を投げかけるようなメッセージがあれば強力に抵抗する。その抵抗は、単にメッセージを無視するという形をとることもあれば、怒りや敵意、憤りといった情動的な反応の形をとることもある。同様に、「敬虔な」心理学者は、超感覚的知覚を支持して提示された証拠に強く抵抗するだろう。それを受け入れると、彼にとっての宇宙の全体像が覆されるためである。抵抗が非常に強い場合、それを突き崩すには、非常に強力な、あるいは頻繁に繰り返されるメッセージが必要となり、それらが浸透したとき、その効果は、知の構造全体の再統合または再編成となる。(Boulding, 1956, p.12)

抵抗の強い人は、変化の可能性が低い。測定された変数、確率係数、信頼区間[*12]以外の証拠を考慮することを厭わない人にとっては、変化の可能性は良いことである。

すでに示したように、明白なことに着目するならば合意を得ることは簡単である。教師が教室で咳払いした回数を数えたり、教師が質問してから生徒が返事をするまでの待ち時間を計算したりするためなら、教育的に洗練されている必要はない。

解釈を必要とするような、より微妙な問題になると、合意を得ることは大変な作業になる。読者はここまでの議論から、意味のある合意がどの程度達成されるかは、説明され解釈される内容の微妙さや複雑さと無関係ではないことを推察できるだろう。咳払いについてはほぼ完璧に近い合意が得られ、おそらく待ち時間についてはいくぶん合意されがたいだろう。生徒のコメントがどの程度鋭いものであったかということに関しては、合意を得るのはかなり困難である。すべての事柄について同程度の精度を期待すべきではない。アリストテレスは『倫理学』の中でこれをうまく表現している

（McKeon, 1941）。

主題の性質に認められるのとちょうど同じ程度に、物事の各領域で正確さを求めることが、教養ある人間の特徴である。数学者から蓋然的な合理化を受け取ることや、修辞家に科学的な証明を要求したりすることは、明らかに同じように愚かなことである。（McKeon, 1941, p.936）

他にも考慮すべき点がある。行為する前にどれだけの合意が必要かは、必要としている決定の重要度と、行為の潜在的な損失の程度に依存する。例えば、ある決定が教師の解雇に関係している場合、私たちはそのような行為を正当化するのに適切なレベルの合意をほぼ確実に得たいと考えるだろう。他方、初任者の教師を支援したいと考えている場合、私たちは、合意という点でかなり低い証拠に基づいて行為するだろう。要するに、どのレベルの合意が適切であると考えられるかは、私たちが何を判断しようとしているのか、また、私たちの行為の結果がどの程度重要であるかに依存している。

合意とは、ある状況の描写、解釈、評価に関係すると思われる証拠の、結果としての一致である。合意は、「真理」を含意するものではない。芸術や科学の偉大な作品の多くは、最初は拒否された。それらには十分な合意があったが、それは否定的なものであった。今日ではこれらの同じ業績――例えば、ガリレオの自由落下の調査、ゴッホの絵画、ストラヴィンスキーの音楽など――が、すべて十分な合意を享受しており、しかも今日では拒絶ではなく賛辞を受けている。

また、これらの作品が作られた時、これらの作品についての意見を持っていた人たちは、現在の反対意見を持っている人たちと同様、その判断の妥当性を当時は確信していたということも忘れてはならない。実際、どちらの場合にも合意はある。ここでの教訓は、自分の成果物に対する合意を得ようとすることは重要だが、合意を得たからといって、真理を突き詰めたと考えてはいけないということである。突き詰めたのは、合意なのである。

道具的有用性

どんな質的研究でも最も重要な試金石となるのは、その有用性である。有用性にはいくつかの種類がある。第一に、理解の有用性がある。優れた質的研究は、そうでなければ謎に包まれ、混乱させるような状況を私たちが理解するのに役立つ。人はナラティブを読み、その内容を考察し、断片を繋ぎ合わせる。例えば、新しい歴史――アメリカの工業主義に対する修正主義的な歴史――を読んで、それまでにはなかった真理の響きを初めて経験したり、労働組合とアメリカ資本主義の関係について初めて合点がいくかもしれない。物事が腑に落ちるのである。

政治学の多くは、政治的事象の解釈から成り立っており、そうでなければ混乱に他ならないような事柄に秩序と構造を与える。主要な当事者の動機や利害を理解したと感じられるのである。

歴史学でも政治学でも、実験的な試みの可能性は低い。外国勢力の政治行動を実験的に操作することは非常に難しく、ルネサンス期のイタリアの政治を再現することは不可能である。しかし、NATOの同盟やメディチ家の政治を分析することは啓発的である。理解の道具的有用性の一つは、仮に結果として何もできなかったとしても、満足感を得ることである。

第二の有用性の種類は、予測である。教育問題の論者らは、世界の比較的マイナーな場所のユニークな特徴を明らかにする以上のことに関心を持っている場合が多い。ほとんどの教師や管理職は、エイブラハム・リンカーンやマーティン・ルーサー・キング・ジュニアのような歴史的偉大さは持っていないため、彼らの人生を研究することはあまり意味がないように思われる。しかし、トレイシー・キダー（Kidder, 1989）が行ったように、個々の教師を研究することはできるし、個々の学校をより大きな類型のサンプルや模範として分析することはできるだろう。学校であれ人であれ、特殊なものの研究の有用性は、それらについて与えられた情報を超えた説明と解釈の中にある。未来を予測する必要性、実際に予測する能力が主たるものである。質的研究は、この方向性において重要な貢献ができる。

未来への予測は、次に挙げる三つの、関連するが異なる方法で可能である。予測の第一は予報に反映される。明日雨が降る可能性は、気象学者から確率係数を得ることで分かる。質的研究や評価では、この種の情報はほとんど得られない。

第二の予測の種類は、地図によって提供される。地図とは地形を縮小した描写である。それらは旅人が旅の途上における特定の出会いを確かなものにする、あるいは回避することを予測可能にできるよう設計されている。私たちは、地図に描かれた地域と合致し、縮尺した関係にあることを期待している。地図は、空間、高度、温度、水深、地形、動植物など、記号で表せるものなら実質的に何でも描写できる。地図は、私たちが望む場所にたどり着くことを助けてくれる。

質的研究と評価は地図としての役割を果たすことができるが、それ以上にガイドとして機能する可能性が高く、これが第三のタイプの有用性である。ガイドは、地図以上に、質的研究の有用性と密接に関連している。地図とは異なり、質的研究は一般的なものであり、地域に合わせて縮尺されたものではなく、より解釈的でナラティブ的である。その機能は、読者が考慮に入れるべき方向性を強調し、説明し、提供する。ガイドは、そうでなければ見逃してしまうだろう状況や場所の側面に私たちの注意を喚起する。ガイドは通常、以前にその場所を訪れたことがあり、その場所について精通した人びとによって編纂される。ガイドが有用であれば、私たちはそれがなければ見逃していただろうことを経験でき、ガイドの恩恵がなかったらできなかったであろうことを理解するかもしれない。良いガイドは、私たちの経験をより深く、より広くし、私たちが見ているものの理解に役立つ。

「質的ガイド」と呼ぶことができる有用性の例は、トレイシー・キダー（Kidder, 1989）の『クリス先生と子供たち』[＊13]という本のザジャック先生の記述に見出せる。キダーは、ザジャック先生が生徒のことを気にかけ、生徒に活力を与えるだけでなく、生徒からも活力を与えられていることに疑いの余地を残さない。彼はまた、ザジャック先生が必要なときには厳しくもでき、求められるときには柔らかく温かく接することができることにも疑いの余地を残さない。実際、ルールを設定し、それを守らせ、期待を一貫して維持する能力は、教師としての彼女の成功の秘訣の一つである。時には彼女が良かれと思ってした努力が裏目に出ることもあるが、ほとんどの部分ではうまく機能している。

小学校教師の生き生きとした肖像を描くことで、キダーは、そうした役割が生み出す職業的な緊張感のみならず、個人的な緊張感についてもなにがしか理解を促す。この本を通して教師の生活を理解することで、私たちは「生産的な学校」や優秀な教師といった記述ではほとんど取り上げられない、教えることの側面を理解できるようになる。キダーは、教師に人間的な顔を持たせることで、私たちを彼女の内的生活の一部へと誘う。その結果、私たちはこの本のページをめくる前には持っていなかったであろう教授学的な分野について、ある気づきをもって『クリス先生と子供たち』を読み終えるのである。

本章では、存在論的に客観的な世界観を獲得することはできず、心と物質は相互生成していること、そして世界に対する私たちの経験は、その特徴だけでなく、私たちがそこに持ち込むものの関数であるという考えを強調することで、客観性と主観性の落とし穴を避けようとしてきた。私たちは常に構成主義的な立場をとる。私たちは単に経験を**有する**のではなく、経験を**作る**のである。

この構成主義的な見方は、私たちが世界を解釈する際に用いるリソースは、世界への私たちの注意を導くだけでなく、それを表象するために用いられるとき、私たちが伝えられることを制約もし、また可能にもするのだということを認識させる。したがって、知は次の二つの方法で媒介される。第一に、知は私たちが経験に到達する際に世界に持ち込むものによって媒介される。第二に、いったん経験が得られると、それを伝えるために私たちが用いる手段によって媒介される。さらに、純粋に主観的な見方は客観的な条件の影響を受けず、純粋に客観的な見方は主観的な条件の影響を受けないなどということは、どちらもありえない。私はデューイと同じく、知る過程における相互生成的な指向が、これまで教育研究の方法論に多くの弊害をもたらしてきた二元論——客観的と主観的——の回避を可能にすると信じている。

注

［1］認識と私たちが住む世界との関係について最も広く信じられているのは、世界の真の特徴を正確に反映した世界の知覚や理解が可能であるということである。私たちは、人は冷静で、賢明で、自立していて、明晰な眼を持っていると語る。情動と想像力は共に、このような資質とは相反するものと見なされることが多い。したがって、ほとんどの人は、世界はありのままに知ることができること、そして理解の目的は、現実とそれについて私たちが持つ概念との間に、真正の、あるいは同型的な関係を確保することであると信じている。

［2］言語は、特定の価値を表現したり抑圧したりするための強力な手段である。研究報告書を書く際に使用される従来の言語は、研究における研究者の存在感を薄めようとすることで、公平であるように錯覚させる。私たちが自分の概念的な中立性を自分自身に納得させるために、どれだけ努力をしているかに注目するのは興味深い（そして、痛ましい）。

［3］手続きとして客観的な方法を使用することの美徳の一つは、そのような方法が、個人が機能する仕方を均一化する傾向があることである。人間のパフォーマンスのばらつきを制御することに関心のある組織にとって、そのような方法の使用は重要である。もちろん、その代償として、そうした方法に従属する諸個人は、判断力を行使する能力を手放すことになる。長期的には、そのような個人はスキルのない人と言われるかもしれない。

［4］「状況」という表現は正確ではない。さまざまな参照枠組みが世界に向き合うために採用されている場合、対象となったその世界は、異なる参照枠組みによって開示されたものと一致しない。つまり、それぞれの枠組みは異なる世界をもたらす。この見解の詳細については、Goodman, N.（1978）, *Ways of Worldmaking*（『世界制作の方法』2008）を参照のこと。

［5］**操作的定義**とは、何かが測定される方法を規定する定義である。例えば、知能は、スタンフォード・ビネー知能テストのスコアを確保するために採用された手順によって操作的に定義される。

訳注

［＊1］ジョー・フライデーは、ジャック・ウェブが『ドラグネット』シリーズの主役として創作したロサンゼルス市警の刑事である。

［＊2］後件肯定（affirming the consequent）とは、形式論理や論理学の文脈で使われる論理の誤謬の一つ。もしPであれば（条件部分）Qである（結論部分）の関係を、誤って結論から条件部分を解釈してしまうこと。

［＊3］検証主義者（verificationist）とは、声明や記述の意味や真理を理解するためには、それが検証可能である必要があると主張する立場を指す。

［＊4］可謬主義者（fallibilist）とは、認識論や哲学の領域で使用される用語で、人間の知識や信念は限られたものであり、誤りや不完全さを含む可能性があると主張する立場を指す。

［＊5］カント『純粋理性批判』「内容のない思考は空虚であり、概念のない直観は盲目である」（カント全集4、岩波書店 2001, p.130）の言い換えか。

［＊6］ハイステークテスト（high-stake tests）とは、受験者にとって重要な結果をもたらすテストである。合格すれば、高校卒業証書、奨学金、職業免許証などの重要な利益がある。失敗すれば、テストを通過するまで補習クラスを受けることを余儀なくされたり、車の運転が許可されなかったり、就職が困難になったりするなど、重要な状況で使用される。

［＊7］低－推測データ（low-inference data）は、情報が直接的で簡単に解釈できるデータを指す。分析や研究者による推測や解釈がほとんど不要で、そのままの形で意味を持ち、非判断的な方法で表現される。

［＊8］独我論（solipsism）とは、主観的観念論の極端な形で、実在するのは自我とその所産のみで、他のすべてのものは、私の意識内容にすぎないとする立場。

［＊9］ゲシュタルト（Gestalt）は、ドイツ語で「形態」や「全体」を意味し、心理学や認知科学の分野で重要な概念として知られている。ゲシュタルト心理学は、物事や知覚を単なる要素の集まりではなく、全体として捉え

ることの重要性を強調する。

［＊10］プレグナンツの法則（Law of Pregnanz）とは、人が情報を目にして認識する際の特徴をまとめる「ゲシュタルト原則」の一つである。ドイツ語の「プレグナンツ」は、日本語で「簡潔で的確なこと」を意味する。

［＊11］トレードオフ（trade-off）は、ある特定の状況や選択肢において、二つ以上の異なる要素や利益の間に発生する、互いに競合する関係や折衷のことを指す。一方の要素を向上させると他方の要素が悪化する傾向がある場合に特に現れる。

［＊12］信頼区間（confidence interval）とは、統計学で母集団の真の値（母平均等）が含まれることが、かなり確信できる数値範囲のことである。

［＊13］この本は、著者のキダーが教室観察法を学んだ上で実際にクリスティン・ザジャックの教室に通って書き上げたものである。（第9章にも同書が引用されている。）

第4章
教育的鑑識眼

現実とは、知覚の無限の階梯［と］階層の連続である。百合は、普通の人よりも自然主義者にとってより現実的だ。しかし、植物学者にとってはさらに現実的だ。そして百合を専門とする植物学者に至っては、さらに現実の別の段階に到達するのである。

ウラジーミル・ナボコフ

鑑識眼の意味

これまでの章では、私たちが世界を知る際に知覚が中心的な役割を担っていると述べた。知覚とは、経験の中に自ずと現れ、環境の質と私たちがそれらの質にもたらすものとの間の相互生成の機能である[1]。その経験の特徴は、私たちが注目する質を識別する能力に大きく影響される。

複雑で微妙な質をきめ細かく識別する能力は、私が**鑑識眼**と呼んでいるものの一例である（Eisner,

1976, 1985b)。鑑識眼とは、鑑賞の芸術である。それは、教育的実践を含め、物、状況、パフォーマンスの性格、意味、または価値が分散していて変わりやすいあらゆる領域で発揮されうる。

本章では、指導、カリキュラム、学校教育全般に適用される鑑識眼に焦点を当てる。しかし、教育的課題に取り組む前に、私はプロセスとしての鑑識眼を検討したい。この目的のためには、ワインの鑑定ほど適した主題はない。

またしても無関係の分野への脱線のように思われるかもしれないが、読者にはご容赦願いたい。本書は、質的経験の微妙な部分に注意を払うことを基盤としており、ワインはその方法を例示するのに十分な役割を果たす。鑑識眼がどのようにワインに適用されるかを理解することは、教育実践の認識における鑑識眼の役割を理解するための基礎を築く助けとなる。

ワイン通であるとはどういうことか。一定の要件は明白であるように思われる。第一に、ワインを手に入れることができ、それを味わう能力が必要である。しかし、ワインを味わうこと――その視覚的、嗅覚的、味覚的な質を経験することを意味する――は、単に何らかのワインを口に入れればよいという問題ではない。それは気づくことの問題であり、気づくことには知覚力が必要なのである。**知覚力**とは、例えばワインに含まれるある味覚の質と他の質との関係を区別し、経験する能力のことである。交響曲の楽譜における音の相互作用のように、ワインを体験することは、質的な関係の相互作用を経験することである。

第二に、ワインの鑑定においては、味の質だけではなく、見た目や香りの質も意識する必要がある。赤ワインのグラスを傾けたときの縁に見られる色は、そのワインの熟成年数を表している。より褐色であるほど古い。グラスの内側に垂れるワインの「脚」[*1]は、そのワインのコクについて何かを語っている。ワインの香りやノーズもまた[*2]、重要な質の一つである。これらの質やその他の質がワインの特徴を構成し、潜在的経験をもたらす。私が「潜在的」と述べるのは、例えばワインの香りを実際に体験できるかどうかは、そのワインに香りがあること、**および**、それに気づく私たちの能力の**両方**にかかっているためである。この相互生成を経験することは、質的知性の現れである（Ecker, 1963）。鑑識眼は、それが働く領域における高度な質的知性に依存している。

第三に、ワインの鑑定は、それらの質をより大きな質のサンプルとして体験できる能力にかかっている。それは「単に」感覚分化[*3]の問題ではない。

ある種のテイスティングは、それ自体のさまざまな質の中の特定の質に焦点を当てることである。私たちは、白ワインの中にある特定の甘さや、栽培された土壌に由来する独特の風味を味わう。私たちはその質を経験する。私たちは、それがどのような経験をもたらすかを**知っている**。私たちは、口の中でそれが与える影響に気づく――ある白ワインは、丸みがあって、濃厚で、バターのような味わいがすると形容するかもしれないし、別の白ワインを、酸味があり、軽く、辛口であると形容するかもしれない。私たちがなすことのできる質的な区別を通して知ることは、私たちが経験した質に付随する。一方のワインがソーテルヌであり、もう一方のワインがシャルドネであると分かるかもしれないし、分からないかもしれない。一方がソーテルヌ、もう一方がシャルドネであることが分かれば、それぞれのワインの質以上のことを知ることができる――私たちはまた、それぞれがより大きな類のサンプルであることも知る。

ワインは（子どもと同じく）まったく同一であることは決してないため、それぞれのワインをそれが代表している階層に位置づけることができ、さらに、その階層にあるワインの中に位置を割り当てることができる。そのためには、ソーテルヌとシャルドネが一般的にどのような味かという概念が必要であり、さらに、これまでに味わった特定のソーテルヌとシャルドネの違いを記憶しておく必要がある。味覚の記憶が必要なのである。また、違いを区別して記憶する能力は、ソーテルヌとシャルドネという言葉が示す味覚の概念を私たちが形成することを可能にする。

前提知識の有用性

ワインの鑑定では、私たちが味わうワインの微妙で複雑な品質を区別し、他に味わったワインと感覚的な記憶の中で比較する能力以上のものに影響される。それは、こうした質を生み出す条件の理解からも影響を受ける。ソーテルヌがどのように造られているのか ― 使用されているブドウの種類、ブドウの収穫時期、ブドウの搾り方、加工方法など ― を知ることは、ワインのニュアンスを経験する能力に寄与する。すべてのワインには、その歴史が表れている。歴史の知識は、そのワインの質を体験する能力に影響を与える。トカイ種のブドウは、コンコード種にはない存在感と個性を持っている。フレンチオークの樽は、ステンレス鋼の容器の風味とは区別されうる風味を醸し出している。フランスのソーテルヌのワインは、カリフォルニアのワインとは異なるスタイルを持っている。要するに、真の鑑識眼とは、単に質を経験するだけではなく、経験したワインの質に関係する要因の事例や徴候として質を経験する能力も含んでいる。換言すれば、ワインの理解には、前提となる要因が関係しているのである。どんなワインでも、先行要因の一例やサンプルとして扱うことができる――あるワインは、ワイン造りにステンレス鋼を使用することの効果を例証しうる。先行要因の知識は、経験されるワインの質を捉えるためのガイドとして役立つ。これらのうちどれを重視するかは、その経験を何に役立てたいかによる。

味覚の発達は、他の方法でも育まれる。樽職人は樽を作るさまざまな種類の木材を使用しており、これを知ることで、それぞれの木材がワインに与える品質を味わえるようになる。樽職人はまた、樽の内側にわずかに火を入れて「焦げ目」をつけている。樽の中にどの程度焦げ目を入れるか――軽く、中程度に、そして濃く――によって、ワインの味は影響を受ける。ワインの目利きはこの違いに気づくことができ、ワインメーカーはその違いをワイン造りの過程で制御している。さらに、鑑識眼は、予想される味に基づいてワインメーカーがそのプロセスを調整する手段を与える。つまり、ワインメーカーはワインの味の潜在的可能性に興味を持っており、飲み頃になる前のワインがどんな味かを基準としてこの潜在的可能性を判断する。

最後の点は、ワイン造りの術と鑑識眼一般との関係についてである。現在のワイン醸造研究者は、ワイン造りの化学と科学について高度な訓練を受けているが、結局のところ、ワイン造りは一つの芸術である。なぜなら、ワインの質は、誰かが（1）ワインの質的なニュアンスを経験し、（2）経験された質の良さについて判断できる能力にかかっているため、それは芸術なのである。レシピや製法があったとしても、最終的なテストは、ワインを試飲したときに経験される質である。結局のところ、質的な経験こそがワインの質の「尺度」であり、製法ではないのである。

過去に生産されたワインを再現するのに用いられる、間違えようのないレシピなどない。ワイン用のブドウは、子どもと同じく、標準的な形に収まらない。ブドウに含まれる糖分の量は、季節や場所ごとに異なる。年ごとの気候の違いによる原料の違いは、何をすべきかを決める上で考慮されなければならない。

これまでのところ、鑑識眼についてのこの議論の主な焦点は、質の評価にあった。事実上すべての領域において、何らかの階層に位置づけられる質は多様である。主題が複雑であればあるほど、私たちが使用しなければならない情報の配列は広くなる。教室は、おそらく鑑識眼の最も複雑な主題の一つである。教室では、現状に至る歴史、教師や学校についての何らかの情報、そして地域社会で重要視されている価値を知ることが、私たちが気づき、それを解釈する上での助けとなる。一年目の先生について私たちが観察したり発言したりすることは、その先生が十五年目のベテランだと知っている場合とは、おそらくかなり違うだろう。私たちが、クラスの生徒のＩＱが平均１４０であると知ったとしたら、その知識は、私たちが何を見て、見たことをどのように捉えるかに影響を与えるだろう。ここでのポイントは理解するのに難しいものではない。ある事象に対する私たちの知覚や解釈は、その教室や状況に関係があると考えているさまざまな知識から影響を受けるということである。つまり、何かについての私たちの考え方は、それをどう捉えるかに違いをもたらす（Rosenthal, 1986）。

ある特定の教室で何が重要であるかは、必ずしも観察を通してのみ得られる知に限定されるわけではない。指導と学習の理論に対する私たちの理解、教育の過程において何が重要だとするかという私たちの見方、そして許容できる教師と生徒の関係に対するイメージのすべてが、私たちが何に気づき、それをどのように解釈をするかに関係している。教室の観察に関連する類の知は、教育理論に関する一般的な知と教室固有の知に由来する。一般的には、これらの知の領域が状況に対する気づきを拡大するにつれ、私たちの経験はますます分化していくだろう。

読者は、前の文で「一般的には」という言葉で私の発言を修飾したことに注目するだろう。それは、ある状況に関連する知が、それを知覚するための新しい窓を提供することができるのと同様に、知が知覚を制限することもありうるからである。

先行知識というくびき

文化的適応に内在するジレンマの一つは、私たちが習得する言語、私たちの期待、そして私たちの文化に浸透している規範のすべてが、私たちが暮らす世界と折り合っていくのに役立つ手がかりを提供しているという事実である。私たちはカテゴリー化された言語を学び、カテゴリーを学び、カテゴリーは私たちの知覚を特定の方法で枠にはめる。また、これらのカテゴリーには価値が含まれる。私たちは、そうしたラベルづけされている質を探すことを学ぶが、特に私たちにとって特別な価値がある質を探す。雪の質がスキーに影響を与えるのであれば、スキーをするのに適切な雪を記述するためのカテゴリーが開発される。このように、私たちの目的は言語に影響を与え、言語は知覚に影響を与える。私たちは幼い者たちに、特定の質に名前をつけることで特定の質を探すことを教え、それらを覚えやすくする。記憶を補助する工夫も同様の機能を果たしている。そうした工夫のおかげで、それがなければ保存したり取り出したりするのが難しいであろう質を一度に記憶することができる（Hintzman, 1978）。

社会科学の実践家は、**社会的移動**[＊4]、**適応**[＊5]、**自民族中心主義**[＊6]、**防衛機制**[＊7]、**強化**[＊8]、**認知的不協和**[＊9]などの用語を習得し、事例と対応させることで意味を学ぶ。その用語自体は、もともとは諸々の質の知覚から発展したもので、その質が概念化され、その後ラベルづけされたものである。いわば、ラベルは経験に従うのである。専門的な社会化においては、通常、経験はラベルに従っている。ラベルからラベル間の関係性へ、そこからラベルが示す質の間にある共変性の説明へと移行していくと、人は理論を獲得する。理論とは、人間の合理性、秩序への欲求、未来を――常に制御しないまでも――予測したいという欲求を満たすように設計された複雑な説明構造である。ラベルと理論は、ジェローム・ブルーナー（Bruner, 1964）が言うように、最も有用な「心の技術」の一つである。

しかし、ラベルや理論に欠点がないわけではない。ラベルや理論が提供する秩序は予期を生み出し、しばしば新鮮な知覚を阻害する。ラベルや理論は見る方法を提供してくれる。しかし、見る方法はまた、見ない方法でもある。私たちには蓄積された反応や、蓄積された知覚がある。私たちが見ているものは、私たちが知っているものに影響を受けていることが多い。この影響は、絵を描くことの学習に端的に示されている。

芸術家は、練習として、自分が論理的に知っていることを無視し、例えば、腕に奥行きがあるよう説得力のある形で表現するために、モデルの前腕の長さを短く描かなければならない。デッサンの教師の中には、生徒の形の知覚に対する「認知的」知識の影響を最小限に抑えるために、上下逆さにした写真を写し取るように求める人もいる（Edwards, 1979）。この場合、測定されたものではなく、**見た目**の視覚的な関係がリアルなものである。というのも、測定はゆがめてしまうからである。

アメリカの文化では、視覚的世界を、探究するべき質としてよりも、ラベルを貼るためのデータとして扱う傾向がある。私たちはしばしば質を目的とするよりも手段として、つまり何か別の目的のために、別の場所に行くために、何が起こるかを予測するために、質を使っているのである。私たちは、自分の家に帰ってきたことを知るために、必要な範囲でしか家の正面を見ない。もしこれを疑うのであれば、記憶で家の正面を描いてみて、実際の家と比較してみてもらいたい。プロポーションやディテール、大きな特徴までもが不完全であることが多い。効率を重視する文化では、私たちは他者中心の知覚の形態にあまり注意を払わない（Schactel, 1959）。

そのような傾向の結果として、ニュアンスや細部への不注意、つまり鑑識眼の低下へと至る。慎重に観察する時間がないために、私たちはすぐには役に立たないものを見ないだけなのである。私たちが持つラベルと目的が一緒になって知覚様式を形成するとき、それらの知覚への影響は特に制限的になる可能性がある。私たちは、使用方法を知っているラベルや理論を使って、できそうなことをやり始める。これらのラベルや理論を使えば使うほど、私たちはそれらを使いがちになる。馴染み深さは快適さを育み、私たちが知って使っている理論は、私たちと世界との関係に筋の通った、一貫性のある構造を提供してくれる。

認識的な見取り

私が説明してきた鑑識眼のプロセスは、認識的な見取り[2]の例と見なすことができる（Dretske, 1969）。**エピステーメー**は知を指し、認識的な見取りとは視覚を通して獲得される類の知である。私が見取りを強調するのは、すべての感覚とそれらが感受する質を指す略記的な方法と捉えてもらいたい。教室は、ワインのように、その光景だけではなく、その匂いや触覚的な質によっても知ることができる。ジャクソン（Jackson, 1968）が述べるように、チョークの粉の匂いや新鮮でない牛乳の匂いは、小学校の教室のほぼ確実なしるしである。

質に気づくことが、認識的な見取りの主要な手段であることを見てきたが、実はそれは基礎的な段階である。私たちは質を意識してはじめて、他の配慮事項を考慮に入れることができる。したがって、声、所作、動き、視覚環境などの質への気づきは、最低限、質それ自体に関する知をもたらすことになる。しかし、私が示してきたように、これらの質は、より大きな階層のサンプルとしても捉えることができる。私たちは何かを「～として」見る。「講義」は単なる講義ではなく、講義することの一つの事例である。講義をある階層に属するものとして捉えること、また、その階層をさまざまな例の配列として捉えることで、私たちはその配列の中に、ある特定の講義を位置づけることができる。**一次的な**認識的な見取りは、特定のものに対する気づきによる。**二次的な**認識的な見取りは、特定のものを、より大きなまとまりの一構成員として捉えることを指す。

ここで注意したいのは、私がここで使っている知という言葉は、真の命題に限定されるものではなく、さまざまな一連の質に対する気づきを含んでいることである。私たちは、目の前にあるものを知っていると宣言したり主張したりする必要はない。そして、私たちの人生のほとんどの過程で、私たちはそのようにはしない。ポランニー（Polanyi, 1967）が述べたように、私たちは、自分が語ることができる以上のことを知っており、私たちは自分が知っているよりもはるかに少なくしか語れない。私たちが知っていることは、私たちが語ることに依存していない。語ることは、私たちが知りえたことを公にするための手段である。鑑識眼とは、私たちが特別な関心を持っている世界の諸側面の複雑さ、ニュアンス、繊細さを知るための手段なのである。

鑑識眼は、誤解を招きやすい一面を持つ。前に、鑑識眼とは鑑賞の芸術であると述べた。鑑賞という言葉は残念ながら「嗜好」と混同されている。何かを評価することと、それを好きになることには何の関係もない。ワインや本、あるいは学校の質を評価するということは、それぞれを構成する質を体験し、その質について何かを理解することである。そこには価値判断も含まれる。議論や教師、あるいは詩の短所は、それらの長所と同じように評価できる。鑑賞の一形態としての鑑識眼は、私たちの判断が肯定的であることを必要とするものではない。必要なこと（あるいは望まれること）は、私たちの経験が複雑で、微妙で、情報に基づいていることである。

すべての人が人生のいくつかの分野で、ある程度の鑑識眼を有している。しかし、事実上すべての場合において、その鑑識眼のレベルは指導によって高められる。文学の教師は、小説をどう読めば良いか、実際に小説が読まれうるいくつかの方法を学べるようにする。コーチは、試合でのパフォーマンスがより効果的になるよう、選手がフィールドの動きを読む方法を学べるようにする。映画や絵画の批評家は、他者に対して、そうでなければ気づかないだろうものを見取る方法を学べるようにして、その過程で鑑識眼のレベルを上げる。ジェンダーやマイノリティの差別に関心を持つグループのメンバーは、本や新聞、法律、その他の一見中立的な記事に見られる性差別や人種差別の微妙ではあるが重要な形式を他の人が理解できるよう助けてきた。その過程で人びとの意識が高まり、そのような記事にいっそう気づき、対応できるようになる。人種差別的な発言を識別することは、それを好んでいるということではなく、むしろそれを認識するということである。繰り返しになるが、見取ることは認識的である。

その慣習的な様式において、鑑識眼は、価値という点で質の問題に関係している。[3] ワイン、芸術、高級家具の目利きは、典型的には、自分が注目しているものの価値を見きわめられる人である。彼らは多くの場合、自分の判断の理由を提示できる。

教育現場では生徒や教師のパフォーマンスの価値に対する関心は高く、重要である。私たちは、子どもたちが受けている教育の質（価値）を知りたいのである。

質に関する判断は、記憶、つまりブロウディ（Broudy, 1987）が「イメージ的な貯蔵庫」と呼んでいるものに依存している。洗練された感性によって、私たちは微細に識別でき、そこから概念を形成できる。これらの概念は、私たちが経験した質に基づいて解釈されたイメージである。例えば、私たちはバロック音楽の聴覚的イメージを持っていて、それによってバロック音楽をロマン派音楽と区別することができる。私たちはゴシック建築のイメージを持っていて、それによってゴシック建築をジョージア様式の建築と区別することができる。また、コッカースパニエルのイメージを持っているので、それによってグレートデーンなどと区別できる。こうしたイメージの範囲内では、質の点で配列できる一連の事例をさらに挙げることができる。犬の目利きは、コッカースパニエルとグレートデーンの区別のみならず、コッカースパニエルの中でもその特徴が優れていると見なされるものと平凡だと見なされるものとの判別も可能である。

同様に、私たちは、指導形態、教室での生活の種類、生徒の活動のタイプをイメージし、それによってそれぞれの卓越性の度合いを識別できる。実際、教えることのような複雑な行為には、とても多くの種類や様式がある。ある教室での卓越性を構成しているものは、別の教室で卓越性を構成しているものとは異なるだろう。講義の卓越性を構成する質は、議論の卓越性を構成する質と同じではない。要するに、私たちは自分たちが経験したことを識別し、評価するために多数のイメージを持っているのである。鑑識眼は、その場に応じて適切に規準を適用することを必要とする。教育の分野では、その規準は、芸術作品やコッカースパニエルを判断する際に用いられる規準よりもはるかに複雑である。

かなり簡単な例 —— オリンピックでの飛び込みの質を判断する場合 —— を考えてみたい。ここでは、5人の審判員が多数の選手の飛び込みの演技に点数をつける。審判員は、選手がどのような飛び込みをするかを知っている —— 例えば、前逆飛び込み一回ひねり。この役割を果たすために、審判員は三つのことができなければならない。まず、審判員は飛び込みを**見取らなければ**ならない。そのためには、微細な目で見分ける必要がある。第二に、見取ったものを記憶の中にあるダイビング・

パフォーマンスの範囲内に位置づけなければならず、その一方の端点は、前逆飛び込み一回ひねりの完璧な模範例である。第三に、審判員は各飛び込みに10点満点の点数をつけ、その分布の中でのダイバーの演技の質を表示しなければならない。原則として、10点満点のうちそれぞれの点数は、審判員が特定の演技レベルについて視覚的に記憶していることを参照することで可能となる。つまり、各審判員は、何が1、2、3、4、5の演技を構成するのかといったことを事前に知っている。審判員の仕事は、本質的には見取ることとと照合することである。

教えることの評価に比べれば、オリンピックの飛び込み演技の判定でさえ単純なものである。第一に、教えることの出来栄えに割り当てることができる唯一の理想というものはない。卓越性の種類は多数あり、それは形式の違いや、何に価値を置くかという点での違いに関係している。教育の美徳という概念が違えば、美徳を伴った教えることの概念も異なる。さらに、誰がどの程度うまく教えているかを判断するには、誰が教えられているかが重要である。

第二に、オリンピックでは、各選手は同じ水に、同じ高さから、同じ飛び込み板を使って飛び込む。教えることの場合にはそのようなことはなく、教師ごとに事実上すべてが異なる。教えることを判断する際に考慮すべき先行要因を考えると、飛び込みを判断する場合に比べて判断の複雑さが際立つ。さらに、教えることの評価では、私たちは単一の孤立した実践に関心があるということはめったにない。通常、単一のグループディスカッションや単発の講義に関心があるのではなく、一定期間にさまざまな状況の中で行われる実践に関心がある。飛び込みとは違い、一瞬の行動の問題ではないのである。したがって、私たちが判断する際、特定の教室に関連する偶発的事態だけでなく、長期にわたって展開される一連の実践も考慮しなければならない。教育の目利きは、オリンピックの飛び込み競技の目利きよりも、より多くの、より複雑な要因を考慮しなければならない。

教育の目利きが考えること

私はこれまで、教育的鑑識眼について、教師だけに焦点を当てているかのように述べてきた。教育的鑑識眼にとって、明らかに教えることは主要な焦点であるが、それだけではまったくない。実際、教育の目利きは、ほとんどすべてのことに目を向ける。つまり、特定の教育目的を達成するために、あるいは全般的教育状況を明らかにするために、関連性のあるすべてのものに目を向けなければならないのである。例えば、教科書や教材は、教育の目利きの注意を引く重要な候補の一つである。内容について何を含み、何を除外するかの判断は、生徒が何を学ぶ機会を得るかに関係するため（Walker & Schaffarzick, 1972）、教材の内容や形式の検討は重要である。興味深い質問を投げかけ、教えられている主題に対するわくわく感を伝え、**適度に**読みやすく、想像力を刺激する教科書は、そうした特徴を持たない教材よりも優れている可能性が高い。これらの特徴を持つ教材と持たない教材があると判断することは、教育的鑑識眼を必要とする（Vallance, 1975）。

当たり前のように見えることを見取るのは、必ずしも簡単ではない。何年もの間、女性に看護師としての役割を与え、医師としての役割は与えられず、また重要な決定の責任は男性に、夫の幸せを維持する責任は女性にあるという教科書が出版されてきた。昔は見えなかったことや、見ることに興味がなかったことが、今では見えるようになっている。現在、例えばカリフォルニアのような州では、州が採用した教科書から子どもたちが受け取るメッセージの中に、このような暗黙のメッセージが含まれていないことを確認するために、学校の教科書を精査している。

学校の建物がどのように設計されているかは、その中で人がどう行動するかに影響を与えることが分かってきた。学校——あるいは教室——のデザインは、学校の目的の達成をどの程度促進したり、妨げたりするのだろうか。教室はどのように配置されているのか、什器のデザインや配置はどうなのか。これらは教員が抱く学校教育や子どものイメージに寄与しているだろうか。

ゲッツェルス（Getzels, 1974）は、彼の説得力ある論文の中で、教室のレイアウトの変化は、たいてい、学習者についてのイメージの変化によると指摘している。据え置き式の机から可動式の机への変化を考えてみよう。

学習者を空っぽの有機体と捉える見方は、学習者を活動的な有機体と捉える見方へと変化した。学習は接続プロセスとしてだけでなく、動的な認知的、感情的プロセスとしても考えられた。この観点から、学習者——教師ではなく——が学習プロセスの中心となった。刺激——何が学ばれるべきか——と反応——何が学ばれたか——の両方を決定するのは、教師ではなく学習者となった。学習実験室での実験では、学習者の性格とその学習、そして学習者のニーズに応じる教室の教師と彼が行う学習状況の調整との関係に関心が持たれるようになった。

理想的な教室のイメージが新しい構成となるのは偶然ではない。教師中心の教室が生徒中心の教室になったのである。教師の机は部屋の前から横に移動され、旧来の視点から見ると非常に賢明で実用的に見えていた生徒たちのまっすぐに並ぶ硬い椅子は、過去の遺物ではないにしても風変わりなものとなり、教師の要求だけでなく、さらに重要なことには、生徒の要求に応じて自由に移動できる可動式の椅子に取って代わられた。(Getzels, 1974, p.532)

ゲッツェルスの指摘はよく理解できる。私たちの目的にとって、物理的な特徴が（および有機的な特徴も）、私たちが達成しようとしていることにどのような影響を与えうるかを見きわめることの重要性が説明されているのである。19世紀の教室で、教壇の上で大きな木製の机の後ろに教師が座って生徒を見下ろし、反対に生徒は教師を見上げていたことは、象徴的にも実践的にも一揃いの価値を伝えている。机が横6列、奥行き8列に並んでおり、子どもたちが蝶のようにピン止めされている教室のイメージは、机がまとめられて、生徒同士が向かい合い、机が部屋の中に不均等に配置されている教室とはまったく異なる生活感や生徒の役割を伝えている。こうしたことが重視されることにより、教育の目利きは、空間が使われている方法に注目することができ、教室についての知を得ることができる。

校舎は、卵の仕切り箱のように設計することもできるし、大きなリビングルームのように設計することもできる。空間は規則的にも不規則的にもできる。表面は機械的にも有機的にもできる。その環境には、成長する植物や生きている動物を含めることもできるし、用務員の必要性を満たすように什器を配置することもできる。教育の目利きがよく質問する、「ここにいるとどんな感じがしますか」というのは、些細な質問ではないのである。

学校教育の主要な次元

教育的鑑識眼という主題を考える一つの方法は、私が学校教育の生態学と呼んできたもの（Eisner, 1988）に貢献していると考える次の五つの次元を考察することである。これらの次元とは、（1）意図的な次元、（2）構造的な次元、（3）カリキュラム的な次元、（4）教授学的な次元、（5）評価的な次元である。これらの各次元は、教育的鑑識眼の観点から検討できる。まず、それぞれの次元を説明し、それにどのように取り組めるかを例示する。

意図的な次元

意図的な次元は、学校や教室のために策定された到達点や目標を扱う。**意図**という語は、明示的に提唱され、公に発表されているだけでなく、実際に教室で使用されている目標や到達点を指す。これらの目標や到達点は、一般的なものでも具体的なものでもよく、また、広範囲の成果に焦点を当てたものでも、狭い範囲の成果に焦点を当てたものでもよい。これらの目標は、洗練された認知様式を扱う場合もあれば、記憶に依拠する場合もあり、生徒の行動の情緒的側面や態度的側面に注目したり、それを無視したりする。また、教育的には些細である場合も、重要である場合もある。学区、学校、教師が何を達成しようとしているのか、そして実際に何を達成しているのかが重要な問題であり、それが教育的鑑識眼の主題となりうる。実際、「隠れたカリキュラム」という概念は、子どもたちが受け取る無言のメッセージの重要性に基づいている。さらに、適切な目標を設定するには、多くの考慮事項が必要であり、そのいくつかは、先に教室についての判断につきものの先行要因を論じる際に示した。

第一に、生徒が誰であるか、生徒たちの長期的な最善の利益は何かという問題がある。このような問題については、常に複数の見解が存在する（Adler, 1982; Apple, 1982）。次に価値の問題がある――一般的な教育目標に付随する抽象的な価値や、特にあらゆる教科領域のさまざまな正当な目標に付随する価値である。（社会科には、一つの目標だけでなく、少なくとも十数個の目標がある。比較的標準化されていると思われている教科である数学でさえ、一つ以上の正当な目標を持っている。）さらには、割合の問題もある。例えば、認知的な目標にどれくらいの注意を払い、いわば非認知的な目標にはどれくらいの注意を払うべきなのか。ある目標が与えられた場合、それはどの程度達成されているのか。目標に教育的な疑問や問題がある場合、それを達成することが重要なのか。やる価値のないことについて懸念するのはなぜなのか。

意図された目標と教室における操作可能な目標の違いは、特に重要である。教師や学区は、ある種の成果を認めているのに、実際にはまったく別の成果を強調することがあるかもしれない（Eisner,

1986)。実際に起こることは、カリキュラム・ガイドが規定していることよりも、あるいは教師が達成を目指すと言っていることよりも、はるかに良い場合があるかもしれない。また、反対にもっと悪い場合もありうる。要は、教育者が達成したいと言っていることと、生徒と一緒に活動をするときに行っていることとの間には、しばしば不一致があるということである。生徒自身も、教師が何を達成したいのかを明確に理解せず、まったく異なる目標を心に持っているかもしれない。実際、ある生徒は、教師の目標が物理学を理解して楽しむようになることであることを知ってはいても、その生徒の目標は一流大学に合格することかもしれない。後者での成功は必ずしも前者を達成することを意味しない。

目標や意図について考える方法は数多くある。これらのうちの一つは、それらがどの程度達成されるかに関わる。もう一つは、それらに価値があるかどうかである。教師が価値づけている目標が実現されていることを認識するために、その目標を支持する必要はない。同時に、教師が設定した目標を生徒が達成したからといって、教育的過程が生じたことにはならない。三流の絵を生み出すことに手を染めて成功した画家は、三流の仕事について成功しているだけである。

構造的な次元

教育の目利きが考えることができる第二の大きな領域は、**構造的な次元**である。ドリーベン（Dreeben, 1968）やアップル（Apple, 1982）などは、学校の組織形態 —— 学校の一日がどのように分割され、教科が時間割にどのように割り当てられているか――が、生徒の学習内容にどのように影響を与えているかを指摘している。教育の目利きは、学校の一日を50分ずつ9等分した場合の効果は何かについて問うだろう。中等学校ではこの編成形式が一般的だが、時間割の編成方法は他にもある。

組織の構造は概して永続的な特徴を持っている。生徒が勉強するトピックは数日または数週間の間に変化しうるが、それとは異なり、学校の組織構造には何年もの間、毎日直面する。人びとがその中で働く構造が彼らの生活の多くの側面に影響を及ぼすため、そうした構造の重要性は重大なものになりうる。生態学的心理学に関するロジャー・バーカー（Barker, 1968）の著作は、この点を指摘する上で特に明確である。

高校の編成方法を考えてみたい。高校の一日を同じ単位に分割し、各単位に教師、教科、生徒を割り当てることは合理的であると思われる。一日は、誰がどこで何をしているのかが分かるよう一様に秩序づけられている。しかし、この秩序は他の結果ももたらす。高校生は一日に7回、50分ごとに移動する。ある場所から別の場所へ移動する時間は約6分である。中等学校で１５００人以上の生徒がいる場合、クラス間の移動は、椅子取りゲームや動くベルトコンベアを連想させる。時間厳守は重要である。心理的な時間ではなく時計の時間に基づいて注意のオンとオフを切り替えることが必要になる。数学から歴史へ、歴史から科学へ、科学から芸術へ、芸術からフランス語へ、フランス語から体育へと認知的なギアをシフトさせることは、生徒たちが学ばなければならないことである――あるいは少なくとも、やっているように見せなければならないことである。

これらの要件は、私たちが学校を組織しようとした方法の一機能であるが、そのすべてが有害であるわけではない。教育の目利きは、与えられた一連の教育的価値の達成を助長するものと助長しないものに気づくことができる。このような組織計画は、教師が準備をすることに対して何を意味するのか。教えている生徒を知るための教師の能力にどのような影響を与えるのだろうか。授業計画を立案する上でそれは何を含意するだろうか。教科を超えた関係を築くためにそれは何を意味するだろうか。学校はそのような時間ブロックに編成されなければならないのか。それに代わるものは何か。生徒は移動しなければならないのか。生徒が移動し、教師は動かずにいるのではなく、教師が移動し、生徒は動かずにいるようにしてはどうか。

学校における組織構造の影響を理解することは、その効果と負担、利益とコストを考慮するための基盤を提供する。それは私たちが物事を行う他の方法を考えることを可能にする。

グッドラッドとアンダーソン（Goodlad & Anderson, 1959）が指摘するように、学校に重要な影響を与えているもう一つの組織構造は、小学校の学年制である。学校に学年があり、各学年に教えるべき内容と学ぶべき内容があるとすれば、すでに次の学年の内容を知っている生徒は、アメリカの学校で広く採用されている「飛び級」をさせるべきである。逆に、学年末までにその学年の内容を学べていない生徒は、その学年を繰り返すべきであり、これもアメリカの学校で広く採用されている。これらの実践は、学年制の学校構造から論理的に出てくるように見えるが、子どもの発達のばらつきに関する知見と一致しているだろうか。段階的な学校構造は、生徒と教師の双方の教育的進歩についての概念にどのような影響を与えるだろうか。教育は、生徒に段階的な内容本体を教えることに主眼を置いているのだろうか。同じ学年を繰り返す子どもたちには何が起こるのか。彼らはうまくいくだろうか。

学校教育の構造的側面に焦点を当てた教育の目利きは、私たちが設計した組織的な外形が、教育の生じ方にどのような影響を与えるかに注目するだろう。学校は、病院、工場、刑務所のように、達成しようとする独自の価値ある特質を持っている。私たちの学校や教室の組織構造は、どのようにしてその特質の達成を促進するのだろうか。

カリキュラム的な次元

カリキュラム的な次元は、教育の目利きが考慮すべきもう一つの重要な領域である。鑑識眼の最も重要な側面の一つは、カリキュラムの内容と目標の質、そしてそれに生徒を巻き込むために用いられる活動の質に焦点を当てる。内容の重要性を判断するためには、教えられている内容に加えて、その分野内でその内容に代わるものを知らなければならない。それは最新のものか。学際的な観点から見て重要か。教師はそれをどのように解釈し、生徒はそれをどのように理解しているのか。また、この内容に出会う手段についてはどうか。活動は生徒の興味を引くか。それらは高次の思考を引き出すことができているか。その内容は、生徒がそれを応用できるように、あるいはそれが教科外の事柄と関連性があると知覚できるような方法で教えられ、学習されているか。

この主題と他の主題の間にはどのようなつながりがあるのだろうか。別の言い方をすれば、教科間の**境界の強さ**（Bernstein, 1971）はどの程度だろうか。イギリスの社会学者バジル・バーンスタイン（Bernstein, 1971）が言うように、このカリキュラムは、**統合型**のカリキュラムなのか、それとも**収集**

型のカリキュラムなのか。誰が活動の枠組みを作るのか —— 教師か、生徒か、カリキュラム・ガイドか。そして、活動間に連続性はあるのか。カリキュラムは個々の出来事や活動の連なりなのか、それとも生徒が学ぶ内容間に結ばれた関係性なのか。このカリキュラムは、学んだスキルを実践する機会を生徒に与えているのか、それとも導入された後、スキルは退化するままにされるのか。

カリキュラムについての決定は、内容以外にも多くの重要なことを生徒に教える。例えば、生徒が学ぶべき重要なことだと大人が思っていることが何かを、生徒は素早く学ぶ。このメッセージはいくつかの方法で伝えられる —— 中でも最も重要なのは、教科に割り当てられる時間の量である。私たちは、重要だと思われるものに時間を割く（Bernstein, 1971）。もう一つは、評定の慣行である。何が評定されるかは、教師と生徒の両方にとって重要である。「マイナーな」教科は時間が少なく、あまり評定されたりテストされたりしない。これらの配分が行われると、学校に知識社会学が出現する。カリキュラムは、思考様式を発達させる手段であると同時に、子どもにとって価値のヒエラルキーを定義する象徴的な構造でもある。このヒエラルキーは子どもに何を教えているのだろうか。カリキュラムは、どのような種類の思考を喚起し、実践するのだろうか。それは何を軽視しているだろうか。そして、もしあるとすれば、そのような軽視は、子どもたちが発達させるであろう心の種類にとって何を意味するのだろうか。子どもたちは何についての知識を持ち、何が彼らに理解できないものになるだろうか。彼らはどのような文化的資源に参加でき、そしてどれが他の人びとの喜びになるだろうか。

学習が促進される方法についても考えてみたい。子どもたちのカリキュラムとの出会いは、個性化されてはいるが、個人的で孤立した旅を求めて子どもたちが一人で自分の道を進むものと見なされるのか、それとも他の人たちと一緒に活動する機会を持つものと見なされるのか。別の言い方をすれば、学習を促進するために用いられる活動は、主に個人的なものなのか、それとも協力的なものなのか。どこまでが単独での競争なのか。

私が使用した用語――**協力的、競争、孤立した**――は価値を含んでいる。それらが含意する価値は、すべての人に受け入れられているわけではない。私は、これらの特定の価値を通してカリキュラムを検討すべきだと提案しているのではない。私が提案しているのは、カリキュラムの価値が含意するものを考慮すべきだという点にある。どのような価値が使われるかは、教育の目利きに委ねられている。

私が説明したカリキュラムの特徴は、私たちが知覚できる質の中に現れていることを覚えておくことが肝要である。これらの質は、一度経験すれば解釈できる。例えば、ある教科の境界の強さを意識することなく、境界の強さを考えたり、その効果を調べたりすることはできない。私たちが気づかないままに学んでしまっていることを見取ることを学ぶことが、教育の目利きの最も重要かつ困難な課題の一つである。他のすべてのことは、それにかかっているのである。

教授学的な次元

教授学的な次元は、教育の目利きの焦点となりうる学校教育の第四の主要領域である。これは、これまでに最高度の注目を受けてきた。教育的鑑識眼に特に関連するのは、教えることに関する次の二つの点である。第一に、事実上すべてのカリキュラムは教師によって媒介される。その媒介がどのように生じるかが、何が教えられ何が学ばれるかに実質的に影響を与える。教えることに関する研究から得られた最も一貫した成果の一つは、「同じ」カリキュラムが異なる教師によって異なる方法で教えられていることであり、そのため生徒がどのようにカリキュラムを経験するかは、それが教えられる方法と密接に関係しているということである（McCutcheon, 1976; Rubinek, 1982; Hawthorne, 1988）。**この意味で**、カリキュラムと指導との区別は人為的なものである。人は誰かに何も教えないことはできない。何かを教えないではいられない。

第二に、生徒が教室で学ぶことは、教師が教えようとしていることやカリキュラムの内容に限定されるわけではない。デューイが述べたように、「子どもたちがその時に教えられていることだけを学ぶと仮定するのは、教育上の誤りのうち最も重大なものの一つである」（Dewey, 1938）。教師は、例示によって、隠れた手がかりによって、内容のいくつかの側面を他のものよりも強調することによって、直接的または間接的に生徒に報酬を与えることによって、授業中に提示されるアニメーションや刺激によって、教師が生徒に与える愛情のレベルによって、彼らの説明の明快さによって、あるいはそれ以上のものによって教えている。教師は、図解に頼ったり、比喩を使ったり、図表や地図を使ったり、議論を整理したり、講義をしたり、プロジェクトを割り当てたり、質問をしたりして教えている。さらに、これらの手段や資料は、個々の教師が独自の方法で使用している。指導の特徴が彼ら自身のメッセージを伝えている。教育的鑑識眼は、標準化された観察調査票や標準化された学力テストを回避する、指導の質それ自体に踏み込むことができる。

最後に、指導に適用されるものとしての教育的鑑識眼について二点コメントしたい。一つは、教師の目標の重要性と、観察されたものを判断する際の文脈の重要性に関して、もう一つは、指導の一つの事例を、指導という様式の一例として見ることに関してである。

第一に、教える行為を理想的な場合と比較して評価しようとすると、教師に厳しくなりがちになる。このような状況下では、ほとんどの教師は規準に達しないだろう。理想を手放さないことよりも、指導が生じている文脈や教師が抱いている目標を考慮して、理想を緩和することがより合理的である。指導は、人生と同じように、トレードオフに満ちている。トレードオフを考慮して、バランスをとって指導の質を評価することは、実際を理想に一致させようとするよりも現実的である。「困難な」クラスで働いている経験豊富な教師は、別のタイプのクラスにおいてはある視点から見ると疑問が生じかねないアプローチを使用しなければならないこともある。新人教師は、ベテラン教師が行うと厄介なことになる選択をしてしまうこともある。低レベルで短期的な目標を設定した授業は、より重要な学習事項の小さな部分として見れば、受け入れられるだろう。何が文脈としてあるのか、教師は誰なのか、生徒は誰なのか、教師は他にどのような要求に対処しなければならないのか、教師の目標は何なのか――これらはすべて、指導を見取り、評価しようとする際に重要な考慮事項である。教育的鑑識眼は、文脈を知ることによって強化され、知覚はより鋭くなる。学校の状況における質の知覚は、常に解釈されるため、文脈の特徴を知ることは、解釈をより正当なものにし、より公平にする可能性が高い。

第二に、指導に関する多くの研究は、原理として発見されうる、生徒の達成度を高いレベルに導く「最良の」システムや方法があるという前提に基づいていた（Tyack, 1974）。指導についての実験的研究は、しばしばそうした最良の方法を特定し、伝えるよう設計されている。いくつかの方法では、その努力は法則の探索、つまり、うまくいく因果関係を見つける努力と見なすことができる。「何がうまくいくのか」[4]を発見することで、教師は指導を科学に落とし込むようにして、自分の成功を再現できる。指導は一つの芸術であることに気づいている人がいるにもかかわらず（Gage, 1978）、科学的根拠の探索が指導についての研究では優位なものになっている。

芸術を見習って、そこから学べることを指導の研究に応用するならば、芸術と同様に、指導の卓越性にも多くの種類があることが予想されるだろう。つまり、さまざまな様式の指導に根づいた、さまざまな種類の卓越性を見出すことが予想されるのである。音楽、絵画、詩には多くの様式がある。16世紀のフランドル絵画で賞賛される質は、20世紀のキュビズムで賞賛される質ではない。ジャズの卓越性を構成するものは、グレゴリオ聖歌の卓越性とは異なる。目利きの一つの特徴は、その様式を理解し、その様式から得られた規準を、出会った作品や演奏に適用することである。

指導には、多様なパフォーマンスの様式も含まれる。講義のような一つの様式であっても、さまざまな形をとることができる。体系的で、具体的で、論理的で、明瞭な講義は、重要な美徳を持っている。しかし、思索的で、時にたどたどしくても、完全には解決されていないが、興味深いものであり続けている考えを何とかして扱おうとしている教師の姿を学生に感じさせるような講義には、別の教育的な美徳がある。一方の良さに対して他方の良さに適した規準を用いて評価する必要はない。私たちは、ある指導事例が属している一般的なスタイルを認識し、それに適した「ルール」によってその質を評価する必要がある。プラトンの『国家』では、ソクラテスは弁証法的な手順でグフウコンに教える。対話は頻繁にさまよって、元の地点に立ち返る。それらはめったに直線をたどらない。しかし、アリストテレスは、分析的に発展した階層的な秩序、その論理が細部まで精確なものである秩序を通して教えている。プラトンもアリストテレスも優れた教師であるが、その卓越性は指導の異なる様式に基づいている。これらの様式を認識することは、洗練された目利きの証しである。もっと簡単に言えば、あらかじめ決められた一つの観察調査票がすべての指導状況に**適合するわけではない**。

講義と議論、あるいは個別相談と少人数授業を区別することは容易である。議論をリードするスキルを評価するのに適切な規準は、講義の質を評価したり、知覚したりするのに必要な規準とは異なることは明らかである。見取り、評価するのがもっと難しいのは、教師の個人的な特徴である。モネもルノワールも印象派であるが、作品は異なる。ルノワールが作品においてもっとモネのようになっていたとしてもより良い画家にはならなかっただろうし、その逆もまた然りである。教育の目利きは、個々の教員が自らの仕事に対して持つ個別の特徴を認識する。これらはいわば、様式の中のスタイルである。私たちは、何らかの形式で示される、指導に浸透している質と、指導をどのように強化することができるかの判断——それは難しいことだが——を認識する必要がある。

この種の評価——指導は、それがなそうとしていること以上のものになりうるか——には、ほとんど目的論的な性格が含まれる。別の見方をすると、どのように指導の一貫性を高められるかを問うことになる。教師を指導する上での課題は、教師の教授学的な特徴を別の形に変えようとすることではなく、教師が「自然に身につける」強みの発達を助けることである。これは、指導における「生物学的決定論」の議論ではなく――むしろ、指導について個人として特徴的なものを高めようとする願いである。指導の術における生産的な独自性の育成は、絵を描く術と同様に重要である。

指導に対するこのような態度は、よく言われるような、指導を「科学に還元する」ことを追求する指導技術とは対照的である。後者は、フレデリック・テイラーが見出そうとしたような、複雑な人間の能力を発揮するための最も効果的で効率的で**標準化された**方法を見つけようとすることを含意している（Callahan, 1962）。テイラー主義とは対照的に、ここで提唱されたビジョンは、標準的な画一性よりもむしろ生産的な多様性を称えるものである。

評価的な次元

教育的鑑識眼の焦点として役立ちうる第五の主要な次元は、**評価的な次元**である。ここでの議論では、特にテストに代表される評価の実践が、生徒の将来展望に影響を与える仕方に焦点を当てたい。学校の生産性に関する信頼できる妥当な情報を得るための私たちの努力として、アメリカの学校では、テストが広く使われてきたし、今も使われている。州の教育部門を通じて、教育上の懸念から学校を心配している人たちは、その効果を監視するために一群のテストを頼りにしている。ある観点から見れば、生徒の学業成績を判定するためにテストを行うことは、生徒の達成度や学校の効果を特定するための合理的な方法であるように思われる。なぜ生徒の成績から「サンプルを取り出して」学校の生産性を推論してはいけないのか。さらに、なぜ生徒の学力に基づいて教師に報酬を与えてはいけないのか。なぜテストの成績に基づいて学校を比較してはいけないのか。教師や学校の成績が高ければ高いほど、その教師や学校は優れていることになる。

教育の目利きは、実践に表れているそのような仮定の影響を検討するだろう。教師や生徒にとってテストをすることの結果は、もしあるとすれば、何をもたらすのか。テストすることは教える内容に影響を及ぼすのか。それは教える方法を形作るのか。教員や地域社会が受け入れている価値を支持するメッセージを生徒に伝えることになるのか。それは子どもたちが勉強する教科間に階層的なヒエラルキーを作るのか。要するに、評価に注目する教育の目利きは、採用されたテストの技術的妥当性——テストには内容的な妥当性があるか、カリキュラムに関連性があるか、統計的に信頼できるかなど——のみならず、学力向上以外に、それらが何をもたらすのか、またテストするというプログラムの言外の意味が何であるかに関心を持つだろう。

多くの学区では、子どもたちがその学年の学力レベルを評価するために、5月か6月にテストをする。テストが採点され、生徒の成績が報告される頃には、教師は新しいクラスの生徒を担当することになり、テストされた生徒にテストの結果を用いて別の何らかのことをすることはできない。テストするプログラムのタイミングに関してトレードオフがあるのは明らかであるが、そのようなトレードオフの欠点と利点を考慮することは、教育の目利きが自分が見取ったことを振り返る際の考慮事項の一つには十分なるだろう。

評価では必ずしもテストを使用することが必須ではないため、評価の分野における鑑識眼はテストすることに限定されるものではない。評価は、ある対象物、状況、またはプロセスの質について価値判断を行うことに関係している。評価の実践は、生徒の発言や社会的行動、学業の成果を教師が評価する方法によって教室に浸透している。これらの評価のメッセージは、学校生活の中で不断に発せられる。声のトーン、顔の表情、応援や熱意のメッセージは学級文化の一部である。これらもまた、教育の目利きが評価することに適した事柄である。実際、学校では評価の文化が深く浸透しており、この文化の現れはひとまとまりとなって、学校の日々の優先事項を形成するという点で、正式なテストに費やされる特別な瞬間よりも、より強力なものであると主張できる。

教師が子どもの朗読を聞くとき、子どもたちが書いたものを提出するとき、生徒が教師の質問に答えるときなど、評価は至るところで行われている。学校では、子どもたちが直面する課題が常に何かしら手の届かないところにあるように設計されているため、学校によっては、子どもたちが挫折の淵に立たされるような環境を作り続けていることがある。生徒が新たに身につけた技能を練習したり、楽しんだりする時間は比較的少なく、より複雑なスキルについてのそうした時間はほとんど与えられていない。さらに、地区全体の生徒への期待が個別化ではなく標準化であることを考えると、評価的な次元はさらに大きな影響を持っていることになる。共通した評価形式ゆえに、子どもたちは、同じレースで競いあう他の子どもたちの成績によって定義された上下関係の中で、自分の位置を比較することになる。教育の目利きは、教えることが学校教育文化に与える影響に気づくだけでなく、自身が価値を認めたことを解釈するはずである。

最後に一言。学校内での評価実践は、テストをする際に用いられているものも含めて、学校の優先順位や風土に影響を与える最も強力な力の一つである。評価実践、特にテストするという実践は、学校の価値を操作可能にする。教育者の発言よりも、彼らがカリキュラム・ガイドに書くことよりも、評価実践は、生徒と教師の双方に何が大切かを伝える。こうした実践がどのように用いられているか、何に取り組み、何を軽視しているのか、そしてそれがどのような形で生じているのかは、大人が何を重要だと考えているかを、生徒に力強く語りかける。評価の重要性ゆえに、それは教育的鑑識眼にとって重要なテーマである。望ましい変化という目標と一致するアプローチを設計しなければ、学校を変えようとする努力は成功しえないと考える。

鑑識眼のためのデータの源泉

教育的鑑識眼のためのデータの源泉は数多くある。その中で最も重要なのは、間違いなく教師や教室での生活を観察することである。しかし、指導や教室についての洞察は、観察だけでなく、取り組んでいる学習について生徒と話したり、起こっていることについて彼らの意見を訊いたりすることでも得られる。同様に、教師へのインタビューも非常に豊かな情報源となる。教育の目利きは、ただ注視したり見取るだけではなく、他の人と話したり、その人が言わずにいられない話を聞いたりする。インタビューは、人びとが活動している状況をどのように認識しているかを知るための強力な情報源となる。鑑識眼は、起こりつつあることの理解を目指していることを忘れないことが重要である。その目的に貢献できるあらゆるデータが、適切な情報源となる。

これらの情報源の中には、教材、生徒の成果物、教師が作成したテスト、管理職からの通知、宿題などがある。これらのメッセージシステムで用いられる文やその言外の意味は何で、その形式や内容によってそれらは何を伝えているのか。宿題ではどのような種類の質問が生徒に投げかけられているのか。教師の反応の性質はどのようなもので、正解・不正解を示すチェックをつける回答とは対照的に、反応はどの程度まで精巧で、解釈的なものであるのか。宿題を提出した後、どのくらいで返却されるのか。繰り返しになるが、問題は状況の意味を理解することである。複数のデータの源泉を使うことで、私たちが理解を深めるのに寄与するものならどのようなものでも役立つ（Lincoln & Guba, 1985）。

データの源泉にはまた、私たちが見取ったものを解釈する能力を高める可能性が高い、学校や地域の歴史も含まれる。そうしたデータは、地元の新聞を通読したり、その状況の歴史を知る「古参」と話したりすることで得られる。歴史的文脈は、鑑識眼を深めるのに潜在的に有用な情報源であると言う場合、私は「潜在的」という言葉を強調したい。これは学校や教室をその歴史的文脈の中に位置づけることを常に要求するわけではなく、場合によっては役に立つかもしれないという意味で述べている。それが有用かどうかは、取り組まれている問題の性質や、さまざまな情報源の利用可能性に左右されるだろう。しかし、私の主な目標は、教育的鑑識眼のための潜在的なデータの源泉の詳細リストを構築することではなく、むしろ、より鋭く見取り、より深く理解することに関連するものは何でも格好の標的となるという点を強調することである。

教育的な文脈で起こっていることを見取ることは基本的に重要な成果であるが、知が社会的なものになるべきであるとしたら、見取るだけでは十分ではない。それが生じるためには見取ったことを伝えることへと変換しなければならない。それが批評の仕事であり、次章の主題である。

注

［1］質という言葉には二つの非常に異なる意味がある。第一の最も一般的な意味は、「質の良いカーペット」や「質の良いダイヤモンド」のように、何かの価値を指すものである。第二の意味は、何かの感覚的な特徴を指すものである――赤さの質や、ダンスフロアやバスケットボールコートにおける動きの優雅さといったものである。私たちはしばしば、自分が経験した質を表すために言葉を使うが、私たちが使う言葉は、それらの質の特徴を明らかにするのに適切であることはめったにない。詩や文学で使われているような芸術的に扱われた言葉や、十分興味深いことに就学前の子どもたちの発話やスラングを使用する場合、それ自体は名前を持たない質の経験に類似したものの創造に近づいていく。質的な研究や評価について言うとき、私は研究や評価の形式に言及している。それは質に注意を向けるだけでなく――もちろん、すべての実証的研究では、質に取り組まなければならないが――その形式そのものが形作られる方法を通して、そうした質の豊かな表現を試みる表象形式を用いる。

［2］私がこの言葉を借用したフレッド・ドレツケ（Dretske, 1969）の認識的な見取りという概念は、本書で私が提示した概念とは根本的に異なることを指摘しておかなければならない。ドレツケは、認識的な見取りには、これこれのことは事実だという信念が必要だと主張している。換言すれば、非認識的な見取りが感覚を与えるのに対して、ドレツケは、信念がこの全体像の中に入ってきたときのみ、見取りが認識的になると考えている。

私はこの見解を受け入れない。私は、個人がある種の一連の質に気づくようになると、それについての信念を持っているかどうかにかかわらず、見取りは認識的になると考えている。例えば、コカ・コーラの味についての私の知識は、認識的な「見取り」、あるいは認識的味わいの一例である。私は、認識論を信念の問題に限定するのではなく、意識の問題と関連づけたいと考えている。

［3］ジョン・デューイは『経験と教育』（Dewey, 1938）の中で、ビーフステーキは良いかもしれないが、幼児には良くないと指摘している。文脈を考慮しないと、善し悪しは事実上無意味なのである。私も同感である。

［4］教育的研究において、「何がうまくいくのか」を成文化する努力の例としては、*What Works*（1987）［＊10］を参照されたい。

訳注

［＊1］ワインの脚（legs）とは、グラスの内壁に付着したワインが垂直に下に流れる際に形成される模様のこと。これらの液体の流れ方や模様は、ワインのアルコール含有量や糖分、粘度、グリセロールの含有量などに関連している。

［＊2］ワインのノーズ（nose）とは、ワインの香りやアロマのことを指す。ワインを嗅いだときに感じる香りや、その香りがどのように複雑で魅力的かを表現するために使われる。

［＊3］感覚分化（sensory differentiation）とは、味、香り、見た目、口当たりなど、感覚的な要素の識別を意味する。アイスナーは*Educating Artistic Vision*, Macmillan, 1972（邦訳『美術教育と子どもの知的発達』黎明書房1986）において、ルドルフ・アルンハイム（R. Arnheim）の知覚分化（perceptual differentiation）に依拠して同じくワインの識別について論じている。

［＊4］社会的移動（social mobility）とは、個人または家族が社会的または経済的な階層内あるいは階層間で上昇または下降すること。

［＊5］適応（adaptation）とは、個人や集団が社会環境に適応し、環境の変化に対応するプロセスや能力を指す。

［＊6］自民族中心主義（ethnocentricity）とは、自己の文化、民族、または国の価値観や文化を基準として、他の文化や民族を評価し、判断する傾向を指す。

［＊7］防衛機制（defense mechanism）とは、個人がストレス、不安、心理的な緊張、あるいは脅威に対処し、それに対抗するために無意識に採用する心理的な戦略やメカニズムを指す。

［＊8］強化（reinforcement）とは、ある条件づけによって、個人または集団の行動が生じやすくなることを指す。

［＊9］認知的不協和（cognitive dissonance）とは、個人がある事柄において、矛盾した認知をもつことで不快に感じる心理的な状態を指す。

［＊10］この報告書は、不利な状況にある子どもたちが通う学校のうち顕著な成功を収めた23の学校の事例を集めてアメリカの教育省が出したものである。当時の教育省長官は、本書第7章で教育批評の対象となるウィリアム・ベネットであり、ベネットは報告書の序文も書いている。

第5章
教育批評

すべての批評家は、すべての芸術家と同様、個性の存在それ自体と結びついたバイアスや偏愛を持っている。それを敏感な知覚と知的な洞察力の器官に変換すること、そしてそれを本能的な嗜好を放棄することなく実施して、そこから方向性と誠実さを導き出すことが、批評家の課題である。

ジョン・デューイ

批評の意味

ジョン・デューイは『経験としての芸術』の中で、「批評の目的は、芸術作品の知覚の再教育である」(Dewey, 1934, p.324) と述べている。これは私が受け入れている概念であり、何よりも芸術作品ではなく、教育という作品、特に学校教育実践に関わるものとしてここでは検討したい。

前章では、鑑識眼の意味と学校教育の五つの次元との関係について述べた。鑑識眼は、批評とは異なり、私的な行為である。その目的は、ある対象、状況、出来事を構成する質を評価することである。ある領域での目利きとは、ある行為、作品、対象物を構成する重要でしばしば微妙な質に気づき、典型的にはそれらを文脈的な先行条件と関連づけることができることを意味する。しかし、鑑識眼は、目利きに明確に説明したり、正当化したり、説明したり、説得したりする義務を課すものではない。人はその質について一言も語らなくても、高級ワインの鑑定家になることができる。人は、報告書を書いたり、管理者に伝えたり、教師にフィードバックを与えたりせずに、優れた――あるいはそれほど優れてはいない――教師の行動を評価することができる。鑑識眼とは、静かな評価行為でありうるし、ほとんどの場合そうである。

鑑識眼は基本的に個人的なものであるため、それ自体が社会的な有用性を持つことはほとんどない。もちろん、例えば家具などに高い鑑識眼を持つ人は、自分が高い質であると見なすものを探して購入する傾向が強い。ただし、自分の予算の範囲内で。とはいえ、ある人がある分野で目利きであるという事実は、目利きではない人にとって比較的重要性が低い。鑑識眼が公的な存在感を持つためには、批評に頼らなければならない。というのも、批評は、鑑識眼に公的側面をもたらすからである。

教育的鑑識眼は、教育現象の複雑で微妙な側面へのアクセスを可能にするものであり、そのようなアクセスを通じて、教育批評家は批評家として機能するために必要な内容を確保できる。鑑識眼が鑑賞の芸術であるとすれば、批評は開示の芸術である。批評家の第一の機能は教育的であることである。「教育的」とは、知覚を高め、理解を深める材料を提供することを意味する。そのためには、批評家は目利きとして機能しなければならない。そして、教育においては、批評家は教育の目利きとして機能しなければならない。批評は、その内容の質と、その内容の前段階と文脈的条件への気づきに依拠している。批評家でなくても偉大な目利きになることはできるが、ある程度の鑑識眼がなければ、どのような種類の批評家にもなれない。

批評家の課題は、絵画、演劇、小説、詩、教室や学校、あるいは教えるとか学ぶという行為や経験の質を、公共の形に変換するという神秘的な偉業を見事にこなすことである。それは経験された質を明らかにし、解釈し、評価する。質そのものには文字通りの言語的等価物が存在しないため、その課題は単純な翻訳ではない。等価性のルールがないため、参照元と記号の一対一の対応はない。したがって、批評のすべての行為は再構成である。再構成は、議論の余地がない事実に支えられた、論じられたナラティブという形をとる。批評の歴史が雄弁に証明しているように、「同じ」戯曲に常に別の解釈が存在するだろう。[1] さらに、何らかの批評的説明において記述された質であっても、それが記述されえたすべてであるとは限らないし、他の批評家なら記述したかもしれない質が記述されているとは限らない。要するに、見取ったことについては知覚と批評的記述の両方において、常に選択が働いているのである。

批評の根源は、日常生活の普段の活動の中にある。人が物事 —— 買う食べ物、参加する議論、聴く音楽、制定される政策や法律、食べる料理、遊ぶあるいは見るゲーム —— の質を判断する際にはいつも、鑑識眼と批評が存在している。自分が経験していることを記述し、評価できることは、私たちの自己利益になる。それは、他人との交渉や、状況が何を必要としているかを判断する際に必要となるスキルである。幼い子どもたちは、他者と遊ぶことを学び、避けられない意見の相違が生じたときに自分の立場を主張する中で、そのようなスキルを身につけていく。実際、スポーツの場は、知識人向けではなく、市井の人たち向けに書かれた日常的批評の牙城であり続けている。以下のスポーツイベントについての説明に使用されている言葉を考えてみたい。

オープンコートの中はカオスだ。まさにニックスがジェラルド・ウィルキンスをガードする仕方がそれだ。キャバリアーズは全力で戻り、向きを変え、左腕で2回ドリブルしてフロントコートにボールを押し込もうとするウィルキンスを防ぐプレイヤーを ── 誰でもいい ── 見つけようとしている。

ウィルキンスはレーンの奥まで飛び込んでいく。その経路の半分下がったところで、身長6フィート6インチのジャンパー、ウィルキンスが急にストップし、わずかにバスケットから後方に身を傾けてジャンプシュートしようとしたとき、大柄なキャバリアーズのセンター、ブラッド・ドアティーが、両手をあげて阻止に入る。ドアティーは、今回は遅れ、特に優れたジャンパーではないため、このプレーでガードできるチャンスはない。しかし、彼の後ろ、ウィルキンスの視界から遮られたところに、ジョン・「ホットロッド」・ウィリアムズが潜んでいる。

キャバリアーズのホーム用の白いユニフォームに18番をつけたウィリアムズは、両腕を両側に伸ばして頭を上げ、低くかがみ込んでいる。身長6フィート11インチ、体重230ポンドの彼は、リーグで最も痩せたパワーフォワードの一人だ。彼はほとんど足である。腰が体の下から3分の2あたりにある(曲がった膝が3分の1の目印だ)。太ももは太く力強く見えるが、そこから細くなり、胸はまったく厚くなく、小ぶりの頭までずっと薄い。

ウィルキンスがジャンプの頂点でボールをリリースすると、ウィリアムズは伸び上がり、ドアティーを超え、横切って跳躍する。手首から肩まで直径が同じ細い円柱状に見える右腕が伸び、シュートをぴしゃりと叩き、リリースポイントから4フィートはある距離でボールを捕らえた。(Capouya, 1988, p.60)

さて、このスポーツ批評と、アメリカの重要な画家、ベン・シャーンの作品に対する批評を比較してみよう。この美術批評は、アメリカを代表する美術評論家であり、シカゴ大学の社会思想学の教授であった故ハロルド・ローゼンバーグが『ザ・ニューヨーカー』に寄稿したものである(Rosenberg, 1985)。長い引用だが、ローゼンバーグが行っていることと取り組んでいる問題を感じとれることが重要だと考えるためである。

ベン・シャーンの絵画は、それに応答する人にとって、ある種の道徳的・社会的な美徳によって強化されている。絵画が正しいことを言うとき、個々の質にかかわらず、それは正しく見える。シャーンは過去50年間で最も大量に収集された芸術家の一人だ。ユダヤ博物館での回顧展を構成する180点の絵画、ドローイング、版画、ポスター、写真は、60以上の個人コレクションや美術館が貸与主としてクレジットされている。《水爆実験を止めよ》、《トム・ムーニーと彼の刑務所長、J・B・ホロハン》、《疥癬は大歓迎》などの題材でさえ、リビングルームや施設のギャラリーのためのシャーン作品の購入を妨げることはできなかったようだ。しばしば見られ複製されている《サッコとヴァンゼッティの受難》(本展には出品されていない)は、古典的な階段と柱を背景にした人物群のテンペラ画としてではなく、想起された不正の象徴として受け取られている。シャーンの絵画やグラフィック作品が残した一般的な印象は、現代史のライン――1930年代に善良な男女の大多数によって支持された一連の問題――のそこかしこで、常に戦っている芸術家の作品というものである。

しかし、シャーンが社会的・政治的な主張を支持する画家であったという考え方は、部分的に正しいだけである――抑圧の犠牲者に対する彼の献身が最も高まっていた1930年代でさえ、彼の作品の中心をなすと思われるイデオロギーとは結びつかない方向へと逸れることもあった。《サッコとヴァンゼッティ――法廷の檻の中で》を制作したのと同年（1931年）に、彼は《過越祭のためのハガダー》をデザインし、その10年間に、近隣のスタジオのディスプレイを文字通りレンダリングした《写真家の窓》や、著名な新印象派へのぎこちなく滑稽なオマージュとして、店先に白い点が散りばめられた《スーラのランチ》など、「中立的な」作品も制作している。彼自身の見解によれば、シャーンは狭義の政治的な立場ではなく、むしろヒューマニストの立場を代表していた。もしヒューマニストのアーティストが過去現在の不公正の事例――ドレフュス事件、サッコとヴァンゼッティ、トム・ムーニー、スラム街、都市と農村の貧困、失業、ストライキ、マイノリティ、強制収容所、ナチスの残虐性、核爆弾の脅威など――に敏感であったとしても、彼はまた、遊んでいる子どもや春、花にあふれた田園、人間の運命についての瞑想、聖書、怒りや兄弟愛などの抽象的な感情、そして《不安の時代》や《普通の人》（両手を組んだ二人の反省的な人物のいる中で、宙返りしているピエロが描かれた作品）のように、象徴的な言葉で表現された形而上学的な洞察にも心を動かされていた。（Rosenberg, 1985, pp.90-91）

バスケットボールを批評することと、アメリカの重要な画家の回顧展を批評することには共通の特徴がある。それをうまく成し遂げるためには、どちらも鑑識眼と批評のスキルが必要である。どちらも描写し、評価する。どちらも自らの主題を生き生きとしたものにする。どちらも、たとえその場に行ったことがなくても、私たちに省察するための材料を与えてくれる。

教育批評の構造

第4章では、教育の目利きが学校教育の研究をする上で注目するだろう五つの重要な次元について述べた。これら五つの次元は知覚のための構造を提供する。しかし、批評のための構造はどうだろうか。経験したことに対する批評をどのように整理すればよいのだろうか。

教育批評には、**描写**、**解釈**、**評価**、**主題生成**の四つの次元があると考えられる。ここでは、それぞれについて順番に論じていく。しかし、最初に指摘しておきたいのは、これらの次元 ── つまり教育批評の構造と見なされるもの ── を特定することは、この構造が教育批評を書くための順序を規定しているとか、学校や教室で経験したことが、これから述べる四つの次元に簡単にまとめられるといった印象を与えてしまう危険性があるということである。しかし、そんなことはない。教育批評の四つの次元は、教育批評の各部分の間に順序を規定するものではない。とはいえ、批評家がこれらの次元を使って自分の文章を構成することを禁じるわけではない。さらに、四つの次元は、各次元が他のものと完全に独立していることを含意していない。とはいえ、分析的な目的のための、このような区別をすることは有用ではあるだろう。要するに、私がなそうとしている区別は、発見的な有用性を得ることを意図したものであり、ある手法を指示するものと見なされるべきではない。実際、私たちが経験する世界は混合体であり、しばしば事後的に整理しようとするが、一度整理されれば、その分類がいくぶんかは解明に役立つとしても、もはや混合体ではない。私のメッセージは、これらの区別を、従うべきルールではなく、作業のためのツールとして扱うということである。

描写

描写は、ある場所やプロセスがどのようなものであるかを読者が視覚化することを可能にする。批評家が読者の理解を助けようとしている学校や教室を「見取る」のに役立つはずである。

描写的記述の重要な効果は、心の眼で見取ることだけではない。その文章は、記述されている出来事に読者がその人の身になって参与できるようにするものでなければならない。つまり、読者がその場所やプロセスを感じ、可能で適切である場合、その状況に居合わせている人たちの経験を感じることができるようにしなければならない。トルーマン・カポーティが『冷血』の冒頭シーンで、読者にカンザス州ホルコムを「見取る」ことをいかに可能にしたかは前に見た通りである。また、エリ・ヴィーゼルが、ナチスの死の収容所での彼の経験について再創造した強力な方法を私たちは経験した。

厳密に文字通りの形で記述されていたら、ホルコムについてもブッヘンヴァルトについても、私たちは知りえなかっただろうことを想像してみてほしい。感情が骨抜きにされた死の収容所の説明は、せいぜい部分的なものであり、それはまた誤解を招くものでもあるだろう。学校や教室もまた、同じような描写形式に適している。学校や教室がどのような場所であるかを理解するためには、もし私たちがそこにいたらどう感じ、どのように見えるかが分かるような記述が必要である。

そこにいるかのような代行的参与を可能にするために、教育批評家は、状況が示す質にアクセスできなければならない。これはもちろん、相互生成的な出来事である。知覚力をもって状況を解釈する能力――つまり状況を**理解する**能力――は、批評家が仕事をする際に用いている基本的な要素である。しかし、批評家はその後、描写的な散文を通して意味が伝わるように、文章という形式で構造を創造しなければならない。そうするためには、ナラティブ的な言語を扱うという点で芸術性が必要であり、すでに示したように、この達成には、文章の形を整え、その韻律を聞き取り、正しい単語やフレーズを選び、適切な比喩を用いて、稀には、何らかの認識論的な働きをする新語を創り出すことも意味している。文章を書く上での「秘訣」は、しばしば当たり前のことと思われているが、個人的に経験されたことを表象する特徴を持った構造や形式を公共世界に創り出すことにある。教室に浸透する発見と興奮の感覚は、単なる一揃いの言葉ではない。それはエネルギーの感覚を含む一揃いの質なのであって、散文を通して何とか感じとれるようにしなければならない。これこそが、効果的な書き手が達成していることである。

繰り返しになるが、そうした達成の働きは、単なる脚色や修飾、あるいは「文学的」なものを作ることではなく、認識論的なものである。その目的は、読者が知るのを助けることにある。知ることの一つの源は視覚化である。もう一つは情動である。状況がどのように感じられるかは、それがどのように見えるかと同じくらい重要である。教育批評の描写的次元は、その両方を可能にする。

教育批評、特にその描写的次元を書く場合、書き手は常に不完全なストーリーを語る。人はそのすべてを語るわけではない――それにそんなことはできない。この意味で、ナラティブは、知覚と同様、本質的に選択的である。しかし、選択性は、部分的で枠組みに依存しているとはいえ、観察に主眼点を与え、それによって他の人が見ることを学ぶのを助ける方法となる。能力の低い者だけがすべてに注意を払おうとする（Berliner, 1988）。熟練した教師は、何を無視するべきかを知っている。有能な学生は何に焦点を当てるべきかを知っている。卓越したチェスプレイヤーは、盤面のどのパターンが重要かを知っている。批評を書くこと自体が芸術である以上、そして私はそうだと強く思うが、書き手は知覚と開示の両方において選択的でなければならないと考える。美味しい料理を作るためには、食料庫にあるものすべてを使う必要はない。

選択性は書くことだけにとどまらない。文学理論の中には、テキストは書き手によってではなく、読み手によって作られるとする議論がある（Fish, 1980）。これは、平凡な意味で、事実である。読み手は、書き手と同様、読んだものを意味あるものにするために解釈しなければならないが、これは、読んだテキストの種類が何の違いも生まないということではない。何が書かれ、どのように書かれているかで違いが生まれる。それが書くことを学ぶ際の核心である。

教育批評における描写的記述の例を見てみよう。以下の文は、長い研究の冒頭のページである。鮮やかな記述の例として、また、その場面がどのように見られているのかの説明として、ここに掲載する。

どこに駐車するのか

ペギー・ハグバーグ

どこに駐車するのか。サイクロンフェンスで囲われた1950年代様式のモダンなコックス校のアスファルトの駐車場区画は、今や、ボックスカーのような移動式教室で占められている。通常の駐車場区画（あるいは操車場）の配置に反して、そのポータブル教室は、まるで教育委員会がそれらを巨大な飛行機に詰め込んでコックス上空に飛ばし、その中身を学校の駐車場区画に上空から落としたかのように見える。

これには利点もあるかもしれない。かつての駐車場は、コックス校の700人の生徒のための唯一の遊び場としても機能している。行き当たりばったりに配置されたポータブル教室は、疑いなく体格や年齢の異なる子どもたちのグループのために、多様性をもって配置されたプライベートな遊び場を実際に提供しているように見える。

入学者数が減少し、郊外の余剰校舎が競売にかけられるという話は、コックス校の人びとにとっては悪い冗談のように思えるに違いない。ここは400人の生徒を受け入れるために建設された。

1971年、この学校はオークランドの補償教育学校[＊1]のリストに加えられた。あまりにも多くの子どもたちが学業達成できず、貧しく、そして黒人であった。コックスの生徒すべてが、現在、州によって「EDY's」（教育的に恵まれない青少年）に分類されている。追加経費と特別なプログラムが設けられた6年間は、生徒にとってどんな意味があっただろうか。この経費を手に入れ、維持するために、学校はD－P－T（診断、処方、治療）、個別指導、基礎的なスキルアップを重視したカリキュラムを整備しなければならない。

N先生と私は午前8時45分に校長室で会うことになっていた。Nは、将来を嘱望された若手幹部という良い地位を捨てて、教鞭をとるためにカリフォルニアに来た。彼は今日まで7年間教壇に立ち、その間にカウンセリングの修士号、カウンセリング資格、管理職資格を取得し、オークランドの管理職候補リストに掲載されている。彼の野心は学校の管理職になることだ。6年間中学校の教師をしていたが、今年は5年生と6年生を併せたクラスを教えている――彼は管理職の地位を確実にするのに役立つだろう経験の幅を得たいと考えている。

背の高いN先生の広い歩幅について行くのにあくせくしながら、私たちは彼の教室に向かって歩いた。子どもたちが「こんにちは、N先生！」と挨拶し、「彼女は誰？」と質問する中、私たち大人2人と12人の子どもたちがポータブル教室に入るとき、その木製階段は揺れる。

一列あたり5台、6列並んだ机と、大きな独立した暖房機、小さな先生の机、一つの作業テーブル、30人の子どもと1人の大人が、ターコイズブルーの20×40フィートのポータブル教室のスペースを占めている。前列の席と前面の黒板とを隔てるのは約18インチほどの空間である。ヴィンテージのボルボのバンパーに「航海したいな（I'd Rather Be Sailing）」のステッカーを貼っているN先生は、混雑した部屋の中をどうやって移動しているのだろうか。間違いなく、生徒たちはあまり動き回ることができない。

黒板は部屋の短辺の一つと長辺の一つに沿って設置されている。小学校低学年用に設計されており、小学5年生と6年生の目の高さよりも低い位置にある。毎日腰をかがめて書くと、先生は腰を痛めてしまうに違いない。掲示板の上には、それぞれ一人ずつ生徒の名前が書かれた大きなカードが貼られている。それぞれのカードの下には、子どもたちの作文の成果が貼られている。

8：50 ―

最後のベルが鳴ってから5分後、23人の子どもたち（女子10人、男子13人）が部屋にいて、10人がすでに席に着いている。さらに数分後には、一人の生徒を除いてすべての生徒が指定された席に着いた ―― Nが今日の昼食はロールサンドかホットドッグだと伝えると、騒音が止む。この重要なちょっとした情報を受け取った後、次にやるべき仕事は、私が誰なのかを探り出すことである。Nは私の名前と私が教室で何をしているのかを伝える（約10人の生徒がこの2番目のちょっとした情報に耳を傾けているようだ）。Nの声は、多くの私語にかき消される。

Nが静かにするように言うと、静かにはなる ―― 一時的に。

9：00 ―

Nは子どもたちに言う。「10分後には語彙を学びます。私が出欠をとっている間の5分間に算数をやりなさい。黒板に書いた4つの問題をやりなさい。分数を約分しなさい。」

(1) 18/30 = /

(2) 9/45 = /

(3) 5/6 = /18

(4) 2/5 = /20

（問題を5分やって、5分で答え合わせをする計画なのだろうか。ともかく私は混乱する。$\frac{5}{6}$を$\frac{x}{18}$で、$\frac{2}{5}$を$\frac{x}{20}$でどうやって約分するのか。誰も訊かない。）

Nが出欠をとっている間、5人の生徒が問題に取り組み、他の生徒は全体的に静かにして、自分自身の個人的な課題に取り組んでいる —— おしゃべりしたり、お互いの服装をチェックしあったり、何人かは自分の資料や本を見ていたりする。午前中に何度か起こることになるが、Nが「この4つの問題をやって」と言うとすぐに、まるでそれが合図のように、背が高く痩せた赤い上着を着た女の子が、部屋の一番奥の席から立ち上がり、1列目を通って前へ来て次の列を後ろへと歩いていく。2列目の中間地点で、ピンクのドレスを着たもう一人の背の高い少女が彼女の後ろにつき、2人は通路を後ろへ進み、その後、3列目と4列目の一番後ろの二つの机の後ろを横切る。3列目では、小さすぎるデニムのパンツスーツを着たぽっちゃりした女の子がピンクのドレスを着た女の子の後ろにつく。行列は、ぐるりと回って2列目を進んでいくと、最後のメンバー —— 緑色の長いワンピースのドレスを着た女の子が加わる。4人は部屋の隅の鉛筆削りに到着し、すでに尖っている鉛筆を慎重に削り、順番を崩すことなく、彼女らの通ってきた経路をたどって自分の席に戻っていく。この教室のジグザグ行進のメンバーは、何人かのクラスメートを軽く小突いたり、他のメンバーをからかったりしながら移動している。Nは彼らに何も言わない。

狙撃手が壁の棚に陣取り、傘を持って「削り屋」のうち2人を撃っている。

モニター装置によって開いたドアを叩く大きな音がする。STOP標識を持った「交通少年」が入場してきた。彼は本当に小さく、標識は大きい。標識は彼の腕から離れ、床や壁、ドア枠にぶつかる。Nは、彼に標識を外に出すよう命令し、彼は立ち去る。

9：15—

Nは「よし、じゃあ始めよう」と言う。…しかし、何人かの生徒は彼が続けることを許さずに——鉛筆を要求し続ける。Nは落ち着いている。「昨日もらったでしょ。これで終わり——もう鉛筆はもらえないよ——明日はダメだと言うぞ。君たちはもう何も借りられないよ」と言った。また出番か。「削り屋」が再び立ち上がり、鉛筆削りに向かう。彼女たちは前と同じルートをたどる。今回は他にも数人の生徒がついてくる。Nは何も言わない。

Nが分数の問題を確認し始める。6人の生徒が彼を見て手を挙げている。彼の目の前に座っている一人の女の子は、空気を抜いた風船で机をいっぱいにして遊んでいるように見える。Nは彼女、シャナにそれらを片づけるように注意する。それに対する反応は素早い。机の中から膨らんだ風船が引っ張り出され、空中に放たれる。その行為と音で、みんなが大笑いする。騒ぎが収まる前に、Nが反応し、「分かった、これで終わり！ 出て行きなさい！」と言う。シャナは拒否する。Nは彼女の手と腕をつかみ、ドアの外に引っ張り出す。彼女は外に出て窓から中を見ている。私以外の誰からも無視され、ついに彼女は姿を消す。

15分間、分数の見直しが行われる。Nは手を挙げている生徒のところへ行って答えを求める。答えが間違っている場合は、別の答えを求め、正解が見つかるまで生徒は答える。9/45は3/15に約分できるが、それ以上は約分されない。ある緑の格子縞のジャケットを来た少年は、2/5から8/20への「約分」について段階的に説明する ―― 彼の指摘は約分ではないのだが。しかし彼のメッセージは行き場を失ってしまい、誰も彼の言うことを聞いているように見えない。この手順は、4つの問題が回答されるまで続く。

（出欠をとるのと騒ぎを落ち着かせるのに32分かかった。）

9：32 ―

Nは宿題を出すように生徒に言う。机の蓋を叩いたり、足を踏み鳴らしたり、私語や子どもたちの抗議といった雑多な騒音の中、（それを合図に）「削り屋の行進」が再び始まる。「削り屋」が旅をして、鉛筆の先を削って戻ってくる間、Nは、宿題をなくしたり、持ってこなかったりするような個人の規律の欠如について、平坦なトーンで説教している。彼の言い分は、するにしてもしないにしても「少なくとも学校に宿題を持ってきて取り組めたでしょう」ということだ。（それならば、なぜ家に持って帰らせるのだろうか、と私は不思議に思う。）

8人の生徒が宿題のプリントを持っていない。Nは彼らに机を他の人の近くに移動して一緒に見るように指示する。この移動には3分ほどの時間を要したが、青い服の少女が部屋の後ろに座っている小さいが興味を持っている観客にダンスのステップを披露するのには十分な時間だった。Nは彼女に何も言わない。

宿題用紙はクロスワードパズルである。ほとんどの生徒が答えを確認したり、答えが出てくるとマスを埋めたりすることに夢中になっている。Nはクロスワードの扱い方を指導している。「先を見て、埋める文字の数を予測して、頭の文字をヒントにするんだ」と指導している。

シャナは大きな音でノックする。モニター装置が彼女のためにドアを開ける。彼女は、上機嫌で期待に胸を膨らませながら、副校長先生は保護者の対応で忙しいから、「N先生は自分の問題は自分で処理するように、だそうよ」と、みんなにアナウンスした。Nはシャナ（とみんな）に向かって「いや、そんなことはしない。シャナ、出て行きなさい！」と答えた。シャナは微笑んで去っていく。Nは部屋の電話を取って、副校長に電話をかける。子どもたちは静かになり、注意深く聞いている。1分ほど待った後、副校長につながり、Nは再びシャナを副校長に送ったと大声で言う。そして電話を切る。

9：59 ―

Nが呼びかけ、一瞬の静寂を得る。そして、グループに分かれて読書活動を行うことを伝える。彼は最初に「万華鏡グループ」と話し合うだろう。その他のグループは、読書して、黒板の読書グループのために挙げられている質問に答えなければならない。

「万華鏡グループ」は暖房機の脇に机が集まるよう動かす。Nはグループの横に立って音読を聞いたり、質問をしたりしている。

その他の子どもたち ―― いく人かは、『より良い読者になろう』という本を開き、読んでいるように見える。ほとんどはまだ、座席を移動しあったり、一冊の本を大勢で読んでいる人たちの所に行ったり、話をしたり、そうでなければ自分の内職にいそしんでいる。Nは彼の読書グループに逃げこんだようで、「万華鏡グループ」以外には注意を払わない。

モニター装置でドアが開き、魅力的な若い女性が入ってくる。Nはジョンソン夫人に挨拶する。彼女が停学中の生徒の親であることは後で知る。

Nはクラスに読書を続けるよう伝え（ほとんど誰も読んでいない）、ドアの方へ歩いて、ジョンソン夫人と一緒に出て行く。彼は足でドアを少し開いたままにしている。ドアが閉まる前に（そしてそれを合図に？）「削り屋」は別のトレッキングを開始する。騒音レベルは騒動のようになる。ドアの所にNが現れる。「静かにして作業に戻りなさい！」（作業に戻る？）。Nは再び姿を消す。（この時点で私は長年の教師の習性である反応を断ち切ることができず、私が責任ある大人であることをいくらか示そうと、最も悪い違反者たちを睨みつけている。）

再び騒音の波が立ち上がる。Nが教室に入り、静寂を求める。部屋はほとんど静かになり、「削り屋」は自分たちの道を歩いて机に戻る。Nはマナーについての講義を行う。「あなたがジョンソン夫人だったら、娘のクラスについてどう思うかな。（私はジョンソン夫人は実際どう思うだろうとあれこれ考える。）恥ずかしくないかい。」生徒の反応はない。

10：15――

Nは彼らに「読んで質問に答えなさい、22、23、24ページに目を通して、私が君たちのグループと一緒に作業をするときに、質問に答えられるよう準備しておくこと。万華鏡グループが必要です」と言った。（彼はいつその他のグループと作業するかは言わない。）

休み時間のベルが鳴り、子どもたちはドアを飛び出して行こうとする。Nが叫ぶ。「ダメだ。座りなさい。静かにして整列するのに時間がかかったら、その分休み時間が短くなります。さあ、列に並びなさい（女子が一列を作り、男子は別の列）。」彼らは静かに立っている。Nは彼らに退室を許した。（Hagberg, 1975, pp.1-7）

長文の報告書に続くのは、彼女が記述した出来事に対する著者の解釈である。その解釈はここでは取り上げない。この抜粋が示しているのは、一人の著者が、彼女が観察した教室で重要だと考える出来事を鮮やかに表現する方法である。彼女の記述を読むことで、それらの出来事の像が浮かび、教室の感触が得られ、「削り屋」が通路の間を通って鉛筆削りに向かうのを見取り、狙撃手が敵に向かって照準を合わせているのを想像するのは難しくない。彼女の文章の明晰さとイメージの鮮明さは、私たちがその場面にその身になって参加することを可能にする。このような記述が可能にする経験の質は、インナーシティ[*2]の学校の教室を理解する上で、そうした学校で採用されている言説戦略の正確で量的な記述と同じくらい重要である。

解釈

描写が対象を説明することと考えられるとすれば、解釈はその理由を説明することと見なすことができる。教育批評家は、自分が経験したことを生き生きとしたものにするだけでなく、その意味の説明にも関心を持っている。この目標には、しばしば、描写されたことを、その先行要因を特定できる文脈に置くことが必要となる。それはまた、観察された実践の潜在的な結果を明らかにし、見取られたことを説明する理由を与えることを意味する。

社会科学では、関係性を説明するための理論が開発されている。一時期、そして今でも一部の学界では、社会的状況における必要十分条件を特定して、一連の先行条件から生じる事象を制御したり予測したりできると信じられている。クロンバック（Cronbach, 1977）や他の研究者たちは、教室には非常に多くの偶発性と変数間の相互関係があるので、理論を事象の厳密な制御や正確な予測につながる装置と考えるよりも、知覚のガイドとして考える方が合理的であると指摘している。

教育批評家は、理論の発見的な概念に基づいて仕事をすることができる。批評家が理論を扱うとき、それを説明という目的のためのツールとして使う —— つまり、「真の実験」のための厳格なテストには適合しないが、合理性を満たし、会話を深め、新鮮な問いを提起するために用いるのである。さらに、批評家が話したり書いたりしたいと思うであろう次元のすべてを一つの理論が満たすことはほとんどないため、理論の適用にはある種の折衷主義が存在するだろう。異なる（あるいは「同じ」場合でも）質の組み合わせを説明するために、いくつかの理論が援用されることになる。

ある教員が理科の授業を計画したとする。小学3年生の子どもたちは、液体の濃度について学ぶことになっている。それぞれにガラスの試験管と、濃度の異なる液体が入った5本の瓶が与えられる。それぞれの濃度には特定の色がある。赤が最も高い濃度で、次に緑、そして青、黄、オレンジの順である。生徒たちの課題は、試験管の中にさまざまな順序で液体を入れ、それぞれの液体の濃度を判断することである。最終的には、一番高い濃度が一番下に、次に高い濃度がその上に等々となる。子どもたちはそれと知らなくても、成功した場合、試験管の中の色の配置は、赤、緑、青、黄、オレンジとなる。

教師は、生徒が実験を完了し、試行と観察を記録するためには、20分のセッションが2回必要になるだろうと考えている。しかし、教師が驚いたことに、ほとんどの生徒が最初のセッションの15分で問題を解決した。教師は何をすればいいだろうか。理科のカリキュラムの次の授業の導入をするか。他の教科に移るか。最初の授業の終わり間際に、ある生徒が検査してもらおうと試験管を教師のところに持ってきて、色（それゆえ濃度）を混ぜる方法を見つけ、新しい色だけでなく、新しい濃度の配列順序を作成できたことを示す。教師は驚くとともに喜び、他の子どもたちにも同じような実験をするように促す。子どもたちは、2回目の20分間を通して熱心に活動する。

教育批評家は、このような状況で何をするだろうか。批評家は、その出来事をどのように描写し、解釈するだろうか。ここでの批評家の仕事は、教師の行為と子どもたちの活動を解釈し、子どもたちがどのような学習に取り組んでいたか、授業の重要な時間帯に教師が突然指導計画を変更することの教育的・心理的な意味といった要因を説明するために、社会科学の理論を適用できる場合には用いることである。子どもたちがどのような学習に取り組んでいたかを論じる際、批評家の注意は、教師が設定した問題だけでなく、社会的な場、その問題が取り組まれている社会的文脈によって育まれる学習の種類に向けられることになる。子どもたちはお互いに助け合っていただろうか。子どもたちはどのような問題にぶつかり、それにどのように対処していただろうか。子どもたちの関与と参加の度合いはどうだったのか。こうしたあれこれの問いは、通常、鑑識眼の文脈で検討され、それが批評の内容に影響を与えるだろう。要するに、広く考えたその文脈が、適切な解釈になりそうである。

社会科学のどんな理論も、ある特定の教室の中で起こる特定の事柄の集まりを包含できないことを認識する必要がある。それには正当な理由がある。教育実践についての優れた研究者であるジョセフ・シュワブは、次のように述べている。

すべての行動科学分野のほとんどの理論には、競合する理論が共存しているという特徴がある。性格に関する理論は一つではなく、多数あり、人間の行動に何が関連し、重要であるかについては、少なくとも六つの根本的に異なる理論の選択肢がある。集団に関する理論も一つではなく、いくつかある。学習に関する理論も一つではなく、半ダースある。社会科学や行動科学はすべて「学派」によって特徴づけられ、それぞれの学派は、異なる探究原理を選択することで区別され、各学派は、圧倒的な複雑さを持つ事象から、全体のなかで扱うことができるごく一部を選んでいる。

そうだとすると、そのように方向づけられた探究から生じる理論は根本的に不完全である。個々の競合する理論は、探究主題の異なる側面を捉え、異なる方法で処理する限り、不完全である。さらに、事象の新たな側面や側面間の新たな関係、そしてそれらを扱う新たな方法を明らかにする新たな原理が絶え間なく発明される。要するに、現存する行動理論のどれもが、実際の行動のおぼろげな、不完全な表象でしかないと仮定するあらゆる理由がある。(Schwab, 1969, p.27)

理論の理想化は理想化である。実践は独特で特異なものであり、それゆえに理論は柔軟性をもって扱われなければならない。それは実践に合うように形作られなければならない。

鑑識眼について述べた際、私は質に気づくことが基本的な成果であると述べた。なぜなら、何を解釈できるかは、最初は気づきにかかっているからである。気づきがなければ解釈はできない。非具象的な視覚芸術や交響曲を扱う場合、その質の重要性は、少なくとも社会的な相互作用から生じる質に比べれば、解釈の必要性は多少は小さくなるかもしれない。しかし、人間が相互に作用する状況では、解釈の必要性が常に求められている。物事は、必ずしも見かけ通りではない。状況の中に隠された、あるいは暗示された意味を理解するためには、人は表面を見抜かなければならず、クリフォード・ギアーツ(Geertz, 1973)が「厚い記述」と呼んでいるもの、つまり解釈を求めなければならない。ギアーツは次のように述べている。

人類学的解釈が、起こったことを読み解くことだとすれば、それを起こったことから切り離すことは

――この時代やあの場所で、特定の人びとが何を言い、何をし、何をされたかということから、つまり世界の広大な営為全体から――切り離すことは、解釈をその適用から切り離し、空虚なものにすることである。詩、人物、歴史、儀礼、制度、社会など、あらゆるものに対する優れた解釈は、私たちをその解釈の中心へと導く。解釈がそうでないとき、代わりにどこか別の場所――それ自身の優雅さや作者の巧妙さ、あるいはユークリッド的秩序の美しさへの賞賛――へと私たちを導くとき、それ自体の魅力を持っているかもしれないが、目下の課題が求めること――羊についての長話が何についてのことなのかの解明――とは別のことである。(Geertz, 1973, p.60)

行動の描写とその解釈との間には、時に微妙な違いがある。時には「ストレートな」描写が必要な場合もあるが、もし出来事や状況が人びとにとってどのような意味を持つのかを理解しようとするならば、解釈なしでは十分でないことがほとんどである。このように、解釈的なフレームの中で教育批評家は、その意味を説明し、描写されたことの理由を述べるために、その場面からいわば距離を置かなければならない。解釈するとは、文脈の中に配置し、説明し、解き明かし、詳説することである。それは、システムの中のメッセージを「解読する」解釈学的な活動であると言うことができる。確かに、少なくとも技術的な意味では、解明すべきコードは存在しない。しかし、見抜くべき表面はある。描写が、「何を」を扱うのであれば、解釈は、「なぜ」や、「どのように」ということに焦点を当てる。

描写と解釈の線引きは、思っている以上に難しい。私は、教育批評の四つの次元には生活に対応するものがあるかのような錯覚を読者に与えるかもしれない書き方で、解釈について述べてきた。実際には、知覚の多くはその始まりにおいて解釈的である。ギアーツ（Geertz, 1973）は、ギルバート・ライルの言葉を引用し、ある行動がウインクか瞬きかを判断することの違いを指摘している。ウインクにはメッセージが込められているが、瞬きにはそれがない。多くの場合、私たちは複数の可能性のあるメッセージを持っている。薄笑いと微笑みの違いを考えてみたい。それぞれの場合、唇は同じ、両端が上がった形をしているかもしれないが、私たちは一方を微笑み、もう一方を薄笑いと読む。単なる描写ではなく、解釈が働いているのである。私たちが（私たちが知っていると仮定して）解釈を正当化するために使用する理由は、微笑みや薄笑いが見られる文脈、直近の先行状況、あるいは体の他の部分が発するメッセージと関係があるかもしれない。ポイントは、この場合の微笑む人や薄笑いを浮かべる人の動作は、単に見られるのではなく、「〜として」見られるということである。それは、ある種類に割り当てられ、その種類の一部として解釈される。

学校や教室での出来事の解釈は、単一で起こったことの結果であることはほとんどない。私たちが社会的状況を理解し、行動に意味を与え、見取ったものから動機を推論するのは、通常、一定の期間をかけて構築されたものである。それらは繰り返し行われる。道端の道標のように、過去を示し、未来への手がかりを与えてくれる。それによって私たちは、過去を参考にしてパターン構築することで、それをガイドに未来を予測することができるのである。それゆえ、ある教師がある子どもに対して特定の方法で接したり、ある特別な方法で授業を行ったりしているのを見て、そしてそのような関わり方や教え方が何度も見られると、そのパターンから一連の予期を導き出すのである。私たちは、ある特定の文脈の中でその人を知るようになる。驚きは減り、予測可能性が高まる。

観察から得られたパターンの創造を、説明や予測の根拠とするのは、観察にとって益にも害にもなる。何を探せばよいのかを知っていれば、探索の効率が上がる。同時に、何を探すべきかを知っていると、私たちの予期の中にはないものが見えにくくなる。鑑識眼について述べた際にも触れたが、ある分野における私たちの知は他の分野の知を構築するのを妨げることもある。

評価

教育は、規範的な営為である。その目的は、単に生徒を変容させることではなく、生徒の人生を向上させることである。学校は教育を使命とする社会的機関であるため、学校で起こることの意義は、その教育的価値を評価することができる規準に従う。ジョン・デューイ（Dewey, 1938）は、学校や人生一般で起こりうる三種類の経験を区別している。デューイにとって経験とは、教育プロセスが機能するための手段であり、したがって教育を理解するには、個人がどのような経験をしているかを評価する必要がある。経験の第一の種類は、デューイが非教育的（noneducational）と呼ぶものである。非教育的な経験は、人間の成長の過程にいずれにしても何の影響も与えない。それはただの経験であって、それを経ても何ら重要なものは残さない。頭を掻いたり、書き物をしているテーブルに触れたり、目の前の看板を読んだり、音を聞いたり、食事をしたり、友人に挨拶したり、長時間の会話をしたり、私の人生にいずれにしても影響を与えるような経験なしに、広範囲にわたる会話をすることができる。

そのような経験は取るに足らないものである。

経験の第二の種類として、デューイが反教育的（miseducative）と呼ぶものがある。反教育的経験は、成長を阻害し、そして／またはその範囲における成長の可能性を制限したり減少させたりするような人間の経験領域への性向を発現させる。より一般的には、恐怖や不安に至る経験、健全な人間活動を楽しんだりそれに参加したりするのを禁じる経験、知覚を制限し、偏見を助長し、あるいは合理性を下げる経験である――これらの経験のすべては、成長を制限するため、反教育的な性格を持つ。

デューイが特定する経験の第三の種類は教育的経験であり、人間の知性の成長を育み、好奇心を高め、価値あることをする満足感を生むような経験である。教育的経験とは、私たちが生徒たちに学校で得てほしいと期待するような経験であるが、学校教育自体がそれを保証してくれるわけではない。教育的経験は学校教育に望まれる主要な成果であるが、それは明らかに、人間が世界と交わるときに必ず起こりうるものである。

問題となり論争にもなり、それゆえに興味深いこととして、教育が成長を生み出すプロセスであるということには同意しても、何が成長をもたらすかについては、複数の意見があるという事実がある。以前の研究（Eisner, 1985b）で、私は、学校で何が重要であるかについてのさまざまな見解が、提供されるカリキュラムの種類にいかに反映されているかを示すために、教育における主な価値の方向性について述べた。私は、これらの方向性として、**学問的合理主義**、**社会的適応**――**社会的再構築**、**個人的関連性**、**認知プロセスの開発**、そして**技術としてのカリキュラム**に言及した。[*3] これらの学校のプログラムに対する方向性に埋め込まれた価値をここで繰り返し述べることはしない。単に、人びとは、教育が成長を促すことに関わるものであることには同意しても、何をもって成長とするかは人によって異なるという事実を示すにとどめる。

教育批評と呼ばれる質的探究のそうした形式にとって、見取ったことを評価することは決定的に重要である。いわゆる、ともかくも単に描写できる傍観的な観察者とは異なり、教育批評家には評価という仕事もある。この機能を果たす理由は明らかである。生徒の学びや教室生活のプロセスが非教育的か、反教育的か、それとも教育的かを判断できないままに描写することは、それらの条件が教育的に健全であるか病気の状態であるかを知らずに、一連の条件を描写することになる。もしあなたが医者に行ったとして、その医者があなたの身体的な状態を描写し、解釈することができても、あなたが健康か病気かを判断できなければ、おそらく別の医者を探すだろう――とりわけ、具合が良くないなら。

ただし、学校での実践や生徒の体験の教育的価値を判断するという課題は、誰かの身体的健康状態を判断することよりもはるかに複雑である。第一に、何が健康を構成するかは、何が教育を構成するかに比べてはるかに議論の余地が少ない。第二に、人の健康状態を判断できる手段は、一般的に、学校の教育的「健康」を評価するために利用可能な手段よりも、はるかに正確で信頼できるものである。教育批評家の課題は、より微妙で、複雑で、常に文脈と関係している。この複雑さは、起こっていることを評価するために私たちが用いる批評が生徒ごとに異なる可能性があることを意味している。とはいえ、それが複雑で、微妙で、文脈に固有だからといって、私たちが見取ったものの教育的価値について判断することを避けて通れるわけではない。自分が何を持っているかが分からなければ、どのような方向に進むべきかを知る術はない。前進しているのか後退しているのか分からない状態では、私たちは舵もコンパスも持っていないことになる。要するに、麻痺している状態になる。

この話の教訓は、価値判断なくして評価はありえないということである。教育上の美徳とは何かという概念なしに、教育のあり方を主張することはありえない。「価値から自由な評価」は、価値から自由な教育と同様に矛盾している。

個人的な特異性の発達に関わる領域での評価には、興味深く複雑な緊張感がある。イギリスの代表的な哲学者・批評家の一人であるハーバート・リード卿は、教育の最高善は、個々人――子ども、青年、大人――が、自分がなりうるものになるように支援することだと主張している（Read, 1944）。これらの潜在的可能性は独自に構成されているため、学校が生み出す教育経験は、最良の状態では、個性を高めることにつながる。個性化が進むと、生徒を比較することの妥当性がますます問題となる。比較は、材料やパフォーマンスが同等のときには受け入れられやすい。例えば、ストップウォッチのような共通の測定基準を適用することは、すべてのランナーが同じトラックを走り、同じ場所からスタートし、同じ行先に向かっている場合には、最良である。しかし、走る「トラック」が異なっていき、生徒ごとに目的地が異なる場合、意味ある比較は適切ではなくなり、より困難になる。もちろん、バナナ、ミカン、オレンジの重さや質量を測ることは可能である。大きさに応じて並べることもできるが、そのような表し方は、目的によっては正確で有用だが、それらに特有の特徴についてはよく分からない。良いミカンを持っていることを知るためには、自分の持っているミカンがどんなミカンなのか、良いミカンとはどのようなものかを知らなければならない。

子どもの場合、評価の問題はさらに複雑である。私たちは、自分が担当している子どもを知ろうとすることはできるが、特定の子どもの「最終的な状態」が何であるかについては、確信が持てない。私たちは、この子のための美徳のイメージに導かれているし、導かれなければならないが、すでに示したように、そのイメージは常に議論の余地があるし、誤りである場合もある。

子ども、教師、学校の通約不可能性を認識することが、還元主義的、単純主義的な性格を持たない教育評価へのアプローチの顕著な特徴の一つであるということは、私たちが見取ったものを評価する規準がないということではない。測定のための標準はないかもしれないが、判断のための規準はある。

標準を適用することと規準を採用することの違いは、ジョン・デューイが『経験としての芸術』(Dewey, 1934) の中の「批評と知覚」の章で、大きな洞察力をもって論じている。彼は次のように述べている。

> 標準には三つの特徴がある。それは、特定の物理的条件下で存在する物理的な事物であって、価値ではない。ヤードはヤード尺、メートルはパリに保存されているメートル原器である。第二に標準は、限定された事物、長さ・重さ・容量を測定するものである。大きさ・容量・重さといった事物の特性は商取引にとって重要であるため、それらを測定できることは大いに社会的価値があるが、測定されたものは価値ではない。最後に、標準は、測定するための標準として、事物を量の観点から定義する。量を測定できることは、さらなる判断に大いに役立つが、それ自体は、判断の様式ではない。標準は、外的かつ公的なものであり、物理的に適用される。ヤード尺は、長さを特定するために測定しようとする物の

上に物理的に置かれる。

> 芸術作品には標準がないので、批評にとっての標準（測定の標準があるという意味で）がないとしても、それでも判断の規準はあるため、批評は単なる印象論の域に陥ることはない。物質との関係における形式、芸術におけるメディアの意味、表現的対象の性質についての議論は、書き手がこうした何らかの規準を発見しようとする試みであった。だが、そのような規準は規則や規定ではない。それは、経験としての芸術作品がいかなるものか、それを構成しているのはどのような経験の種類かを見出そうとする努力から生じた結果である。（Dewey, 1934, pp.307-309）

歴史的に、教育測定の主な機能は、分布上の個々の生徒の位置を識別するために、生徒の成績に標準を適用することであったことは、経験豊富な読者にとっては驚くことではないだろう。標準参照テスト[＊4]の主な目的の一つは、生徒の比較を容易にすることである。規準参照テスト[＊5]においても、その目的は比較であるが、こちらは生徒と生徒を比較するのではなく、むしろ生徒と規準を比較することにある。テストに対するこれら二つのアプローチに共通しているのは、両方とも比較であり、固定された、あるいは共通の規準に関して比較されるということである。

規準を参照した評価と標準を参照した評価は、ある生徒を規準と比較することと、ある生徒をグループと比較することとの違いとして区別できる。さらには、これらの評価と**個人内で参照される評価**とを区別することもできる。ここでも比較が行われるが、比較対象は生徒の過去と現在の成績であり、他者や固定された規準ではない。このような比較を行うためには、生徒の学習の質を評価する能力と、それがどのような方向に向かっているのかについての何らかの感覚を必要とする。ここでは、生徒の作品のポートフォリオを使用することが役立つ。これは美術教育の分野では古くから用いられ、現在では他の学校教育の分野でも採用されつつある手法である。繰り返しになるが、目的は、子どもを固定されたイメージに成形することでも、一定の仕様を満たした製品を作ることでもない。そのようなモデルは工業的なものである。むしろ、生徒の学習の有機的、生物学的な方向性を感じとり、その学習がどのようなものになろうとしているのかを踏まえて評価をすることである。

子どもたちやその学習についてこのように語るとき、生物学的決定論の一形式を示唆する危険性があることは承知している。私は、生徒ができることやなれることが生物学的に決まっているとは思っていない。しかし、子どもたちには遺伝的に決定された性向や適性があり、学校教育の重要な機能の一つは、その実現を支援することだと信じている[2]。

このように評価について書くことは、子どもや思春期に特有の特徴を理解しようとするのと同じように、簡単と思える営為を複雑にしてしまっていることは十分承知している。評価の標準的な論理では、行動学的な用語で目標を枠づけることが求められる。これらは、教育効果を判断するための指針となる。次に、生徒のための指導課題が設定され、その難易度に応じて順序づけられる。それらが生徒に教えられ、目標がどの程度達成されたかを測定する項目を持ったテストが行われる。目標はほとんどの場合、クラスの生徒に共通で、事前に指定されている。生徒と課題の間の相互作用はほとんど予想されず、すべての生徒に同じ目標と同じ標準が適用される。これらは、人間の目的的な行動の古典的な手段－目標モデルである。それは整然としたモデルであり、多くの魅力を持っている。

このモデルは、相互作用の影響を最小化したり、正確に予測したりできる工業の場では合理的にうまく働く。[3] このような場では、予測可能なルーティーンになりうる一連の手順を確立することが可能であり、その手順によって、予測可能な望ましい結果を何度でも得ることができる。

子どもも思春期の若者も、たいていそのように適応するわけではない。彼らは何をしたいか、何になりたいかについて、自分自身の考え、動機、ニーズ、感情を持っている。25人とか30人の一団が集まれば、結果やプロセスを予測し、制御しようとする私たちの能力はさらに疑わしいものになる。しかし、仮に結果を制御する方法が見つかったとしても、それは教育実践が達成しようとしていることのごく一部にしか役立たないだろう。生産的な予測不可能性 ―― つまり創造的な思考 ―― は、あらかじめ定められた標準への適合によって特徴づけられるものではない。さらに、学校は同一の生産物を作るべきだという考えは、本書で示される教育のイメージとは正反対である。そうした目標は、評価者の人生を楽にするなどというのは論外である。私たちの教育への思いを評価の技術で決めてしまうことは、そうした技術がどんなに「実用的」なものであっても、何の価値もないと思うのである。

主題生成

芸術作品と批評作品との違いの一つは、芸術作品は、その全体的な形の不可欠な部分として、より大きな、より一般化されたストーリーを語っているという点である。戯曲の作者は、ストーリーの最後で道徳を説明したりしない。鑑賞者はその芝居のポイントを把握することもあれば見逃すこともある。批評においては、批評家のストーリーのポイントは、しばしば批評的分析の中で明示される。

教育批評において、あるクラスとその教師についてあるストーリーが語られる。読者がその場面を視覚化できるようにそのクラスが生き生きと描写され、教室内での行為の意味が説明され、描写・解釈された出来事の教育的価値が論じられる。描写、解釈、評価が完了した時点で、批評家はできることはすべてやっているように見える。しかし、それだけではない。

すべての教室、学校、教師、生徒、本、建物は、それ自体だけでなく、他の教室、学校、教師、本、建物と共通する特徴を持つ。つまり、すべての特定のものは、より大きなまとまりのサンプルでもある。この意味で、特定のものについて学んだことは、その特定のものが属するまとまりと関連性をもちうる。特定の状況に埋め込まれた主題は、その状況そのものを超えて広がる。

その主題は、**形式的一般化**（Donmoyer, 1980）とは対照的に、**自然主義的一般化**（Stake, 1975）として知られているプロセスを通じて、他の状況にも適用される。形式的一般化が優勢な統計学的研究では、サンプルの研究から得られた知見が選択された母集団に一般化できるように、母集団から無作為にサンプルが抽出されなければならない。事例研究では、そのようなサンプリング手順は機能しない。サンプルは無作為であることはめったにない。さらに、推論のプロセスは、他の事象の特徴を形式的に予測するのではなく、知覚のガイドを提供することによって働く。経験豊富な教師は、ランダムではない経験から学んでいるとドンモイヤー（Donmoyer, 1980）は指摘する。ある学校について学ぶことで、他の学校にもあるかもしれない特徴に対する意識を高めることができる。その研究は、他の学校が同じ、あるいはまさに似たような特徴を持っているのではなく、他の学校でも見出されるであろう特徴であると主張している。

自然主義的一般化のプロセスは、私たちが通常行う一般化傾向のどこにでもある様相である。形式的一般化を確立しようとして事象を無作為に選択して人生を決める人はいない。私たちは生きて学ぶ。私たちは、その中で生き、それを通して生きている状況を理解しようとし、学んだことを用いて将来のガイドにしようとする。

未来へのガイドラインを提供するために特定の事柄を使用することは、昔話とことわざの中心的な機能である。昔話の場合、そのストーリーは、その興味深い語りやユーモラスな質だけでなく、そこから学ぶべき重要な教訓があるという理由で評価される。教訓を学ぶことのポイントは、それが私たちの理解や行動に影響を与えることが意図されていることである。それは何らかの道具的有用性を持っている。ことわざにも同じことが言える。ストーリーよりもコンパクトにまとめられているが、これもまた、道具的有用性を持つアイデアを内包している。「天使が恐れて踏み込まぬところにも愚か者は突進してくる」というのは、愚か者でも天使の話でもなく、警戒心と慎重さに対する諫言である。イソップの亀とウサギの話も、亀についてでもウサギについてでもなく、忍耐に関する話である。ここで私が言いたいのは、単に市井の知恵の有用性を記述することではなく、一般化のプロセスは人生に浸透している特徴であり、多くの形式をとるという事実を説明することである。

教育批評における主題の設定とは、批評家が描写する状況に浸透している、何度も現れるメッセージを特定することである。主題とは、その状況や人物の支配的な特徴であり、アイデンティティを定義し記述する、場所、人、物の性質である。ある意味では、主題は浸透的な質のようなものである。浸透的な質は、状況や対象物に浸透し、統一する傾向がある。絵画には通常一つの浸透的な質しかないが、教室や学校には多くあるかもしれない。教室や教師、学校の質的研究では、複数の主題が立ち現れることがある。これらの主題は、遭遇したことを蒸留したものである。ある意味では、それらは本質的な特徴の要約を提供する。それらはまた、主題が抽出された状況と同様の他の状況を知覚することへの手がかりやヒントを提供する。主題の例は、パウエル、ファーラー、コーエン（Powell, Farrar & Cohen, 1985）の「協定」の描写に見られる。高校生と教師との間に生じた相互調整の形式で、それは彼らの生活を気楽なものにする。彼らは述べる。

『ライ麦畑でつかまえて』の授業においてオースティン先生が明らかにしたのは、提示された協定が、熱心な取り組みを息抜きに代えるものであったことである。音読した一節の中でサリンジャーが何を意図していたのかを彼女が生徒に質問したところ、その生徒は、宿題はその一節が好きな理由を言うことだけだったと反論した。オースティン先生は、すぐに引き下がり、その他の探索的な質問を授業の中ですることはなかった。小テストのゲームの間、問いの質が問題になることはなかった。彼らはプロットや意味ではなく、細々とした箇所を扱うだけなので、答えは常に短く、常に正しいか間違っているかだった。質問は議論や討論に役立つものではなかった。

オースティン先生は、楽しく、トラブルのない環境で働きたいという望みを強調し、自分も学校も、多くの不穏な生徒に悩まされていないことを誇りに思っていた。「ここでは私たちはうまくいく態度をとっています。生徒たちは礼儀をわきまえることを学んだのです。」学校と彼女自身の成功の理由の一部は、人びとがお互いを放っておくことを学んだからだと彼女は言う。「権威主義的な」雰囲気はまったくなかった。「あなたの肩越しに常に見ている監視カメラがあるわけではありません。」教師は管理上の圧力から解放されているだけでなく、「生徒たちは教師からの圧力を受けることもありません。」誰もがこの協定によって得をすると彼女は信じていた。「それはうまくいっているのです。」(Powell, Farrar & Cohen, 1985, p.75)

パウエル、ファーラー、コーエンは高校内で発生している、彼らが重要だと考えている関係を見ていた。彼らは、なぜそれが重要なのかを私たちに伝え、**協定**という名前を与えることで、私たちは彼らが知覚した質を捉えることができる。今や名前を通して特別な存在感を与えられたこれらの質への新鮮な気づきは、学校で彼らが観察したことの本質を私たちが受け取るだけでなく、他の学校でも同じような質を見出すことを可能にする。彼らの主題は、私たちにガイドを提供してくれる。保証ではない。

パウエル、ファーラー、コーエンの三人は、高校を経験的に調査する前に協定という概念を形成していたわけではない点に留意することが重要である。彼らは、仮説検証を行ったわけではない。彼らが調査した高校は無作為に選ばれたものではなく、校長が彼らの訪問に同意した高校であった。「協定」という概念は、調査前ではなく、調査後に生まれたものである。それはいわば、帰納的に発展し、名づけられたのである。パウエル、ファーラー、コーエンは、彼らが研究した高校に、高度に分化した知覚体系を持ち込んだが、協定はその一部ではなかった。今や、協定は私たちの知覚の一部となりうる。そうした問題については、第9章で、「質的事例研究には教訓があるか」という問いに答える際に、もう少し述べることになるだろう。

これまで述べてきた四つの次元 ―― 描写、解釈、評価、そして主題生成 ―― は、教育批評の構造を構成している。しかし、その妥当性はどうだろうか。それが次章の題材である。

注

[1] 批評の重要な機能の一つは、さまざまな批評家を読む人が、同じ作品について競合する解釈を比較対照し、そのようにしてその多様な層について理解を深めるような内容を与えることである。批評の重要な機能の一つに対するこのような見方は、芸術作品の批評と同様、文化や社会の批評にも当てはまる。

[2] 知能に関して、文化的にも遺伝的にも影響を受ける認知的傾向についての包括的議論としては、H. Gardner (1985). *Frames of Mind: The Theory of Multiple Intelligences* を参照のこと。

[3] 「このモデルは**合理的**にうまく働く」という私の但し書きは、組立ラインが動作するという意味で述べている点を強調しなければならない。しかし、このことに問題がないわけではない。そのようなラインの労働者は普通それらを退屈だと感じ、欠勤率は金曜日および月曜日に特に高い。啓発された会社は労働者の満足を高めることができるように、生産活動を設計する、より良い方法を発明しようと試みている。一部の人、特にネオマルクス主義者にとって、そのような解決は資本主義社会の根本的労働条件を変えないため、特に有害なものである。すなわち、労働者を労働生活の真の問題から遠ざけるように誘い、重大な変化の見通しを遅らせてしまうのである。

訳注

［＊1］補償教育学校（Compensatory education schools）は、教育的な不平等を補完するために設立された学校やプログラムを指す。これらの学校やプログラムは、通常、教育的に不利な状況にある生徒やコミュニティに対して特別な教育支援やリソースを提供することを目的としている。

［＊2］都心周辺に位置する低所得者層の居住エリア。

［＊3］「以前の研究」として、アイスナーがここで参照している『教育的想像力』第2版（1985）第4章では、「五つの重要なカリキュラムの方向性」として、ここで挙げられている五つのアプローチが論じられている（Eisner, *Educational Imagination*, 2nd ed., Macmillan, 1985, pp.66-83）。学問的合理主義（academic rationalism）とは、学ぶべき価値がある題材についての知的な成長こそが学校の主要な機能だとする立場である。社会的適応‐社会的再構築（social adaptation-social reconstruction）は、学校は基本的に社会の利益に資するものとして作られた制度であるとする。社会的適応は、学校の役割を現状維持に求めるのに対して、社会的再構築は、社会の現実的問題を認識し、それについて行動することを促すことを目的とする（Eisner, 1985, pp.74, 76）。個人的関連性（personal relevance）とは、個人的な意味を優先し、学校はそうした意味を実現するようなプログラムを展開する責任があるとする（Eisner, 1985, p.69）。認知プロセスの開発（development of cognitive processes）は、生徒の認知的なプロセスを発達させることを強調する。この観点に立つと、子どもたちが学び方を学ぶことを助け、さまざまな知的能力の使用・強化の機会を与えることが、学校の主要な機能になる（Eisner, 1985, p.62）。技術としてのカリキュラム（curriculum as technology）は、設定された目的に向かう、本質的に技術的な企てとしてカリキュラム計画を捉えるものである（Eisner, 1985, p.79）。

［＊4］標準参照テスト（norm-referenced test）は、個々の受験者の能力やスキルを測定することよりも、相対的な位置を示すことに焦点を当てたテスト。

［＊5］規準参照テスト（criterion-referenced testing）は、受験者が特定の基準や目標を達成したかどうかを評価

するためのテストであり、受験者がある規準を満たすかどうかが重視され、他の受験者との比較は行われない。

第6章 教育批評における妥当性

それは真実である。それが実際に起こっていなくとも。

ケン・キージー

事実は真理の敵である。

ミゲル・デ・セルバンテス

知っているということをどうやって知るのか

質的研究や評価の方法を用いる人たちが困難に陥りやすい原因の一つは、自分たちの研究の妥当性に関する疑問に伴うものである。個人的なもの、文学的なもの、そして時に詩的なものでさえ、知の有効な源にはなりえないと考える人もいる。デニス・フィリップス（Phillips, 1987）は、芸術的な指向性を持つ質的研究や評価にかなり懐疑的であり、次のように述べている。

真の詩人のように、質的研究者は鋭い観察力、自己認識の高さ、作品を形作ることができる自分自身の個性の自覚、そして観察した内容を伝えようとする際に用いる言語を敏感に操る力を持つと考えられている。しかし、詩人と質的研究者が異なるのは一つの重要な点においてである —— 詩人が生み出す作品は、楽しく、洞察力に富み、刺激的であることを意図しているかもしれないが、通常はそれが真実として受け入れられる必要はないということである。「もう半歩、もう半歩、もう半歩前進」とその後の言葉は、軽騎兵旅団の突撃を詩的に表現したものであるが、無邪気な人（あるいはハリウッドの脚本家）だけが、クリミアの運命的な日に実際に起こったことを事実として描写したものだと考えるだろう。実際、多くの場合、「真理」という概念は詩にはまったく当てはまらないと思われる。ジョン・キーツの詩文、「おまえは静寂と結ばれ、まだ清らかな花嫁、おまえは沈黙と悠久の時が養い育てた子ども」。これらの言葉は魔法のように魅力的で想像力をかきたて、多くのことを伝えてくれる。ただし、それが本当かどうかを問うことは、重大な「カテゴリーの誤り」を犯すことになる。

他方、質的研究者は一般的に、自分たちの発見が真実と見なされることを意図している。教室の描写、都会のギャングの生活、異国の村の生活などの描写は想像力をかきたてるものであるが、真偽は意図されていないと言うことは、もう一つのカテゴリーの誤りにすぎない（それは質的研究を詩やそれに類似したものであると認定することである）。さらに、これは質的研究にとって致命的な誤りである。もし質的な記述や分析が真実でも偽りでもないなら（つまり、これらの用語が適用できないなら）、その記述や分析を信じられるかとか、それに基づいて行動できるかといった問題は生じない――モーツァルトのクラリネット協奏曲を信じ、それに基づいて政策や社会的介入の準備をするのと同じように、キーツの詩文を信じることは賢明ではないのである。(Phillips, 1987, pp.9-10)

フィリップスのコメントによると、詩人や、暗に小説家も、「楽しく、洞察的で、刺激的であることをねらった」作品を創ってはいるが、「通常、それが真実として受け入れられる必要はない」。フィリップスの言う「真実」は何を意味しているのか。どうやら彼は、文字通りの真実を意味しているようである。詩や文学の作品は、文字通りの意味では真実ではないが、比喩的な意味では真実でありうる。フィリップスが示唆するように、真理を文字通りの正しさだけに限定することは、知を文字通り真理でありうる言説に限定することになる。フィリップスにとってそうでなければならない理由は、彼にとっての知は文字通り反証可能なものであるべきだという主張に依拠しているためである。彼は、ある主張が文字通りの意味で反証できないとしたら、それはまったくもって反証できないと考える。

彼の見解は、科学が提供する知の種類についてさえ、非常に限定的な見解を私たちに示している。科学的な知が、フィリップスの言うような文字通りの意味で真理であることはめったにない。特に、比喩や類比的推論、仮説的構成が多用される社会科学においては、文字通りの真理はほとんど存在しない。例えば、理解を深めるために文学を利用する場合、その有用性を評価する際には、**文字通りの真理は重要な規準ではない**。一篇のフィクションは真実でありつつフィクションであるということが可能なのである。真理の比喩的な意味においては、フィクションは「人生にとって本当のこと」

であり、それまで無視していたものを知覚し、経験し、理解するのに役立つ。芸術は科学と同様に認識論的な機能を果たすものであり、フィリップスが理解しているであろう以上に、科学それ自体が芸術であると言える。文字通りの真理とは何か。どのような社会科学がそれを提供しているのだろうか。グッドマン（Goodman, 1978）が示すように、真理は正しさの部分集合と見なすことができ、トゥールミン（Toulmin, 1982）が気づかせてくれるように、蓋然的な知は私たちが得ることができる中で最も良いものである。世界を知る方法が複数あることを認識することは、パンドラの箱ではなく、自分の心を開くための招待状である。

フィリップスの見解によるなら、クリフォード・ギアーツ（Geertz, 1973）が「人間は自分自身が紡いできた意味の網に捕らわれている」と述べ、あるいは「エスノグラフィーが目指すのは、私たちがお互いに議論する際の正確さを高めることである」と書くとき、ギアーツは、人間についても人類学についても、ほとんど、あるいは何も教えてくれない詩を書いていることになる。また、ロバート・ニスベット（Nisbet, 1976）が芸術形式としての社会学について述べ、偉大な社会学者たちを肖像画家や風景画家として記述するとき、フィリップスの見方に従うと、ニスベットの詩的な比喩は、社会学や社会についてほとんど、あるいは何も教えてくれないことになる。フィリップスによれば、フロイトが自我や防衛機制について記述するとき、そのような話は、それがなす暗示や比喩に近いものであり、人間の機能のあり方を理解することとはほとんど、あるいは何の関係もないことになる。ギアーツ、ニスベット、そしてフロイトは、真剣に受け止める必要のない「ただ」詩的な暗示をしていると見えてしまうのである。

もしフィリップスが、社会科学におけるこれらの主要な人物を真剣に捉えるべきだと本当に信じるなら、社会的世界がどのように動いているかを理解するという問題に詩的想像力が貢献することに、彼が理解を示す気があることになる。もし彼がそうせず、また私たちが自分の知識観を彼の知識観に限定するなら、私たちは、社会科学が提供するはずのほとんどのものを一掃する必要があることになる。

教育批評を信頼性のあるものにするための技術や手段を記述する前に、教室での指導や生活の描写、解釈、評価のような複雑で繊細な問題に関する妥当性について言及したい。

第一に、私たちは現実について「それが本当にそうであるような」手がかりを求めているわけではない。第3章で論じたように、そうした願望は原理的に達成不可能である。私たちは常に、私たちが本当だと思うことの、心を媒介したバージョンで満足しなければならない。第二に、私たちは物事を媒介なしに「実際のありのまま」に把握することができないため、真理を見つけたという確信を持つことができない。私たちは常に判断や解釈から「逃れられない」。批評は本質的に判断の行為である。[1]第三に、私たちが判断を下すという事実は、私たちが下した判断の健全性を判断する根拠を持ちえないという意味ではない。私たちは、判断の根拠となる証拠を考慮しなければならない。それが何であれ、判断は常に誤りを免れないだろう。私たちが自分たちの判断には十分な根拠があると期待することは理にかなっているが、判断が確実であるとは限らない。

法律においてさえ、最終的な刑罰が適用される過程では確実性を要求しない。私たちが求めるのは、評決の妥当性について合理的な疑念がないことである。臨床診断においては、身体的なものであれ心理的なものであれ、私たちは確実性ではなく、状況に応じて得られる最良の証拠を期待する。統計に基づく研究では、確実性ではなく確率を推定する。さらに、集団に適用される確率は個々人に当てはまることもあれば、当てはまらないこともある。ここにおいても確率は弱められ、サンプルあるいは母集団に適用される推論的統計よりも確率が低くなる。

臨床現場や法廷のような法的な場では、他の根拠に基づいて推論が行われる。私たちは無作為に抽出することはない。信頼できる事例をまとめることを試みるのである。法廷で「何でもあり」とは言わないのと同じように、質的研究でも「何でもあり」とは言わない。問題は、何が証拠として見なされるかである。また、ここではさまざまな人がさまざまな規準を持つ。何かを知る唯一の「本当の」方法は実験を通してであると主張する人は、必然的に、知の概念を実験的証拠があるものに限定しなければならない。実験的証拠は、それを手に入れることができればありがたいものであるが、いつも手に入るわけではない。学校で行っていることを正当化するために実験的証拠が必要だとしたら、明日――いやもっと早く――学校を閉鎖しなければならないだろう。さらに、真の実験に必要な類の統制は、単純に学校で子どもたちと一緒に活動している人たちが利用できるものではない。では、私たちは何を信頼することができるのだろうか。より明確には、教育批評が信頼性の合理的な標準を満たすことができるには、どのような方法があるのかということである。教育批評では、**構造的裏づけ**、**合意による確認**、**言及の妥当性**の三つの証拠が用いられる（Eisner, 1985b）。それぞれを順番に検討していこう。

構造的裏づけ

構造的裏づけとは、トライアンギュレーションのプロセスと同様、複数のタイプのデータを相互に関連させて、状況の解釈や評価を支持したり、否定したりするための手段である。これらのデータは、教室の直接観察、生徒や教師たち（教師の同僚を含む）へのインタビュー、使用された資料（テスト、教科書、割り当てられたプロジェクト、ワークブック、記録票）の分析、解釈や評価に関連する量的な情報から得られる。私たちは、観察、解釈、結論に自信を持てるような、信頼性のある証拠の集まりを求めている。

構造的裏づけを求める際、私たちは、繰り返し現れる振る舞いや行為といった、状況において主題となるような特徴を探す。すなわち解釈や評価の対象となる事象が異常なものでも例外的なものでもなく、むしろその状況に特徴的なものであるという確信を生じさせるものである、状況における主題のような特徴を探す。これらはアルフレット・シュッツとトーマス・ルックマン（Schutz & Luckman, 1973）が「類型化」と呼んでいるものである。

説得力のある全体を形成するために断片を組み合わせることは、探偵の仕事の特徴である。シャーロック・ホームズや、オリエント急行でラチェット氏を殺した犯人を証拠の断片から特定することができた、敏腕エルキュール・ポワロの仕事が容易に思いうかぶだろう。人との関係において私たちは、語り手の話の信憑性を裏づけたり、その個人について私たちが抱くイメージに自信を持つために証拠に耳を傾けたりする。私たちが懐疑的になればなるほど、それを覆すだけのより多くの証拠が必要になる。複数の種類のデータを使用することは、信憑性を高めるための一つの方法である[2]。

あらゆる研究において、証拠は選択的に利用できる。質的アプローチの研究では、人びとは自分が見ようと選択したものを見取ったり、見取ったものを自分自身の理論的な見方に基づいて解釈したりする余地が広くある。従来の研究方法論においては、手続き的客観性が存在する場合、個人的な解釈や記述の余地が大幅に制限される。測定されたパフォーマンスやカウントされた出来事は、個人的志向の影響を受けにくい。その意味では、質的研究の信頼性は低い。質的研究方法論一般、特に教育批評は、研究者の個人的な傾向により大きな余地を与え、それゆえ不均一性の可能性も大きくなる。しかし、描写は個々の研究者や評価者がその場にもたらすものによってだけでなく、方法やアプローチが除外したものによっても形成されることを忘れてはならない。省略と詳述の両方が、私たちが伝える内容に影響を及ぼす。描写、解釈、評価における観察者間の均一性は、単に共有された方法を反映しているだけかもしれない。手続き的客観性とは、そのような均一性を保証することに向けられている。

このことを指摘することは、自分の既得権益や教育的価値観に反する証拠を意図的に無視することを是認したり正当化したりすることではない。それどころか、質的方法はそのような効果の影響を受けやすいため、自分の結論を提示する際には、複数のタイプのデータを使用するだけでなく、反証となる証拠や矛盾する解釈あるいは評価を考慮することが特に重要である。こう述べるとき、教育批評家は自分が記述する状況に関するありとあらゆる解釈や評価を読者に提供しなければならないという意味ではない。そのような手続きは非常に煩雑で、優雅さに欠け、あまり有益ではないだろう。私が言いたいのは、合理的に信憑性があると考えられる代替的な解釈や評価を検討することが賢明かつ重要だということである。そのような信憑性を決定するための尺度はなく、これもまた判断の問題となる。問題となるのは、公平性や、合理的な代替解釈を考慮することである。これは、自分の見解を放棄することを意味するわけではない。

教育批評における構造的裏づけは、法律と同様、証拠の集積を必要とする。証拠の重みが説得力となる。そうすれば納得できるものになる。ある意味で、証拠の重みや一貫性の問題は、美的規準に訴えかける。それらは、明らかにされたことの結果として感じられる質である。**厳密**な議論、**一貫性のある**論証、証拠の**強度**は適合の正しさを示唆する用語である —— これはグッドマン（Goodman, 1978）の受け売りである。

それと同時に、教育批評が書かれる状況のほとんどは、明晰なものでも明快なものでもないことは認識されるべきである。人生のほとんどはジレンマや折り合い、曖昧さに満ちている。最も厄介な教室にも必ず美徳があり、最も高潔な教室にも必ず欠点がある。私がこれに言及したのは、美徳と欠点、焦点の定まった特徴と拡散した特徴、明確さと曖昧さが入り混じった状況において、それ自体不確実ではない教育批評が書けると仮定することは非現実的だからである。精密さをでっち上げることはできるが、それは有用なものにはならない。

結局のところ、教育批評を書く際、批評家は、解釈や評価の根拠を示すために複数のデータの情報源に言及することができる。そうした根拠をどのような形で提供するかは、批評家に委ねられている。芸術や人文科学の批評と同様、批評の書き方にも著者の特徴が表れるはずである。実際、ギアーツ(Geertz, 1988)は、著者の声を作品の拠り所の一因と見なしている。私が最も望まないのは、書き手の独自の感性を前提とした開示形態にとって代わった標準化された形式である。

合意による確認

合意による確認とは、基本的には、教育的状況の描写、解釈、評価、および主題が正しいことを有識者間で合意することである。このような合意は、可能な組み合わせのすべてについて存在することもあれば、いずれかについて存在することもある。ある人は、描写については妥当性を認めても、解釈その他については妥当性を認めないかもしれない。逆に、描写については意見が異なるが、解釈については同意するといった場合もある。合意による確認は、複数の方法で行われる。第一に、構造的裏づけによって確保された証拠によってもたらされる。提示された証拠があれば、合意を形成できる。第二に、複数の教育批評家に、同じ学校や教室に対する教育批評をそれぞれ別々に作成してもらうことで、合意による確認を行うことができる。このやり方は教育現場では稀であるが、*Daedalus*誌1981年秋号に掲載された教育批評、つまりライトフットが言うところの肖像画には、この方法が実際に用いられている。フィリップ・ジャクソン(Jackson, 1981a, b, c)とサラ・ライトフット

(Lightfoot, 1981a, b, c) は、三つの高校を訪問し、それぞれの学校についての教育批評を別々に作成した。人はこれらの批評を読んで、どの程度重なりあっているかを判断することができる。

こうした実践においては、同型であることを期待すべきではない。明らかに、批評家はその場面にそれぞれの背景を持ち込み、出来事を描写し解釈するための独自の方法を用いている。また、執筆スタイルも異なる。しかし、ライトフットとジャクソンの場合、観察は実質的に重なりあっている。確かに違いはあるが、私が見るところでは、一致する部分がそれをはるかに上回っている。

芸術や文学では、同じ作品について文字通り何百もの批評が書かれている (Hoy, 1963)。絵画や小説を扱う場合、基本的に不変のものを扱っている。変化するのは文脈と批評家である。したがって、変化する現象 —— 例えば教室や学校 —— を扱う批評家よりも、不変の現象を扱う批評家の間には、ある程度のより高い安定性があることを期待できるかもしれない。

とはいえ、不変の対象であっても、批評家は異なる見解を持つ。私たちは、作品の中で満場一致や合意がある部分だけを妥当と見なすべきなのだろうか。平均値、中央値、または最頻値を抽出しようとするべきだろうか。そんなことはない。代わりに、それぞれの批評家が何を言わんとしているかを考え、批評家の論拠を評価する。私たちは主に、ある特定の絵画や小説についての自分の経験と照らし合わせるために批評を用いる。このプロセスについては後に詳述するが、現時点でのポイントは、芸術や人文科学における合意による確認は、批評家間での合意を求めることによってではなく、批評家が与える論拠、説明、その主張の妥当性、観察の鋭さ、事例の一貫性、そして間違いなく、語法の洗練を考慮することによって確保されるということである。修辞学は、科学と同様、批評においても重要な位置を占めている（Gusfield, 1981）。

上述した手続きにおいて、同じ状況や同じ作品に対して、まったく異なる見方をする批評家を見出すことがある。このような違いをどう扱うべきか。標準的な研究方法論では、その批評家を無能だとして退け、他に同意できる新しい批評家を見つけるかもしれないし、あるいは、私たち自身の規準や方法の問題点に目を向けるかもしれない。というのも、それらが間違っているかもしれないからである。私たちの方法は、明確ではないかもしれず、明確であったとしても、不完全であるかもしれない。また、批評家（または審査員）への私たちの指示が曖昧なのかもしれない。要は、見解の違いを信用しないということである。このような状況は統計的に信頼性がないことになる。私たちは審査員間の信頼性を確保しようとするだろう。おそらく最後の手段として、批判家が注目すべき対象を限定することにするかもしれない。単純化によって、たとえその過程で妥当性が損なわれたとしても、より高いレベルの批評家間の合意を得られるかもしれないのである。

批評においては審査員間の相違は、必ずしも信頼できないという指標にはならない。さまざまな批評家たちは、同じ作品であっても異なる側面に注目するだろう。彼らは作品に異なる視点を持ち込むだろう。彼らは作品の異なる様相に敏感だろう。一篇の批評における内的一貫性や構造的裏づけは、審査員間の合意の程度よりもはるかに重要である。シェイクスピアの戯曲『ハムレット』には、おそらく5000以上の批評がある（Hoy, 1963）。文学に詳しい人の誰も、批評家の著作物を適切に評価するために、批評家間の平均値を計算しようとは思わないだろう。批評における合意による確認とは、典型的には、複数の批評家の合意によってではなく、批評家が言わんとしていることに説得された読者から得られる合意である。政治的信条の異なる批評家によって書かれた社会批評が、十分重なりあうことはありそうにない。実際、私たちが批評家を知っていれば、その批評家の見解や方向性を念頭に置いて文章を読む。ジャック・バーザンとイヴァン・イリイチが、学校教育の何が正しく何が間違っているのかについて同意することは期待できないが、だからといって、それぞれから学ぶべきことがあまりないというわけではない。そのような学びはどのようにして起こるのだろうか。この問いが、教育批評を評価するための第三の最も重要な規準へと私たちを導く。

言及の妥当性

教育批評の主要な機能は、他の批評と同様に、知覚の拡大と理解の拡充である。批評家は、他の人が見て理解できるように話す。批評は教育的な試みである。批評がその主題を明らかにしないならば、また、より複雑で繊細な人間の知覚と理解をもたらさないのならば、批評の第一の目的を果たせたとは言えない。**言及の妥当性**の根底にあるのは、この目的である。批評は、読者がその主題の中に、批評家が取り上げた質と、批評家がそれに付与した意味を位置づけることができる限り、言及の妥当性はある。この意味で、批評は完全に経験的であり[3]、その言及の妥当性は、質から離れた抽象概念においてではなく、質そのものの知覚と解釈において検証される。したがって、教室、教師、生徒の関与の形態、学校の雰囲気や特性、学校の近隣に浸透している特徴、コミュニティの政治的・社会的傾向、あるいは生徒が読む教科書における明瞭なあるいは微妙な特徴などを描写する教育批評家は、主として経験的な世界を扱うのである。この世界は、単に生き生きと描かれるだけではなく、解釈され、評価される。教育批評家の著述は、批評家の観察がなければ見逃していたであろうものを読者が見取ることができたときに、言及の妥当性を持つ。

教育批評とその読者

教育批評は誰のために書かれるのか。また、どのような理念がその形式や用途を導くべきなのか。まず後者の問いを考えてみよう。

教育批評の第一の理想は、教育プロセスの向上に寄与し、それを通じて生徒の教育の向上に貢献することである。この意味で、教育批評は教育的な媒体である。それは、公平な知と呼ばれるものだけに関係する、超然とした、価値中立的な記述手段ではなく、むしろ教育改善のための理解に関わる。その企てが目指すのは、教育そのものと同様、単に記述的なものではなく、規範的なものである。したがって、教育批評の最も厳正な検証は（そして私は、その検証を、どのような形式の**教育的**研究にも同じように適用するだろう）、それが教育の改善に貢献するか、ということである。

改善はいくつかのレベルで起こる可能性があり、それぞれが教育批評の受け手に関連している。その一つは教師、もう一つは学校管理職、第三は、教育政策立案者である。

教えることは職業上孤立した取り組みである。教師は一般的に一人で仕事をしている。つまり、彼らは共同で教えることはほとんどなく、持続的な観察やフィードバックの恩恵を受けることもない。いったん学校の門をくぐると、彼らの自由な時間は限られる。彼らの一日は児童や生徒と一緒に過ごし、仮に学科担当制の学校で教えていて「自由時間」があったとしても、訪ねてきたり、特別な支援を求めてきたりする生徒につきあうことが多い。

詰め込まれたスケジュールと、省察のための時間や空間の少なさの結果、教師は自分がどのように実践しているかを自分で見出そうとする立場に立たされる。これは簡単なことではない。ほとんどの教師は自分自身との距離が近すぎて、適切な視点を確保することが難しい。彼らは学校の行き帰りに、その日がどうだったか、自分がどうだったかを把握しようとする。しかし、彼らは確信が持てない——何を見落としているのか、何に気づかないのか、何が見取れていないのかといったことに、決して確信を持てない。教師は**二次的無知**、つまり自分が知らないことを知らない状態に苦しむことがあまりにも多い。（**一次的無知**とは、自分が知らないことを知っていて、それに対して何かできる状態のことである）。二次的無知は、どのような人生の歩みにおいても、対処するのが非常に難しい。

職業上の孤立と、それが生み出すパフォーマンス向上の難しさを考えると、教育批評の潜在的な重要性が明らかになる。良い仕事をするためには、教育批評家は教育の目利きでもなければならない——例えば、教えることを正しく評価する技術に熟練していなければならない。教えることを正しく評価できる人が、見取ったものに対して支持的でありながら批判的な分析を提供する立場にあることの潜在的な利点は、決して取るに足らないものではない。この種のフィードバックは、あらゆるレベルの教育機関で稀有である。大学も初等・中等学校も、教室で展開される指導についての研究と改善への投資はほとんど行っていない。一部の学区では、現職研修プログラムが提供されているが、それは、優れた指導を行うためのテクニックや「ステップ」に主眼を置いており、実際の教師が自分の教室で行っていることには焦点を当てていない。そのような研修会では、各教師の具体的な課題や特別な長所は取り上げられないだろう。校長が時折教室を訪問するのは、教師の指導を支援するためというよりむしろ、監視や認証のためであることが多い。訪問評価チームが時折使用する観察調査票は、簡略化されており、特定の教室で起こる重要なことを見逃しているか、記録された情報が文脈から切り離されすぎていて、それを提供された人びとにとってほとんど役に立たないことが多い[4]。

アメリカでは、構造的な観点から見て、教師が自分自身の省察力による以外に、自分のやっていることを改善することが難しいような学校を設計してきた。学校には省察の場がほとんどない。その結果、私の見るところ、最初の3～4年目以降は、教えることにおいて専門的な成長がほとんど促進されない機関になっている。ひとたび教師がルーティーンを内面化し、教えるべき内容を学んでしまえば、つまり煙に対する嗅覚を養い、火事を予知することを学べば、対処する能力は保証され、それに伴って教師として成長する必要性も薄れていく。確かに、個人として自分自身の専門的な課題を設定し、キャリアを通じて成長し続ける教師もいるが、そのような教師は、そのような成長を可能にするどころか、それに報酬を与えることさえほとんどないような機関で働いているのである。全教師の約半数が、教職に就いて最初の5年間で退職してしまう。皮肉なことに、いったんコツをつかむと、半数が他の場所に職を求めてしまうのである（Heyns, 1988）。

パフォーマンスを批評的に観察することは、学校ではあまり真剣に取り上げられない――運動競技という一つの場を除いては。コーチが選手のパフォーマンスを研究するのは競技場である。ビデオテープが作られ、入念な分析が行われる。プレーを徹底的に分析することで、選手たちは自分の動きや、どうすればそれを改善できるかを理解できるようになる。このような徹底的な注意に相当する教室はどこにあるのだろうか。誰が教師のパフォーマンスを精査するのか。フィードバックはどこにあるのか。誰がコーチングをするのか。教員免許を取得すれば、教えることを学ぶという課題は完了したという前提で私たちは仕事をしているのか。これらの質問に対する答えは明白だ。教えることを学ぶという複雑な仕事が大学の学位や教員免許と同義であるという考えは受け入れられないのに、私が提案したような観察やフィードバックはほとんど行われていないのである。学校内での教育批評は、いわゆる訪問批評家に限定されるべきではない。それは教師の仕事の一部であるべきである。そのためには、学校内での役割を再定義し、教師が互いに支援する時間を与える必要がある。[5]

教えることの改善には、教えることについて有益な教育批評を提供する以上のことが必要である。第4章で述べた学校教育の構造的・評価的次元にも注意を払う必要があるだろう。しかし、教師が有益な批評を得る機会を作ることは、手始めとしては悪いことではない。いずれにしても、優れた教育批評家は、学校教育の重要な次元が、教師の成長の機会に影響を与える仕方を考慮に入れるだろう。要するに、教師が働く場や条件を考慮するのである。そのような場が仕事に影響を与える仕方を教師自身が正しく評価できるよう手助けすることは、決して小さな成果ではない。

上に述べたのは、アメリカの10万校以上の学校に雇用されている250万人の教師からなる教育批評の読者である。学校は教師が自らの指導について学ぶ機会を十分に提供していないため、彼らのニーズは特に切実である。

教師が経験する孤立感は、学校管理職、特に校長にも見られる。彼らは、おそらく教師以上に孤立感を感じているのではないだろうか。教師には少なくとも、同じ学校に関わっている他の教師がいる。校長は一人しかいない。しかし、校長も教師同様、自分たちの責務に焦点を当てた教育批評から恩恵を受ける可能性がある。校長が学校で教師や生徒とどのように関わるか、校長が他者に与える控えめだが重要な手がかり、校長が築いた校風、そして校長がその行動において暗黙のうちに支持する価値は、学校の改善に関連している。ここでは、そのようなフィードバックを提供するために採用されるだろう組織的な配置を具体的に挙げようとは思わない。異なる学校や学区はそれぞれの状況に適した体制を作る必要があるだろう。ここで重要なのは、批判的であると同時に支持的でもあるフィードバックは教える者に限定されるものではなく、学校を管理する側にも適用されるということである。

前の文で「批判的であると同時に支持的」というフレーズを使った。このフレーズは非常に重要である。批判的な評価がなければ成長は図れないし、支持がなければ受容されない。教育批評の第一の理想は、それが成長につながることだということを思い出してもらいたい。批判は破壊的なものではなく、建設的な結果につながる形で行うことが重要である。つまり、教育批評は、その受け手に合わせて書かれなければならないということである。さらに明確に言えば、建設的な結果をもたらすように書かれる必要がある。実践的な観点から言えば、教育批評の形式や内容については、特定の学級、教師、学校管理職に関連づけて判断を下す必要があるということである。特定の教室や教師に対して問題だと気づいたことをすべて「吐露する」必要はなく、それは有害なものにさえなるかもしれない。網羅性が常に有益であるとは限らない。どのくらい言うべきか、何を言うべきか、どのように言うべきかについては、話したり書いたりする相手に与える影響を考慮する必要がある。

この「情報の調整」を面倒に思う人がいるかもしれない。しかし、率直さを気にする人びとには、私たちが親友にさえすべてを話しているわけではないことを思い出してもらいたい。また、学術誌に投稿された論文を査読して掲載を検討する際、査読者には編集者へのコメントと著者へのコメントを区別した書式が与えられることが多い。こうした配慮は、メッセージと読者との関係を意識したものである。ここでも、批評はきっと役に立つだろう。この規準は、完全性がバランス的に有害であることが予想される場合には、完全性という抽象的な美徳よりも優先される。

教育批評の予想される結果に注意を払うようにという忠告は、「良い知らせだけ」がフィードバックになりうるという勧告と考えてはならない。それは、教育批評の使用を導く主要な原理に照らして、メッセージの結果を熟考するようにという忠告である。この原理は、個人的になりがちなアプローチの場合、特に重要である。質がデータに変換され、データが抽象化されて数字で表される場合、実践に関する観察はずっと拡散し、非具体的なものとなるだろう。教育批評では、しばしば**特定の**教師、生徒、教室、学校管理職が生々しく描かれる。このような状況下では、関与する人びとへの特別な責任が生じる。これらの問題には特別な倫理的配慮も必要となる。このことは第10章で検討する。さしあたり私は、教育批評の第三の主な受け手である政策立案者に話を移す。

政策とは、限界を設定し、方向性や動機づけを与え、個人の行動の禁止事項を列挙することで、組織的有効性を高めることを目的としたガイドラインである。政策を策定する者は、方向性を確立し、組織の安定性を維持することへ向けて、要件を定義し、制裁を加え、報酬を与え、資格を決定し、その他多くの条件を定義する。しかし政策は、意図と同様に、必ずしも望ましい目的につながるとは限らず、また政策の策定は、それが対処しようとしている問題を適切に理解した上で行われているとは限らない。教育問題においては、限られた、時には誤った概念に基づいた政策の蔓延が特に顕著である。次のようなことを考えてみよう。

１９８０年代初頭（およびそれ以前）から、公立学校の質についての懸念が広まっていた。質の低下を示す主な指標は、ＳＡＴのスコア、つまり標準テストのスコアと、高卒者が仕事をするのに必要な基本的スキルを持っていないという雇用主の見解である。さらに、軍隊は識字率を高めるために特別な学校を作らざるをえなくなっていた。大学でさえも、新入生に提供する「補習」英語コースの数を増やす必要があることが明らかになった。20世紀第４四半期に発表された教育に関する報告書の中で、最も影響力のある『危機に立つ国家 ── その全容（*A Nation at Risk: The Full Account*）』（USA Research, 1984）は、合衆国の学校を惨状と見なし、著者たちの意見によれば、それは外国の軍隊による侵略よりも国家の安全保障にとって大きな脅威であるという。

これらの問題を改善するために、学校を強化するための政策が提言され、法律が制定された。その中には、学校に通う週数を増やしたり、学校の登校時間を延長したり、より厳しいコースを課したりすることが含まれている。そもそも有害な場所でより多くの時間を過ごすように子どもたちに要求することは、かなり間違った勧告であることは、実際のところ誰にもわかっていないように見える。私は学校が若者にとって有害であると言っているのではなく、政策を作る人たちがそうだと信じているのであれば、そこで過ごす時間を増やすことを要求するのは意味がないと言っているのである。生徒が読めないのであれば、同じものをもっと課し、「標準を上げること」よりも、その理由を見つけようとすることの方が合理的だと思われる。その理由を見つけるための最良の方法は、学校で何が行われているかを学ぶことである。教育的鑑識眼と教育批評は、学校の状況を他の人に知らせるために、非常に有用な手段となりうる。

同様の問題は他の分野にも存在する。すでに指摘したように、今では新任教師の約半数が教職に就いてから5年の間に離職している（Heyns, 1988）。なぜだろうか。また、なぜ、辞める人の中で、最も学問に有能な人が先に辞めていくのだろうか。原因はさまざまあるだろうが、多くの教師が、自分たちの仕事に誰も関心を持っていないと感じていること（Eisner, 1985c）、最低限の備品を手に入れるのに苦労しなければならないこと、そして標準化されたカリキュラムの指示が増えている学区では、自分自身のプログラムを開発する動機や機会がほとんどないことなどが原因なのかもしれない。政策立案者は、そこで教える人たちにとって学校とはどのようなものなのかを正確に理解しないままに、どのようにして教育問題に効果的に対処できるのだろうか。一般の人びとは、教師の仕事について何を知り、それをどのように支援すべきなのか。ここで重要なのは、学校問題の改善策は、症状への対応として展開されていて、原因への対応にはなっていないということである。問題を理解するためには、症状だけでなく、その原因にも注意を払う必要がある。このプロセスには、学校に身を置き、学校がどのように機能しているかを見取る（単に見るだけでなく）能力が必要である。

私たちが遭遇する問題は、適切な教育意図に対する私たちの限定された、本質的に見当違いな概念によって生じているかもしれない。それらは、私たちが教育機関を構成してきたやり方と相関しているかもしれない。私たちが教える内容や教え方にその原因があるかもしれないし、私たちが生徒や教師、学校を評価する方法が不適切であることの帰結かもしれない。おそらく、これらの要因のすべてが、私たちの学校プログラムに影響を及ぼしている。効果的な教育政策は、テストの点数を見て「大変だ、大変だ」と叫ぶだけにとどまらない場合、より見込みのあるものになる。教育批評には提供すべきものがある。

おそらく、私が記述していることと最も密接に関連するのは、政治学の分野、特に公共政策や外交政策を形成するときに見られる。政治学のかなりの部分は解釈的である。国内政策や外交政策を学ぶ学生は、問題が提起される文脈を理解しようとし、その文脈から立法府や行政府の政策オプションを策定する。選択肢は、それらがもたらすであろう結果や、さまざまな潜在的な行動方針が否応なく引き起こすトレードオフの観点から考慮される。課題となるのは、複雑でダイナミックな現状を解釈するのに有用な描像を提供することである。サッカーのフィールドやバスケットボールのコートと同じように、政策立案者は正しい動きをするために、プレーの状態を注視する必要がある。標準を引き上げたり、選手に努力を促したりしてチームのスコアを上げようとしても、効果は期待できそうにない。選択肢を注意深く分析し、ゲームの進め方を理解する必要がある。

教育の分野では、グッドラッドの『学校という場所（*A Place Called School*）』（Goodlad, 1984）、サイザーの『ホレスの妥協（*Horace's Compromise*）』（Sizer, 1984）、パウエルらの『ショッピングモール・

ハイスクール（*The Shopping Mall High School*）』（Powell et al., 1985）、そして、ボイヤーの『アメリカの教育改革』（Boyer, 1983）など、公共政策分析にほぼ匹敵する類書がある。いずれも政策に関連する質的研究の例である。それぞれは学校教育の表層を突き破り、症状にとどまらずその根源に迫ろうとしている。残念ながら、彼らの診断によれば、学校日数の延長や年間学校週数の増加よりも、もっと多くのことが必要であることが示唆されている。皮肉なことに、彼らが提案する学校教育の改革は、法制化が最も困難なものである。しかし、長い目で見れば、単純でうまくいかない解決策に惑わされるよりも、複雑な問題の複雑さを正しく評価した方がよい。教育的鑑識眼と批評は、そのような正しい評価を育てることを意図している。次の章では、これがどのように生じうるのかを詳しく見ていく。

注

[1] 批評の機能に関する最も明快な資料の一つは、ジョン・デューイの『経験としての芸術』、特に第13章「批評と知覚」である。デューイの著書全体を貫くのは、彼の哲学の中心的な概念である「経験」への賛辞である。批評とは何かについて、デューイは経験の深化と拡張であると書いている。その意味で、批評家は教育者であり、批評は教育的媒体である。

[2] 私は、解釈の問題において、信憑性は首尾一貫性の「感触」や、グッドマンが言うところの「正しさ」にかかっていると考えている。議論の信憑性や、個人の発言と行動の関係を判断する際に、紛れもなく審美的な規準があるように思う。この関係が不調和であれば、それは適合性が欠如しているということである。このような不一致や首尾一貫性の欠如は、それ自体が美的特徴であって、私たちに再考を促す。理論的説明の優雅さ、調和、美しさは、たとえ最も厳密な自然科学であっても、その魅力において重要な考慮事項である。このような問題に

ついての議論は、T. Kuhn（1962），*The Structure of Scientific Revolutions*（『科学革命の構造』2023）、や*The Essential Tension*（1977）（『科学革命における本質的緊張』2018）を参照されたい。

[3] 教育批評と批評全般の経験的特徴は、いくら誇張してもしすぎることはない。経験的な研究とは、量的な手順を用いた研究と見なされる傾向がある。数量化を採用する研究は経験的になる傾向があるのに対し、経験主義は経験に言及し、経験は常に基本的に質的なものである。教育批評の言及の妥当性は、批評家が言及する質を位置づけることで、またそれが扱う主題の見方や理解を助けるやり方によって批評的判断を評価することで決まる。質的世界からかけ離れた抽象性を強調するのではなく、批評はそれが描写し、解釈し、評価する質との親和性によって査定されるのである。

[4] 指導を改善しようとするあまり、教師が自分の指導を細分化し、賽の目状に切り分け、薄く切り取って断片や要素にしてしまい、その結果、優れた指導に不可欠な有機的な性質が見えなくなってしまうような評価規準に従っているのは皮肉なことである。客観性と正確性の名の下に、指導における要素を個別の単位として特定して測定できるという前提、またそうした個別の単位の点数を合計することで指導力を正当に評価できるという前提に基づいて観察調査票が設計されてきた。これは、楽曲構成におけるFフラットの発生率によって音楽の質を評価することに似ている。

[5] 教育の改善には、私の見るところ、学校における教師の役割の性質を再定義することが必要であろう。私が必要だと強く思うのは、教師が教師であるという文脈の中でさまざまな役割を担うことができ、そうすることで、時には自分の教室の制約から解放され、他の教師を助けたり、他の教師に助けられたりすることができるような学校である。現在、学校における専門職としての役割は、基本的には教師か校長の二つである。ベテラン教師が新人教師に助言する責任、教師がカリキュラム開発に携わる機会、教師がより良い評価方法を開発する機会、そして教師が同僚や大学の研究者と研究を行う多くの機会を含む役割が必要だと考える。要するに、学校そのものが、生徒だけでなく教師にとっても専門的な成長の中心的な場でなければならないのである。そのためには、教

師であることの意味を再概念化することが必要である。

第7章
教育批評を詳しく見る

しかし、すべての言語表現が「比喩的」な表現であり、またそうであり続けるという事実は、客観的表象の能力が言語の領域において完全に支配的になることは決してないことを証明している。比喩は、その有機的な全体性において言語に不可欠な要素を構成している。比喩がなければ、言語はその生命力を失い、従来の記号システムにこり固まってしまうだろう。

エルンスト・カッシーラー

批評の批評

批評のルーツは日常生活の観察と判断にあるが、批評は文学や芸術の中で最も洗練された形に達している。ハロルド・ローゼンバーグとレオ・スタインバーグという二人のアメリカの美術批評家の仕事に少し目を向け、彼らの仕事から、ロラン・バルトの記号論の検討、そしてアーヴィング・ゴフマンの古典的な研究『アサイラム（*Asylums*）』へと進んでいくことは、大いに私たちの役に立つだろう。

これらの作品を吟味する理由は、同族的関係を示すためである。教育批評は、古くから芸術や人文科学、哲学、そして後に社会科学の分野で盛んに行われてきた伝統の一部である。アリストテレスは人間の状態の熱心な観察者であり、彼の『倫理学』には人生の現実的な浮き沈みに対する深い理解が見取れる。カントは人間学的に書き、マルクスはもちろん、彼が知らしめた社会経済システムに対する最も影響力のある批評を現代世界に与えた。アレクシス・ド・トクヴィル、ハンナ・アーレント、エーリヒ・フロム、ミシェル・フーコー、ブルーノ・ベッテルハイムなどの学者たちも、ここでその仕事に言及する著者たちと同様、私たちの社会的世界の認識と理解に大きく貢献してきた。教育批評はこの伝統の一部である——教育研究の方法論においてはむしろ、最近までその伝統が重要な位置を占めてこなかった[1]。

芸術の領域では、批評家は芸術家に追随する。つまり、批評家は芸術家が満たすべき要件を提供しない。この、批評家と芸術家の関係は、建築家と建築施工者の関係とは異なる。むしろ、批評家は解説者であり、解釈者であり、評価者であり、最良の場合には教育者である。芸術の領域では、批評家はしばしば作品が制作された文脈に焦点を当て、読者がその作品を思考の領域に位置づけてより正確に知覚できるようにする。これを実現するためには、さまざまな方法がある。ある意味では、書き手の数だけ批評のバージョンがあるため、そのすべてを検証することはできない。しかし、以下のような解説を検討することで、批評家の仕事を十分感じとることができる。第一はローゼンバーグによるもので、アメリカの重要な画家ベン・シャーンの作品の回顧展に関する評論である。第二は、スタインバーグによるもので、ピカソの絵画に関する評論である。ローゼンバーグは、次のように書いている。

シャーンの作品を、ウィリアム・グロッパー、ジャック・レヴィーン、フィリップ・エバーグッド、ソイヤーズといった、文字通り同時代の画家たちの絵画と結びつけているのは、共通の様式や主題ではなく、道徳性が浸透していることと、それにおそらく付随する、避けて通れない生気のなさなのではないだろうか。これらは、顔や胴体をぎこちない線で描くこと、背景に必ずある壁、そして薄いはっきりしない色彩に具現化されている。彼の最も脂ののった時期でさえも、私たちの時代の本質に関する彼の概念によって、はつらつとしていることは禁忌とされているようである。興味深いのは、晩年になって旧約聖書のテキストを賛美するようになったとき、顔料だけでは彼の熱意を表現するには不十分であるかのように、金箔を組み合わせる手法を用いていることである。

30年代の芸術家や知識人の間では、道徳化への衝動は特定の政治的忠誠心よりもはるかに深い。それは、純粋さや独善の感覚の源泉となっており（例えば、リリアン・ヘルマンの『眠れない時代（*Scoundrel Time*）』）、それは、彼女らが憎むべき専制政治のために行動していたという証拠があるにもかかわらず、生きながらえている。彼女らの道徳的な宇宙は閉じた球体であり、それ自体で完結していて、その外のことは何もその正しさに影響を与えることはできなかった。30年代の芸術においては、ヌードや室内画は、より良い医療を訴える絵（シャーンの《診療所》）やナチズムの犠牲者を嘆く絵（《強制収容所》）と同じように、しばしば道徳的な主張をしているように見える。シャーンの《春》では、草むらに横たわっているカップルがそこにいることが正しいのは、ユダヤ人芸術家としてのシャーンがヘブライ語のアルファベットから象徴的な模様を描くこと（《プレアデス》や《十戒》など）が、たとえ彼自身が宗教的ではなく、ヘブライ語を知らなくても正しいのと同様である。（Rosenberg, 1985, p.92）

ローゼンバーグの評論から読み取れるのは、彼の博識と文体のセンスの両方である。彼が評しているのは、一枚の絵でも、あるいは一連の絵でもなく、アメリカを代表する芸術家の作品――その回顧展である。ローゼンバーグは、シャーンの作品についてコメントし、その重要性について深刻な留保をしている。これらのコメントは、ローゼンバーグが構築する文脈の中で行われる。彼は、シャーンの作品を他の画家――グロッパー、レヴィーン、エバーグッド、ソイヤーズ――の作品と比較している。彼らの作品の衝動をシャーンの作品と関連づけ、それらの作品すべてを社会的枠組みの中に置く。それにはリリアン・ヘルマンの『眠れない時代』（Hellman, 1976）――マッカーシズムと、それに逆らうために必要な勇気を示すことができなかったハリウッドの著名人たちについてのストーリー――も含まれる。ローゼンバーグの記述は二つのことを行っている。第一に、彼は自らの信用証明を示している。つまり、彼は過去と現在のアメリカのアートシーンと言論シーンの両方に精通しているということである。第二に、彼はシャーンの作品の質について、個々の絵についてではなく、作品群についてコメントし、それについて洞察に満ちたことを述べている。最後に、彼のコメントは圧倒的である。シャーンについて、「必要だった」のは、「トピックの幅を広げること――それはさらなる価値低下になるだけだ――ではなく、芸術への新しいアプローチだった」と彼は述べている。

この種の批評は、一般的でありながらも深い洞察力を持っている。ローゼンバーグの文章には威厳がある。彼の結論は確かに議論を呼ぶものである。一部の読者はこれらの結論をまったく誤ったものとして拒絶するかもしれない。多くの人びとはベン・シャーンを偉大なアメリカの画家と見なしている。しかし、論争の中にあっても、ローゼンバーグは読者にじっくり考える何かを提供している。それ自体が、作品のより深い考察を広げるという点で、取るに足らない批評の成果ではない。

重要な現代美術史家であるレオ・スタインバーグは、美術批評に対してまったく異なるアプローチをとっている。ピカソの絵画《眠る女をみる男》に共通する主題に関する彼のコメントを考察してみたい。

23歳のアーティスト、青の時代のピカソの水彩画である。彼は自画像のアーティストが通常行うことのどれもやっていない。鏡に映る自分の姿を探しているわけでもなく、じっとにらんで反抗しているわけでもなく、モデルを見ているわけでもない。彼は仕事をしているわけでも、くつろいでいるわけでもなく、無為に引き込まれているように見える——つまり、少女が寝ているのを見ている。

少女は陽だまりに横たわり、片方の腕を上げて頭を支えている。手の届くところに横たわりながら、しかしそっと離れており、壁紙が貼られた一角は、午睡の暖かな光の中に溶けていく。状況の重苦しさに気づかせるのは画家の姿である。彼のコップや彼女の髪の毛までもがくすんだ青に染まっている。彼の冷たい影は彼女の明るさと対照的である。彼女は横たわっていて、彼は座っている。彼女の肌はわずかに揺れるようであり、彼の骨格は堅固である。それらは完全に対立している。そして彼女の輝きが身体の純粋な至福を暗示するにつれて、彼の困惑した意識はさまよい始める。

　これらの初期の絵画は幕開けを告げる作品である。この見張られた眠る人という主題は、ピカソの作品の中で取りつかれたように継続的に繰り返される主題の一つとなり、作品に一貫性を与えている。画家は、この主題が古くからあることを最初から知っていたに違いない。眠っているニンフが警戒心の強い男性に観察されるシーン ── 見つめることと憧れることに関わるシーン ── は、古代、そしてルネサンス以来、芸術の壮大な伝統の一部となっている。しかし、若いピカソはこの普遍的な主題を、まるで彼自身のプライベートな深みにある閉ざされた扉の中で見つけたかのように、それを流用している。そのため、見張りと眠りの相克は、まるで告白のように彼の作品に入り込んでくる。そのためか、ピカソはこの主題のさらなる探求を長い間先送りにしていた。当時始まったキュビズムの試みは、その情感には何も役立たなかった。しかし、ピカソはこの主題を手放す前に、そこから私的な情動的意味合いを取り除いた。１９０８年の力強い絵画では、目覚めとまどろみという主題が脱個人化されている。

(Steinberg, 1972, pp.93-95)


スタインバーグが書いた批評からは、言葉の優雅さと個々の作品への洞察力の深さが伝わってくる。彼は、自分が語る作品における、微妙ではあるが重要な質を取り出している。

　そして、直立した男性の姿勢に対して女性が横になったポーズをとっているのは、いくぶん親しみやすく、しっくりしているように見えるが、ここでは満足のいくような相反するものの出会いはなく、互いに排除されているだけである。彼は暗闇の中に静止していて、モダンな服をまとい、疲れ果てて、落ち着きがない。一方で少女は裸で眠っていて、それによって彼女は純真で完全なままである。

(Steinberg, 1972, p.93)

スタインバーグは、彼が注目した作品の核心に迫るような詩的な優美さを実現している。彼のコメントは、文脈に欠けるとは言わないが、ローゼンバーグのそれよりも、言語を介して作品を表現することに焦点を当てている。それは、単に相応する芸術形式を作るためではなく、作品の質を鑑賞者に開放し、作品にその質を再考するための場を与えるためである。

ローゼンバーグとスタインバーグの両氏が語る特徴は、絵画の専売特許ではない。それらは、教師の教え方や学校の機能の仕方、子どもたち同士の接し方にも現れる。批評は決して芸術に限定されたものではない。私たちの文化の最も平凡な側面でさえ、批評対象の候補となる。ロラン・バルトが自国のフランス文化における玩具について書いたコメントを考えてみよう。

フランスの玩具 ── 大人のフランス人が子どもをもう一人の自分として見ているという事実を、これほどよく表しているものはないだろう。一般的に目にする玩具はすべて、本質的に大人の世界の縮図である。それらはすべて人間的事物の縮小コピーであり、世間一般の人びとの目には、子どもはまるで自分と同じ大きさの物を与えられなければならない小さな人間、ホムンクルスにすぎないかのように映っている。

発明された形態は非常に稀である。積み木のいくつかのセットだけが、手仕事の精神に訴えかけるダイナミックな形を示している。他のものに関しては、フランスの玩具は常に何かを意味しており、その何かは常に完全に社会化されており、神話や現代の大人の生活の技術によって形作られている。陸軍、放送局、郵便局、医学（ミニチュア医療機器ケース、人形の手術室）、学校、ヘアスタイリング（パーマネントウェーブ用ドライヤー）、空軍（パラシュート部隊）、交通機関（列車、シトロエン、巡視船、ベスパ、石油ステーション）、科学（火星人の玩具）など。

フランスの玩具が、大人の機能の世界を文字通り予示しているという事実は、子どもが考えうる前から、常に兵士、郵便配達員、ベスパを生み出してきた自然の存在証明を彼のために作り上げることで、それらをすべて受け入れる準備をさせることに他ならない。ここにある玩具は、大人が異常だとは思わないあらゆるもののリストを示す。戦争、官僚主義、醜さ、火星人などである。実際、それは放棄の印である模倣[*1]というよりも、そっくりそのままである。フランスの玩具は、リンゴの大きさに縮小された、大人のシワや髪の毛があるヒバロ族の頭のようなものだ。例えば、排尿する人形がある。そこには食道があり、哺乳瓶を与えるとおむつを濡らす。おそらくすぐに、お腹の中でミルクが水に変わるようになるだろう。これは、少女を家事の因果律に向けて準備させ、将来の母親としての役割に「条件づけ」することを意味している。しかし、忠実で複雑な物体の世界を前に、子どもは創造者としてではなく、単なる所有者、また使用者となる。彼らは世界を発明せず、それを使用する。彼のために用意されているのは、冒険も、驚きも、喜びもない行為である。彼は、大人の因果律の原動力を発明する必要さえなく、家にいる小さな家長と化す。出来合いのものが与えられている。彼は必要なことを自分でするだけでよく、最初から最後まで何かを発見することは認められていない。単なる積み木でも、それが洗練されすぎていなければ、世界についての学習はまったく異なるものになる。その場合、子どもは決して意味のある物を創造することはなく、その物体に大人による名づけがあっても、子どもにとってはほとんど問題ではない。そのとき彼らが行う行為は、使用者の行為ではなく、デミウルゴス[*2]の行為である。彼は、歩き、転がる形を創造し、所有物ではなく生命を創造する。物は今や自ら動き、それらはもはや、彼の手の中にある命のない分かりにくい素材ではなくなる。しかし、そのような玩具はむしろ稀である。フランスの玩具はたいていい模倣に基づいており、創造者ではなく、使用者である子どもたちを生み出すことを目的としている。

玩具のブルジョア的地位は、機能的な形態だけでなく、その物質からも見出せる。現在の玩具は、自然界のものではなく、化学の産物である品のない材料でできている。現在の玩具の多くは、複雑な混物から成形されている。それらが作られているプラスチック材料は、見た目が粗悪でありながらも衛生的だが、触ることの喜び、味わい、人間性をすべて破壊している。木は、その硬さと柔らかさ、自然な温かさを持った手触りゆえに理想的な素材であるにもかかわらず、徐々に姿を消している徴候を見ると愕然とする。木は、それが支えるすべての形から、鋭すぎる角度によってけがをさせる性質や、金属の化学的な冷たさを取り除く。子どもがそれを扱い、叩いても、震えもきしみもせず、こもった音も高い音も出せる。それは親しみやすく、詩的な物質であり、子どもを木やテーブル、床との密接な接触から切り離すことはない。木は傷つけたり、壊したりすることはない。それは壊れるのではなく、使い減らされるのであり、長い間、子どもと一緒に生き、物と手の関係を少しずつ変えていくことができる。もしそれが壊れるとしたら、それはだんだんと劣化するのであって、壊れたバネが飛び出て消滅する機械的な玩具のように膨らんで壊れるのではない。木は本質的な物、永遠の物を作る。しかし、ヴォージュ地方の木の玩具はほとんど残っていない。動物の透かし彫り細工の製作所で、それらは本当に職人の時代においてのみ可能であった。それ以降は、玩具は物質も色も化学的なものとなっている。素材そのものが、人を、喜びではなく使うという共通の感覚へと誘う。これらの玩具は、実際すぐに壊れてしまうし、いったん壊れてしまえば子どもにとってその後の生命は何もない。(Barthes, 1972, pp.53-55)

バルトの著述からも、ローゼンバーグやスタインバーグの著述と同様に、いくつかのメッセージを受け取ることができる。その一つは、一見些細なことであっても、重要なものとして捉えられれば、そしてその重要性のための適切な文脈が提供されれば、実質的な重要性を持つということである。バルトは、子どもの玩具における木材の重要性に注目しているが、これは重要な意味の源泉としては見落とされがちなものである。ローゼンバーグは、あたかも顔料がシャーンの芸術のためには不十分な手段であるかのように、彼が金箔に「依存」しているとコメントしている。スタインバーグは、絵画の中における二人の人物の配置が心理面に与える影響についてコメントしている。「ふたたび見る男、今度は空腹に飢えた男の亡霊だ。彼は低いベッドで寝ている少女を見つめている —— 彼の足元に、しかし、彼の尋常でない背の高さからは近づけないように見える距離にいる少女を。」それぞれの批評家は、そうでなければ見られないかもしれないもの、あるいは見られたとしても重要ではないと見なされるものを強調している。[2]

このような批評を書く能力――そしてローゼンバーグ、スタインバーグ、バルトはこの分野の達人である――には、社会的な対象や活動の象徴的な含意に気づいて正しく評価する能力が必要である。最初の達成として、質的な特徴とその意義に気づくことが必要である――ローゼンバーグの場合は金箔の使用、スタインバーグにとっては空間とスケールの扱い、バルトにとっては、木が見られなくなっていることである。教育の分野では、次のように問いかけることができる。私たちの教室は何でできているのか。私たちが生徒たちに課している課題は、どのような性質を持っているのか。それらの課題は、バルトがフランスの子どもたちとその玩具の場合について論じるように、子どもたちが自分たちで解決策を考えたり、自分たちの問題を定義したりする機会を与えないものなのか。

ここでの私の目的は、アメリカの学校の特徴を指摘することではなく、批評家が芸術や社会生活の中で考慮に入れる質の種類が、学校の研究で扱えるものと同様だということである。研究コミュニティに対する大きな挑戦の一つは、私たちが検討した批評家に見られるような鋭い洞察力と感性を備えた学者を養成することである。

教育批評の例に目を向ける前に、重要な社会科学者であるアーヴィング・ゴフマンの著作を考察しておこう。彼の著作『アサイラム』(Goffman, 1961a) は、全制的施設が個人のアイデンティティに与える影響を力強く明らかにしている。ゴフマンの著書の短い一節は、精神病院にいるということが何を意味するのかを私たちが理解するのを助ける彼の能力を明示している。

入所者は、外界から隔絶する障壁によって、一定の役割が失われていることに気づく。入所手続きは通常、他の種類の喪失や無力化ももたらす。職員がいわゆる入所手続きをとるのがごく一般的である。例えば、生活史を確認する、写真を撮る、体重を量る、指紋を採る、番号を割り当てる、身体検査をする、保管のために私物をリストアップする、服を脱がせる、入浴させる、消毒する、散髪する、制服を供与する、規則を指示する、宿舎に割り当てるなどである。入所手続きは、「整理」や「編成」と呼んだ方が良いかもしれない。というのも、このようにして処理されることで、新しい入所者は施設の管理機構に送り込める対象として形作られ、コード化され、またルーティーン操作によってスムーズに動かされるようになるからである。このような手続きの多くは、体重や指紋といった、個人が持つ社会的カテゴリーの中で最も大きく最も抽象的なカテゴリー、つまり人間の一員であるというだけで個人が持っている属性に基づいて行われる。そのような属性に基づいて行われる行為は、必然的に、彼の以前のアイデンティティの基盤のほとんどを無視する。(Goffman, 1961a, p.16)

上記の一節は、前述の著述と同様、洞察力とそれを記述する方法の両方を例示している。美術批評家は、芸術作品について創作条件とその作品が関与する伝統についての深い理解をもたらす。社会科学者やフランスの記号学者にとってそれは、ほとんどの人に無視されがちな社会的現実の一見些細な特徴の社会的重要性を認識するという問題である。しかし、このような世界へのアプローチは、教育とどのように関係しているのだろうか。そこで、セオドア・サイザーの仕事を簡単に見ておくことが有用だろう。

彼の著書『ホレスの妥協』(Sizer, 1984) は、ベテランの高校英語教師[*3]であるホレス・スミスという登場人物を通して、アメリカの高校を考察した書籍である。ここでサイザーは研究の舞台を設定する。

ここに英語教師、ホレス・スミスがいる。彼は53歳、高校で28年間教師を務めているベテランで、ある人は古参のプロと呼んでいる。彼は誇りを持ち、尊敬され、自分の仕事に専念している。彼は他のことはやったことがない。教えることはあまりにも楽しく、やりがいがあり、他の仕事になびくことはない。ホレスは19年間、大都市の郊外にあるフランクリン高校に在籍している。彼は8年間英語部門の主任を務めたが、その仕事を同僚に譲ったのは、そのポストの最低限の事務的な雑用でさえ、彼が愛してやまない教えることを妨げると感じたからである。

朝は5時45分に起床し、妻や成人した娘を起こさないように気をつけている。7時までには学校に行きたいと思っていて、自宅から学校までは車で40分かかる。学校の近くに家を持ちたいと思っていたが、そのような余裕はない。学校がある町に住む同僚は数人しかおらず、給料で住宅ローンをまかなえる経営者の妻の場合である。ホレスの妻と彼、妻の兄で経営する酒屋での妻の仕事は朝10時まで始まらない。娘は市内の法律事務所の新入社員で、ぎりぎりまで寝ていたいので朝食を抜く。彼はつま先立ちで洗濯や着替えをする。

ホレスはコーヒーの準備をしてトーストを作り、6時20分に家を出る。彼は学校で一番乗りではない。通常、管理人や他の年配の教師たちはすでに来ていて、ある教師が言うには「だらだらしている」。

教員室は大きく、実際には二部屋ある。窓のない内側の部分には、年配の教師用の区画が一つずつ、蜂の巣状に配置されている。若い教師と新任の教師は区画を共有している。それぞれに作り付けの机と椅子がある。ほとんどの区画にはファイルキャビネットが備えつけられている。高さ5フィートの三面の壁には、ポスター、写真、名簿、ちょっとした格言、昔の同僚からのメモなどが掲示されている。ホレス：家に電話してください。ホレス：合唱隊に入っている次の生徒は、君の7限目の授業を欠席します――アデルソン、カートライト、ドナート・・・。

ホレスは自分の区画に行き、書類鞄を置いてマグカップを手に取り、教員室の外側にあるコーヒーポットのところまで歩いて行く。その場所には大きな窓があって明るく、乱雑に置かれたテーブルやビニールカバーのソファーと椅子が入れられている。その空間は、何時間も前に吸ったタバコの匂いが漂う、ごちゃごちゃしているが快適で気ままな空間である。ホレスはほとんど無意識のうちに、おそらく昨日のよどんだ煙を打ち消すために、新しいタバコに火をつける。コーヒーを注いだ後、彼は主に他の英語教師の、何人かの同僚たちとおしゃべりをする。

7時20分に予鈴が鳴る。ホレスはタバコを消し、まだ飲み物が入っているカップを自分の区画に持ち帰り、机の上のものを動かして置き、いくつかの本と書類を集め、書類鞄にそれらを入れて廊下を通って教室に持って行く。生徒たちは、すでにぞろぞろと教室に入ってきており、フレンドリーで、騒々しく、おしゃべりに夢中で、ほとんどの生徒は彼を完全に無視している――配慮がないのではなく、何も考えずに。ホレスはこの意味的な違いの重要性をよく考える。多くの大人は、私たち教師に対して配慮がない。しかしほとんどの生徒は、私たちがここにいて考慮すべき人であるということをまったく知らないだけなのだ。無邪気なものだ、と彼は結論づける。

7時30分になり、ベルが鳴る。ここには17人の生徒がいる。本当は22人のはずである。ビル・アダムスは病欠である。ホレスは事務局からそのことを聞いている。ジョイス・レスコウィッツは祖母の葬儀に出席している。ホレスは公式には聞いていないが、事実だと知っている。彼はジョイスの出席リストに「Ex Ab」――届出欠席（excused absence）――とマークする。出席簿から目を上げると、さらに二人の生徒が到着し、急いで席に着くのが見えた。遅刻だよ。すみません、すみません、バスが…ホレスは謝罪と言いわけを無視して、リストの二人をチェックする。一人はまだ所在不明である。ジミー・ティベッツはどこだ…。沈黙。ティベッツの名前の後に、「Abs（欠席）」が記される。（Sizer, 1984, pp.9-11）

サイザーは、読者がホレス・スミスという男の身になって、彼の家族、家庭、仕事についての感覚をいくらかでも得ることを可能にしている。文章は生き生きとしている。それゆえ、読者はホレス・スミスが中心的な役割を果たす場面を容易に思い浮かべることができる。読者はこれらの場面に過去のイメージを見る。アメリカの高校に通ったことのある人にとっては、7時半のベル、欠席者、遅刻者の言いわけ、至るところで動きがあること、スケジュールのちょっとした困難、ティーンエイジャーのユーモアなどは珍しいものではない。サイザーの描写は、私たち自身の経験と一致している。それは本物であることを示している。

このような描像は、私たちが関心を寄せる状況を理解するために必要とする重要な部分である。これらの描写は、抽象的になりがちな結論を意味あるものにするための想像可能な文脈を提供してくれる。サイザーは、ホレス・スミスと彼が教師をしている学校の両方に人間の顔を与えている。

サイザーが『ホレスの妥協』で描くこの顔は、高校教師の学校生活の意味について、私たちに新鮮な問いを投げかけることを可能にしている。新しい問いは新しい理論につながる。理論を生み出すには、学校生活を総体的に構成している質を鋭く知覚することが重要となる。それは、自分が見たものを見取り、解釈できれば強められる。見取ることなしに、解釈はできない。解釈がなければ理論の発展はない。したがって、理論は知覚の光の中で成長する。知覚は意識を生じさせ、解釈は意識に意味を与える。

教育批評の提示・比較・検討

ここまでは、二人の美術評論家、記号論者、社会科学者、教育者による批評的様式で書かれた著述の抜粋を読んできた。ここからは教育批評の例を考えてみたい。私は、通常とは異なる状況下で短文を書いた。

1985年の秋、ウィリアム・ベネット教育長官は、ワシントンDC近郊のバンネカー高校を訪問し、ジェームズ・マディソンの『ザ・フェデラリスト（*Federalist Papers*）』の授業を行った。全国に放映されたこのイベントは、ワシントンの官僚が学校の現実に触れ、一面では、アメリカの若者にいかに実質的な教育を提供できるかを示すことを意味していた。ベネットの45分間の授業はビデオで撮影され、アメリカ教育学会（American Educational Research Association: AERA）は、教育を研究する四人の学者を招いて、それぞれの様式でそのパフォーマンスを分析し、結果をＡＥＲＡの年次大会のセッションで発表するよう依頼した。私はその四人のうちの一人であった。大会では、数百人の参加者がビデオテープの簡単な抜粋を視聴し、四人の著者による分析結果の発表を聞いた。ここでは、私の論文と、対照として、もう一人のパネリストであるロジャー・シュイ氏の論文を紹介する。

これらの分析はそれぞれ、教育研究に対する特定のアプローチを反映している。シュイは言語学者であり、彼の論文は彼の焦点と方法を反映している。私の論文は教育批評の特殊なサンプルである。私が「特殊な」と言ったのは、教育批判は通常、45分間のビデオテープについては書かれないからである。通常、観察は「ライブ」であり、教室や学校に数週間滞在することが必要であることもしばしばである。さらに、私たちは、生徒や教師にインタビューをすることも、資料やその他のデータの調査を通して状況を直接知る機会もなかった。このような事情から、この教育批評の事例は、ロジャー・シュイのものと同様、典型的なものではない。また、これらの論文はＡＥＲＡの大会で発表するために準備されたものなので、発表者が一人20分以内で発言できる長さに制限されていた。通常、教育批評は、ここに転載したものの数倍の長さになる。とはいえ、この文章が短いがゆえに、また、同じ出来事についての別の分析と比較するという類のない機会を得たため、私の目的を十分に果たすことができると信じている。続いて、ジェームズ・クンツが書いた別の教育批評を紹介する。これについては形式と内容を分析しようと思う。

シュイの論文と私の論文を読んだ後、読者は両者を比較対照することが有益であることに気づくだろう。シュイは言説の分析に影響を与えるさまざまな概念と方法を用いていて、それによって彼は、ベネットの教室で行われている言語的な動きや言説構造を明らかにできる。ある意味で、シュイは、言説ゲームがどのように行われているかを理解するために対話の骨格を探しているのである。私自身の分析は、ベネットを一人の人間として、また一人の教師として描こうとするものである。それは、彼と彼の生徒たちが検討した思想の意味を取り上げ、また、ベネットが教える際に強調していることや、その場の感触やイメージを提示しようとするものである。私自身の分析は、シュイが含めたものの多くを省略しており、その逆もまた然りである。ここで学ばなければならない教訓は、教えることがどのようなものであるか、それがどのように見なされるかは、そこで行使されている分析の形式に少なからず依存しているということである。

教室の中の教育長官

エリオット・W・アイスナー

こちらのコーナー、175パウンド、ウィリアム・ザ・キャット・ベネットの登場！　記者たちがリングを囲み、マイクが目の前の机の上に小さな山を作っている——すべてのネットワークに接続されているかに見える。至るところに照明が設置され、チャンピオンに汗がしたたるほどの熱を発している。リングを取り囲むカメラマンのシャッター音が絶え間なく鳴り響き、これが単なる公民の授業ではないことをこの場面を見る者に気づかせている。それは、教育長官自身——つまり私たちの教育のリーダー——が、バンネカー高校の最良で最優秀の生徒たちとの初戦に向けて準備をしている姿である。

かつて哲学の教授であった教育長官が、新学期の初めに教室に赴いて、ジェームズ・マディソンの『ザ・フェデラリスト』から学ぶべき教訓を、多人種の高校生からなるクラスに教えるというのは、普通のことではない。私の記憶では、教育長官がこのような旅をし、それが全国テレビで中継されたことはない。それなのに、ここでは、少しふくよかな、45歳くらいの元学者が、変転するアメリカの中等教育にライブでわが身をさらしている。彼はどうするのだろうか。この男は思春期の若者たちに教えることができるのか。彼のやり方はどのようなものだろうか。そして、これらの照明、彼の前にある机の上に山と積まれているマイク、教室の壁に並ぶ多数の報道陣、彼のベルトとネクタイに接続されたケーブルといったあらゆるものについてはどうだろうか。このような任務を喜ぶ教師はほとんどいないと思われる。

冒頭から、目的意識と集中力が感じられる。ベネットは、自分に取り付けられた電子機器を調整しながら、「これはバンネカーでの典型的な一日です」と皮肉を込めた挨拶をして口火を切り、それから、「もしよければ、振り向いて挨拶してください」とクラスに伝える。ベネットが「こんにちは、ママ！」と言うと、25人ほどの生徒たちも、クスクス笑いながら彼の機転を認め、自分たちにとっても、今日がバンネカーの典型的な一日ではないことを理解していることを示して同じように言う。

「よし、任務に取り掛かろう。黒板に私の名前を書いておくから、間違いがあったら手紙をください。」

皮肉なのか。分からない。ベネットも生徒も笑わない。おそらく彼は本気なのだろう。準備が終わり、チャンピオンはスーツの上着を脱いで、机の脇の椅子に掛け、袖をまくって、部屋の前方を行ったり来たりし始めた。「なぜ、『ザ・フェデラリスト』第10編を読むのか。」――なぜわざわざそんなことをするのか。なぜジョージアとアラバマの試合を観戦しないのか。彼の声、ちょっとした身のかがめ方、手振り――しかし何よりもその視線の強さ――からして、これが真剣な場であることに疑いの余地はない。「任務に取り掛かろう」――彼の開始を告げる言葉は、まさにぴったりである。今日の授業は、「ざっと調べる」のでも、誰かが考えていることについて、自由に表面的な議論をすることでもなく、彼が深く関心を寄せていると思われる考えの真剣な検証である。

ベネットが生徒たちに課した課題は、ジェームズ・マディソンの『ザ・フェデラリスト』、特に第10編を読んで理解することである。生徒たちは普通高校に通っているのであり、ベネットによると、この学校の卒業生は全員大学に進学するという。繰り返すと、この日が特別な日であるだけでなく、生徒たちも特別なのである。少なくとも半数が黒人であるという事実は、テレビでベネットとその授業を見るだろう何百万人もの人びとに、黒人も、自由と多数決の間の緊張のような抽象的な概念を扱えることを示すのに十分役立つ。

ベネットの授業のねらいは――少なくともテレビ視聴者という有利な視点から見た場合――二つある。第一に、わが国の政府が拠って立つ哲学的前提を生徒たちに理解させることである。ベネットは、政府に関するすべての前提は人間性の概念の上に成り立っていることを生徒たちに理解してほしいと願っている。マディソンの人間性に関する見方は、彼が信じる政府のあるべき姿を形作っている。

第二に、ベネットは生徒の分析的・批判的能力の開発に興味を持っている。彼の授業は、人文科学系の指導に典型的に用いられる戦術をにじませている。つまり、彼の教師としての活動の原動力は、公正な政府の本質に関する重要な考えを共有することへの関心であり、生徒がすでに学んだことをじっくりと発見するのを助ける喜びなのである。ベネットにとって、この教材はなじみのないものではない。彼が以前にも何度も教えたことがあるのは明らかだ。どうして分かるか。彼はマディソンの『ザ・フェデラリスト』第10編の一節を一字一句繰り返す。彼が使っている本は「読み込まれた本」であることを誇らしげにクラスに伝える。しかもあまりに読み込まれて、彼の手の中でバラバラになりそうである。ある意味では、その状態は、愛されすぎて中年になったテディベアを彷彿とさせる。マディソンとベネットは旧友である。「派閥とは何か」と彼は問いかける。「なぜ私たちのような社会でそれが問題になるのか。なぜ自由が派閥の問題を引き起こすのか。」自由、派閥、利己心。これらは、マディソンの時代だけでなく、私たち自身の時代にも関係している重要な観念である。「自由は異なる意見を持つ機会を与えてくれる」とある生徒は答える。「自由を手に入れてそれを人に与えれば、人は自由について異なる意見を持つことになる。」

明らかに問題が提起されている――あるいは提起され始めている。「派閥の問題をどのように解決すればよいか」とベネットは尋ねる。「自由を排除すればよい」と彼は応じて、すぐに静かに問いを続ける。「なぜ自由を排除しないのか。」

この派閥の問題には、少なくとも二つの代替案がある。一つ目は自由を奪うことである。しかし、それをしてしまえば、ゲームは終わってしまう。マディソンの言葉を借りれば、その治療法は病気よりも悪い。第二に、すべての人に同じ意見を与えること。しかし、それもできないだろう。ではどうすれば、利己的な多数派が少数派の利益を搾取しないようにし、なおかつ皆が望む自由を維持することができるのか。

このような、頭を悩ませる問題の応酬のパターンは予測可能である。ベネットはオープンエンドな質問をしているが、これは読んだ資料の記憶とそれに対する解釈的理解を必要とする。生徒たちは、その質問を満たすような答えを返す。それに対してベネットは、詳細な説明や明確化を求めて応じる。ベネットは時にその説明を受け入れない —— しかし直接的にということはほとんどなく、たいていはいぶかしげな表情や、ユーモラスなコメント、あるいは別の質問をしたりする。そうすると、生徒は自分の答えを詳しく説明するようになる。最終的に、ベネットは生徒の説明をさらに詳しく説明し、生徒の誰も提示できないような文脈を与える。

ベネットの返答は一般的に、生徒の回答の7倍から10倍長い。彼の言葉の一斉射撃は60秒から120秒続くが、生徒が話すのは通常10秒から20秒である。

何人かの生徒の明晰さは特に印象的である。彼らは合理的で一貫した言葉の連鎖を提示し、それはマディソンの論点を少しばかり見逃しているとしても、賞賛に値するものである。

ベネットは、よく知られているがほとんど使われていない二つの教授学的手法を用いている。彼は、45分間の授業の間に、何回か間隔をおいてクラスが議論した主要なアイデアを要約する。彼は、問題をほぼ三段論法の形式でまとめている。

「人びとに自由を与えれば、意見の相違が生じる」

「意見の相違があれば、暴力が生まれる」

「どうやって暴力を制御するのか」

「自由な社会では、どうやって多数派が少数派に対して暴威をふるうのを防ぐのか」

彼の熱気は激しさを増す。彼は行きつ戻りつして歩く。時に拳を握る。彼の目は左右に飛び交う。ここには無気力さは一切ない。彼はカメラの前にいて、それを知っている。だが、人はそれ以上のものを感じとれる。ベネットは自分が教えていることを大切に思っているように見える。彼が教えている観念は、彼自身の一部である。彼の声、態度、真剣さ――そう、最もよく伝わってくるのは、彼の真剣さである。これは彼にとって、たとえそれが広報戦略として生まれたものであったとしても、単なるゲームではない。それにしては彼は教材をあまりに熟知している。彼の教授学的な手法も、それにしてはあまりに強烈である。ベネットにとってこれは重要な教材であり、彼はそれがどれほど重要なことなのかを生徒たちに理解させることに熱心なのだ。

私は、ベネットが生徒に使う教授学的な手法は二つあると言った。主要な考えを要約するのは、そのうちの一つにすぎない。もう一つは転移のための指導である。

派閥というのは昔からある言葉だと彼は言う。今日、私たちはどんな言葉を使うだろうか。「利権団体」と生徒の一人が言う。「その通り」と彼は答える。

「利権団体が新しいものであるかのように語られるのを聞くと、私はとてもイライラする。マディソンの時代でもそれらに対処しなければならなかった。新聞を取り上げてみよう――君たちは毎日新聞を読んでいるでしょう」と彼はわざと皮肉を込めてクラスのみんなに問いかけ、そうしながら彼らをからかう。「どの新聞を手に取っても、特別な利害関係者が自分たちの主張を訴えている。」彼は授業に持参した地元紙で自分の論点を示す。

彼は、150人の群衆が25枚のブルース・スプリングスティーンのコンサートのチケットを買おうとしている状況を描出することで、人間の利己的な性質を例示する。彼は、『ザ・フェデラリスト』第10編の複雑で抽象的な概念を、17、18歳の生徒が関心を持てる形にしようとしている。彼は、「君たちよりほんの少し年上の、せいぜい18歳の若者たち」が生み出した懸念や対応策と、今日の問題、ジレンマ、願望との間にある密接なつながりを見取れるよう促す。

ベネットはさらにその先へと踏み込む。ベネットは、過去と現在を強固に結びつけようとするだけではなく、私利私欲と暴力の問題を、彼自身の学生時代と関係づける。当時、ボストンから来た彼の仲間の一人が、セルティックスのニューヨークに対する勝利を勝ち誇ったためにニューヨーク大学生たちに襲われそうになったという。ベネットはその過程で自分自身の一部をさらけ出している。

生徒の多くが黒人であるためか、ベネットはマディソンの見解を南北戦争やリンカーンが連邦を救おうとしたことと関連づけている。「連邦は救われたのか」と彼は問いかける。彼はリンカーンの優先順位について、そして奴隷の自由と連邦の維持という「二つの望ましいこと」の間の緊張について語る。彼の授業時間で、少なくとも5回はこのような関連づけがなされる。この授業は、今日の世界や彼が指導している生徒たちの本当の関心事とは関係のない、そっけない歴史的遺物ではないと彼は確信しているようだ。

「『ザ・フェデラリスト』第10編の究極の核心は、派閥の潜在的な原因がこのような人間の本性に植え付けられたものであるというマディソンの観察にある。」

人間の本性は、したがって、潜在的な紛争と暴力を繁殖させる。政府とは、私益が公共の利益と折り合いをつけられるようにする手段である。ベネットの潜在的な教訓は、私には、マディソンの憲法上の権利観についてだけではなく、私たちの人間と政府に対する見方の美徳に関するものでもあるように思われる。確かに、異なる見解を持つ他の政府があるが、私たちの政府の見解は、実際には時に欠陥があるものの、最も高潔なものである。このメッセージは明示的に伝えられるわけではない。いわゆる「ソフトセル〔間接的に訴えかける伝達法〕」でさえない。しかし、にもかかわらず、そこにはある。ベネットには使命とメッセージがある。彼は生徒にとって深く重要だと彼が思うことを分かちあっているのである。彼は戦いを楽しみ、彼が共に学ぶ生徒たちを育成し、探りを入れ、刺激する。集まった観衆は、タフなボクサーがリング上でその技を披露するのを見た。ベネットは軽量級ではない。そして、15ラウンド終了時の拍手を見る限り、彼は全員一致の判定で勝利したようだ。

このような、植民地時代に足を踏み入れることから学ぶべき教訓はあるのだろうか。私はあると考える。一つは、自分が教えている観念を完全に理解していれば、どのような相手に対しても自由に対応できるということである――自分の知的領域の範囲を把握していれば、生徒の質問や発言に対して自分のやり方で対応できる。少なくともこの教材について、ベネットはそうである。このような能力は、教えることの改善に関心を持つ私たちにとって、どのような意味を持つのだろうか。教えるべき内容を十分に把握していない教師が、どこまで教授学的な美質を発揮できるだろうか。心理学者たちは、教えることをあたかも中身のないプロセスとして研究することが多い。そんな方法で、教えることを効果的に研究することができるだろうか。転移がなされるつながりを理解しないで、転移へ向けた指導ができるのだろうか。

テープから引き出せるもう一つの教訓や主題は、感情に訴える強さという教授学的な美徳に焦点がある。ベネットは、単なる学問的な興味ではなく、知的な興味を形にする。成績や点数、期限を守らなければならないことについての言葉は一切ない。生徒が、場当たり的な問いを向けられることはない。ベネットが問いかける質問は、真剣で当を得ている。それらの質問は、生徒を教材の主要な考えへと導くようにデザインされているのだ。このようなアプローチに危険はあるだろうか。もちろんある。ベネットが議論に見せかけた講義を行っていると非難することもできる。結局のところ、彼は授業を始めたときに、授業の結末がどこかを知っていたはずである。生徒が他の生徒に向けて質問することはなかった。彼は「ピンポン」方式で指導を行っていると非難されるかもしれない。しかし、私はそのような反対意見には異論の余地があると考えている。どんなパフォーマンスにも欠陥はある――つまり、神はあらゆるものをひびなしに作ることはなかった。ベネットは生徒の注意を非常に重要な問題に向けている。彼は自分が教えている内容を大切にしている。彼は、『ザ・フェデラリスト』第10編の主要な論点を通して、生徒たちを前進させるような質問を投げかけている。彼は、生徒たちが進んだ道のりについて間隔をおいて要約する。生徒の回答の能力の高さに熱意と喜びを示す。彼は、1787年に書かれたこの文章が、南北戦争の問題や今日の私たちの社会とつながっていることを見取らせる。彼は必要に応じて機知を働かせ、競合する意見にも門戸を開いている。彼から学ぶことは多い。過去2年半、高校での指導と学習を研究してきた私は、ここから学ぶべきことは多いと

自信をもって言える。(Eisner, 1986)

ベネット教育長官の指導——応答性のある指導のための議論

ロジャー・W・シュイ
ジョージタウン大学

教育問題に関心を持つ談話分析家として、個別の単位として提供される他のデータと同様に、私はこのビデオテープを検討した。教室での出来事はこれまで詳細に記録されてきた(例えば、Mehan, 1979; Sinclair & Coulthard, 1975; Stubbs, 1976)。教室で教えることは、対面販売でのケース、医師と患者との間の病歴に関わる事例、または警察の尋問の事象と同様に、今ではかなり明確に定義された構造を持っている。ほとんどの人間のやりとりの事象と同様に、それには、冒頭部分、本体部分、そして終了もしくは結論部分がある。この構造は、実際人間のほとんどの会話の単純な三つの段階に対応している。つまり、こんにちは-話題のやりとり-さようならである。挨拶と終結部分は、儀式言語や定型言語の専門家によって研究されてきた(例えば、Irvine, 1974)。このような研究は、特に多文化理解のために非常に有用である。しかし、ある文化における教室での相互作用という話題について、私たちの主な関心事は、構造の本体、話題の発端、そして応答である。

指導についての有用な見方は、それを一種の対話だと考えることである。最良の状況下では、人はもう一人の人と対話する。実際、学校以外の場所での効果的なコミュニケーションや学習のほとんどは、対話の中で行われている。それに対して他の指導の形式として、例えば、モノローグ、説教、講義といった話し手から無言の学習者への一方向的なコミュニケーションに終始することが行われている。教育における暗黙の理論では、学年が上がるほどモノローグが多用される。実際の対話と一方通行のモノローグの中間が、ほとんどの中等教育におけるコミュニケーションと見なされているものである。教室での相互作用を対象とする研究者たちは、少なくとも過去80年間、教室での会話の支配的なタイプは、復唱パターンであると記している（Hoetker & Ahlbrand, 1969）。最近でもこのパターンは、アメリカの学校で記録され、メーハン（Mehan, 1979）によって質問－反応－評価モデルと呼ばれている。シュナイダーら（Schneider et al., 1985）が指摘するように、「復唱は生徒の既存の知識を確かめることはあっても、教えることではない」（p.113）。復唱指導は、シュナイダーらが「低レベルの事実や考え、文字通りの詳細、すでに知られていること」（p.113）と呼ぶものに主眼を置いている。

復唱モデルとは対照的に、ガリモアとサープ（Gallimore & Tharp, 1983）は、応答的指導と呼ばれるものを記述している。この指導において教師は、ヴィゴツキー（Vygotsky, 1978）の発達の最近接領域、つまり生徒が達成する可能性のある潜在的な理解力のレベルの上限に到達できるよう支援する。状況に応じた質問（評価の質問ではなく）をすることで、教師は、生徒が思考することや考えを表現することを支援するような調整をし、生徒が今いる場所を超えて次のより高いレベルの機能へと伸びていくようにする。このような実践は、復唱による指導よりも対話に近くなる。

このような教室での会話の構造は、表1に示すように、片方に一方通行の講義、もう片方に日常的

表１　教室の会話構造の多様性

コミュニケーション構造	モノローグ	復唱指導	応答的指導	対話
例	説教	ほとんどのアメリカの教室		大人－大人の会話
		医師／患者の面談		大人－子どもの会話
		法廷での証言		子ども－子どもの会話
コミュニケーション様式	一方通行	一方通行	双方向	双方向

な対話という一種の連続体として捉えることができる。

応答的指導モデルを提唱する人びとは、特にハワイのカメハメハ早期教育プロジェクト（Gallimore & Tharp, 1983）で用いられているこのモデルが、学校以外の事実上ほぼすべての生活の文脈における学習に最も効果的に使用される言語のタイプに近いと考えている。彼らの立場は、医師と患者の相互作用など、他のコミュニケーション事象の研究からも支持されている。そのような相互作用においては、医師が厳密な質問と回答を求める復唱モデルではなく、対話として問診を行った場合、より正確で完全な情報を患者から引き出すことを医学の歴史が示している（Shuy, 1979）。自動車のセールスマンでさえ、標準的な売り込みの手順に移行する前に、顧客に自分の好みや資金を表明してもらう必要があることを理解している。

学校に行く前の事実上すべての学習、そして学校を卒業した後の多くの学習が対話的な相互作用によって非常に効率的に達成されている世の中で、教育が復唱指導を支配的な実践として展開してきたのはどうしてかと問いたい。驚くことではないが、これに対する答えは、学習や指導とはほとんど関係なく、経済的な利害から生じている。一つの教室にいる30人以上の生徒に向き合っている教師は、一人の生徒と発達段階に応じた生産的な方法で対話を効果的に行うことは困難であることに気づく。同じ教師が、静けさという伝統的な価値からくるもう一つの不利な条件に直面する。生徒同士の対話が奨励されるようになれば、教室の騒音レベルは許容できない程になるというのは、教室でのおしゃべりに対する、もはや十分に発達した先入観になっている。実際、「おしゃべりはダメ」というのは、ほとんどの教師が頻繁に繰り返す警告である。

教室での発達段階に応じた生産的な対話を妨げるもう一つの伝統的な価値は、民主主義的な原理である。つまり、一人の生徒が牛耳ってはならず、一人一人の生徒が順番に発言するというものである。これはいくら民主的であっても、生徒が個々に持つ潜在的な理解のレベルを伸ばす支援にはつながらない。30人の生徒がいる教室でのそのような成長は、せいぜい他者の経験の代行的で推測的なものでしかない。

ベネット氏がワシントンDCのバンネカー高校の彼のクラスで教えた際に利用できた潜在的なコミュニケーション構造の枠組みは、彼の教室での相互作用について会話分析を行う上で必要な出発点となる。最初のステップは、指導の全体的な構造を把握することである。彼の場合、それは伝統的な復唱指導モデルである。彼の指導がこのモデルであることを、以下の会話分析ツールを使用して実証しよう。

場

質問順序分析

話題分析
応答分析
評価分析

ここで分析する、ビデオ撮影された教室の出来事を、教育事象と見なすことは、ベネット教育長官にはおそらく公平ではないだろう。テレビメディアの存在、教育長官はその分野の第一人者と考えられるべきこと、そしてこの取り組みの広報的意図からすれば、それだけで教育イベントとしては失格であり、広報イベントとラベル付けするのに十分だろう。

しかし、メディアはそれを教育の場と見なしており、ベネット氏は自らを教師と称し、指導が行われているとされる現実の教室を舞台にしているので、その目的は他の教育イベントと何ら変わらないものであるかのように分析されるだろう。ここでは、教室でビデオに収められた出来事が、ベネット氏が正規の一年中いる教師であったとしたら行うだろうことの見本と見なされるだろう。実際、彼はビデオ撮影されることを望んでおり、そのような想定を黙認している。事実上、「私は教師だ。私は撮影されるのに十分値する。実際、今日ここでの私の授業は、他の先生方のお手本になるだろう」と述べている。

ベネット氏の教え方には、良い点や効果的な点がたくさんある。彼は親しみやすさとユーモアをもって教えている。彼はほとんどの場合、生徒を積極的に評価し、生徒が自分の答えをもう少し先に進められるように促す。彼は頻繁に（6回）要約し、つまりそれまでに生徒たちがどこまで到達したかのロードマップを提供し、『ザ・フェデラリスト』第10編を現在のアメリカの生活に関連づけることを試みて、ある程度成功を収めている。彼は授業を完全に制御しており、時折見せる管理的な発言からは、彼が明確な道筋を描いており、逸脱を許さないことがよく分かる。彼は議論に他の生徒を巻き込む必要性について頻繁にコメントをし、手を挙げることや、交替しながら発言することの必要性を力説する。

実際に彼は、彼の主題に関して生徒にさせたいと思っていることをさせることにかなり成功しているのは明らかである。問うべき重要な問題は、生徒が現在の理解度を超えて、授業が始まる前に到達していたレベルよりも高いレベルにまで伸びたかどうかである。

質問順序分析

エスノグラファーとして、私がこの事例について最初に問うた問題は、「ここで何が起こっているのか」ということである。その答えは単純に思えるかもしれないが、多くの複雑な言説の特徴が含まれている。ベネット氏は、マディソンの『ザ・フェデラリスト』第10編の授業を通して、高校生のクラスを率いている。おそらく、生徒たちは宿題としてそれを課され、それについて議論する準備をして授業に臨むことになっていたのだろう。また、ベネット氏は、きわめて知的な生徒のクラスにとって適度に意欲をかきたてる課題を考えたことも明らかである。この理由によって、このクラスに対する彼の指導は、単にテキストそのものの詳細を事実に基づいて思い起こすことよりも、原因と結果に関する高次の問題や、テキストを現在の生活状況に照らし合わせて推論することに焦点を当てていることが予想できるのである。
シュナイダーら（Schneider et al., 1985）は、カリフォルニア州の学校で、成績優秀な似たようなクラスに用いられる質問戦略を鮮やかに描写している。それだけでなく、そのクラスにおける質問方法を、同じ学校の同じ日における同じ主題、すなわちアメリカ合衆国憲法と国旗敬礼に関する訴訟との関係について、他の低成績のクラスと対照している。高成績のクラスに対しては、教師の質問パターンはオープンエンドなものから「wh-」の質問へと移行し、生徒が単なる事実の想起から、原因と結果についての一般化、あるいはその主題と、個人的なことであるか否かにかかわらず、現在の状況との関係についての推論に移行できるような指導的な援助を提供しようとしていた。

　低成績のクラスでは、教師は同じような大まかな質問戦略、つまりオープンエンドの質問から始めたが、高成績のクラスで達成したような素早い一般化と推論は達成しなかった。ここでの質問のパターンは上のようになる。

教師の質問		*生徒の反応*
オープンエンド	→	失敗
↓		
「Wh-」	→	失敗もしくは部分的
↓		
「はい／いいえ」	→	成功
↓		
「Wh-」	→	成功

　二つのクラスの最終結果はほぼ同じであったが、大きな違いは、そこに到達するために教師が用いた質問のパターンであった。どちらのクラスにも同じ発達の最近接領域があったが、一方のクラスは最小限の援助でそれを達成し、他方のクラスは教師によって慎重に選択されたタイミングの良い質問によってのみ到達できた。

表2　回答の出所による質問の種類

回答の出所	質問の種類	
生徒が生成した回答	オープンエンド	0
	「wh-」「なぜ」	14
教師が生成した回答	事実に関する「wh-」	49
	「はい／いいえ」	29
	付加疑問文	7
合計		99

ベネット氏の指導を分析する上で私たちにとって重要な関心事は、シュナイダーら（Schneider et al., 1985）が強調した問題、すなわち、成績優秀なクラスがすぐに適切な一般化と推論を達成した後、教師は何をすべきかがよく分からなかったということである。つまり、**彼らの次の発達レベルは何なのか**。効果的な指導を通して、次はどこへつれていくべきなのか。「復唱指導」と「応答的指導」を比較してみると、対話に近く、自己生成的な仕方で生徒をより高いレベルの発達に導ける応答的指導においては、望ましい一般化や推論を達成することは容易であるが、このレベルを超えることははるかに困難であることは明らかである。それは主として、教師がどこへ向かうべきか、次の発達の最近接領域が本当は何なのかを知らないためである。

バンネカー高校の授業でのベネット氏の質問戦略は、この点で参考になる。表2に分解して示したように、ベネット氏は修辞的な質問を除いて合計99の質問をしている。

教室での教師の質問に関する先行研究では、「はい／いいえ」質問の2倍以上の「wh-」質問をする教師は、「はい／いいえ」質問や付加疑問文にもっぱら頼る教師よりもかなり効果的であったことが示されている（Shuy, in press）。6つの教室で114人の小学生を対象としたこの研究では、検討された12回の授業で「なぜ」質問はあったとしても少数しか問われなかった。オープンエンドの質問は見出されなかった。

高校のクラスを教えているベネット氏は、より多くの「なぜ」や他の「wh-」質問をすることを予想できた。彼の質問の3分の2が高次の質問であったように、彼は実際そうしていた。さらに、彼の問答の順序は、まず生徒に（彼の「wh-」質問から）自己生成する機会を与え、次に、事実に関する「wh-」質問（「どこで」「何を」「いつ」などのような）で生徒の答えを精査し、特定するという適切なものであった。それでもベネット氏が望む具体性が引き出せない場合は、「はい／いいえ」質問をし、すぐに質問のスケールを上げて再び「wh-」質問に戻した。指導の復唱モデルにおいて、ベネットの質問戦略は、他の教室の教師が見習うべき優れたモデルである。それは上のように図式化できる。

「なぜ」	
↓	↑
事実に関する「wh-」	（もし成功した場合）
↓	↑
「はい／いいえ」	（もし成功した場合）

つまり、ベネットは、生徒が一般化したり、適切な関係性を推論したり、原因と結果に関する独自の理論を展開したりできるような高次の質問から始めた。生徒がこれに失敗した場合、ベネットは、一般化、推論、または因果関係の基礎となりうる、想起させる質問（通常は「何を」、「どこで」、「誰が」による）をすることで生徒をサポートした。これでもまだ望ましい応答が得られない場合、ベネットは、「はい／いいえ」質問に移るが、それは、それ自体が目的なのではなく、また生徒の知識や記憶力を試すものとしてでもなく、質問の階段を上がって究極の「なぜ」質問へと再び戻る基盤となる呼び水としての質問である。

そうすると、「なぜ」質問を考え抜くために必要な特定の知識がより十分に強化され、生徒は効果的な質問の順序によって、むしろ直接的にサポートされた。

この授業で真のオープンエンドの質問がなかったのは、カメラの前で実践することによる時間的なプレッシャーがあったからかもしれない。ベネットはかなりよく授業の時間配分をしていたし、その後に行われると彼が知っていた公開審査のために、焦点を広げすぎることはできなかった。ベネットは、オープンエンドの「君たちが知っていることを何でも話してください」というタイプの質問ではなく、14の「なぜ」質問を高次の課題としてうまく配置することにしたのである。

これらの「なぜ」質問の配置に注目すると、この授業の異なる構造が観察できる。この授業の完全な書き起こしは、タイプライターで27ページに及ぶ。授業全体を9ページずつ3つに分割すると、「なぜ」質問が最初の3分の1に7つ、二番目の3分の1に1つ、そして授業の最後の3分の1に6つあることが分かる。この「なぜ」質問の分割と相関しているのが、表3に示した男子生徒と女子生徒の回答の分布である。

つまり、男子生徒が質問に答えている間、ベネットは最も多くの「なぜ」質問をしていた。別の言い方をすれば、ベネットの「なぜ」質問のピーク時に男子生徒は女子生徒よりもはるかに多くの回答をしていた。この男女差については、さらに検討する。

22人の生徒がベネットの質問に答えた――男子10人、女子12人であった。男子は51回の発話で634語を話し、一回あたり平均語数は12・4語であった。女子は39回で419語、一回あたりの平均語数は10・7語であった。ベネットは、質問に対する男子の回答の19％、女子の回答の27％で、口を

表3　すべての質問に対する男女生徒の回答の分布と、授業の段階別の「なぜ」質問の分布比較

書き起こしのページ	男子の回答数（N=10名）	女子の回答数（N=12名）	「なぜ」の質問数
1-9	22	9	7
10-18	2	30	1
19-27	27	0	6
合計	51	39	14

挟んだ。男子は一人あたり平均5・1回の発話をしていたのに対し、女子は一人あたり平均3・35回だけだった。これらの事実は、高校の教室での女子生徒の相互作用について、さらに研究が必要であることを示唆している。

ここに示されたデータは、この授業中の女子生徒について、男子生徒と比べて次のようなことを示唆しているだろう。

1　授業開始時の参加意欲が低い。
2　授業終了時の参加意欲が低い。
3　授業中盤の参加意欲が最も高い。
4　一般化、推論、または因果関係を含む「なぜ」質問に答える意欲が低い。
5　口を挟まれやすい。
6　発言一回あたりの単語数が少ない。
7　発話する回数が少ない。
8　「なぜ」「どのように」よりも、「どこで」「何を」といった事実を含む「はい／いいえ」質問や「wh-」質問に対し、より積極的に回答する。

9　ベネットの質問時間として意図された時間に、より積極的に質問する。
10　生徒の質問時間として意図された時間帯に質問する意欲が低い。
11　一般化、因果関係、推論関係に関する回答が少ない。

質問の順序という点に関しては、ベネットは、応答的指導モデルではなく、伝統的な復唱指導モデルに従っていた。つまり、ベネットは質問を制御し、次に見るように、提起される主題を制御していた。しかし、ベネットは復唱指導モデルを可能な限り活用していたことを指摘しておかなければならない。ここで行われた質問の配列分析は、ジェンダーに基づく生徒の反応に関する研究の道筋も示唆している。ベネットが割り当てる発話の交替か、答えるべき質問についての生徒自身の自然な選択のどちらが、ここで指摘されている高次の質問への応答における明らかな違いの原因であるかを判断することは困難である。しかし、そうした知見は、教室における教師と生徒の相互作用に関するさらなる分析を指向するものである。

話題分析

ここで私たちは、復唱指導モデルの中で、生徒が発達の最近接領域の上限に到達するように支援することが可能かどうかに目を転じる。シュナイダーら（Schneider et al. 1985）は、これは、非常にうまくいかない課題であることを明らかにした。彼らは、より上位のクラスでは、適切な一般化、関係性、推論がすぐに達成され、復唱モデルの中で達成すべきことは他にはほとんどないことを見出した。彼らはさらに、応答的指導モデルがより適切である可能性を示唆している。

応答的指導モデルが何をもたらすかを判断する一つの方法は、教師と生徒の双方が提起する話題の中にある。人が会話の中で提起する話題は、その人の問題意識や関心事を知る手がかりになる。それらは彼らが実際に何に興味があるのかを教えてくれる。話題分析は、事象の中で提起され、繰り返されたすべての話題を単に記録する。繰り返された話題は、実際、単独で提起された話題よりも強力な関心事であることを示唆する。この授業で、ベネットは八つの話題を提起し、そのうちの一つを繰り返して合計九つの話題を提起した。生徒が提起したのは三つの話題で、すべて質問であった。一つの質問は、ベネットの一連の話題の途中で提起された。残りの二つの質問は、指定された質問時間に提起された。ベネットの話題は以下の通りであった。

話題	書き起こしのページ	
1	1	なぜ『ザ・フェデラリスト』第10編を読むのか。
2	3	なぜ今、それが重要なのか。
3	4	派閥問題を私たちはどのように解決するか。
4	7	人間の本性は悪である。
5	10	政府は私たちの権利を守っている。

6	11	（話題4の繰り返し）人間の本性は悪である。
7	15	私たちはどうすれば情念を制御できるのか。
8	20	代議制政府が答えである。
9	23	代議制政府でさえ問題を抱えている。

生徒から問われた質問からは、次の三つのトピックを提示できる。

話題	書き起こしのページ	
1	15 F 9	もし大多数の人が、本当に人種が重要な問題だと信じているとしたらどうなるか。
2	25 M 2	紙幣は重要な問題であり、連邦全体に影響を及ぼすのか。
3	26 M 10	『ザ・フェデラリスト』第10編はなぜニューヨークの人びとだけに向けて書かれたのか。

ある話し手の話題は、会話におけるその人の問題意識を非常に強く反映する。しかし、教室では、発言の際のルールの積み重ねによって、生徒が実際に何に関心があるのかがわかりにくくなっている。生徒たちが本当の声を発してよいという事象の構造がなければ、彼らはそれを発しない。ベネットの場合は、授業の最後の短い質問時間に、生徒たちが自分自身の関心ある話題を挙げることを許可した。

しかし、この質問時間でさえも、ほとんどの授業がそうであるように、非常に儀式的なものであった。主たる議論のための話題は、権力者である教師が非常に重要なものと宣言したものであった。文脈から、また生徒の話題にベネットが場を開く方法から、そうした話題は彼自身の話題に直接関連していることが期待されていたのは明らかである。

しかし、指定された質問時間とはまったく対照的に、その授業でベネットが指定した話題の途中で生徒F9によって提起された質問が一つだけあった。それは、多くの黒人が抱いている恐怖に関わるものであった。すなわち、人種は深刻な問題であり、些末でも取るに足らないものでもないにもかかわらず、多数派はそれを「相対的に重要な区別として押しやり」、人種問題を少数派の黒人にとっての深刻で憎むべき問題に変えてしまうのではないかという恐怖である。ベネットのF9に対する対応は人種差別主義だと非難されるべきではない。というのもベネットは、人種は重要な問題であると指摘していたからである。とはいえ、F9の関心あるいは課題は人種関係と憲法上の問題の領域にあることは明らかである。ワシントンDCにある全生徒が黒人のクラスであれば、これは他の生徒たちの関心事にもなっただろう。

一方、ベネットの話題は、アメリカ史を超えたものについてであることが分かる。彼が繰り返している話題、この場合、人間の本性は悪であるという話題は、授業時間のほぼ4分の1を占めていた。ベネットは、本質的な問題は、すべての人類の邪悪な本性にあると何度も繰り返し述べていた。

ベネットの指導は、復唱指導のスタイルをとっていたことをもう一度強調しておかなければならない。彼は、自分の話題について生徒たちにやってほしいと望んだことをさせるよう統御するのにかなり成功していた。シュナイダーら（Schneider et al., 1985）の上位クラスと同様に、ベネットが教えた生徒は、彼の話題について、一般化、因果関係、関係的思考に迅速に移行した。しかし、応答的指導は、より対話に近く、通常の会話に近いものである。応答的指導では、対話と同様、生徒が自分たちの話題を提起し、教師は生徒たちが一般化し、因果関係を判断し、自分たち自身の話題、関心事、課題について推論を行うように導くことができる。しかし、これはまず生徒に自分自身の話題を打ち出すことを認めることなくしては為しえない。こうしたことが生じることが許されれば、生徒の自己生成的で重要な問題への応答を通して、教師は応答しつつ教えるという仕方でそこに加わるのである。

ここで分析している復唱指導においてさえ、応答的指導の基盤になると思われる生徒の話題が存在しており、ベネットが一貫して応答的様式で教えることを選択していたとしたら、どれだけ生徒自身の話題が出されたかについてのヒントが、わずかではあるが示唆されている。

応答分析

応答分析は、この授業に適用可能なさらにもう一つの会話分析の手順である。この授業では、生徒はベネットの質問に答え、ベネットは生徒の解答を評価し応答していた。

ベネットの14件の高次の「なぜ」質問に対する生徒の回答は27件あった。そのうち21件は男子によってであり、女子によるものは6件のみであった。これらの回答は以下のようなタイプのものであった。

表４　授業の段階別にみた、「なぜ」質問に対する男女の解答の分布

文字起こしのページ	男子生徒の「なぜ」の質問への解答者数	女子生徒の「なぜ」の質問への解答者数	「なぜ」質問の数
1-9	11	1	7
10-18	2	5	1
19-27	8	0	6
合計	21	6	14

表５　個々の生徒の「なぜ」質問に対する解答の分布（n=8名）

学生コード番号	M1	M2	M7	F1	M3	F7	F9	F10	Total
「なぜ」質問への回答数	10	5	4	3	2	1	1	1	27

注：Mは男子、Fは女子を表す。

Yの理由によってXが起こる
Xゆえに Yになる
XであるゆえにYが導かれる

表４には、前述した授業を三等分した部分ごとに発言された「なぜ」質問に対する応答の分布を示している。

ベネットの全部で99の質問に応答した22人の生徒のうち、このような高次の質問に応答したのは、表５に示すように、男子４人と女子４人の合計８人だけであった。

注目すべきは、この応答の半数以上は、２名の男子のものであったことである。もちろん、ここでの研究課題は、クラス全体に対して実際に何割の生徒が高次レベルの問題に熱心に取り組んでいるかということである。また、この授業映像を見た教師そして／もしくは視聴者がこのような高難度の問題への取り組みにつ

いて、どのように認識しているかを比較することも興味深い。教師は良い答えを聞いたとき、そこに生じる不均衡を本当に**見取って**いるのだろうか、それとも他の生徒も同じ答えをする能力があると想定しているのだろうか。

この教室の応答分析は、質問に対する応答の男女差に関する研究領域が必要であることを示唆しているが、同時に、この教室の生徒は、授業の最初から最後まで、一般化、因果関係、推論を提示していたことも示している。このような効果的な応答を読み取った教師は、復唱指導のモデルでは、生徒の発達の上限まで生徒を導けないと考えるだろう。このような状況下で復唱指導を続けると、繰り返し復唱するだけで、何が可能かについて省察することにはつながらず、当たり前のことを何度も何度も繰り返すことになる。これは、少しでも良いとすれば、多ければなお良いという理論のようである。このような理論は、人生のほとんどの他の分野で意味を持たない。例えば料理では、少しの塩は良いが、大量の塩は悲惨である。

評価分析

また、ベネットの質問への生徒の解答に対する彼の評価的な反応も興味深い。ベネットはいつでも礼儀正しく、自分が望んだものとは違う答えであっても、敬意を持って生徒の答えを取り扱った。彼は生徒の解答に対して、基本的に四つのタイプの評価的応答をしていた。否定的、挑戦的、中立的、肯定的の四種類である。

表6　ベネット長官の評価の種類別・生徒の男女別の分布

生徒の性別	評価のタイプ（%）			
	肯定的	中立的	挑戦	否定的
男性	45	0	30	25
女性	50	30	0	20

ベネットの否定的な評価はすべて穏やかに、もしくは和らげられていた。例として、「それ以上のことがあるよね」、「うーん、私はそのように思わないんだけど」や、「それはもっとシンプルなのでは」などである。中立的な評価では、褒めることも非難することもなかった。たいていは、「分かった」や「了解」といった形で、フラットなイントネーションで語られた。ベネットの挑戦的な評価は、「民主党と共和党は派閥ですか」のような質問のイントネーションで生徒の言葉を繰り返し、答えの一部は正しいが全部ではないことを示したり、別の方法で答えを言うように生徒に求めたりしていた。ベネットの肯定的な評価は、「その通り」や「とてもいいね」といった形をとった。ある生徒は、特に納得のいく推論的な答えを出し、それに対してベネットは次のように言った。「そうだね。凄いな。その通り。これ以上はないね。これ以上ない。その通り。それが正解だ。」

しかし、ここでも再び、ベネットの評価をタイプ別、生徒の性別で分けてみると、最も有益な結果が得られる。ベネットは、生徒の解答の半分以上を肯定的に評価していなかった。表6は、彼が行った評価をパーセンテージで示している。

ここで気になるのは、もちろん彼の中立的評価と挑戦的評価である。彼は男子生徒にのみ挑戦的評価を与え、女子生徒にのみ中立的な評価を与えた。繰り返しになるが、この単一の教室からのデータは限られているが、教室評価に関する興味深いさらなる分析を示唆している。教師は女子よりも男子に挑戦するのか。男性の教師は男子に挑戦し、女性の教師は女子に挑戦するのか。会話分析の観点から見ると、挑戦的評価は議論を促し、より対話に近いように見えるという点で、応答的指導に近づくのだろうか。教師はもっと挑戦的評価を行い、肯定的、否定的、中立的評価を少なくするべきか。

応答的指導モデルがどのように見えるか

前述したように、ガリモアとサープ（Gallimore & Tharp, 1983）とシュナイダーら（Schneider et al., 1985）は、教師が望む一般化、推論的関係、または因果関係の理解に迅速に進む生徒をどのように伸ばすかについて、彼ら自身のフラストレーションを提起した。これらの研究者は、このフラストレーションに対する答えは、復唱指導モデルから応答的指導モデルへの移行にあると指摘している。また、先述の通り、応答的指導モデルは会話形式の対話に近いものであり、双方が話題を提起し、授業の方向性を変容させ、自分たちの生活に関連づけていく双方向のコミュニケーション様式である。

ここで分析した授業は、非常に優れた復唱指導モデルではあるが、それはまた復唱指導モデル以上のものではない。このモデルは、おそらく、あまり知的ではなく、やる気がなく、準備のできていない生徒のグループであれば、もっとうまくいっただろう。しかし、この授業の最初から、生徒たちは望ましい事実に基づいた答えをしただけでなく、因果関係を見抜き、適切に推論し、過去から現在までを一般化する能力を持っている明白な証拠を示していたことは明らかである。このような反応は、「というのも」、「XならばYになる」、「XであるゆえにYが導かれる」のような構文を使っていることからもよく分かる。生徒がこれだけ頻繁に、そして十分にこれができた主な理由は、ベネットがこのような答えを可能にする「なぜ」質問をしたことにある。

ベネットが応答的モデルで教えることを試みていたら、先に述べた人種関係の場合のように、生徒からの質問をもっと十分に扱うことになっていただろう。指定された質問時間の最後だけではなく、授業中に生徒からの質問やコメント、意見があっただろう。発言の順番のルールはそれほど厳格ではなかっただろう。生徒の議題や話題を議論の場に出すよう意識的に努力しただろう。

応答型の指導はすべてのクラスで効果があるわけではないかもしれないが、ガリモアとサープ(Gallimore & Tharp, 1983)とシュナイダーら(Schneider et al., 1985)、そしてバンネカー校の教室分析が示すように、このようにかなり洗練されたクラスでは、より適切だったかもしれない。

しかし、より深く、おそらくより深刻で理論的な疑問が未解決のままである。高次の質問は、単なる事実の再現や記憶を重視した質問よりも何らかの形で優れていると想定されている。これは自明で真実のように思えるが、それを裏づける研究的根拠はあるだろうか。高次の質問が用いられたときに、生徒が発達の最近接領域の次のレベルにまで伸びることを私たちはどのようにして知ることができるのだろうか。この問いに対する答えは、このような応答的な指導が実際に行われている授業をエスノグラフィー的に、また言語学的に研究してみないと、おそらく分からないだろう。今のところ、入手可能なこのような研究はほとんどないようだ。

参考文献

Gallimore, R., & Tharp, R. G. (1983). *The regulatory effect of teacher questions: a microanalysis of reading comprehension lessons* (Report No.109). Honolulu: Centre for the Development of Early Education, The Kamehameha Schools.

Hoetker, J., & Ahibrand, W. (1969). The persistence of recitation. *American Educational Research Journal, 6*, 145-167.

Irvine, J. (1974). Strategies of status manipulation in the Wolof greeting. In R. Bauman & J. Sherzer (Eds.), *Explorations in the ethnography of speaking* (pp. 167-191). Cambridge: Cambridge University Press.

Mehan, H. (1979). *Learning lessons*. Cambridge: Cambridge University Press.

Schneider, P., Hyland, J., & Gallimore, R. (1985). The zone of proximal development in eighth grade social studies. *Quarterly Newsletter of the Laboratory of Comparative Human Cognition, 7*, 113-119.

Shuy, R. (1979). *Language policy in medicine. Language in Public Life*. Washington, D.C.: Georgetown University Press.

Shuy, R. (in press). Question asking strategies in the classroom. In J. Green, J. Harker, & C. Wallat (Eds.), *Multiple Analysis of Classroom Discourse Processes*. Norwood, NJ: Ablex.

Sinclair, J., & Coulthard, R. (1975). *Towards an analysis of discourse*. New York: Oxford University Press.

Stubbs, M. (1976). *Language, schools and classrooms*. London: Methuen.

Vygotsky, L. S. (1978). *Mind in society*. Cambridge, MA: Harvard University Press.

(Shuy, 1986)

以上のエッセイは、一人の教師が初対面の生徒たちに一回だけの授業を行った活動に焦点を当てたものである。これらのエッセイ――一つは教育批評、もう一つは言語分析――は、45分のビデオテープから作成された。前述したように、これらのエッセイが作成された状況は非典型的なものである。これらのエッセイは、授業分析への異なるアプローチが何を明らかにするかの感触を示すために本章に掲載したが、エッセイが書かれた状況や、どういう場に向けて準備されたか――AERA年次総会での発表――という点で、通常の教育批評が行われる状況を再現しているものではない。以下は一般的な状況を示す例である。

ここで紹介するのは、ジェームズ・クンツ・S・Jの研究である。この研究は、スタンフォード大学の博士論文（Kuntz, 1986）の一部を構成しており、私の指導のもとで執筆された。彼の許可を得てここに一部を掲載している。クンツの目的は、イエズス会教育の中心的な価値である社会正義に関連する価値観がどのように伝達されているかを描写し、解釈し、評価することであった。彼は、カリフォルニア州のベイエリアにあるイエズス会の高校の二つの教室を、それぞれ約3ヶ月間調査した。私は彼の483ページに及ぶ学位論文から23ページのテキストを抜粋し、それに続いて彼の教育批評についての私の分析を行った。彼の文章の各段落に番号を付して、私のコメントではその番号で段落を参照する。すべての段落についてコメントされているわけではない。

外の世界／学校世界
セント・ジェームズ —— 伝統と歴史

ジェームズ・クンツ

1　ベルヒマンズ・ホール［クンツが研究した二つの高校のうちの一つ］の設立から数年後、イエズス会の神父たちは、マウント・ハーモンで小さな教育的伝道を開始する。セント・ジェームズ校の初期のイエズス会士の言葉を借りれば、「砂丘に囲まれた穴の中に」設置されていたにもかかわらず、この中等学校は、多くの信者に奉仕するために設立されたイエズス会のより大きな機関の小さな一部として、その初期の時代を生き延びている。マウント・ハーモンは19世紀に繁栄し、その都市環境の中で、セント・ジェームズ校はそれに応じて成長する。

2　他のイエズス会の教育機関からの明確な分離により、セント・ジェームズ校はその歴史において新たな局面を迎える。世界恐慌でも第二次世界大戦でも学校の存続が深刻な打撃を受けることはなく、地元のカトリックのコミュニティは学校の維持管理やキャンパスのための新しい施設の建設に惜しみない貢献をしている。

3　他の点では、セント・ジェームズ校の発展はベルヒマンズ校の発展を反映している。イエズス会士とその信徒たちは、移民やマウント・ハーモンのその他のカトリック教徒が、教区の学校教育が提供する安心感と共同体感覚を望んでいることを実感する。１９６０年代から１９７０年代にかけて、これらのカトリック教徒の期待は、信仰心の育成や良好な学力だけでなく、最高水準の大学への進学も含むようなものへと変化、より正確には拡張する。セント・ジェームズ校の教育者たちは、ベルヒマンズ校の教育者たちと同様、両義的な目標に直面する――つまり、学問的に優れているという望ましい妥当な目標が、宗教的価値、特にキリスト教教育における社会的正義の要求に関わる価値観の伝達を妨げることになるのかということである。

セント・ジェームズ

4　家屋はどれも同じである。違う色をまとっていることもある。窓の形、ガレージの位置で、ある家を隣の家と区別できることもある。しかし、圧倒的な印象は同じということである。開発者は土地の区画を見て、多様性を犠牲にして利益を最大化する構造を設計した。セント・ジェームズ界隈は、列に列を重ね、街の通りに街の通りを重ね、同質性の力によってその特徴を保持している。

5　一見すると、均一なものに囲まれたセント・ジェームズ高校は、対照的な面持ちをしている。建物は近隣を見下ろし、その形状からは、周囲の郊外住宅とはまったく異なる目的が感じられる。教室、運動場、生徒用の駐車場など――すべてが、キャンパスを通り過ぎる近くの高速道路の運転者に「学校」というシグナルを送っている。

6　朝の登校時間と午後の下校時間が、これらの第一印象を強化している。学校の周りには突如として生徒の大群が現れる。年長の男子生徒の中には自家用車でセント・ジェームズ校に来る生徒もいる。多くは、バスやその他の公共交通機関を利用して通学し、少数だが徒歩で通学している生徒もいる。生徒は一般的に中流階級の出身で、85％がカトリックの洗礼を受けている。学期中に上着とネクタイを着用することも稀にあるが、それ以外はベルヒマンズ校と同様に制服や厳格な服装規定は過去のものとなっている。

7　一日の大半、生徒たちは教室や指定された場所に留まり、そうなると学校は、より細かい点で周囲を取り囲む家々に似てくる。外部からの訪問者が訪ねてくることはめったになく、学校の構造は、それらを囲む正方形のブロックに平行しているが、分離され孤立した自己閉鎖的な島のようである。というのも、周りの家と同じように、セント・ジェームズ校は個人住居であり、その玄関は単に教育的または教会的伝統だけではなく、分離と隔離を表示している。

8　セント・ジェームズ校は、新しいものの中にある最も有益なものを、すでに定義づけられた過去に融合させて、未来のビジョンを形作る願望を持っており、これは、近隣の人びとと共通している。保守主義、愛国心、忠誠心、伝統が、皮肉な余韻を残すことなくセント・ジェームズのホールに響き渡る。生徒たちはクラスからクラスへと兵士のように整列して廊下を移動する。無秩序な激しさは、統制された目標へと方向づけられている。外観もデザインも非常に美しいが、最近建てられた校舎の教室はきわめて伝統的なものである。すなわち四角いスペースによくある教師と生徒の机が置かれ、黒板と狭い窓に囲まれている。

9　昼食後毎日、ジム・リアードンの神学Ⅲコースを受講する34人の生徒たちは、そのような隔離された感覚を持っていた。彼らは、セント・ジェームズ校を、学業面だけでなく、カトリックのマウント・ハーモンの伝統との関連でも、地元の公立学校や他のカトリック学校よりも優れていると評価していた。２０９教室は、セント・ジェームズ校の他のどの教室とも、また以前のセント・ジェームズ校の建物にあった教室とさえも大きく異なるものではなく、男子生徒は一部の重要な例外を除いて、白人の中産階級のカトリック教徒であり、数十年にわたってセント・ジェームズ校に生徒を送り出してきた伝統的なヨーロッパ諸国出身の人びとであった。伝統を体現するもの ―― セント・ジェームズ校でそれに含まれるのは、文学や演劇の発表、過去と現在のスポーツの功績、学業の成功、政界、宗教界、経済界での同窓生の活躍などである ―― は何であれ、学校のコミュニティにとって非常に重要な意味を持つとされていた。

10　現代的な美しい衣服を身にまとっていても、セント・ジェームズ校では、教職員だけではなく、生徒の心にも伝統が大きな影響を与え続けていた。そのような環境の中で、ジム・リアードンは「神学Ⅲ／道徳的意思決定」を教える上でかなりの難題に直面していた。生徒はほとんど常に、伝統的な教会の教えに基づいて形成された背景を持っているだけでなく、それらの教義が馴染み深い方法で教えられることを期待しているようであった。社会正義や伝統的な教会の教えだけでなく、道徳的な問題にアプローチするための適切な方法にも関心を持って、ジム・リアードンは二つの課題に取り組んでいた。つまり彼のコースの教材を教えることと、生徒の心と精神に届くようにすることである。

２０９教室

11　２０９教室は中庭に面していたが、窓から外を眺める生徒はほとんどいなかった。生徒の机は正方形の部屋の4つの壁のうち3つに沿ってU字型に配置されており、1列か2列の机によって窓に容易に近寄れないようになっていた。窓に対面した部屋の前方から教室に入る。U字型の2本の列の間のまっすぐ前に教師の机がある。壁の右側に黒板パネルが吊り下げられ、常設のスクリーンがあり、左側の決められた場所に生徒が座っていた。小テストやテストのときには、教師はカンニングを防ぐために生徒に机を列状に並べ替えさせたが、成功するかどうかは微妙なところだった。教師は、評価の時期は、より厳しい措置を求めることを知らせた。しかし、生徒はどのみちカンニングをしていた。

12　四角い大きな照明器具が四つあり、教室に陽の光が差し込まない日には点灯された。部屋の奥には大きなオーバーヘッドプロジェクターがカートの上に置かれ、さまざまな教科書やその他の書籍が詰め込まれた大きな本棚の隣に置かれていた。淡い色の壁と緑のカーペットが、教室の規則正しい配置や構造的な雰囲気を和らげていた。

13　扉のすぐ左側の掲示板には、「平和を望むなら正義のために働け」と書かれたポスターが貼られていたが、私が観察していた数ヶ月間、生徒も教師もこのポスターについて言及することはなかった。教室の壁の残りのスペースには、新聞の切り抜きや記事が時折貼られていたが、装飾はほとんどなかった。カーペットが敷かれていることと、狭い窓から差し込む自然光のおかげで、その部屋は陰気な雰囲気を免れていた。

14　どのクラスを見学すべきかと話し合っていたとき、ジム・リアードンは昼食後すぐの時間帯が最も難しいとの意見を述べ、結局のところ、私が選んだのはそのクラスであった。確かに、ジムは時折生徒との問題に遭遇したが、ある生徒が率直に言ったように、少々狭い教室と真昼の暖かさがジムの困難を助長していた。

暑い教室でした。昼食後——睡眠時間です。

（トッド・ロンゴ、インタビュー、4月22日）

昼休みの運動も、この昼間の不振に拍車をかけた。生徒たちは火照って汗だくで、服が乱れた状態で授業に来ることが多かった。その結果、注意力が散漫になり、起きているのに苦労することになった。

15　授業の中断は、ベルヒマンズ校と同じように、セント・ジェームズ校での私の観察においても見られたが、セント・ジェームズ校では、より介入的で意図的なものであった。管理職は、少なくとも一日おきに、一定の規則正しさで5限目の間、たいていは規律的な理由で、拡声器を使用していた。例えば2月3日、ジム・リアードンはナチスの強制収容所とベトナムのマイライ虐殺の際のアメリカの行動を比較する議論を行っていた。彼がこれら二つの惨劇の比較と対照を注意深く詳述していたちょうどそのとき、拡声器から学校の規律官の声が聞こえてきた。

教師は、廊下にいる生徒に居残り票を渡してください。

（管理職、授業時間、2月3日）

教師はすぐに授業を中断して廊下に出て、廊下でうろついていた生徒を1人か2人捕まえることに成功した。廊下にいた生徒たちもそのアナウンスを聞いていて、踵を返したため、数人の生徒のみが放課後に学校の規律官のもとで居残り期間を過ごすことになった。しかし、ジム・リアードンは――「申しわけない、命令に従っただけです」と言って――中断した授業をつなげようとしたが、非常に些細な懲戒業務のために授業の勢いは失われてしまった。しかし、セント・ジェームズ校では、懲戒事項が些細であることはほとんどなく、学校当局が守ろうとする伝統の一つは、教師の快適さを犠牲にしてでも、あるいはこの場合のように教育的教授を犠牲にしてでも、秩序を守ることであった。

16　しかし、私がベルヒマンズ校とセント・ジェームズ校で観察した中で、最も衝撃的だった授業の中断は生徒たちによるものだった。さらに衝撃的だったのは、学校がこの中断について生徒の側に立ったのである。1月18日、ジム・リアードンは日誌の書き方と、生徒がどのようにそれを作成すべきかについて話し合うことから授業を始めていた。何の前触れもなく、ノックもせずに、ロゴ入りセーターを着た2人のセント・ジェームズ校のバスケットボール選手が教室に入ってきて、その週のバスケットボールのホームゲームのチケットを販売していると言い出した。途中で授業を中断された教師は、怒りではなく軽い譲歩の反応をした。

17　チケット販売の作業が始まると、教師は後ろに下がって興味を持って見ていた。生徒たちも、この中断を不愉快に思っていない。またこの機会を大きな時間の無駄づかいと捉えてもいなかった。その日のマウント・ハーモン新聞は、訪問者の1人を「正真正銘の高校アメリカ代表」と紹介していた。何人かの生徒は、彼の宣伝について軽くからかったが、彼のチームメイトが4、5人の生徒にチケットを売るとき、彼は不快そうにそれを受け入れた。生徒たちが販売を終えると、バスケットボールの2人の選手はリアードン先生に感謝の言葉を述べ、他の教室に移動するために部屋を出て行った。

先生は中断されていたところで授業を再開し、授業は日誌の考察に戻った。

18　私がこの出来事についてジム・リアードン先生に質問したところ、彼はセント・ジェームズ校の生徒、特に高学年の生徒に、教師への対応や授業の選択において、自分自身で自立した道を計画するように勧めようとしていると述べるところから、その答えを始めた。私は、このようなケースで授業を中断したことに驚いたと告白した。というのも、以前、リアードン先生が授業の始めに行う祈りの時間に、ある生徒がクラスに入ってこようとしたとき、その若者がチケットを販売する許可を与えなかったことがあったからである。この拒否が生徒を怒らせたということは、少なくともスポーツ分野では、管理職と教員は生徒にかなりの独立性を認めていたことを示唆している。ジム・リアードンが授業の中断は認めても礼拝の中断は認めなかったということは、彼が運動競技をセント・ジェームズ校の教育経験の構成要素の一部ではあっても、最優先事項ではないと考えていることを示している。実際、彼はホームでのバスケットボールの試合が予定されている日にはスクールカラーを身にまとっていた。

私は子どもたちの活動を応援していますが、必ずしもスポーツ競技だけではありません。午前8時から午後2時までの子どもたちは、ここで時間とお金を無駄にしています。

（ジム・リアードン、インタビュー、1月26日）

ジムの意見は、セント・ジェームズ校に学業以上のものを求めている生徒たちの心の琴線に触れた。

生徒たちは、学校には学業以上のものがあるというジムの意見に強く同意した。トッド・ロンゴは、生徒には自分が経験している多くの変化を振り返る時間が必要であり、学校は家庭ではできない方法でその機会を提供してくれると論じた。

いろいろな理由で退屈な授業もありますが、自分自身を知ることは難しいし、家よりも学校の方がその時間を確保できます。学校では不愉快な気分になることもありますし、ここの権威を腹立たしく思う人もいます。でも、君たちは成長しているし、ここでの時間を楽しむべきです。

（トッド・ロンゴ、インタビュー、4月22日）

19　懲戒の執行に関する拡声器のアナウンスやバスケットボールのチケットを販売する生徒による授業の中断、昼食直後に設定されるという好ましくない時間割で行われる、34人が受講するこの授業は、ジム・リアードンが道徳的意思決定コースで直面した課題を複雑にする要因を増やしていた……。カトリックの宗教カリキュラムの道徳的意思決定コースには、適切な道徳的意思決定の結果として生じる結論や内容だけでなく、そうした意思決定に寄与する道徳的論証もシラバスに含まれていた。生徒は一般的に伝統的なカトリックの出身であったため、上記のような外的要因はこのプロセスを複雑にした。学問を尊重している場合でさえ、規律や運動競技を重視するという潜在的なメッセージは、新しい考え方や、以前の教育が力点を置いていた道徳的な問いの強調に反する結論や道徳的なスタンスに対する生徒たちの抵抗感を強化するだけであった。ジム・リアードンの指導スタイルは、このような状況を前にしてさらに大きな意味を持つようになった。なぜなら、彼が道徳的意思決定の困難な道筋を説明したように、管理的慣行、生徒の抵抗、そして狭い伝統的な道徳の教えを克服しなければならなかったからである。

教師の世界

指導スタイル

20　ジェームズ・リアードンは、セント・ジェームズ校の教師と管理職が育成したいと考えていた生徒の典型であった。同校の卒業生である彼は、アメリカで最も権威のある大学の一つで神学修士号を取得した後、その教育の恩恵を生徒たちと分かちあうために母校に戻ってきた。30歳そこそこで結婚し、彼の妻は3人目の子どもを妊娠している。高校の教員になったからといって多額の報酬を得られるわけではないことは分かっていたが、彼は自分の職業に専念し、教えることから大きな満足感を得ていた。むしろ、教えることの喜びとその重要性への確信は、彼の金銭的な犠牲に勝るものだったのである。

21　リアードンが得た満足感の一部には、少なくとも最高の状態で機能しているときには、セント・ジェームズ校が例示していると彼が考えていたキリスト教共同体の見方が含まれていた。彼は18世紀のアメリカの会衆派の神学者ジョナサン・エドワーズと宗教的経験や知識の中心をなす彼の見方について言及し、セント・ジェームズ校で提供される最高の教育には学問や宗教的なことだけでなく、運動競技やその他の活動も含まれると考えていた。これらすべての要素がキリスト教共同体に貢献すると考えていた彼は、放課後のさまざまな活動や昼休みの学内コンテストやその他同様のイベントについて生徒をサポートしようとした。彼がそうした場にいることは、セント・ジェームズのコミュニティがどのように機能するべきかについての彼の信念に重みを加えていた。

子どもたちは、内容は決定的なものではなく、「先生が私の名前を知っていて、私が劇に出ていたことを知っている。先生は私に学校の時間外や学校以外の場所でも挨拶をしてくれる」と言います。教員の配慮と助力は重要です。

（ジム・リアードン、インタビュー、1月26日）

22　ジムは、セント・ジェームズ校で観察されるコミュニティの潜在的可能性と、数年前に勤務していた別のカトリック高校のそれとを対比した。私は、1月18日の授業中に起きたバスケットボールのチケット事件をもとに、セント・ジェームズ校における運動競技や活動の役割について彼に質問したことがあった。

（その出来事は）ここの運動部のスタイルを反映していますが、学校全体のスタイルではありません。私の前任校では、同僚、コーチ、一般の教職員が、全員、運動競技を最優先にしていました。セント・ジェームズ校の方がはるかに良い流れです。しかし、生徒の間では、運動選手でなければ評価されません。

（ジム・リアードン、インタビュー、1月26日）

この教師は、セント・ジェームズ校ではキリスト教共同体が繁栄できると信じていたが、他の価値観がその成長を妨げている可能性があること、そしてセント・ジェームズ校では、その教育機関と生徒間における運動への関心が、おそるべき競争をもたらしうるということを理解していた。

23　ジム・リアードンはまた、生徒の背景と生育歴とが道徳的な意思決定を学ぶ上での妨げになることもあると考えていた。彼は、生徒集団の構成について、彼がセント・ジェームズ校に通っていた頃のものと非常に似ていると考えていた。白人、西ヨーロッパ人、カトリックの男子生徒である。彼が観察した二つの変化、つまり、マウント・ハーモンの市外から通学する生徒が増えたこと、セント・ジェームズ校に息子を通わせるブルーカラーの親が少なくなったこと、この変化は、彼がこの学校の3年間に経験した抵抗をただ増大させた。

24　この教師は、生徒が自分自身の価値観を知ることの重要性と、道徳的な判断を下す過程における誠実さの重要性を強く信じていた。生徒が自分の周りの世界を見るときにこのプロセスを用いるよう促すことで、リアードンは、道徳原理について適切な学校教育があれば、生徒は道徳的に正しい判断を下せるようになると信じていた。しかし、生徒が最も強く持っている価値観の中には、道徳的な成長の妨げになるものもあった。この教師によると、セント・ジェームズ校の多くの生徒はアルコールを乱用し、女性に対して非常に強引な態度を示して、さらには自分とは異なる態度をとる生徒にはほとんど同情を示さず、ある生徒が他の生徒に付けた最大の蔑称は「ファグ」[*4]であった。

25　リアードンはまた、人種差別の問題に関して生徒の間に保守的な傾向があることを察していた。人種差別について議論しようとすると、逆差別は平等に非難されるべきだという生徒の反応が必ず返ってきたが、リアードンはこれを否定した。彼は、白人学生が差別に直面したことがあるかどうかを問い、人種差別は、個性的な服装をする生徒に対する反発や黒人、ヒスパニック、東洋人の生徒のための民族団体に対する反発の水面下に潜んでいると考えていた。

26　リアードンは、教えることは科学ではなく芸術だと考えており、生徒および自分の得意分野に対する熱意と指導技術との折衷的組み合わせが、生徒に対して最も役立つと考えていた。しかし、話題やアプローチの選択には生徒に創造的な余地を与える一方、彼の成績評価と評定の方法は、非常に構造化された要求を生徒に課していた。これらの要求には、四半期ごとに15回の日誌の記入、8回のタイプした宿題またはプロジェクトの選択、5回の小テスト、教室でのディスカッションへの積極的な参加などが含まれていた。教師は、宿題が遅れると生徒の成績から減点し、生徒にはきちんとした、文法的に正しい課題の提出を求めた。

27　教師の説明責任への欲求は、ほぼ毎日の生徒の評価にまで及んでいた。例えば2月9日には、教師は教材の一つの単元を終えた後、生徒たちに本と筆記具を取り出すように指示し、その間に、採点簿に、ノートを持っていない生徒の名前の横にメモしていた。彼は、そうした生徒たちにもっと熱心に授業の準備をするようにと厳しく指導した。この授業を終えた生徒たちはいくぶん眉をひそめていた。

28　2月16日、教師はノートを片手に机から机へと計画的に移動し、宿題を回収した。宿題を持ってきていない生徒に対しては、教師は単にこう言っただけだった。

今日家に帰る前に提出しておいた方がいいですよ。（ジム・リアードン、クラス、2月16日）

29　学問的な要求、教師が教科に置く重要性、教材の難易度、生徒のいくつかの態度の組み合わせは、生徒の反発を生み出し、それは時折規律違反につながった。生徒たちはいつもそういう対応をするわけではなかったが、結構な頻度で起こる生徒の不適切な行動は、教師が教えていることを拒否するために時にこのような方法が選択され、拒絶のきっかけが教師の指導スタイルであることを示していた。

30　十分興味深いことに、ジム・リアードンは、学校の規律問題は数的には少なくなっていると考えていた。というのも、教師たちは、この教育機関が維持している強い規律の姿勢という文脈において寛大であることができたからである。実際、彼は次のように述べている。

年度末に配っている評価では、私の規律方針が恣意的だと感じる生徒はほとんどいません。多くの生徒は、私の規律が緩すぎると考えています。（ジム・リアードン、インタビュー、4月22日）

しかし、私が授業を観察している間、教師は生徒の多くの欠点や規律違反を正したが、彼の要求に対する一部の生徒の反応は、控えめではあるものの、少なくとも数人の生徒は反抗的な態度を示していた。違反行為の中には、一般的な生徒の遊び心を示すものもあれば、教師への不満や生徒の抵抗をほのめかすものもあった。

31　二つの出来事が遊び半分の違反行為のタイプを例示している。それは、教師が気づいたとしても無視しがちなものであり、彼の権威に対する直接的な挑戦にはならないものである。1月13日、教師が道徳的行為を判断する規範となる理想的な人間の行動についての結論を話しているとき、廊下で6時間目の授業を待っていた生徒がマリファナを吸う人の真似をした。私の近くに座っていた数人の生徒は笑いをこらえていたが、自身の分析に没頭していた教師は、自分の講義に面白おかしく対抗するこの行為には気づかなかった。

32　3月1日、クラスの外にいた2人の生徒は、もう1人の生徒が自分のラクロスのスティックを取り戻そうとするのを邪魔していた。教師が教室内を動き回って、全体的にできの悪い成績について生徒に注意している間に、ついにそのうちの1人の男子生徒が、クラスの前のドアからスティックを投げ入れた。スティックの持ち主の少年は、遠慮がちに教室の中に入り、ラクロスのスティックを拾い上げ、廊下の友達のところに戻っていった。私たちは皆静かに安堵した。何よりも生徒のエネルギーの産物であるこのような行儀の悪い態度は、教師と生徒の間の緊張関係を特徴づける事件とは似て非なるものであった。

33　この種の出来事は、教師のフラストレーションからか、生徒の反発からか、どちらにしても、教師と生徒の関係が少なくとも部分的に壊れていることを示していた。時に、教師は規律違反に対応した。1月27日には、2人の生徒が授業開始時の礼拝中にお互いの邪魔をし、他の2人の生徒が数分遅れて授業に入ってきた。教師は明らかにイライラして、遅刻した2人に居残り票を書き出し、礼拝を妨害した2人の男子生徒には授業後に彼のところに来るよう命じた。

34　小テストの勉強をしない、課題図書を読まない、日誌のレポートを提出しない、ディスカッションに積極的に参加しないなど、生徒の学業上の欠点に教師が対応することもあった。2月24日までには、教師が前の週に読むよう伝えていた章を読まなかったことを理由に、教師は生徒を放課後に教室で行われる強制自習室に送ることを決定した。そして3月4日には、5分の間にリアードン先生は、授業を聞いていない1人に気づいて、その少年に授業後に彼のところに来るように言ったり、居残り票を持って入ってきて、教師の表情を見てすぐに席に戻った1人の生徒を睨みつけたり、また、廊下に1人の生徒を呼び出し、行儀が悪いとして居残りをさせたりした。

35　ジム・リアードンは、これらの出来事に関与した生徒たちに対して、個人に対しても、またクラス全体に対しても失望感を表明した。第三のタイプの対立は、より個人的な意味合いを持っていた。事件が起きたときに教師が生徒を正すと、その若者は怒ったように反応することがあった。教師の忍耐が限界に達すると彼もまた怒り出し、鋭い言葉がそれに続いた。例えば2月3日、教師が遅刻を理由に生徒に居残り票を渡したところ、その生徒は教師の手から居残り票を奪い取った。リアードン先生はその生徒に、その態度のためにもう一枚居残り票をもらうことになると言ったが、それはその若者の反抗心を煽るだけだった。彼は自分の席に戻り、授業中は腕組みをして座っていた。

36　生徒は通常、このような対立には穏やかに応じるが、稀に自制できない生徒もいた。2月18日、ある生徒がビールを宣伝するTシャツをこれ見よがしに着ていたために教師が事務室に行くよう命じた後、スウェットシャツを着て授業に戻ってきた。学校の服装規定では、どちらのタイプのシャツも禁止されていた。生徒が2回目に授業に戻ったとき、教師は別の教師と相談するために教室のドアの所に行った。教師の背後で、その生徒はクラス全体に見えるように卑猥なジェスチャーを行い、クラスが笑ったときに教師は振り向いたが、彼は何が起こったのかを見ていなかった。

37　3月4日の授業中、ジム・リアードンとある生徒が、同性愛者の教師が教えることを認めるべきかどうかを巡って激しい議論を交わした。その生徒が議論において道徳的な原則を用いていないことについて、何度か鋭い、そしてますますとげとげしい議論が交わされた後、その生徒が「私は…」と言って主張を始めたが、ジムはそれを遮り、「私は違うと思う」と言った。しばらくの沈黙の後、教師は別の生徒の質問を認めると、最初の生徒は小声でつぶやいた。「だから嫌な奴なんだよ、ジム。」

38　教師と生徒の相互作用において、このような白熱したやりとりはごく一部であり、多くのやりとりの特徴はもっと和やかなトーンであった。2月22日の授業開始時に、教師は彼自身がセント・ジェームズ校の生徒であったときの逸話をいくつか披露した際、学校の管理官が拡声器を使ってある生徒を自分のオフィスに呼び出した。クラスのメンバーの一人がジムに、昔その管理官の先生は厳しかったのかと尋ねたところ、彼は非常に厳しかったとジムは答えた。実際、その学校の生徒たちは、この人物が使っていた符号化されたフレーズのいくつかを理解していた。特に、アナウンスの最後に「…あなたの本を持ってきてください」という言葉が出てきたときには、管理官がその生徒の退学処分を決定したという合図だった。前の世代の生徒たちが直面していた過酷な状況を考えるうちに、クラスは沈黙を深め、ジムとそのクラスはセント・ジェームズ校に通うという共通の絆をリアルに分かちあった。その日の授業は非常に順調に進んだ。

39　ジムは教師としての自分の役割や生徒に対する権威を主張しなかった。実際、彼は自分自身を冗談の対象にして、授業の中で頻繁にユーモアを取り入れていた。2月24日、ジムは生徒がカンニングについて主張している論点を注意深く聞いていなかったために、間違って議論を要約してしまった。生徒がそれを嬉しそうに指摘すると、教師は、よく聞いていなかったという理由で自分の手首をひっぱたいた。これは彼が生徒たちに対して常に行っていた非難の仕方であった。そして、彼が他の教師から成績をもらってくるべきかどうかを生徒に尋ねると、クラスは熱狂的に笑い、生徒の中には、どの教師の成績をもらってくるべきか自分たちに相談するよう提案する者もいた。

40　教師の厳しく挑戦的なスタイルと、道徳的な問題に対する生徒の態度とが相まって、209教室は活発で、挑発的で、稀に敵対的な雰囲気を作り出していた。生徒たちは、授業で自分たちが不十分であることがわかったときのリアードン先生の苛立ちを責めることはなかったが、彼が重要だと考えている教材について、生徒たちに時折失望するリアードン先生に驚きを示した。

私たちは今日、十戒について話しました。私たちのクラスでは、それをかなりさっさとやっつけてしまい、少ししか掘り下げませんでした。・・他のクラスが十戒を理解するのに苦労しているという事実に、彼はかなり動揺していることが私たちには見て取れました。彼は私たちの行動に失望したんだと感じます。

（ラリー・タウトロ、日誌、3月1日）

教師の挑戦は、生徒たちの側に受け入れられたり、混乱を生じさせたり、時には怒らせたりすることもあったが、このコースや、個人的にジム・リアードンを嫌っていた生徒であっても、彼が立派な教師であることを認めていた。

私はリアードン先生のクラスが好きではないし、彼のことも好きではありません。…でも彼はすばらしい先生です。

（トッド・ブラットン、インタビュー、3月17日）

41　リアードン先生の教え方は生徒からさまざまな反応を引き出し、セント・ジェームズ校での3年間の指導経験で、その反応をうまく活かすための教授技術をいくらか身につけていた。生徒の競争心を利用し、説明責任と自分の行動に責任を持つことを強調することで、ジム・リアードンは、道徳的な意思決定の原則と、それを生活の中で活用するための責任を生徒に理解させることへと何とか彼らを導こうとしていた。

教授技術

42　リアードン先生は何度か他の教師のクラスと一緒に映画を見たり、映画について話し合ったりしていたが、授業の大半は209教室で34人の後輩を教えていた。時折、生徒たちが小グループに分かれてある問題について話し合い、大グループに報告することもあったが、通常の授業はおなじみのパターンが踏襲されていた。リアードン先生は、まず沈黙の時間で始め、生徒たちに自分自身のしたいことのために祈るよう求めた。この沈黙の時間は、たいてい家族の問題や病気、国の緊急事態や特定の産業での労働者の大量解雇のような問題、さらには世界平和や世界の飢餓の解消のようなより広い問題に対処する公的な請願を生徒に呼び起こした。

43　出席を取った後、教師はその日の話題の説明と、その問題の議論に関連する宿題、テキスト、資料を参照することから授業を始める。生徒に質問があるかどうかを尋ねた後、リアードン先生は通常、生徒用テキスト『決断（*Deciding*）』（Michele McCarty著）には載っていない背景資料と共に、問題の状況を簡単に要約したものを提示していた。しかし、彼の短い導入部は、一般的にリアードン先生のクラスの最も特徴的な指導スタイルに従っていた。つまり、ソクラテス的な方法の強調であり、それは教師がクラス全体や個々の生徒に、いくつかの機能を果たす、徹底的で強い質問を投げかけるのである。

44　第一に、ソクラテス方式では多くの生徒が議論に参加し、各生徒が授業の準備や広い意味でのあらゆる行動の責任を負うというリアードン先生の主張を裏づけていた。このように個人に質問することで、先に述べたような対立を引き起こすこともあった。

45　第二に、ジム・リアードンはその授業を教師中心一辺倒にはせず、生徒が課題資料を理解したことを彼が確認した後、生徒が自分の意見を述べるように促した。リアードン先生は生徒の意見に興味を示していたが、…生徒の中には、リアードン先生が偏っていると考える者もいた。これは、彼が道徳的原則を理解しているゆえに、議論の力によって生徒との討論に「勝つ」ことができることが大きな理由である。最後に、ソクラテス方式の使用は生徒の注意を引きつけ、一般的に生徒が規律上の問題を起こすことを防いでいた。

46　教師はまた、それほど伝統的ではない方法で生徒を巻き込むことも強調し、時として顕著な成功を収めた。2月10日、リアードン先生は同調圧力の力を説明し、その力を生徒に示すためにコンテストを行った。彼はまず生徒に指示を出すことから始めた。

教師：ペンを置いてください。これは持久力テストです――列ごとに競争します。グループとして以下の指示に従ってください。第一に、列から何の音も立てないこと。第二に、まっすぐ座り、足を床につけ、片方の腕を床に平行にし、片方の腕を床に垂直にすること。これをやる価値があるものにするために、宿題の代わりにします――勝利チームは十分な賞賛を得るでしょう。私の他のクラスで一番長かったのは13分でした。

生徒：何のためのゲームですか。

教師：それについては後で話しましょう。

（授業、2月10日）

47　生徒たちは不気味なほどに静かになった。それぞれが宿題を避けるために勝ちたいだけでなく、誰も自分の列の他の生徒の前で失敗したくなかったのである。教師は、あるグループのメンバーの1人がポジションを崩したと判断すると、そのグループを競技から退場させ、退場させられたグループのメンバーがしゃべった場合、そのグループは、その列に並んでいた1人につき1日の居残りを命じた。誰も6日間の居残りを望まなかった。なので、誰もしゃべらなかった。
48　沈黙はグループ同士を結びつけたが、生徒一人一人を個別化した。席の前の生徒の背中をじっと見つめている生徒もいれば、部屋の中に視線をさまよわせている生徒もいた。トランス状態になったかのように目を閉じている生徒もちらほらいた。コンテストが続くにつれ、沈黙が十分に感じられるようになり、関節の痛みや首のコリに、静かだとしても、耐えていることが明らかであった。
49　2分後にグループ2が脱落し、5分後にグループ6、7分後にグループ5、8分後にグループ3が脱落した。グループ1とグループ4は、グループ1の少年がうめき声をあげてポジションを崩すまで、音のない戦いを続けた。10分40秒後、グループ4が意志の戦いに勝利した。
50　長い沈黙が続いたため、より印象的な拍手が送られた。その後、ジム・リアードンはグループにコメントを求めた。生徒たちは、痛みが出た後も体勢を維持するという挑戦に注目し、自分の不快感から気を紛らわせることについて話した。教師がその訓練の目的を尋ねると、何人かの生徒が叫んだ。「集中！」と。しかし、リアードン先生は生徒たちに二つの質問をしたいと答えた。

第一に、グループにすることは影響力を持っていたかな。第二に、具体的な見返りは、それに何らかの関係があったかな。

（ジム・リアードン、クラス、2月10日）

教師は、仲間の圧力が持つ力をまざまざと示し、生徒の競争力を利用した後、キリスト教の道徳に関する資料を配布した。「人間であることは道徳的であることであり、道徳的であることは人間であることである」というものである。グループでの演習と配布資料の内容の結びつきは、生徒にとってある教訓を示唆していた。すなわち、生徒たちが道徳的な選択をするかどうかは、グループとの関わり方や、人間としての具体的な見返りを構成するものによって決まるというものである。

51　カリキュラムの平凡さは、このメッセージを強く支持するものではなく、だからといってそれに反して働くわけでもなかった。むしろ伝統的なものの背景を与えるものであった。コースの内容は通常の学術的な道筋に沿っており、アプローチは何よりもソクラテス的ではあったが、概して伝統的であった。教室は四角い形をしていて、黒板と机があり、他の数多ある学校の教室に似ていた。教師は、生徒がこのコースを自分たちのものにできるようにと挑み、意思決定のプロセスに生徒を強制的に巻き込もうとしたが、教師も生徒もジム・リアードンが授業の内容やスタイルを決定していたことに気づいており、生徒は皮肉を込めてその点を指摘していた。

教師：それはあなたたちのコースです。
生徒：すばらしい、私たちのコース。だから何。

（授業、1月13日）

平凡なことがほとんどである中で、ジムはイノベーションを実践してはいなかった……

52　しかし、非常に現実的な意味で、ジム・リアードンはソクラテス方式の質問を使うのと似たやり方で、常に説明責任を果たさせることを教授技術として利用していた。日誌、小テストやテストの勉強、授業への積極的な参加などの要求の継続的な流れは、彼が担当する教科への教師の肩入れを反映しており、生徒が道徳的な意思決定を煩わしい付録としてではなく、自分たちの普通の生き方として捉えてほしいという彼の願いの反映でもあった。

53　例えば3月2日、リアードン先生は生徒たちに、マタイの福音書5章3節から12節までの八福[*5]から引用したフレーズの説明を、配ったプリントに書くよう指示した。生徒たちが課題に心を傾け、「精神的に貧しい者」や「正しいことのために迫害された者」などのフレーズの横に自分の文章を急いで書き留めている間、先生は採点簿にメモを書きながら教室を動き回っていた。生徒が質問をすると、先生の声はほとんど脅迫的な質を帯び、質問に答えながら生徒に質の高さと効率が必要であることを印象づけた。

54　演習に充てられていた時間が終わる頃になると、リアードン先生は順番に点呼を行い、演習を終えるために必要な宿題を読んできたかどうかを個々の生徒に尋ねた。生徒への確認が終わり、授業の成績をめぐる緊張感が最高潮に達したとき、教師は、宿題はすべて自習で行われる演習であり、採点はされないと発表した。クラスは安堵の感情を表し、説明責任へのプレッシャーが、宿題として出された課題に集中する動機となっていたことが暗黙のうちに認められた。教師は生徒に遂行するよう圧力をかけていたが、その後おそらく生徒の利益のためにその演習を自習と呼んだ。実際にどんな教訓が学ばれたかは、定かではない。

55　説明責任を強く強調することで、ジム・リアードンは彼のコースの重要ポイントを説明した。この教師の成績評価についての説明には、次のようなフレーズが含まれていた。すなわち「洞察力のあるコメント」、「開放性と批判的思考」、「完全性」、「洞察、質問、解釈、観察を共有する意欲」というものである。道徳的な問題に対する洞察の必要性と、それらの洞察をより広いコミュニティと分かち合うことの価値を強調することで、ジム・リアードンは道徳的な意思決定に対する彼のアプローチを要約した。彼の方法には、道徳的な原則と何が道徳的な意思決定を行うことに貢献したのかについての徹底的な説明だけでなく、「理想的な人間の行動」、法律、無謬性、罪などの概念における伝統とコミュニティの重要性の表明が含まれている。また、彼は、真に人間的であることと真に道徳的であることを同一視することを重視し、そうすることで、人間は最高の状態では道徳的な存在として行動することを強調した。(Kuntz, 1986, pp.216-239)

ここまで読んできた資料の、多くの特徴についてコメントしたい。第一に、導入部の段落で、クンツが先行するオーガナイザー(Ausubel, 1978)と見なされるだろうものを提示している点に注目してもらいたい。彼は、自分が研究する予定の学校を歴史的な文脈に置く。その文脈はまた、彼が観察した学校を他の学校と関連づけるものである。彼は読者に、自分の子どもをセント・ジェームズ校に通わせている人の種類、彼らが受け入れている価値観、そして長年の間に彼らの価値観に起こった変化について知るよう促している。彼は、地域社会の期待の変化は、学校が何を重視するかという点ではなくとも、生徒が何に価値をおくかという点で学校に影響を与えることを示唆している。このような新しい期待は、クンツが示しているように、緊張を生み、読者は精神的・理性的な成長と大学進学への成功の間にある緊張を把握できるため、興味がそそられるのである。

第1、2、3段落の一般的な歴史的描写から、クンツは、セント・ジェームズ校、その近隣、そしてその物理的・人間的特徴に具体的に焦点を当てることでより十分な具体性へと向かっている。ここで注目すべきは、「セント・ジェームズ界隈は、列に列を重ね、街の通りに街の通りを重ね、同質性の力によってその特徴を保持している」という文章における繰り返しが、その段落の文字通りの内容、すなわち、その近隣を構成する家々の同質性や反復性を補強していることである。この短いフレーズの中で、著者が読者に把握させようとしている考えを伝えるために、いかに形式が効果的たりうるかが分かる。

第5段落では、学校とそれを取り囲む家々との違いをすぐに認識できるように「シグナルとしての学校」という比喩が使用されている。「シグナル」は次のように作動する。つまりそれは、認識における即時性と急激な変化を含意している。第6段落では、クンツの記述はさらに狭められる。彼は学校という場の描像から、そこに身を置く人びとの活動へと移行している。いわば漏斗は、より尖ったものになり、徐々に焦点が結ばれて、読者は、最終的には、第9段落で教室へ、そして文章の主人公、ジム・リアードンに至る。その途上における、詳細な事実――生徒の85%がカトリックの洗礼を受けている――は、著者がしっかり下調べをしたという自信を感じさせる。

序盤のページ全体を通して、クンツは比喩を用いて力強さと深みを与えている――「学校の構造は、それらを囲む正方形のブロックに平行しているが、分離され孤立した自己閉鎖的な島のようである」。そして、「生徒たちはクラスからクラスへと兵士のように整列して廊下を移動する。無秩序な激しさは、統制された目標へと方向づけられている」。この文章は比喩的に記述されている。クンツの目的は、場面を描写して、読者がセント・ジェームズ校を見取り、その入り口を通って子どもたちを送り出す人びとの期待がどこからくるのかをわずかでも理解できるようにすることにある。第８段落までの主要な主題は、教員が伝統、つまり古いものを失うことなく新しいものを調和させ、統合することを必要としているということである。歴史的に精神的価値観について義務を負ってきた学校は、生徒たちがセント・ジェームズ校を離れたとき、生徒たちが送るであろう道具指向的な生活に向けて、どのように生徒たちに準備させるのだろうか。確かに、後者〔道具指向的な生活〕に対して前者〔精神的価値〕を犠牲にすることなく、これらの価値観を統合することは、単に将来満たされるべきニーズではなく、現在の生徒と教師のために存在するニーズなのである。

クンツは、場所の視覚的な描像を提示するだけでなく、読者が価値観の潜在的な対立に気づくよう助ける――このような対立はカトリックの学校に限ったことではない。第10段落では、クンツは私たちをジム・リアードンが教えているコースへ、第11段落では２０９教室へと直接導く。そこでこの章を構成する場面が展開される。

ここでも、クンツによる最初の教室の記述で、読者は、その特徴を思い描くことができる。「生徒の机はU字型に配置されており：：窓に対面した部屋の前方から教室に入る。：：まっすぐ前に教師の机がある。」

小テストの際、生徒たちに机の配置を変えるよう要求することに表れているように、教師が生徒たちに明らかに不信感を抱いていることが分かる。クンツは、細部の記述によって特質を顕わにし、社会正義に捧げられたコースにおけるカンニングを抑制しようとする教師の努力のむなしさを率直に明かしている。

第12段落と第13段落で、クンツはより詳細な情報を提供して、その場をさらに描写し、「平和を望むなら、正義のために働け」というポスターについて、彼が授業に入っている間、生徒も教師も一度も言及していない、という鋭いコメントで締めくくっている。このようなコメントが印象的なのは、それが明らかにする知覚の微妙さゆえである。それは見落とされがちだった何かについての気づきを示すだけでなく、そうした教材が無視されているということは、教育目的で視覚的なものを使おうとする善意の努力でさえも、放置されて装飾へと減退してしまうということを示している。

第14段落では、ジム・リアードンによれば、昼食後の時間帯が最も難しいことをクンツは指摘している。これはクンツが選んだ時間帯であるが、彼はその理由を述べていない。読者は好奇心を持つだろうが、彼らの好奇心が満たされることはなかった。

第14段落と第15段落のコメントは、引き続きこの文章が示す率直さに貢献している。クンツは、明らかに、問題を率直に開示しようとしている。第15段落で表現されている皮肉 ―― ナチスの強制収容所についての議論の途中で、学校の規律官が拡声器を使って、教師たちに「廊下にいる生徒に居残り票を渡す」よう要求する場面で、特に痛烈である。

ここまでの文章はすべて、この後に続く実質的な教授を描写するための舞台設定を意図したものである。地域社会、学校、そして本章の行為が展開される一般的な教室の雰囲気を味わい、垣間見ることができる。

ほとんどの社会状況において価値観は複雑であり、しばしば優位性を競いあう。つまり、ある価値への忠誠と、それとは対立する別の価値の間で、個人はしばしば葛藤するのである。第18段落では、そのような状況を知ることができる。ジム・リアードンは学校の精神を大切にしており、スポーツ競技は学校の精神にとって重要であることを認識している。また、彼は堅実な学業も大切にしており、教室での祈りは教師としての仕事の最優先事項となっている。ここで、選手の生徒がバスケットボールのチケットを販売することで、授業――彼が守りたいと思っているもの――が、彼が重んじている学校の精神のために中断されるのを見ることになる。ここに私たちは、教師が授業を行う際に対処しなければならない外在的な要素を垣間見る。食後の無気力感と相まって、ジム・リアードンの仕事は容易ではないことは想像に難くない。とはいえ彼の仕事が典型的でないわけではない。

また、第20段落でクンツがジム・リアードンについての伝記情報をどのように入れ込んでいるかにも注目してもらいたい。それはナラティブの流れの一部であり、「前置き」として示される機械的な履歴書ではない。それは全体像の一部として組み込まれている。その論理は幾何学的というより有機的である。

クンツがジム・リアードンの見解について一般的な結論を出すときには、第21、22段落のように、しばしば短い直接の引用でそれを裏づけていることにも注目したい。この有用なテクニックは、発言を裏づける証拠を提供し、その信憑性を高める。

第25段落では、クンツが描出する会話の引用や具体的な描写があれば、彼の観察を強化することになっただろう。もちろん、テキストの一貫性を失ったり流れを中断したりしないように、ナラティブに含めることができる直接的な引用の数を制限するという形式的な考慮事項もある。著者は、分離されたテキストを提示することも、起こったことすべての完全な書き起こしを提示することも望んではいない。それゆえ、ナラティブの制作には常に選択、構成、編集が含まれる。このプロセスは、テキストの作成だけでなく、知覚そのものにも起こる。コツは、検証要件を満たすために必要なだけの詳細を提供することである。厄介なのは、必要とされる具体性のレベルが読者の認識論的傾向によって異なる点である。描写しようとしていることを矮小化する還元主義的で機械主義的な具体性のレベルや、あまりに論拠や論理性に乏しく信憑性がないような具体性のレベルは避けなければならない。クンツの資料は、これらの落とし穴の両方を回避している。ここに含まれていない450ページ強の文章を読めば、彼がいかにうまくそれを成しているかは、一目瞭然だろう。

クンツの論文では、ジム・リアードンの信念や細部への関心を解釈、記述する文章から、そうした解釈や説明を要約したり裏づけたりする引用へと変化している。このような、焦点をシフトさせる例は文章全体に現れており、第31、32、33、34段落では特に鮮明である。第35段落では、怒りに満ちたやりとりと反抗的な学生の場面を容易に「見取る」ことができる。このようなイメージを通して、私たちはジム・リアードンについて何かを学ぶのである。

クンツはまた、小見出しを使用して、彼の文章に焦点を与え、章の方向性を読者に知らせている。教育批評の著者は皆、自分の文章を組織立てるよう取り組まねばならない。読者がその場面を理解できるようにナラティブを構成するにはどうすればよいのだろうか。時系列的な説明はできるだろうが、それが最善というわけではないだろう。批評家は無数の出来事を経験し、その出来事についての彼・

彼女のメモはぎっしり詰まっているであろうし、他のデータ源も確保されているだろう。課題は、教室や学校、教師を照射する首尾一貫したナラティブを創り出すことである。クンツは、この特定の論文において重要であると彼が信じる話題に焦点を当て、これらの話題を上から下へ、つまり一般的なものから特定のものへと組織立てている。時系列の感覚は得られないとしても、クンツが重要だと考えている状況の諸次元を知ることができる[3]。

もう一点。良い教育批評には、良い文章が必要である。未熟な書き手が、ナラティブの中で授業の質を明らかにするのは非常に難しい。クンツはよく書いている。言葉の流れがあり、段落がお互いに関連している。私たちは文章理解に苦労しない。クンツの文章は、このジャンルで読みうる最も表現豊かで、美的、芸術的なものとして提示されるわけではないが、彼が書いている状況を読者が見取り、理解する助けとなるには十分すぎるくらい適切である。

注

[1] 教育における質的探究への関心が過去20年間でかなり高まっていることは明らかであるが、その関心のほとんどは、このような探究を社会科学の一つ、特に人類学との類比で論じる研究者や、質的探究の形式を実証主義のソフトな形式に還元しようとする研究者の間で用いられてきた。それに対し、芸術や人文科学に関連する研究者は比較的少ない。マキシン・グリーン、マデリン・グルメ、ウィリアム・パイナー、ロバート・ドンモイヤー、トム・バロン、ゲイル・マカッチャンなどはそうした少数派である。教育実践研究の典拠として芸術と人文科学に向かうことは、方法と、そうした方法を使って学べることとの関係に関する理解が深まるにつれて、今後も増えていくことが予想される。

[2] 芸術家と同様に、批評家が、私たちが気づかなかったことに注意を喚起する方法の一つは『異化』を通してである。印象的な比喩を使用したり、物、プロセス、またはアイデアを新しい文脈に置く新鮮な結びつきを生み出したりすることによって、批評家は私たちをはっとさせ、気づかせる。このような脱文脈化は、対象とする主題に対して私たちを異化し、それゆえに、私たちはそれを新鮮に見取るようになるのである。

[3] 私が今回行った分析は、クンツの論文に対するメタ批評と見ることができる。私はある種、批評の批評を提示した。ある意味で、これは実験的、相関的、あるいは統計的報告書のメタ分析のようなものである。その目的は、説明されたことをさらに説明し、書き手が使用した戦略や戦術を理解し、特に従来の研究の観点からその妥当性を評価することである。「結論」、あるいは私がそう呼んでいる主題を評価するという問題は、多くの場合、より複雑で微妙である。これらの主題は一般的に、批評家が状況の特徴を記述しようとするときに、使用する言語に浸透している。どの特徴に注目すべきかを選択する行為は、評価的であると同時に解釈的でもある。評価的であるのは、人は自分がつまらないと思っていることを普通は記述しようとしないからである。解釈的であるのは、ある出来事の重要性は、そこから得られる意味の種類に関係しているからである。

訳注

[＊1] ロラン・バルト『神話作用』(篠沢秀夫訳、現代思潮新社、1967) では、ここは「放棄のしるしである制限」(p.53) となっているが、バルトの原文は、l'imitation qui est signe d'abdication であり、アイスナーが引用している英語版でもthe imitation which is the sign of an abdication となっているため、「制限」という訳は、間違いだと思われる。

[＊2] プラトンの『ティマイオス』に登場する世界の創造者。

[＊3] ここの原文は、high school social studies teacher となっているが、以下の引用から明らかに英語教師なので、英語教師に修正してある。

［＊4］同性愛者に対する差別意識をもって発せられる俗語。差別用語であるため現在は使用されない。

［＊5］イエスが山上の垂訓中に説いた八つの教え。

第8章　質的探究における方法の意味

複雑さの否定は専制政治の始まりである

著者不明

判断の優先順位

質的探究を行うための手順や公式、あるいはルールを求めている読者にとって、この章は期待外れのものとなるだろう。一般的な質的調査の「方法」、特に教育批評を行うための「方法」を私は知らない。また、どのようにすれば教育の世界について鋭く洞察に満ちた、あるいは示唆に富む研究を生み出せるのか、その手順を誰かに伝えるべく体系化したものは存在しない。幸か――不幸か――、質的な問題においてマニュアルブックは何も保証してくれない。

私が本章で提供できるのは、教育界のある側面を研究する際に考慮すべき事柄のいくつかである。

学校がどのように運営されているか、教師がどのように教えているか、生徒が学校の自由時間に何をしているか、教室ではどのような観念が取り上げられているか、教科書やその他の教材によってどのような価値観が広められているか、などである。この章で取り上げる考察は、アルゴリズムの集合ではなく、一連の発見的なものとして扱われるべきである。これらは学校での経験から生まれたものであるが、確実な成功への道筋を示すものではない。

方法論の処方箋が少ない理由は、質的探究そのものの性質に関係している。第一に、質的探究は、標準化や等質性よりも、特異性、すなわち研究者独自の強みの活用を重視している。したがって、学校や教室を研究する研究者やフィールドワークと呼ばれる手法に携わる研究者は、関心を持つ問題、適性、研究する文脈などを考慮して、理にかなった方法で研究を進めることになる。

第二に、すべての形式はスタイルの影響を受け、スタイルは個人的なものであるため、質的研究においては必然的に個人的な側面が入り込む——これは、従来の調査手法では最小限に抑えられる側面である。質的探究において、個人的なスタイルの特徴は不都合なことでもなければ、容易に複製できる要素でもない。質的探究者は自らの研究に自身の署名を付与する。

第三に、質的研究は、多くの場合、実施に数週間、数ヶ月、あるいは数年かかる。事象の流れを予測することは不可能なので、研究者は予測しようのない新たな状況に基づいて行動を調整しなければならない。バスケットボールの試合のように、観客は何を見るかについてある程度合理的な予想ができるかもしれないが、コート上の特定の出来事を予測することは不可能である。プレイヤーがどのように反応するかは、プレーの状態そのものに左右される。残り20分でとるであろう何らかの行動は、終了のブザーが鳴る2分前にとる行動とはまったく別であるかもしれない。このように、質的探究は、研究者が新たな状況を認識し、それに応じた適切な調整を行うことで最も効果的に機能する。新たな状況に無関心で、事前に決められた手順の計画を立てることは、大失敗への最も確実な道である。[1]

柔軟性、調整性、段階を踏んだ反復性は質的な「方法」の三つの特徴である。探究の過程で何が起こるかによって、目的さえも変わることがある。このような方法に対する姿勢は、効果を明確に説明できるようにすべてを制御下に置こうとする姿勢とは正反対である。

第四に、私が提案する方法論は、量的手法を用いた研究でよく見られるような最終的決定性や特定性を質的研究に期待することは賢明ではなく、不合理であることも含意している。ある治療の影響について、何が重要な変数であるかをあらかじめ知って、細胞におけるその重要性を予測できるという考え方は、質的研究には全く不適切である。これは、質的研究には根拠がないという意味ではなく、むしろ、その発展の過程は、誰も完全に予測できない未来の特徴に左右されるということを意味している。質的探究には、研究者が重要なことに敏感で、文脈の中で適切な行動をとれるだろうという信頼が必要である。それは研究のための道筋が明確ではないことを意味し、時に便宜的になったり偶発的なものになったりすることもある。優れた対話のように、人は相手の話に耳を傾け、どのように、いつ、何を言うかは、相手が何を言ったかによって決まるのである。

繰り返しになるが、この方法の紹介は、ずさんな計画や希望的観測に対する弁明ではない。質的探究が、達成された効果に対する各変数の寄与を特定するために、実験室のような環境で変数を制御することを目指すのではない概念的パラダイムに参与しているという認識である。そうした研究の複雑さと、それが質的研究者の感性と的確な判断に依拠していることを強調することがその役目である。決まりきった処理の仕方も、研究者が踏む段階を指示するルールも、計算するアルゴリズムもない。あるのは、強い思いや柔軟な目的であり、重要なことに触れ続ける必要性である。

アクセス —— 許可と維持

教育における質的研究のための最も重要な場所は、学校と教室である。学校や教室へのアクセスは当たり前のことではない。

アメリカの教育の歴史の中で、一時期、大学の研究者がデータを収集するための学校や教室を探すのは比較的容易であった。研究者の地位は教師の地位よりもかなり高く、教師は通常、研究者の立ち入りにほとんど、あるいはまったく抵抗を示さなかった。学校や教室での研究者の存在は通常短いものであり、彼らの発見はしばしば非常に抽象的であったため、教師や生徒の匿名性はかなり保証されていた。多くの場合、検討されているのは、生徒や学校ではなく、実験であり、その実験に責任を負うのは、教師ではなく実験者なのである。

質的研究では、これはもはや該当しない。研究者は「さっと来てさっと帰る」のではなく、その場に留まる（Becker, 1986）。教師と学校はもはや顔のない抽象的な存在ではなく、仮名であってもしばしば識別可能であり —— それゆえに危険にさらされもする。そして最後に、教師は自分たちに影響を与える一方的な意思決定をかつてのようには甘受しようとしなくなっている。研究者に進んで協力するのは、しばしば見返りを前提としてである。教師たちは、自分たちが提供したアクセスに対して正当に見返りを期待する。[2]

研究者が学校や学級について学んだことに基づいてフィードバックを提供することは、標準的で合理的な慣行だったはずだと思われるだろう。しかし、このようなフィードバックが提供される頻度は、私たちがそうありたいと思うよりも低く、それにはいくつかの理由がある。第一に、研究者は通常、研究を可能にした教師や学校管理者よりも、研究コミュニティの他のメンバーが読むジャーナルに焦点を当てている。第二に、研究報告書は、専門用語や統計に不慣れな実務家には理解できないことが多い。第三に、実務家は研究者にほとんど期待していないことが多い。教師はしばしば研究者の成果をさして重要ではないと考えている――これは教員養成課程の修学時代に確信したことのようである。実務家の中には、研究者にアクセスを許可する動機を、自分の実践を修正するのに役立つ研究結果を期待しているからではなく、多様な関心と、大学との連携は将来を見据えた徴候だと考える人もいる。

このような期待の結果として、教育はこれまでも、そして今日も二分された分野となっている。研究者は専門的な出版物で好成績を収め、実践者は実践的なことに焦点を当て、時折、自分たちがすでに信じていることを正当化するために、抽出され翻訳された知見を利用することはあるが、研究雑誌や研究報告書にはほとんど注意を払わない。このように、アクセスに関する問題は、研究者と実践者の力関係に関する、より大きな問題の一部である。ほとんどの場合、教師は学校や教室に入る研究者を、一緒に仕事ができる仲間というよりも、自分たちの中にいる見知らぬ人と見ているのである。大学研究者の間で教育実践の本質に対する関心が多分に増していることもあり（Atkin, Kennedy & Patrick, 1989）、またいくぶん教師の専門家としての自尊心と自律性が高まったこともあり、教師－大学教授の関係における支配的な関係が変わり始めていることは喜ばしいことである。

アクセスはデリケートな問題である。研究を行うためには、研究対象者の同意が必要である。私たちが説明できる限りで、対象者は研究の目的と研究の進め方を理解する必要がある。彼らは、同意するからには、研究結果として何が期待できるかを把握しておくべきである。これは、教育批評家やその他の質的研究者が、最初から何が学ばれるかを正確に教師に伝える立場にあるということではない。結果が事前に分かっていれば研究は不要である。しかし、実践者は、フィードバックがあるとすればどのように提供されるのか、そして、研究がどのような用途に使われるのかを知っておくべきである。

もちろん、質的研究においてこのような約束を果たすことには特別な難しさがある。質的研究者は、ある状況の研究にかなりの時間を割いているため、また、人間の状況は変化するため、事前に策定された目的や意図が、後になっても関連性があり、興味深いものであり、重要なものであり続けるかどうかを見きわめることは、多くの場合困難である。また、一般的に質的研究は徐々に焦点を定めていくため、探究の初期段階では目的が明確になることはない。このように、研究者は、必要に応じてシフトできるよう、特定の目的の説明よりも一般的な目的の説明をした方が望ましい。こうしたやり方は欺瞞を意味するものではなく、ある程度の適切な柔軟性と、学校や教室のように予測不可能な対象においては、特定の状況において何が最も重要な問題であるかを事前に正確に知ることは通常困難であることを理解することを意味する。このように、アクセス権を得ることには緊張感が伴う。一方では、研究者は可能な限り、アクセスを提供する側がその研究の目的や方法、時間、双方が負担する業務を理解できるようにしたいと考えている。他方で質的研究において、研究者は浮かび上がるものからヒントを得る。質的研究者は、その場を実際に経験するまでは、行為の方向や道筋について一般的な、曖昧でさえあるような考えしか持っていないということが往々にしてある。ある意味では、質的研究が徐々に形や焦点を変えていくことは、建物の建設というよりも、コラージュの制作に近い。完成したコラージュは、その過程での構成がどう見えるかに応じた判断に依存している。他方、建物を建設する際には、設計図に従う。コラージュにおいてアーティストは質を制御し、その質を手がかりに進む。学校では、質が「くりひろげられ」、質的研究者はそれを見取り、選択する。

予測不可能であるにもかかわらず、その場で働く人びとに情報を提供してアクセスを得ることは非常に重要である。研究者がどのようにして許可を確保するかは状況によって異なるが、学区内では、教育長 ── 時には教育委員会 ── の許可が必要だろう。このような許可があれば、校長や教師へと次々許可が得られる可能性が高くなる。私が行った六つの高校の大規模調査（Eisner, 1985c）では、私は六つの学区の教育長と校長の許可を確保しただけでなく、それぞれのケースで調査について説明し、協力を求めるために、高校の全教員に面談できるように依頼した。ある学校では、秘密保持ができる形で教員の同意を得るために、私は各教員に返信用ハガキを送り、匿名で彼または彼女の賛否を返送してもらった。私は、教員の強い同意なしに、彼らの教室を観察するために大勢の大学院生の研究補助者を連れて各学校に押し寄せたくはなかった ── 実際には、同意は得られた。

すべての質的研究者は、研究を始める前に全教員の許可を求めなければならないのだろうか。研究が全教員の参加を必要としない場合には該当しない。一般的な「ルール」は、研究者が情報の提供を求め、観察したい人の同意を得るべきだということである。ここでも判断が必要となる。接触が間接的であったり、非常に短いものであったりする場合 ── 例えば、一時間のうちの一部での簡単な会話の場合 ── は、研究全体への同意を全員から得る必要はないかもしれない。協力を望まない個人は、尋ねられたときに自分の意思を伝えることができる。先に説明したケースでは、教師全員が観察の候補者であったため、全員に許可を求めた。観察されることに異議を唱えた教師はいなかったが、仮に異議を唱えた教師がいれば、「サンプルに偏りがある」にしても、私は彼や彼女の要求を尊重しただろう。

私が共同研究者を務めた別の研究（Eisner & Walker, 1989）では、学区が財団の資金援助を受けており、私たちは財団からプログラムの質的評価を行うように依頼されていた。この場合、学区と財団との間でアクセスの提供が合意事項の一部となっていたため、各教員に特別な許可を求めることはしなかった。状況が違えば、異なる規準や手続きが必要となる。しかし、財団からの誘いであることとは関係なく、観察される人びとの感情に鈍感であると、惨事を招くことになる。

学校や教室へのアクセスを求める場合、初期段階では、研究者はプロジェクトや研究全体の承認を校長に頼る必要があるかもしれないが、教師への許可を得ることはまた別の問題である。一般的に、研究が重要であることを教師に納得してもらうには、研究者自身が最も良い提唱者である。いくつかの理由から、校長や他の誰かが教師に研究を説明して許可を得ようとするのは危険である。第一に、その説明は正確ではないかもしれない。第二に、校長は熱心ではないかもしれない。第三に、教師の質問に対する答えは、研究者が望んでいるものではないかもしれない。そしておそらく最も重要なことは、教師や他の人びとが研究者に対してどのようなイメージを持っているかが分からないことである。この研究者は支持的で同情的なのか、敵対的で疑わしいのか。研究の背後には隠された問題意識があるのか。研究者は生徒や教師のことを「理解している」だろうか。そのような不安を和らげるのに最も良い人物は研究者である。校長が仮承認した後、研究者は教師と直接話をするべきである。

学校での研究の過程でしばしば現れる二つの要因が、困難の潜在的原因である。第一に、教師は研究者が教室で教師の助手のような存在になることを期待しているかもしれないし、生徒、特に年少の生徒もそのような期待を抱いているかもしれないこと、第二に、教師はしばしば、「私はどのように振る舞っていますか」とか、「私の教え方をどう思いますか」といった微妙な評価フィードバックを要求してくるかもしれないということである。

このような要求には応じない方が賢明であることが多い。研究者が教師の助手としての責任を負うと、研究の焦点がずれる可能性がある。評価が肯定的な場合には教師にすぐにフィードバックを与えるのは構わないが、否定的な場合には研究にとって悲惨な結果となる。さらに、質的研究者が典型的な状況での物事のあり方に興味を持っている場合、教室にいる研究者の存在は、ある程度の非典型性を生み出す――これは、研究者が教師のコーチとして、あるいは承認を提供する人として機能することにより、さらに悪化する。

アクセスを維持することは、それを得るのと同じくらいデリケートである。アクセスを維持する一つの方法は、現場でのすべてのやりとりにおいて、研究者は何よりも状況の学び手であることを忘れないことである。事実上すべてのものはデータとなりうる。観察過程では、研究者の役割に関する合意も重要である。例えば、研究者が教師の助手になれない理由は、仕事を避けたいからではなく、彼らが見取るべきものから視点が外れてしまう可能性があるためだということを明確に示すべきである。

このような研究者と教師との間の了解について述べるにあたり、他に二つの注意点を記すべきだろう。第一に、教師の助手としての機能が適切で有用である状況もありうる。特定の状況で何が適切かを決定する上で、判断に代わるものは何もない。私の提言は一般的なものとして解釈されるべきである。第二に、研究者と教師の間で相互理解と合意に達する手段は非常に重要である。研究者は、法的で拘束力のある契約を匂わせるような態度で実践者にアプローチすることで、不安と気まずい状況の両方を生み出す可能性がある。研究者は、堅苦しく形式的で特殊な存在ではなく、適度に明快で、一般的で、個人として協力的である必要がある。対人関係の快適さと相互信頼が重要な要素となる。

アクセスは、研究者のアプローチの方法や教員との間で得られる理解と合意の両方に影響される。現場の人びとは、彼らの権利として、自分たちが受け入れた人たちから何らかの利益を得ることを期待する傾向が強まっている。以前は、大学の研究プロジェクトに関わることが十分な見返りであると考えられていた。しかし、今日ではそれだけで十分なことはほとんどない。私が指摘したように、合意は、人がその現場に入った後に、目的や手続きに縛られないように、十分に一般的なものである必要がある。とはいえ、研究者が何に興味を持っているのかを協力者に正しく理解してもらえるように、その合意は十分に明快であることが望ましい。これが綱渡りのようであることは承知しているが、私はこれ以上の具体性を提供することができない。文脈を考慮しなければならないのである。

研究の結果を研究対象の個人やグループが確認できることを条件に、研究へのアクセスが許可されることもある。質的研究は個々の学校に焦点を当てることが多いため、学校や特定の教師の評判が問題になることがある。もしそういうことがあるとすれば、研究を受け入れた人たちは、公開に先立って書かれた文書を確認する、どのような権利があるのだろうか。ここが難点となる。私は、公開される前に関係者と研究成果物のコピーを共有するべきだと強く思う。関係者の反応が求められるべきだとも考える。研究者や評価者は、彼らの意見を考慮すべきだと考える。しかし、最終的には、流布や公表の判断は研究者に委ねられるべきである。研究者は、たとえ研究対象者が事実や解釈の問題に同意しなかったとしても、その発言に責任を負うべきである。[3]

研究者が他人に拒否権を与えることに同意すれば、研究者の知的誠実さは損なわれてしまう――たとえ彼らが間違っていたとしても。研究者には間違う権利がある。研究者は、実践者に報告書への追補を作成する機会を提供し、報告書に含めることを選択することができるが、公表の条件として他人に承認・不承認の権利を与えることは、著作物に名前が記載されている著者の能力を損なうことになる。

最後に、アクセスに関して、もう一つの次元を考慮する必要がある。というのもそれは、そのとき現場で研究者に影響を与えるからではなく、その現場で研究しなければならない他の研究者の機会に影響するからである。私は、キャンパーが「立つ鳥跡を濁さず」と呼ぶ状態について触れておく。研究者が現場を離れたときの感情的な状態――つまり参加者が経験する幸福感や満足感――は、他の人に現場での研究を許可するかどうかに大きな影響を与える。実際、その時だけでないにしても特に研究の終了時には、人間関係の問題に注意を払わなければならない。研究者は約束を守り、フィードバックを提供し、自分の事務作業を処理し、残った細々したことを片づけ、感謝の気持ちを伝え、現場からの去り方に注意を払わなければならない。寝室や洗面所を乱れたままにしておく客は、戻ってくるのを歓迎されないだろう。[4]

残念なことに、寝室を整え、トイレを清潔にしておくことは、校長や教師を喜ばせることよりも簡単である。例えば、研究者が学校について語らなければならないと考えたことに対し、それを読んだすべての人から賞賛を得られるだろうと期待して校長が研究の許可を出した場合、校長の動機は政治的なものであり、研究者の結果が反対の方向に傾いていたら、校長は当然不満を感じるだろう。物理的に場所をきれいにしても、学校の評判や校長の自尊心を傷つけたことを補うとは思えない。そうならないための一つの方法は、研究者が学校についてポジティブなことしか言わないこと、つまり、ポジティブな学校イメージに寄与しないことはすべて省くことである。ただし、そのような期待に応えるのは、質的調査ではなく、広報活動に他ならない。

これらの問題は難しい。しかし、その領域に入るのならこのような問題はつきものであると言える。私は、教育研究者には実践の教育的効果を評価する責任があると考えている。そのため、他の側面があるにもかかわらず、良い面ばかりを描写するのは責任の放棄である。また、「中立」を目指すことは本質的に欠陥があり、描写に徹したとしても中立はありえない。何を描写するかは人が選択する。教育研究、特に質的研究を行う場合、このような困難な瞬間に対処しなければならなくなる。その場面に遭遇して狼狽するよりも、最初から予測しておいた方が良い。

何を探すか――事前に設定した焦点と生成する焦点

アクセスが許可されたら、研究者はどのようにして教室や学校で探究すべきことを決めるのか。何に注意を払う価値があるのか。このような質問に対する標準的な答えはないが、――私が第4章で述べたように――注目すべき候補となりうる学校教育の次元を特定することは可能である。それらの次元とは、**意図的**な次元、**構造的**な次元、**カリキュラム的**な次元、**教授学的**な次元、**評価的**な次元である[5]。また、特定の観察目標、私が、**事前に設定した焦点**と呼んでいるものを持って学校や教室に入ることもできるが、状況が自ら語りかけてくること、つまり、**生成する焦点**を受け入れることもできる。

例えば、研究者が事前に設定した焦点として、学校や教室で競争や協力がどのように醸成されているかを調べようとしたとする。研究者は、社会科の授業での対話の頻度、形式、質に関心があるかもしれないし、学校の一日の構造が教師の授業計画にどのような影響を与えているかに関心があるかもしれない。いずれの場合も、焦点が選択され、観察者の注意の主要な対象となる。その目的に関係するものはすべて解釈の候補となる。

研究者は、独自に、もしくは指導や学校の側面について何らかの関心や懸念があり、特定のフィードバックを求めている教師や管理職と協力して、事前に設定された焦点を策定することができる。教師は、例えば、自分が話しすぎていないか、生徒に十分な「考える余地」を提供しているか、生徒が自分の教室で公平に扱われているかなどを知りたいかもしれない。このような焦点は主要な対象として、または事前に設定されたアジェンダの一部として機能しうる。教師や管理職によって重要であると認識されている指導や学校の側面についてのフィードバックを提供することは、私が先に説明した見返りに大きく貢献することができる。

前提となる焦点があるとき、予期せぬものの出現は特別な注意を喚起してくれる。私の学生の一人が、高校の英語教師を観察して、彼女が文学の分析にどのような批判的なアプローチをとっているかを見きわめることにした。小説の形式的な構造に焦点を当てているのか、小説が生徒に与えた経験の種類に焦点を当てているのか、歴史的な特徴やジャンルに焦点を当てているのか、それともそれが伝えるメッセージと生徒の世界との関連性に焦点を当てているのか。観察の過程で、教師が指導の中で反語を多用していることが分かってきた。彼女は文学の中の反語を教えていたのではなく、教師自身が教育的な手段として反語を使っていたのである。

『教職研究ハンドブック（*Handbook of Research on Teaching*）』（Wittrock, 1986）や『教育要旨集（*Education Abstracts*）』（1988）を参照しても、「指導における反語」の項目は見当たらないだろう。それは単に私の学生が予測できない特徴であったにもかかわらず、この教師のパフォーマンスの主要な特徴だったのである。この場合、小説の研究から教育における反語の使用に研究の焦点が移っている。このような質に対する開放性は、多くの場合たいへん啓発的である。そのような開放性は、事前に定義された目的の設定への忠誠とは対照的に、デューイが柔軟な目的（Dewey, 1938）と呼んでいるものにつながる。ギアを変える適切なときと、観察の驚きを受け入れる適切なときを知ることは、優れた科学と優れた芸術の両方に役立つ。

反語のように、一見かけ離れた用語が『教育要旨集』に掲載されていない理由は理解できるかもしれないが、なぜ芸術性という用語が7ポンドもの重さの『教職研究ハンドブック第3版』に掲載されていないのかを理解することは、もっと難しい。この記念碑的な書籍の索引には800以上の項目があるにもかかわらず、芸術と芸術性は、指導の芸術と対比をなす芸術の指導を除いて、どこにも見当たらない。その省略はさらに、指導における芸術性もしくは指導の芸術が、教育研究から取り除かれていることも示唆している。

観察調査票の功罪

観察調査票は、観察者が留意する変数や次元を特定する。これらの変数や次元が指定されると、多くの場合それに付随して、優れている、良い、平均的、平均以下、不十分という評価尺度、あるいは上述のものの変形が設定される。観察者は観察し、適切な欄にチェックを入れる。複数の観察者がこれを行う場合、評価者相互によって信頼性を決定できる。このような手順は、目的によっては有用である。何かが何回起こったかを知りたいのであれば、頻度カウントで十分である。第7章に出てくるロジャー・シュイによるウィリアム・ベネットの授業研究は、解釈的な解説と共に、頻度カウントがどのように知的に使用できるかの良い例である。しかし、何らかの意味や関連性、適切性を説明したり解釈したりしたい場合、数字やその他の非常に還元的な手法を使うのは、あまり役に立たない。観察可能な変数、特徴、または次元のリストは定式化することができ、一時的に省略された記録を提供するためには使用できるが、研究者は、そのような記録が必要なすべてであるという誤った安心感に騙されてはならない。第一に、現場に入る前に特定された変数は、教育的に最も重要な変数ではないかもしれない。第二に、重要性をもたらすのは通常、出来事の発生率ではなく、その質とそれが機能する文脈との関係である。孤立した特徴の発生率を数えることは、その設定の中で何が重要であるかを明らかにするよりもむしろ曖昧にしてしまう可能性がある。[6] 第三に —— これは焦点よりもむしろ記録に関係しているが —— 、教室や学校の質が「数値の読み取り」によって開示されるという考えは、控えめに言っても疑問である。

これらの注意点を念頭に置きながら、教室観察を行う際には、次のような次元や要因に焦点を当てることができる —— 教えられている内容の質、採用されている表象形式の多様性、採用されている動機づけの種類、生徒の参加の質と形式。以下でそれぞれについて順番に検討していく。

教えられている内容の質

意外なことに、授業観察では、教えられている内容の質が軽視されることが多い。その理由は、教師を観察している人たちは、教えられている教科の専門家ではないことが多く、教師と生徒が何をするかに焦点が当てられているからだと考える。しかし、先述のように、教える内容の質が非常に重要である。どんなに熟練した教師であっても、つまらない内容を教えることに美徳はない。教える価値がないことは、うまく教える価値もないのである。

また、内容を評価する際には、教えられていることが、他の分野の観念、あるいは学校外の問題や状況とどの程度関連しているかを調べることもできる。

内容とプロセスの間の線引きは、必ずしも明確ではない。実際、この境界線を引くのは難しい。なぜなら、どのように教え、その結果として生徒がどのような行動をとるかは、その内容が生徒によってどのように解釈されたかというプロセスに影響されるためである。もし生物学の教師が、実験を通して一連の重要な考え方を学ばせていれば、生徒が学んだ考え方の意味は、教科書に書かれた結論を学ぶ一環として学んだ「同じ」考え方とは異なるものになるだろう。考え方がどのように把握され、理解されるかというプロセスは、それ自体が指導の条件に影響され、学習内容に意味を与えている。したがって、どのように教えられるかということと、何が教えられるかということは、経験的な視点から見れば、同じ全体の一部である。内容の分離可能な側面と経験的で分離不可能な側面の両方に注目しうるのである[7]。

採用されている表象形式の多様性

世界は、私たちが経験することを学ぶ一連の質として提示される。意味は、その特徴が生み出す経験の質から構成される。これらの経験は、人間の経験を伝えるために使用することを学んだ表象形式に内容を与える。これらの表象形式には、視覚的、聴覚的、身体感覚的な形式の他、言説的、詩的、図的、数的な形式がある。それらと社会的に対応するのは、多様な形態の視覚芸術、音楽、ダンス、科学、詩、文学、数学などである。それぞれの表象形式は、内容の特定の側面を強調し、アクセスしやすくしている。絵や図を通して伝えられることは、言葉で伝えるのが難しい、あるいは不可能なことであり、その逆もまた然りである。詩で語れることは散文では語れない（Langer, 1942; Goodman, 1976; Arnheim, 1986）。例えば、生徒が南北戦争を理解するのを促すために教師が用いる表象形式の選択は、子どもが何を学ぶことになるのかに大きな影響を与えうる（Epstein, 1989）。第一に、子どもたちが獲得する意味は、その意味が構築される表象形式によって影響を受ける。マシュー・ブレイディの南北戦争の写真やリンカーンのゲティスバーグ演説の文学的性格は、独特な性質をもった意味を可能にしている。第二に、子どもたちが採用する思考様式は、子どもたちが取り組む課題の種類によっても影響を受ける。表象の各形式は、それぞれ独自の認知的要件を課し、独自のスキルを必要とする（Eisner, 1982）。読解力と、楽譜や抽象画の作成に必要な能力は同じではない。科学的な世界の説明を読む能力は、詩や歴史小説を読むこととは重要な点で異なる。第三に、子どもたちが持っている能力や興味の性質は、ある表象形式において内容に建設的に取り組む能力と関連している。視覚的な表象形式を使うことに興味を持っていたり、熟練していたりする子どもたちは、授業において教材が視覚的に提示されると有利になるかもしれない。表象形式が制限されるよりもむしろ多様である方が、教育的公平性が担保されやすくなる。表象形式が制限されている場合、重視された形式に関連した適性や興味を持つ人は、適性がない人よりも有利になる。[8]

要するに、授業で用いられる表象形式の多様性に注目することは、きわめて重要である。なぜなら、それぞれの表象形式が提供する意味の種類や発達させる思考力の種類はさまざまであり、形式の多様性が高まれば教育の公平性の高まりにつながりやすくなるからである。この点に関しては、エプスタインの研究（Epstein, 1989）やシンガーによる継続中の研究（Singer, 1990）を除き、教室の文脈では経験的にほとんど注目されていないのが実態である。

教室で採用されている動機づけの種類

教える側の大きな関心事の一つは、生徒のモチベーションを適切に高いレベルに維持することである。モチベーションの問題に対する古典的なアプローチの一つに、人参と鞭の使用がある。主に小学生の場合は、「人参」という動機づけシステムが主流である。先生からの褒め言葉、ご褒美、星印、特典などがやる気を起こさせ、興味を維持するために使われる。次のような例を考えてみたい。

‥のための学習

テキサス州ブレナムの中学校の、熱心に勉強した生徒たちは今月、良い成績以上のものを手に入れることができる。彼らは刻印された時計とペンを持ち帰ることができる。

企業が資金を提供する学校の奨励プログラムでは、2年半にわたって平均90点を維持した中学2年生に、特注の文字盤のある120ドルの時計が贈られる。

同様のプログラムでは、ブレナム学区の6年生と中学1年生の上位成績者に、刻印入りのペンが贈られる。また、成績の平均が最も飛躍的に伸びた生徒にも腕時計が贈られる。

（パロ・アルト、『タイムズ・トリビューン』1988年2月9日）

対照的に、一部の教室の教師は、嫌悪規律と呼ばれる手法を採用して、鞭のアプローチを用いている[＊1]（1980）。教師は黒板に教室の礼儀作法のルールを書き、その隣に、違反した場合の罰則を列挙する。この取り決めは、生徒には何の交渉機会もない契約のようなものである。規則とそれを破った場合の結果を明確にすることによって、教師は期待と罰則を標準化し、合理化する。

しかし、ルールと結果の標準化や合理化は、仲裁、交渉、そして行動の文脈化に関する学習を妨げる可能性がある。さらに、報酬と罰則――「人参」と「鞭」――を強調することは、より深い、より健全な行動の動機を損なう可能性がある。体系的に採用されている外的報酬システムは、勉強の主要な動機としての点数獲得に子どもたちをつなぎ留めるかもしれない（Lepper & Greene, 1978）。否定的な結果の脅威も同じ結果につながる可能性がある。教授学的な秘訣は、学習の動機がその活動に内在するように学習活動を構成することである。とはいえ、ここは学習のための動機づけとその結果に関する問題を深く掘り下げる場ではない。一般的に用いられている動機づけの種類は結果的なものであり、むしろその形式と効果に注意を払うことが学校研究の重要な側面であるということで十分であろう。[9]

生徒の参加の質と形式

学校や教室についての最もありふれた、しかも落胆する調査結果の一つは、学校や教室が退屈な場所であるというものである（Goodlad, 1984）。誰も、学校や教室にブロードウェイ・ミュージカルのような絶え間ない興奮を期待してはいないが、生徒は学校で退屈な子ども時代を過ごすべきであるという考えは、少なくとも再考すべきである。学校はそうでなければならないのだろうか。実際、知的生活の最も重要で満足のいく特徴の一つは、それが刺激的であることだ。知的に仕事に打ち込んでいる人たちと話をしていると、仕事の内容を語るときの声や活気や強さには、まぎれもない興奮がある。実際、その興奮はしばしば伝染する。そのような人たちにとって、満足感は仕事に内在しているのである。

私は、生徒の取り組みに関する分析と記述は、学校生活の重要な次元であると考えている。勉強に退屈している生徒、やる気のない生徒、見返りのない行動を嫌がる生徒は、当然心配な生徒である。したがって、生徒の取り組みの質と形態に注意を払うことは、学校教育の重要な次元であり、私たちの注意を正当に喚起する次元である。

参加の指標の一つとして、生徒の自発的な活動がある。生徒は早く学校に来ているだろうか。休憩時間に外に出るよりも、教室でのプロジェクトに取り組みたいと思っているだろうか。一日の終わりに学校から帰りたがらないか。自由時間に教室でのプロジェクトに取り組むことを選んでいるか。このような短い質問リストを見ただけでも、教室や学校の質を評価するための一連の規準がいかに膨大であるかが分かる。私たちは一般的に、このような考慮事項を無視して、標準化された学力テストの得点を、教育の質を測る唯一の指標とは言わないまでも、主なものとして見ている。しかし生徒が、自分自身が取り組んでいることに対してどのように感じているかは、生徒の行動、身振り、表情、態度などに表れており、学校教育の成果の中で最も強固で重要な成果の一つである。もし生徒が興味を失ったり、勉強したことが好きではなかったりすれば、強制されずに勉強を続けることはないだろう。

学校や教室で研究者が注目すべき潜在的な候補は、まさに枚挙にいとまがない。ここでは、これまでの学校生活や学級生活の中で、観察対象として重要なテーマであった側面、また重要となりうる側面をいくつか挙げてみたい。もちろん、このリストは例示的なものであり、包括的なものではない。

1　待ち時間。教師が設定した質問に対して、生徒が回答を考え、推敲するための時間を、教師はどのくらい与えているか。

2　学業に取り組む時間。学校の一日の中で、明確に学問的な活動にどれだけの時間が費やされているのか（その判別は案外難しいことが多い）。
3　生徒が取り組む課題・質問・問題の性格。
4　授業中、生徒が自分自身で問題を定義し、構想することが奨励される度合い。
5　クラスでの議論、討論、および知的な話し合いの頻度。
6　小グループ活動の普及率、質、および結果。
7　生徒が、自分たちや仲間によって生み出されたクラスの無秩序に対する問題解決策の策定に関与する度合い。
8　非知的および非学問的な問題に対処するのに必要な時間を最小限に抑えるための指導ルーティーンを教師が用いる度合い。
9　授業日に、教師が自分の時間を過度に取られる要求に対処する方法。
10　生徒が学習するさまざまな教科の間に築かれる関係性と、教師がその関係性を促進する方法。

このようなリストの問題点の一つは、各項目が孤立した断片となっており、知的な意味を与える枠組みや理論的な構造から独立していることである。人が見出そうと選ぶものは、場に持ち込まれる焦点と、場が観察者に求めるものの両方に依拠している。焦点は意図的に設定できるが、観察者が心を開いていて、場の特徴が魅力的である場合に、場は観察者の意識に浸透してくる。単なるリストは、目的の恩恵を得られるものではなく、観察される場の独自の特徴に必ずしも合致するわけでもない。

データの源泉と種類

学校や教室の意味づけは、発生するさまざまな現象に注目し、直接的には出てきそうもない情報を引き出す条件を整えることで強化される。また、思いがけないところから情報を探すことも有益である。一般的には、学校や学級生活を直接観察することで、最も豊かな情報の水脈が得られる。人びとが何をして、何を言っているのか、どのようにそれをして、どのように語るのかは、注目する対象の主要な候補である。私たちはある状況の中で生活し、自分の経験と現象的な世界との関係を自認することで、自分たちが生きている複雑な社会の場面を意味づけようとする。これらの観察は、特別な性質をもった知覚から利益を得る。

通常の状況では、ある状態に身を置くということは、基本的には出来事が自分たちに押し寄せてくることを意味している。私たちはしばしば、生きられている生に自覚的であるわけではない——通常の経験というのは潮の満ち引きのような生の一部である。私たちが目利きとして機能しているときには、二つの対象に注意を向けることが重要である。一つは出来事そのものであり、もう一つはそれらの出来事が私たちの経験に何をもたらすかである。この二つの対象は、私が示唆したようには切り離すことができないことは明らかである。私は、私たちが経験している当の経験を意識し、その経験を状況の質に関連づけることの重要性を強調したいため、この区別をしている。これに気づくことは、教育批評の基礎を提供してくれる。このように、私が言及している意識の性質は、ある種の啓発された自己意識のことである。私たちの通常の経験は、このような鋭いレベルの気づきによって特徴づけられるものではない。

インタビューの活用

直接観察に次いで重要なのは、インタビューの活用である。私たちは、人びとの活動や感情、生活についての話を聞く必要がある。教師は、州が義務化した新しい評価制度についてどのように感じているのか、また、それが自分の指導に影響を与えると期待しているか。そうであるとすれば、どのような形でなのか。そうでない場合は、なぜなのか。別の教師はどのようにして生徒に参加してもらう活動を選んだのか。その活動は何に由来していたのか。その教師はその結果をどうするのか。生徒は授業で学んだことからどんな関連性を見出すのか、また、勉強している教材の中で何が重要であると考えているのか。教師は学校が終わった後の自由な時間に何をしているのか。どのくらいの時間があるのか。教師は副業をしているのか。経済的に生きていくためには副業が必要なのか。

人は、本当に話を聞いてくれそうな相手に対しては、驚くほど多くのことを話してくれるものだ。概して、インタビューは形式的な質問票を偏重するような面接である必要はない ── 実際にそうであってはならない。目的は、インタビュアーがその人を安心させ、彼または彼女が知りたいことについて何らかの感触を得ることであるが、方法は厳格でも機械的でもないことが望ましい。最初のインタビューではテープレコーダーを使用しない方が賢明である（そしてそれが必要な場合は必ず許可を得るべきである）。良いインタビューを行うことは、ある意味では、良い会話に参加することに似ている。熱心に耳を傾け、真に意味ある情報をもたらす可能性が低い抽象的な推測よりも、具体的な例や感情に焦点を当てた質問をすることである。教師に自分の教育哲学を簡単に説明するよう求めると、まるで三流の教育哲学のテキストから抜粋したかのような、もっともらしい定型的な宣言が引き出されがちである。通常は、インタビュー対象者の注意を、自分がしてきたことに集中させる方がよい。研究者が教師に授業で話したことを説明してもらうことは概して有用である ―― 例えば、トピックの導入の仕方、生徒への対応の仕方、ディスカッションのための問題の選び方などである。

インタビューは、廊下、教師の休憩室までの道のり、車の中、昼食時、駐車場、授業の合間など、最もふさわしくないように見えるところでも、最も普通の場所でも実施できる ―― 実際、人びとが考えていることや感じていることを話してくれる場所であればどこでもよい。私が実施したある質的研究（Eisner, 1985c）では、リサーチ・アシスタントが2週間毎日、午前8時30分から午後3時30分まで高校生に影のようについて行った。シャドーイングの対象となった21人の生徒によって、何が起こっていたのかについてのガイドとパスポートの両方が得られた。リサーチ・アシスタントは授業に同行し、授業外の社会的な文脈でも、生徒やその仲間と行動を共にした。リサーチ・アシスタントは、これらの高校生の目を通して学校の様子をじかに垣間見ることができた。ほとんどの生徒には正式なインタビューは行われなかったが、実質的なインタビュー情報は確保された。さらに、これらの生徒たちは、「傍観者」や花形スポーツ選手、有色人種の生徒、主流派の生徒など、学校への通常とは異なるアクセスを提供してくれた[10]。

文書と成果物

学校や授業に関するもう一つの重要な情報源は記録や成果物であり、人びとが言おうとせず、もしくは言えないことをしばしば明らかにする。例えば、教師が作成したテストの種類や、生徒に課せられた宿題の種類を考えてみよう。これらの教材はたいてい研究者が求めれば入手可能であり、教師が何を重視しているかについてのある種の操作的定義を確認できる。テストはおそらく、教師が重要だと考えていることを表象している。生徒はどのような内容を理解すべきとされているのか。テストではどのような問題が出題されるのか。どのような種類の解答があり、どのような応答が適切と考えられるのか。生徒にはどの程度のフィードバックが与えられるのか。もしあるとすれば、問われた生徒はどのような形で自分の回答を修正するよう求められるのか。これらの質問はすべて、特定の授業で奨励される動機づけや価値観の多くを明らかにするデータとなる。高度な認知能力に価値を置くことと、記憶を引き出し、報酬を与えるテストによって記憶を強化することはまったく別のことである。実際、教育的価値を示す最も重要な指標は、使用される評価方法を通して引き出される内容やプロセスの性質と、許容される解答の性質の二つである。このような特徴は、教師やテスト作成者が何に価値を置いていて、また何が重要なものとして生徒に伝えられるのかについて、多くのことを語っている。

テストと同様、ワークブックや宿題も授業に関する豊富な情報源となる。生徒は何を求められているのか。宿題を完了するのにどのくらいの時間が必要なのか。そしておそらく最も重要なことは、教師が生徒にどのくらいの量とどんな性質のフィードバックを提供し、生徒はそれをどのくらい待っているのかということである。

こうした成果物は概ね物言わぬものであるが、教師が重要だと信じている、または強調しなければならないと感じている課題を示す証言となる。それらは、ウェブと共同研究者が控えめな手段（Webb et al., 1966）と呼んだもの、つまり、他の方法では見取ることも評価することも難しいかもしれない価値観、期待、行動の間接的な代用物となる。

特定のデータの源泉が断片的で孤立的なものにならないように、私が強調したいのは、全体としての文脈が第一の情報源であり、その中での行動が、その文脈の中で人びとが共有している意味を明らかにするサブテキストを構成していることである。観察された質や収集されたデータは、それがより大きな事象や資料の布置に適合・関連することで、意味のある情報源となる。一般的に、研究者は大きなパターンを探す。そして、そのようなパターンを見つけるのが困難な場合には、個々の出来事は、より小さく、より限定的な構成の中に置かれることで意味あるものになる。

データ源として使用できる事象や資料の配列は、研究者の感性と洞察力によってのみ特定される。部屋や廊下に掲示されたお知らせ、イベントの告知ポスター、落書き、校内のさまざまな社会的グループの場所、ランチルームや集会所の任意の席の配置、その他の潜在的な指標は、それらに投げかけられた問いと、研究者がそれらから解釈する意味によってデータとなる。

また、研究者が取り上げたい問題に関連する学校の記録、新聞、地域社会の統計も、意味を深める文脈を生成するための潜在的に重要な情報源となる。第4章で述べたように、複数の形式のデータを使用することは、信憑性の高い解釈に寄与する材料となる傾向がある。このような解釈の中で重要だと思われることは、人が構築できるつながり次第である。それは、知覚力と想像力にかかっている。

データの源泉について記述するセクションで想像力というのは奇妙に思えるかもしれないが、そうではない。情報は、研究者がそれを意味のあるものにすることができて初めてデータとなる。想像力がなければ、私たちはウィリアム・ジェームズが描写した「花盛りの賑やかな混乱」[*2]の中にいることになる。ゴフマンの「あふれ出し」(Goffman, 1961b)や「無関連のルール」[*3](Goffman, 1961b)、ウェーバーの民主的、カリスマ的、権威主義的なリーダーシップ[*4](Weber, 1968)、アドルノの権威主義的な人格(Adorno, 1950)、フロイトのイド、エゴ、スーパーエゴ(Freud, 1933)などは、秩序や意味を与える想像力の働きの例である。これらの構成概念は、そうでなければバラバラの断片にすぎないものに一貫性を与えている。これらの構成概念と他の構成概念が「適合」するように理論的構造を定式化しようとするとき、想像力の役割はさらに大きくなる。想像力——イメージの創造——は、「単純な」構成要素の質の間に関係性を見出すことから、心と文化との壮大なモデルの創造に至るまで、境界を越えていく。想像力は、どんな種類の研究を行う上でも絶対に必要不可欠なリソースである。データが乱雑で、研究のプロセスが予測できず、偶発的な事象が錯綜している場合、想像力は状況の意味を理解することを可能にしてくれる。想像力がなければ研究は立ち行かないが、想像力があれば洞察に富んだ説得力のあるものになる。理論が作られる程度までは——Geertz(1973)が言うところの

「フィクティオー」[*5]である —— 理論的解釈は虚構であり、それは私たちの合理性にかなうように、そして、私たちの生活がうまくいくように私たちが作り出すものなのである。それを作る際、想像力が働いている。

質的研究に関連する想像力と理論については、以前にも述べたが、もう一つ強調しておきたい点がある。質的な材料を説明したり解釈したりするために用いられる理論の種類は、さまざまな社会科学や哲学の分野から取り入れることができる。例えば、政治学者は質的な現象に着目すると、権力、条約、同盟、ブロックなどの政治学に密接に関係する概念を用いてその現象を説明・解釈しようとする。心理学者は自我の強さ、強化、適性、認知的不協和などの心理学的な概念を用いて人間の行動を解釈する。人類学者は文化化、慣習、親族、核家族、エミックとエティックなど、その学問分野の目的に適した概念を発展させてきた。教育理論についても、少ないとはいえ、同様のことが言え、教育者は独自に教育現象に対して特に適した用語を造り出してきた。例えば、**発話交替**、**保全戦略**（Flinders, 1987）、**ゴール・フリー評価**[*6]（Scriven, 1973）、**表現的成果**[*7]（Eisner, 1969）などである。

したがって、質的な現象は、通常異なる目的を持っている異なる分野にある枠組みを用いて解釈することができる。これらの理論や枠組みの重要性は、記述されていることを解釈するための一連のレンズを提供するだけでなく、それらが研究者の認知地図の一部である限り、観察の方向性を決定することにある。先に述べたように、私たちは自分が発見する方法を知っているものを求める傾向がある。私たちが発見する方法を知っているものは、すでに私たちが使い方を分かっているツールに影響されている。この点において理論は、たとえそれが特殊性を扱う研究に適さない場合でも、私たちが持っている最も有用なツールの一つである。[11]

コーディング・整理・成文化

当初から私は、質的調査において**数値は使用してもよい**と言わざるを得ないと感じている。もう一度言いたい。数値の使用は可能である。これを強調するのは、質的研究一般、特に教育批評では、数値を使ってはいけない ―― 数を数えてはいけないという考えが広まっているからである。

質を数えたり測ったり**するだけ**の研究は質的研究とは言えないが、これはそういう場合のことではない。状況をどのように表象するかは重要であるが、それを生き生きと解釈的に表現する必要があるというのは、数値が質的研究には何の役割も果たせないということを意味しているのではない。現象が数値によって最もよく扱えるのであれば、研究者は数値を使うべきである。測定することが最適な事象に対しては、測定するべきである。研究者が、民族や人種と落第との関係を知りたければグラフが有用である ―― そしてグラフには数値が必要である。中途退学者の割合を把握しようとすれば、研究者は数値を使わなければならない。しかし、そのような特徴が優勢になると、その研究は質的研究ではなく、別の研究になってしまう。それは何の罪でもない。単に質的研究ではないというだけである。

質的な手段を用いて教育の世界を描写し解釈することの意義は、数値では語れないこと ―― あるいは少なくとも同じようには語れないこと――を、研究者が語れる点にある。しかし、これは数値に反対する議論ではない。実際、質的研究において適切な箇所で数値を使うことは、研究者がその方法について省察的であり、教条主義的ではないという印象を読者に与える。しかし、研究者が、例えば、幼稚園の性格や意味を学生や教師のために記述したり解釈したりしたい場合には、観察やインタビューが適切であり、質的記述や解釈が適切な手段であるだろう。

また、写真やビデオテープ、映像は、状況を示すのに非常に有用であることを強調しておきたい。研究報告書に写真が掲載されていることはほとんどない。*American Educational Research Journal* では、過去20年間に掲載された全論文のうち、写真が掲載されたのは2点だけである（Levin, Shriberg & Berg, 1983; Mastropieri, Scruggs & Levin, 1987）。*Harvard Educational Review*, *The American Journal of Education*, *Teachers College Record* のような教育分野の他の主要なジャーナルにも、写真が掲載されることはほとんどない。規範は数値と言葉である。伝えたいことを伝えるために必要なものを使うという原則を思い出してほしい。説明するために何ページもの言葉を必要とするだけでなく、結局は言葉では十分に説明できないことを写真や映像によって伝えることができる。教室がどんな様子か示すために、優れた写真は最高のテキストよりもはるかに多くのことを物語る。

興味深く注目すべきは、視覚資料がもし写真である場合、研究ジャーナルではほとんど使用されないのに、度数分布図、趨勢線、散布図、フローチャートを使用するのは良いと考えられていることである。視覚的にグラフで表示される量的な情報は科学的に見え、受け入れられる。とはいえ、度数分布図などを許容することで、編集者は同じように暗黙のうちに、いくつかの情報は数字やテキストではなく、視覚的に表現するのが最善であることを認識しているということになる。実際、コンピュータ会社は、コンピュータやソフトウェアの能力を利用して、データを生き生きした色で表示したり、スプレッドシートや円グラフ、あらゆる種類のグラフィックを作成したりしている。ここでも、情報の提供は、視覚的な表示によって強化され、多くの方法で可能になるという認識がある（Tufte, 1983）。

人類学者の中には、研究における写真と映像の重要性を認識している人もいた。マーガレット・ミードとグレゴリー・ベイトソンは、彼女らのキャリアの初期に、共同で映像を作成していたし（Bateson & Mead, 1952, 1954）、ホッキングスのような現代の人類学者は、視覚人類学（Hockings, 1975）と呼ばれるものを広めている。

写真、ビデオ、映像は、私たちがある場面を見取るのを助けるうえで非常に大きな可能性を秘めており、解釈や分析のための生の資料を提供してくれる。教育研究の出版物や、教育における研究と評価を目的とした全国学会でそれらが一般的に見られないという状況は、ゆっくりと――非常にゆっくりと――ではあるが、変化している。このような潜在的に強力なリソースがないがしろにされてきたのは、習慣、慣習、古い規範、そして知の本質に対する限定的な見方に起因している。このような新しい見方が広がれば、学術論文や質的研究を用いた学位論文で、核をなすのが映像やビデオテープであって、説明のためのテキストを添えて作成することが、ますます容認されるようになるだろう。いくつかの場所（スタンフォード大学教育学部など）では、これはすでに認められているが、実際にこのような研究を行っている学生はごくわずかである（McCutcheon, 1976; Jones, 1982）。人間が情報を処理し、保存し、検索する方法についての認識が深まり、さまざまな表象形式が私たちの作る意味に貢献していることを認識するようになるにつれ、写真、ビデオ、映像の使用は今後ますます活用されていくと確信している。

質的調査を行う上で、ノートを取ることや、時には、テープによる記録が重要なツールであることは先述の通りである。ここでは、それらの重要性を改めて考えてみたい。これらは単に重要なだけではなく、決定的な役割を果たす。それらは、信頼できる描写と説得力のある解釈を可能にする備忘録、引用、詳細を提供するためである。研究者がノートを取るときに何を記録するかは、そもそも何に意味があり、重要であるかを認識する能力にかかっている――これもまた想像力が働く行為である。重要なことは、誰にでも聞こえるように告知されているわけではない。それらは識別バッジをつけていない。観察者の課題は、見取ることと記憶することの両方である。ノートを取ることは記憶するための方法である。もしすべてを記録しようとすると、何も見取れないだろうし、いずれにせよ、我々は「現実」の時系列記録や連続する説明を望んでいるわけではない。そうしたことは、読み手を困惑させ、おそらく書き手をも混乱させるだろう。

何を記録するかを決める一つの方法は、何に焦点を当てるかを参加の前に決めることである。この問題を解決するためには、先に述べた焦点の事前指定が大いに有効であることは言うまでもない。しかし生成する焦点については、観察者がその場で用いる参照枠組み、理論、概念体系、あるいは一連の価値観を考慮して、相互作用の中から選択することによって、重要性が決定される。ここでのポイントは、重要性の知覚は認知的な成果であり、実際、それが専門家と素人を区別するということである。専門家は何を無視すべきかを知っている（Berliner, 1988）。書かれた記録を維持する一般的な方法の一つは、ページを縦に半分に分割し、片側に重要だと思われる出来事が起きた時にそれを順に記載していくことであり――これは時系列的なものになるだろう――、こうした出来事の横に、解釈のコメントを書くことである。

研究者はまた、自分たちが見取ったものについてどのように感じているのか、つまり、その状況が自分たちの中でどのような感情を生んでいるのか、その理由は何なのかを、そうしたコメントに含めることができる。事実上すべての場合において、語られるべきストーリーは研究者についてではなく、彼らが経験した状況についてであることを覚えておくことが肝要ではあるが、このようなコメントは、解釈のための情報源として使用できる。これは、自伝的記述を提供することと、研究するべき状況の特徴や意義を記述することとの間の大きな違いであって、たとえその人自身の経歴が、記述する状況の必然的な一部であるとしても、そうなのである。

焦点の選択とプロットの構築

教室、教師、学校の質的研究は、通常、ストーリーで表現される。つまり、執筆者は彼らが研究対象にした状況、人、またはコミュニティの光景を念入りに作ろうとする。見取ったことのすべてが使えるわけではないし、カメラでリアルタイムに撮影したものでもあまり役に立たないため、焦点を見つけて主張を選択し、整理するという問題が非常に重要になる。研究者は、リアルタイムで起こっている出来事をどのようにしてライトフット（Lightfoot, 1983）が「肖像画」と呼ぶものに還元し、観察者――私の場合は教育の目利き――が経験したことを教育批評と呼ぶものに還元していくのか。これがストーリーを語る際の課題であり、どんなストーリーを語るにしても、主題、筋書き、視点は重要な考慮事項である。

この目的のために使用される一つの形式は、観察された事象から解釈される反復的なメッセージである主題の作成である。主題の特定のために研究者は、まとめた資料から主題を抽出する必要がある。インタビューのノートや文字起こし、アイデアやコメントが書かれたインデックスカードは、多かれ少なかれ帰納的に主題のカテゴリー生成のために使用される。私の学生の一人は、中学校の授業について研究を行い、次のような二つの主題を用いて、彼女の教育批評の主要な結論を導き出した。

子どもたちからのメッセージ
子どもたちへのメッセージ

アーヴィング・ゴフマン（Goffman, 1961b）は、出会いのダイナミックスについて述べる際に、資料を次のようなテーマに整理した。

ゲーム、遊び、競争

自発的な関与
緩和と緊張
出来事
あふれ出し
構造と過程
相互作用の膜
結論

アラン・ペシュキン（Peshkin, 1986）は、キリスト教原理主義の学校で学んだ経験について書く際に、次のようなテーマを採用している。

場、著者、時代
教義の書き取り
教えることの使命
精神性を求める学校教育
正統主義の影響
真理の組織的構造
統制の構造

これらのカテゴリーはすべて、文章を構成する主な主題を抽出するための試みを表象している。この構造の中で、著者は資料を選び、それを使って、自分たちが設定した主題を解き明かす。そのために著者は、本質的な要素を構成し、主題の内容を生き生きとさせるために十分な描写を用いる。主題は、描写対象である出来事の解釈と評価のための構造を提供する。

状況を描写するプロセスでは、書く勢いを失わないことが重要である。未熟な著者の多くは、出来事の詳細な事実関係を逐一説明しようとする。これは臨場感という名のもとに行われる。しかし、このようなアプローチは多くの場合、退屈で活気のない編年史のようになってしまう。見たままの状況を正当に伝える説明と、その状況に対する公正かつ信頼性の高い描写から逸脱することなく読者の注意や関心を維持するのに必要な文学的質との間に、緊張感が保たれていなければならない。人生経験を描写しようとするナラティブは、経験そのものと同一ではありえない。選択を通した編集・強調・無視が働くのはまったく避けられないことなのである。それゆえに、私たちが求めるのは鏡ではなく、私たちが知ったことについて語るべき重要だと思われることの物語、啓示、あるいは描写である。このナラティブは、証拠に支えられ、構造的に裏づけられ、首尾一貫していなければならないが、誰が何をしたか、何を見たかという貧相なリストではありえない。それには、配役と筋書きの両方が必要であり、視点も必要である。研究者がまとめた資料や観察から帰納的に導き出された主題の構造は、ストーリーを語るための概念的な拠点を提供できる。そして、このような主題の状況を中心に語られるストーリーは、ストーリー全体を要約して説明するための材料として使うことができる。

私は、「ストーリー」という比喩を用いることで、文学的な表現方法で意味を伝える技術の重要性を強調したい。人文科学のみならず、社会科学においても、著者が使用する言語形式や説得力のある構造の重要性はどれほど強調してもしすぎることはない。事実は単に発見されるのではなく、選択されたり、解釈されたりする。ネルソン・グッドマン（Goodman, 1978）に同意するならば、事実は組み上げられたものである。たとえ文学的な体裁をとらない文章であっても、文中での事実の表現と配置は重要である。いわゆる客観的な記述でも、修辞的な要素が働いている。修辞学は説得術であり、事実だけでは説得力に欠けることも多い。それらはストーリーの中で語られなければならない。ストーリーには構造があり、構造にはテンポ、一貫性、視点がある。構造、テンポ、一貫性、視点のないストーリーは単に読まれない――また、読まれても説得力がない。語ることには作り出すことが含まれるため、ありのままの語りはない。課題は、状況を適正に評価することであり、しかもなお、自然科学におけるストーリーも含めて、すべてのストーリーは組み立て――つまり作られたものであることを認識することである。

主題を組み立てることは、報告の焦点を絞る一つの方法である。もう一つは、時間の経過に沿って出来事を整理することである。このプロセスにおいて、出来事は必然的に崩れていく。これがどの程度行われるかは、研究者が提供したい精密さのレベルと、彼や彼女がどれほどのデータと取り組まねばならないかによる。4ヶ月間にわたる学校の研究は30ページでも、300ページでも説明することができる。どの程度削減するとやりすぎになるのか。どの程度の詳細さがあれば十分なのか。文脈を離れた唯一の答えはありえない。その選択は、著者の目的とストーリーの機能に依存する。時系列の説明であれば、私たちは出来事の流れを感じられる。それは、著者が何を言いたいのかに応じて、重要であるかもしれないし、重要ではないかもしれない。読者に誰かの一日の流れを感じさせるためには、その日の流れを伝える必要がある。テッド・サイザーは、『ホレスの妥協』(Sizer, 1984) の序章で、ホレス・スミスの一日を、彼が起床してから放課後に義兄の店を手伝う仕事をするまでを見事に描写している。このイメージを展開させるためには時間が重要であり、サイザーはその時間感覚を提供している。短い30ページの中で私たちはサイザーの本の中心人物を知っていく。ホレスは一人の人間になり、彼を通して私たちは高校教師であることが何を意味するのかを学ぶ。

資料を整理するもう一つの方法は、解釈、評価、主題生成のための手段として機能する、十分再現的で豊かな単一の日やエピソードを選択することである。ジョン・ファイルダーズ (Feilders, 1982) は、大都市の学校組織の監督者についての研究でこのアプローチを用いた。彼は3ヶ月間この監督者にシャドーイングして観察し、詳細なノートを取り、さまざまな資料を収集したが、彼が部下とどのように協働し、権力と統制を維持するために情報を利用し、自分の時間に対して競合する要求に折り合いを付け、責任を委譲したか等々を記述する方法として、この監督者の生活の中のある一日――午前8時45分から午後11時まで――を選んだ。その日――一人の管理職の人生の中でのたった一日――が、非常に生き生きとした啓発的なストーリーの構造となっている。

ここで指摘しておくべき重要なことは、もしファイルダーズが3ヶ月間この監督者にシャドーイングして観察していなかったならば、その生活のうちのある一日のことについて、本になるほどの長さの研究を書くことはできなかったであろうということである。彼がこの特定の人物の文脈や特殊性を理解していたからこそ、ある特定の期間に起こった出来事が表面的なものを超えた意味を持ったのである。ファイルダーズが創造することができた意味は、状況とその人物に対する彼の感性から引き出されたものであり、それが次には、彼が3ヶ月間の観察の間に学びえたことによって高められたのである。

期間はどれくらいの長さがあれば十分なのか

教育批評で最もよく訊かれる質問の一つは、「学校や教室でどの程度の時間を過ごす必要があるか」という問いである。これについても、固定された一定の数字や、最適な観察期間を計算するアルゴリズムを提供することができればよいのだが、それはできない。アラン・ペシュキン（Peshkin, 1986）は福音派の学校について研究していた際、福音派のクリスチャンの家に18ヶ月間住み込んだ。サラ・ローレンス・ライトフット（Lightfoot, 1981a, b）、フィリップ・ジャクソン（Jackson, 1981a, b, c）、トム・バロン（Barone, 1983）は、記述した学校で3日から5日を過ごした。どのくらいの時間が十分なのだろうか。研究者が知覚的に鋭敏ではない場合、永遠の時間があっても十分ではない。ある場面を素早く読み取ることができるなら、そこまでの時間は必要ない。問題は時間の長さではなく、研究者が描写、解釈、評価を裏づけるために得る証拠の質である。経験が多いほど、平均して必要な観察時間は短くなる。専門家は、初心者よりもはるかに早く状況を読み取ることができる。

これを言うとき、私はゲリラ部隊による急襲の場合や、リスト（Rist, 1980）が「電撃戦エスノグラフィー」と呼んでいるものを論じているのではない。状況を理解するための時間は重要であるが、それがどれだけの時間を要するかは、観察者の知覚と経験、そして状況の繊細さの程度に依存する。**一般的に**、研究を始めたばかりの研究者にとっては、フルタイムかそれに近い状態で、教室で2週間、学校で4週間滞在することは不合理とは言えない。教師を評価する人たちが教室で過ごす時間が1時間未満であることを考えると、フルタイムで2週間が少なすぎるということはない。繰り返しになるが、重要なのは時間そのものではなく、観察を裏づけるために必要な証拠の質である。

補遺の活用

本章の最後に、質的研究における補遺の活用についてコメントする。研究で使用されたタイプした原稿、フィールドノート、質問票、回答用紙、その他のさまざまな資料を提示できる場所を提供するというだけの理由であったにせよ、補遺はすばらしい発明である。そのような資料のいくつかは、研究の本体に適切に統合されているかもしれないが、その多くは優れた質的研究が持つべき連続性を乱したり壊したりするだろう。そこで救いとなるのが補遺である。読者は、質問票に何が含まれていたのか、インタビューで教師は何を言ったのかを知りたいと思うかもしれないし、宿題や教師が作ったテストの例を見たいと思うかもしれない。読者は、生徒AやCの作文がどのようなものであったか、教師がそれぞれについてどのようなコメントをしたのかを知りたいと思うことだろう。

研究の対象が例えば教科書であれば、その視覚的な質や文の特徴は読者にとって重要であろうし、ページや文章の例は参考になるだろう。そのような例は補遺に置かれるのが妥当である。また、補遺には、研究に関連するゆえに、著者の背景や教育観などを記載することもできる。

認知心理学者や行動心理学者の場合、概して著作の補遺に経歴を記載することは想定されていない。なぜなら、彼らの方法は手続き的に非常に客観的であるため、彼らの個人的な人生は「汚染要因」であって、入る余地がないからである。質的研究では、研究者の背景が状況の描写、解釈、評価に影響を与える可能性がある。したがって、研究者が誰で、どこから来たのかを知ることは、まったく関係ないわけではない。ここでのポイント——深いポイント——は、本書で説明してきたような性質をもつ研究においては、個人の経歴は研究者が使用するツールの一つであり、意味が作られ、解釈が表現される際の主要な手立てであるということにある。それは、研究を妨害するものではなく、必要不可欠なものである。そして、この経歴の本性が、物事の見取られ方、記述のされ方に影響することを私たちは認識しているため、著者についての情報があることは、まったくもって適切である。

補遺には、研究で採用された研究方法も記述できる。おそらく、そのような記述の最良の例の一つは、ウィリアム・フォート・ホワイトの『ストリート・コーナー・ソサイエティ』（Whyte, 1961）の第2版に見られる。ここでホワイトは、質的研究の文献では古典となっている、ボストンのイタリア人労働者階級のストーリーについて語ることをやめ、彼の研究の背景について、彼がどのようにして研究を始めたのか、その著作を書くのに使用したデータをどのようにして入手したのかを読者に伝えている。ホワイトの補遺は、非常に有用な方法論の叙述である。

ある意味で補遺は、読者が読んでいるナラティブを構築するために使われる材料やツールを表示する一方法と見なすことができる。ここで提示されるのは、私の釣針、網、竿である。あなたが今食べた食事を作るために使った小麦、穀物、果物の見本がここにある。ここには、私の背景の簡潔な描写があり、私がどこから来て何を大切にしているのかを語る。これらの資料はすべて、この研究をする上で重要だったものである。私が何をどのようにして行ったのかをあなたがより深く理解できるよう、これらの資料を提示するのである。

これまでに述べてきた方法が巧みに使われたとして、事例の研究は局所的な知しか提供しないのだろうか、それとも、このような研究は、教えるべき、より大きな、より一般的な教訓を与えるものなのだろうか。今や目を向けるのは、この疑問である。

注

[1] Donald Schön (1983) は、省察的な実践者がさまざまな状況の中で採用しているプロセスと文脈の柔軟性と直観的な把握について雄弁に述べている。ジャズのミュージシャンやスポーツ選手だけでなく、企業の経営者や教師も、青写真で描かれた行動計画に従うことはめったにない。逆に、柔軟な目的設定と文脈への感度は、質的知性が働いている証しである。

[2] 私は、最近のアメリカの教育における最も重要な進展の一つは、教師が自分の仕事に影響を与える政策や実践に声をあげることに対する関心が高まっていることだと思う。カーネギー委員会による教育に関する報告書と

ホームズ報告書の両方とも、教師の専門的な尊敬と自律性を高めることの重要性を強調している。この発展の潜在的な影響の一つは、大学の研究者と公立学校の教師との間に平等意識が高まることにあるかもしれない。このような平等性が高まると、学校や教室へのアクセスは、大学で働く者と学校で働く者との交渉の中で決まるようになるだろう。さらに、研究者と教師によるコラボレーションが進むことも予想される。最終的には、教師自身が自らの研究課題に対して大きな責任を負うことになるかもしれないし、願わくば、専門家としての教師がそのような研究課題を追求することを学校が可能にしてくれることを期待したい。

[3] MacDonald（1977）やDonmoyer（1990）などの研究者は、「民主的な」評価に近づくことを提唱している。このモデルでは、すべての人に発言の機会が与えられ、最終的な評価結果は審議に参加した人たちの間で協議した結果となる。確かにそのようなアプローチにはメリットがある。しかし、私は専門性というものがあり、誰もがそれを持っているわけではないと考えている。誰にでも得意なことがあるかもしれないが、すべてのことについてそうであるわけではない。私は、教育現場には、教育実践を描写し、解釈し、評価するための専門知識を持った人の居場所が必要だと考えている。私は、専門知識に頼ることを反民主主義的、エリート主義的とは考えていない。さまざまな種類のコンピテンシーを認識し、それらを適切に活用した結果だと考えている。

[4] 現場をきれいにして去ることの重要性についての鋭い観察はアラン・ペシュキン氏に負っている。

[5] 学校教育の主要な次元を定式化する方法は他にもあるが、私にとってはこれらが最も重要な次元である。学校教育の分析にこれらの次元を利用した研究については、Uhrmacher（1990）を参照されたい。

[6] もちろん、事象の発生率を測定することは、事象間の関係性を評価するよりもはるかに簡単な作業である。しかし、何かの出現率は、それが参与する全体の特徴と無関係に、その意味や価値について情報を与えることはほとんどない。このような関係性を理解する方法を学ぶことは、鑑識眼の主要な側面であり、関係性を生み出す方法を学ぶことは、芸術性によって達成される主要なものである。

[7] 進歩主義の教育者たちの最も鋭い洞察力の一つは、子どもたちが手段と目的の間のつながりを理解できるよ

うに支援することの知的な重要性を認識していたことである。暗記型の学習では、子どもたちがこれらの関連性を見出すことを支援できず、その結果、学んだことの意味が実質的に損なわれてしまうのである。実際、子どもたちはどのようにして結論が導き出されるのかを理解できなければ、その結論の意味を理解できないだろう。

[8] ここでの公平性の問題は、非常に重要である。学校のプログラムが生徒に対してさまざまな表象形式を使う機会を与えない場合、生徒は、そうでなければ獲得できた意味へのアクセスを拒否されることになる。さらに、無視されてきた分野に適性や関心がある生徒が輝く機会を奪ってしまう。このような慣行は、適性や興味、努力を芸術に向けている学生に対して、大学が学生に課している一般的な慣行と同様に、きわめて不公平である。多くの大学では、学生の成績得点の平均を計算する際に、芸術分野で受けた成績に何の単位も与えていない。芸術分野の作品や才能を持つ〔他コースの〕学生に単位を与えない当の教育機関が、自分たちのキャンパスで芸術コースを提供しており、そのコースでは単位を与えるばかりか、学位も与えているのは、特に皮肉なことである。

[9] *Hidden Cost of Reward* と題された、子どもへの報酬の影響に関する興味深い重要な編著で、Mark LepperとDavid Greeneは、イーゼルで絵を描くというような内在的に満足できる活動に対して外的報酬を与えられた子どもは、同じ活動に対して外部からの報酬を与えられなかった子どもよりも、自発的にその活動に取り組む可能性が低くなることを指摘している。私たちは、学校での活動に対する外部からの報酬を生徒に習慣づけるような報酬システムの副作用を、まだ十分に評価できていない。

[10] この研究の詳細については、Elliot W. Eisner（1985c）を参照のこと。また、Eisner（1985b）、特に256-274ページやBarbara Porro, "Playing the School System: The Low Achievers Game" も参照のこと。

[11] 理論は、必然的に特殊性を十分に包含することができない。特殊性とは特別で特異なものであり、理論とは一般的で理想的なものである。理論はガイド、経験則として有用であるが、一般化された概念や関係性と、教師や研究者が対処しなければならない個々の教室、教師、出来事との間の完全な一致を得ようとしても、必ず失敗するだろう。

訳注

[＊1] この文献が何を指すのか不明。

[＊2] 「花盛りの賑やかな混乱」（Booming, Buzzing confusion：本文）。Eisner はBooming と記述しているが、Blooming の間違い。これは、ウィリアム・ジェームズが『心理学原理（*The Principle of Psychology*）』の中で、赤ちゃんが初めて世界を経験する際、あらゆる感覚から刺激を受ける様子を指して使ったフレーズである。

[＊3] E・ゴフマンの言う無関連のルール（Rules of Irrelevance）は、状況の中で進行している意味あるアクティビティに一定のフレームを設定して浮かび上がらせるために、その他のものを無関連なものとして背景に退かせるルール。そのフレームを壊すような感情表現をゴフマンは「あふれ出し」と呼んでいる。なおこうした概念は、ゴフマンの『出会い』（E. Goffman, *Encounters: Two studies in the sociology of interaction*, Bobbs-Merrill, 1961）に記述されているのだが、原書の参考文献表にこの書は挙げられていない。原書でGoffman, 1961として挙げられているのは『アサイラム』である。両者とも１９６１年刊なので、アイスナーが混同したものと思われる。本訳書では、『出会い』を参考文献表に1961bとして加筆し、『アサイラム』を1961aとした。

[＊4] ウェーバーの支配の三類型は、合理的、伝統的、カリスマ的であるが、アイスナーは、それとは異なる民主的、カリスマ的、権威的リーダーシップという三つを示している。参照指示されている書籍（Weber, 1968）は、ウェーバーの論文集で、ここでも合理的、伝統的、カリスマ的という支配の三類型が示されている。カリスマ的権威は、集団の合理性が進むと、被支配者による承認が正当性の根拠となり、正当性は民主的なものとなるとされる。アイスナーのここでの叙述は、こうした点を受けてのものだろうか。

[＊5] フィクションを意味するラテン語。ギアーツ『文化の解釈学Ⅰ』（岩波書店 1987）26ページには次のように記述されている。「人類学の著述はしたがって創作である。それが「作られるもの」、「形作られるもの」であるという意味 —— フィクティオー（fictio）の本来の意味はそこにある —— における創作であり、それはまちがっているという意味でも、事実に反するということでも、また単なる「仮空の」思索という意味でもない。」

[＊6] ゴール・フリー評価（goal-free evaluation）とは、事前の目標や規準に縛られず、学習者のニーズを評価規準として柔軟に評価する手法。偏見を排除し、新たな洞察や解決策を引き出すことに適している。

[＊7] 表現的成果（expressive outcomes）は、アイスナーの教育目標論で展開されている概念である。行動目標、問題解決目標の場合、あらかじめ設定された目標に向かって学習活動が行われるのに対して、表現においては学習活動の帰結として目標に当たるものが発見されることから、「目標」ではなく「成果」という言葉が用いられている。

第9章
質的事例研究には教訓があるか

詩は、歴史よりも哲学的で、より重要なものであり、それはその記述が、むしろ普遍的な性質を帯びているからである。

アリストテレス

特殊なものは常に普遍的なものと一致する以上のものであり、普遍的なものは常に特殊なものに適応しなければならない。

ゲーテ

標準化されたイメージ

研究において一般化は、母集団からランダムにサンプルを抽出する統計的プロセスに依存していることはよく知られている。この考え方は、選択が本当にランダムであれば、サンプルについて真であることは何であれ、サンプルが選ばれた母集団について、ある確率の範囲内で真であるとされる。推測統計学の発展を通して、サンプルを選択し分析するという、実に明快な手順が利用できるようになった。それによって、研究者は学んだことをより大きな世界に拡張できるようになった。ほとんどの研究者養成プログラムでは、このような方法の論理と、それをどのように利用するかを学生に教えている。サンプリングだけではなく、**ランダム**サンプリングは統計的推論が構築される基礎となる。このような推論は、一般的に、ランダムなサンプルのサイズが大きくなり、そのサンプルの抽出元である母集団のパラメータがよりよく理解されればされるほど、より信頼性が高くなる。一般化についてのこのような仮定があるとすると、$N=1$の場合はどうすればよいのだろうか。サンプルがランダムでなければならず、サンプルの大きさが違いを生むとしたら、対象がランダムに選ばれるわけでも、大規模でもない研究をどのように考えればよいのだろうか。個人の事例研究は、結局のところこれ以上小さくすることはできない。

ランダムサンプリングの論理は非の打ちどころがないが、日常生活では一般化するためにランダムにサンプリングをしているわけではないことは明白である。私たちは実際、「人生から」、つまりランダムとは程遠いものである出来事から教訓を学ぶ。さらに、固有の状況から学んだこれらの教訓は、いわば単一の事例研究であり、ランダムなサンプルを構成する単位ではない。私たちは何に基づいて一般化し、教訓を学ぶのだろうか。そして、私たちが通常経験する非ランダム、$N=1$の経験から、どのような教訓を学ぶことができるのだろうか。

これらの疑問に答えるためには、「教訓から学ぶということ」の意味、一般化の意味、そして学習理論家や教育者の心をつかんでいる、古くて尊ぶべき概念の意味を検証する必要がある。すなわち**転移**という概念である。

一般化するとはどのような意味か

一般化は、与えられた情報を超えていくだけでなく（Bruner, 1973）、ある状況や課題から学んだことを別の状況や課題に移すことと見なされる。私が一般化と転移を融合するのは、転移は常に、一連のスキル、イメージ、アイデアをある状況から別の状況へと機械的に適用する以上のことを必要とするからである。二つの状況や課題が同じであれば、一般化する必要性はゼロであろう。トラックいっぱいの荷物をある場所から別の場所に移動するように、状況Aから学んだ一切合切を状況Bに移すだけでよい。しかし、これはそういった状況ではない。スキル、イメージ、またはアイデアは、決して同じであることはない状況に適用され、状況のいくつかの特徴は常に異なっている。したがって、転移は一般化の特徴を持つプロセスなのである。[1] 人は、ある状況と次の状況との間の類似性――同一性ではない――を認識し、適切な推論をしなければならない。実際、学習それ自体が転移を**必要としている**とさえ考えることができる。というのも、実際、学習が最初に行われた状況とは別の状況で学習が行われたことを示せなければ、何かを学んだとは言えそうにないからである。

二つの状況の間の違いとして必ずあるのは、もちろん時間である。しかし、ほとんど常に、個人が対処しなければならないもっと複雑で微妙な違いがある。状況を横断して、スキル、イメージ、アイデアを適切に一般化する能力は、人間の知性の一つの形を表している。似ているようで似ていない状況もあれば、まったく似ていないように見えなくても似ている状況もある。もちろん、これらはすべて、その場に持ち込む視点によって決まる。どのような目的のためにどの視点を採用すべきかを知ることは一般化のプロセスの一部であり、この能力は、質的事例研究の有用性を評価する際に特に重要である。

ランダムな選択に基づく統計的一般化は、より広範なプロセスの特殊なケースであるということをこの論理の道筋は示している。それは、生物の環境への適応を可能にしているものである。もし新しい状況ごとにまったく新しいスキルが必要になるのであれば、人間が生き残ることは難しいだろう。

一般化の内容

一般化のプロセスだけでなく、一般化された「内容」についても考えてみたい。人は何を学び、何を使うのだろうか。ここでは、ジャン・ピアジェ（Piaget & Inhelder, 1964）やジェローム・ブルーナー（Bruner, 1964）などの発達心理学者によって論じられてきた三つの重要な学習形態を明らかにしたい。含意しているところとは反対に、これらの学習形態は、認知的な重要性の点で決して序列があるわけではなく、子ども期に限定されたものでもない。

一般化されるのは学習したことであり、私たちの目的に対応させると、これらは、（1）スキル、（2）イメージ、（3）アイデアとなる。ブルーナー（Bruner, 1961）の用語では、これらは人間の認知の**動作的**、**図像的**、**象徴的**側面に相当する。

スキルは、適用されるときに一般化される。これらのスキルは、時にきわめて単純に「マニュアル」として参照されたり、複雑で繊細な知覚領域を構成する質を細かく識別できるようなスキルとして参照されたりする実践形式にルーツがあるのかもしれない。スキルとは、単に物理的に何かを行うことではなく、行う際に思考を必要とするものである。思考がなければ、スキルを用いることはできないのである。[2]

私は分析的な目的のために、この文脈で**スキル**という用語を使用している。行動することとイメージすることは、どちらも思考の表出であり、それらを使いこなす能力のレベルは、それらを生み出した思考の種類や質を反映することに留意する必要がある。私たちの目的に照らし合わせてみると、見取ることを学ぶことと、見取ったことについて書くことを学ぶことは、重要な一般化可能なスキル（つまり、思考の一形態）なのである。

イメージもまた一般化する。イメージは、経験的な質との相互作用から構築される。これらの質は、映像、写真、絵画、ダイアグラム、メロディー、動きなどに現れる。イメージはまた言葉からも生まれ、その形や内容はイメージを生み出す能力を持つ。例えば、女性的な美しさ、男らしさ、愛国心、道徳的な弱さといった個人的なイメージは、私たちが普段見聞きする公共的イメージに影響される。

私たちはイメージを生成するだけでなく取り入れるのであり、いったん内在化すると、それは例示となるだけでなく、見ることや分類するためのパラメータともなる（Neisser, 1976）。要するに、イメージは強力なツールとしての機能を持っており、この機能は一般化能力の表れである。

イメージの一般化能力があるからこそ、私たちは教室での生活や教え方の特徴、議論の論点などのある種の質に他のもの以上に目を向けることができる。いったん、これらの領域で優れたイメージを確保できると、私たちは、そうしたイメージに関連性があると考える世界の別の側面にそれらを適用していく[3]。

質的研究では、イメージの生成――例えば優れた指導の生き生きとした描写――が、教師教育や指導の評価に利用できるプロトタイプとなりうる。質的な文章は生き生きとして具体的であることが多いため、それがイメージを生み出す力は特に強い。ただし、理論的な考えもまたイメージを基盤にしている。マックス・ウェーバー（Weber, 1968）によって展開されたイメージ――例えば、権威主義的、民主主義的、カリスマ的なリーダーシップスタイルといった概念――は、イメージとしての性格を持つ。ロバート・ニスベット（Nisbet, 1976）は、彼の著書『想像力の復権』の内容を要約した一節で、理論社会学者たちによって生み出された「形式」やテーマが「文化的風景を表現する」力を持っていると述べている。

その偉大な形成期、トクヴィルやマルクスからウェーバー、デュルケム、ジンメルへと至る時期における社会学を描くために、「社会的風景」、「肖像画」、「運動の幻想」、そして私が「進歩の錆」という用語を選んだのは、何らかの文脈や内容から逸脱するものではない。まさしく絵画や文学が風景や肖像などの用語で見られるように、そしてもちろん、しばしば見られてきたように、社会学もこのように捉えることができるのではないだろうか。西欧の文化的・社会的な風景を明らかにすること、支配的な役割を明確に識別すること、構造や設定から動的な強さや動き、運動を導き出すこと、近代性が共同体や個性に与えるコストを評価すること――これらはすべて、マルクスやジンメルの目的であり、また作家であればブレイク、コールリッジ、バルザック、ディケンズの目的であり、現実を照らし出すために線や光や影を用いたホガース、ダヴィッド、ミレー、ドーミエといった作家の目的であった。そして、そうした芸術家であろうと社会学者であろうと、私が挙げたテーマ、すなわち**共同体**、**権威**、**地位**、**聖なるもの**、そして**疎外**の影響があることは間違いない。(Nisbet, 1976, pp.40-41)

ニスベットは、社会学の形成期を、芸術家が作り出す形式と機能の点で似たものを作った理論家が登場した時代と特徴づけた。ニスベットにとって、社会学の根本的な概念は、イメージ的で魔術的な特徴を持つ主題に埋め込まれている。ひとたび内在化されると、それらのイメージは、社会学者の理論的兵器庫における最も重要な武器となった。つまり、いったん権威主義者の肖像が描かれると、私たちはそれを見出す手段を手に入れる。さらに、私たちは見つけ方を知っているものを求める傾向がある。このように、探索は私たちが所有し、使い方を知っているツールに影響される。科学の偉大なイメージは、最初はしばしば比喩として表現されるが(Langer, 1976)、私たちの持つ最も一般化可能な概念装置の一つである。

スキルとイメージは、一般化を可能にする二つの手法であるが、私たちが普通最初に考える手法ではない。一般化とは、通常、ある状況についての表明、あるいは何かに関する真実の言明または命題だと考えられている。したがって、社会科学の研究で一般化がなされる場合、私たちはたいてい、それを探究の主要な成果物と見なす。というのも、それによって私たちは未来を予想できるし、少なくとも期待を持つことができるからである。社会階層とスタンフォード・ビネー式知能指数計で測定したＩＱとの間に有意な正の相関があるという主張は一般化であり、予想を組み立てるための知見を提供する。このような一般化には基本的に理論的な問題があり、私たちが遭遇するすべてのケースで正しいとは限らないが、この一般化によって調査を進めれば、多くの場合そのような結果が得られるだろう。私たちは研究を行う際、有用な一般化にたどり着くことができ、それがなぜ機能するのかを説明できる優れた理論が得られることを望んでいる。

ここまで私は、私たちが一般化する内容というのは、言語的な形式のみならず、スキルやイメージでも表されるアイデアであるという事実を強調してきた。私たちがスキルを一般化するのは、スキルを最初に学んだ状況とは別の状況で適用する方法を知っているときであり、イメージを一般化するのは、私たちが獲得したイメージと一致したり近似したりする世界の特徴を探し、見つけるときである。イメージは、命題がそうであるように、私たちが遭遇する世界を探索し、分類するためのカテゴリーとして機能する。イメージは、私たちの経験が解釈されるための装置なのである。

一般化の適用方法

一般化が行われるさまざまなモード —— スキル、イメージ、アイデアなど —— を認識できれば、それらを適用する手段について、より具体的に問うことができる。すでに述べたように、形式的推論は、科学的探究の中で一般化を行うための理想的な方法である。形式的推論を可能にするためには、ランダムな抽出が用いられる。その他の手段としては、**属性分析**と**イメージ・マッチング**がある。属性分析では、特定の物や過程 —— 例えば、鷲だとか、帰納的に教えられる授業だとか —— の種類を特徴づける特定の属性イメージを用いて、我々の経験におけるそれらの現前が特定される。私たちは部分的な情報に基づいて推論を行うことができるし、実際に行っているのである。十分な部分情報があれば、ある程度確信を持って分類や判断ができる。場合によっては、確信に満ちた判断や推論をするために必要な情報量は、情報がユニークな属性を特定するものであれば最小限で済むこともある。例えば、空港のゲートで知らない人に会うように頼まれたとしても、襟に紫のバラをつけてくるであろうことを知っていれば、その人を正確に特定するためのさらなる情報を必要としない。この場合、きわめて特徴的な属性を探せばよく、私たちが探している物や人をどう認識するかを伝えるには、それで十分なのである。

他のケースでは、私たちは一般化されたイメージ、つまり**ゲシュタルト**を持っており、特定の属性を探すのではなく、見たパターンと記憶されているイメージとを照合することで、求めているものを見出す。半ブロック先を歩いているのが友人のジョーであるかどうかを判断するのは、通常、属性を数え上げるのではなく、記憶しているジョーのイメージと目にしている人物の一般的な形状を一致させる働きによる。実際には、個々に照合された属性は正しいかもしれないが、そのパターンは間違いかもしれない。私たちは、個々の属性よりもパターンや全体的な質を信頼する傾向がある。良い風刺画の場合、それぞれの属性は間違っている場合が多い――それらはたいていひどく誇張されている――が、全体的な様相はうまくいっている。逆に、下手な風刺画の場合、個々の属性は正しくても、全体としての様相は間違っているだろう――そういう場合、風刺画としてはうまくいっていないのである。

ここまで、すべての学習には一般化が含まれるという考えを検討してきた。学習状況を判断するテストは、その人が学習したことを新しい状況で発揮できるかどうかであり、同じ状況は二つとないため、一般化が生じなければならない。

さらに、一般化の内容にはアイデアのみならず、スキルやイメージも含まれるという考え方を検討してきた。一般化の内容は、どのような手段で一般化が行われるかによって異なる。私たちは、**形式的推論**[*1]、**属性分析**、**イメージ・マッチング**を用いて一般化を行っている。一般化の中には、記号論理学のような、システムに変換できるほど形式化されたものもあれば、推論を引き出すことができる程度の部分的な情報しか必要としないもの、さらには全体的パターンの一致を伴うものがある。

一般化の情報源

すでに示したように、ほとんどの一般化は、人生そのものから派生している。熱いティーポットに触れた幼児は、正しいかどうかにかかわらず、他のティーポットに触れる場合の潜在的な結果を一般化する。私たちが指導について考えるとき、指導経験が〔豊富である場合〕良い教師だと信じがちである。実際、私たちはよく、ある事柄は経験を通してしか学べない、つまり、話でも文章でも、伝えるだけでは教えられないと言う。行為と結果の結びつきを認識し、物、プロセス、状況の質を経験することによって学ぶ必要があるものもある。以前にオレンジジュースを味わったことがあり、飲んだことがあると分かっていれば、自分がオレンジジュースを飲んでいるということが分かる。

質的世界との直接の接触は、一般化の最も重要な情報源の一つである。しかし、もう一つの非常に重要な情報源は、たとえ話や絵、訓戒を通して代行的に確保することができる。人間の能力の中で最も有用なものの一つは、他人の経験から学ぶ能力である。私たちはすべてのことを直接学ぶ必要はない。私たちは語り部の話を聞き、物事がどのようであるかを学び、さらに聞いたことを使って予測的な決定を下す。私たちは写真を見て、来るべきスペインへの旅行で何を期待するべきかを学ぶ。劇《波止場》を見て、海運業界の腐敗について、そしてもっと重要な、人生の中でまったく異なる道を歩む2人の兄弟の葛藤と緊張について学ぶ。また、映画《カッコーの巣の上で》を見て、人間が飼い慣らされる制度の中でどのように生き延びるのかについて理解を深める。これらのナラティブはすべて、一般化するための豊かな情報源となる可能性があり、そのすべてが私たちの学習に大きく貢献する。すべては、ある意味で一度限りの事例研究である。

ストーリーと教育批評のいくつかの特徴は、一般化への移行に重要な貢献をもたらす。第一に、私たちが一般化の内容を文字通りに語れることだけにすると、語れることは制限される。文学的なナラティブや比喩的な特徴づけの認識論的な有用性は、まさに、そのような形式が、文字通りの言語では表象できないこと ― あるいは少なくともそれと同じようには表象できないこと ― を伝える点にある。テキストの形式は、その意味の一部であり、意味が文字に限定されるなら、他の形式を必要とする意味は黙したままにならざるをえない。

第二に、固有の事例に注目することは、その事例だけでなく、それに似た他の事例についても示唆する。サラ・ローレンス・ライトフット（Lightfoot, 1983）がブルックライン高校やジョージ・ワシントン・カーバー高校、ジョン・F・ケネディ高校について書くとき、彼女はこれらの特定の学校の特徴のみならず、何が良い高校を作るのかを教えてくれる。すべての高校が同じように良い高校でなければならないのだろうか。そんなことはない。いくつかの高校は共通の特徴を持ちうるだろうか。そうだ。ライトフットから何を見るべきかを学べるだろうか。もちろん。

テッド・サイザー（Sizer, 1984）が、教師の一日 ― そして人生 ― を明らかにするためにホレス・スミスという名の架空の人物を作ったとき、その人物像が架空であるという事実は、それが本当のことではないことを意味するのだろうか。私はそうではないと思っている。ネルソン・グッドマン

（Goodman, 1978）が指摘しているように、私たちがこれまでに知っている最も現実的な人物の中には、実在ではない人もいる。ロビン・フッド、ミスター・チップス、ドン・ファンなどである。

一般的なものについて何かを語るために特殊なものを使うことを、哲学の世界では「具象的普遍」と呼ぶ。具象的普遍は、「例示」による普遍的特徴の真の表現と見なされる。アリストテレス（McKeon, 1941）が、詩は歴史よりも哲学的であると書いたとき、彼はこのことを明確にしている。古代の人びとは理想と本質に興味を持っていた。詩はそれらを明らかにする一つの方法であった。

誰が一般化するのか

私たちはここで、質的事例研究から得られる教訓を誰が一般化するのか、そして、誰が学ぶのかという問題に目を向ける。

従来の社会科学における統計的研究では、一般化の構築は研究者に委ねられている。ある一定の手順を用い、ある一定の知見を得、ある仮説を検証したときにそれを導き出した理論を否定できないとき、研究者は、サンプルを抽出した母集団に対して推論や一般化を行う。必要な手順を踏めば、論理は単純である。しかし、従来の統計的研究では、このような手続きはほとんど行われていない。多くの場合、より大きな母集団に対してなされるが、それは、非の打ちどころのない統計的論理によるのではなく、そうすることが理にかなっているからということが多い。教育における従来の研究の大部分は、非ランダムなサンプルから一般化している。このように、研究が特定の一般化をもたらすと主張するのも、また、研究結果を生成するために用いられた理論を否定する根拠がまだないという主張をするのも、**研究者である**。

質的事例研究では、研究者は一般化することもできるのだが、読者が活動している状況にその研究結果が合致するかどうかを判断することの方がありそうなことである。研究者は次のようなことを言うかもしれない。「これは私が研究したことであり、私が意味すると考えたことです。それはあなたの状況に何かをもたらしますか。もしもたらすとして、そしてあなたの状況が厄介であったり問題があったりするなら、どのようにしてそうなったのでしょうか、そして、それを改善するために何ができるでしょうか。[4]」質的研究の論理は、より柔軟である ―― それはより類推的である。

教育研究の文脈における一般化の概念は、ある探究から学んだことが他の場で利用されたり、そうした場に適用されたりすることを明確に含意している。この概念には長い伝統があり、ある種の明白な効用がある。もし私たちが学んだことを使うことができなければ、学習は道具的有用性を持たない。しかし、一般化したものを実践に適用するという考え方には、いくつか問題がある。私が指摘してきたように、その一つは、情報は上から下へと進んでいくものであり、研究者が学んだことを、教師 ―― 少なくともプロの教師 ―― は採用すべきであるという含意である。教師は田畑にいる農民であり、研究者は何が本当にうまくいくのかを見出す農業科学者であると考えられることがある。農業の分野では、農業改良普及員が科学の成果を農民に伝え、農民は研究の成果を学んで、新たに得た研究に基づいた知に照らして行動を修正していく。このパラダイムは、基礎研究から応用研究、そして現実世界での実践へと移っていく。農業よりも複雑で文脈に依存する教育の分野では、据え付けというもっと硬い用語がよく使われる。台所への冷蔵庫の取り付けに似たことを思い起こさせる語である。新しいカリキュラムを「据え付けた」結果、学校にはより良い効果が期待できる。いったんこのカリキュラムが据え付けられると、各学年のレベルで「配列される」ことが望まれるのである[5]。

このような学校改善の概念は、かつては信じられていたが、もはや信じられていない。教えることと農業は同じではないし、良い学校を作ることは、より良いトウモロコシを育てることとは異なる。教育の美徳は一様ではない。教育的に逞しい生徒を育成するのは条件だけではなく、生徒自身にもよる。あるときには効果的であっても、別の場面では効果がないかもしれない。ある国のある地域では有効なことが、別の地域では不適切なこともありうる。ある教師ができることでも、他の教師はできないこともある。あるコミュニティが望んでいることでも、他のコミュニティでは拒否されることもある、等々。

教育実践の条件付きの質、その高度な文脈特異性は侮りがたい。これが実践と研究の利用にとって意味することは、ほとんどの状況で、研究から導き出された一般化が福音として受け取られることはほとんどないということである。研究者は実践者に手順のルールを提供する立場にはない。効果的な指導への神聖な七つのステップといったものは存在しないのである。私たちは、共有し、協議し、省察し、議論するための考慮事項を提供する。クリフォード・ギアーツがかつてエスノグラフィーの目的について述べたように、「互いを悩ませる精度」(Geertz, 1973, p.29) を高めることを意図した努力として研究を捉えるならば、研究者と教師の関係、研究成果と学校での利用は、一種の相互の探究と交渉となる。彼らが一般化する質は、真理の中にあるわけではなく、知覚を洗練し、会話を深める能力にある（Rorty, 1979）。

このような一般化の概念は責任を軽くしてくれる。この責任の軽減は、無責任な描写、解釈、評価への誘惑と見なされるものではなく、むしろ一般化は私たちが研究する上でのツールであり、文脈の中で形作られるべきものであるという認識を反映するものである。一般化は、医師からの処方箋というよりも、それぞれの専門知識を持つ専門家の間で行われる実質的な交流の一部と言える。[6]

一般化はどこに焦点を当てるか

一般化は、通常、未来に焦点を当てると考えられている。つまり、ある状態から学んだことを使って、その一般化が関連する他の未来の状態について考えるのである。ある実験的治療法がランダムに選ばれたグループに効果があることを発見した場合、同じ治療法を採用した場合、サンプルと同じようなグループも同様に影響を受けるだろうと期待する。この意味で、一般化の有用性は、特定の状況下で予測されることを知るのに役立つかどうかで決まる。一般化の妥当性は、それを用いたとき、私たちが予想したことがどの程度裏づけられるかで決まる。最もありふれたタイプのこの種の一般化は、**予測的**と呼べるだろう。

しかし、一般化は、私が**遡及的一般化**と呼んでいる別のプロセスを経て生まれることもある。それは、ランダムにサンプリングし、未来を予測するために発見したことを用いるのではなく、過去の経験を新たな視座で捉えられるようにアイデアと対峙したり、形作ったりすることで発展する。遡及的一般化は、未来を予測することによってではなく、歴史を検証することによって対象を見つける。次のような例を考えてみよう。

授業実践を研究していると、小学校では、教師机で個々の児童の相手をしている教師が、一定時間ごとに顔を上げて教室を見渡し、クラスの他の児童の行動を監視していることが観察された。このことは、説明されるまであまり気づかれることはなかったが、私たち自身の経験を参照することで、その妥当性を確認することができる。いったんこの現象が語られれば、ほとんどの読者は、自分が教えてもらっていた先生がこのように振る舞っていた経験を思い出すことができる。

教師は他にどのような監視形式を用いているのだろうか。長年授業実践に携わってきたジャック・クーニンは、そのような指導技術を特徴づける言葉を造語した。彼はそれを「瞬察性」(Kounin, 1970)と呼んだ。クーニンによると、「瞬察」状態にある教師は、後頭部にも目があり、板書していても子どものいたずらを見逃さなかったという。クーニンの「瞬察性」という概念は、身近なものへの新鮮な認識から生まれたものであり、いったん名前がつけられると、固有の事柄への意識が高まる。トレイシー・キダー(Kidder, 1989)は『クリス先生と子供たち』[*2]の中で、すべてのものをこのように見取るザヤック先生の能力について述べている。一般化のプロセスは、過去の経験の配列の中で意味を引き出し、見出すことを可能にする概念の力を通して起こる。一般化は遡及的である。

別の例も考えてみたい。数年前、私は人文系学部で中等学校教員グループのコンサルテーションをしていた。その日の終わりに学校長と会い、アメリカの学校教育について活発に議論した。その中で、校長が「学校というのは柔らかい表面がほとんどない場所なんです」と述べた。会話の中で何気なく口にしたその発言を聞いたとき、私はある確かな洞察のひらめきを感じた。「そうですよね！」私は彼のコメントを用いて私の過去の経験を参照し、彼が言ったことを検証しながら心の中で思った。生徒として、小学校や高校の教師として私が知っていた学校は、すべて表面が木、リノリウム、合成樹脂、金属などで、全体的に工業的な効率性を感じさせる環境であった。学校は清掃員の生活が楽になるように設計されており、子どもや青少年が作る摩耗にも耐えられるように頑丈に作られていた。しかし、それらは生き物の快適さにはほとんど貢献しておらず、人を長居させるようには設計されていなかった。

ほとんどの学校や教室は、直角で構成された場所であり、柔軟というよりも固くて弾力性がなく、柔らかであるよりも硬く、精巧というよりも質素で、ユニークというよりも標準化され、豊富というよりも無駄のないものである。学校や教室は、生のあり方を反映し、表現し、ある種の生き方を示している。校長の何気ないコメントは、一連の新鮮な思索をひらき、その思索は理論的な影響力を持ち、新たな疑問を投げかけるものだった。なぜ学校はそのように設計されているのか。硬い表面は教師や生徒にとって何を意味するのか。その施設のどんな他の側面が似たような特徴を持つのか。つまり、学校の硬い表面の質感は、テスト、教え方、学校の一日のスケジュール、行動に関する方針など、非建築的な次元でそれ自体を表現する、すみずみまで浸透している硬さの一部なのだろうか。それとも、硬い表面の教室は、学校の取り組みの残りの部分と矛盾しているのだろうか。もしそうだとしたら、それはなぜだろうか。

これらの例は、一般的な主張と私たちの個人史の間にどのように適合性を見出すかを説明している。新しいアイデアは、私たちの過去を再構築できる。実際、デューイは、学習の最も強力な側面を、経験の再構成に至るものと見なしている（Dewey, 1938）。例えば、ひとたびダーウィン的な考えが出てくると、過去は決して同じようには見えない。未来も同じようには見えない。私たちは、理にかなう新しい視点を獲得したのである。私たちがすでに持っている経験を理解するとき、一般化は遡及的と見なすことができる。

過去の経験を検証することで生まれる遡及的一般化はまた、未来予測の機能も果たしている。一度学校や教室に柔らかい表面がないことを思い起こせば、まだ見たことのない学校や教室にも同じような特徴があるのではないかと探すことができる。この意味で、一般化には教えるべき教訓がある。私たちがそのような質を探せば、よく見つかるだろう。アイデアやコンセプトは、そうでなければなされないだろう経験を実際に把握する指針として機能する。一般化は、ガイドブックのように、読者がどこでどのように見るのかが分かっていれば、見つかる可能性があるものに対して読者を敏感にする。

質的な事例研究は、一般化の機会に満ちている。このような研究は一般的に非ランダムであり、事例研究として固有のものに焦点を当てている。しかし、リー・シュルマンが述べるように、ランダムかどうかにかかわらず、すべてのサンプルが何らかのサンプルであるのと同様、あらゆる事例は何かの事例である。研究開始時には知らなかった事例について何かを知ることができれば、その質や特徴を意識するようになるだけではなく、他の場所にもその質や特徴を探すことができる。J・M・スティーブンス（Stephens, 1967）は、かつて「自発的な学校」という概念について述べた。彼は、あるグループの生徒に州都の半分の名前を教えたとすると、数週間後には、たとえそれ以上の指導がなくても、生徒たちは残りの半分を知っているだろうと述べている。州都の名前を知ることは、ある特定の州都の名前を知るだけでなく、州都には名前があり、それらを知ることができることを意味している。最初の手引きだけで、後は十分だ。

物理学の法則に近似した一般化を行うことは、一部の研究者にとっては、教育研究における長年の理想であった。この理想では、教育研究は最終的には、物理学の法則が技術者に与えるのと同じような精度で、実践者に情報を与える知識構造をレンガのように積み上げていくことになる。教育研究は、教育実践の基礎となるものと考えられてきた。いったん学習の法則が発見されれば、その応用は、それを理解した専門の教師の責任となる。

この理想は、教育研究の歴史の中で早くから生じていた。アメリカ教育の二大柱の一人であり、初期の教育研究者の中で最も影響力のあったエドワード・L・ソーンダイク（Thorndike, 1910）は、1910年に発行された*Educational Psychology*創刊号の巻頭言で、教育研究の展望を述べている。

完全な心理学の科学があれば、すべての人の知性や性格、行動に関するあらゆる事実が分かり、人間の本性のあらゆる変化の原因が分かり、あらゆる教育的な力 —— 他の人や自分自身を変化させるあらゆる人のあらゆる行動 —— が持つ結果が分かるだろう。それは、落下の法則や化学元素を利用するときに得られるのと同じ確実さで、人間を世界の福祉に役立つよう用いるのを、助けてくれるだろう。このような科学を手に入れれば、それに比例して、私たちは、現在私たちが熱と光の支配者であるように、私たち自身の魂の支配者になるだろう。そのような科学に向けた進歩がなされつつある。(Thorndike, 1910, pp.6, 8)

教育研究についての私たちの考えは、近年、もっと穏当になってきている。「yで測定してxを得たなら、条件kの下でqを適用するとzが得られる」という叙述は、なされなくなっている。ほとんどの場合、処理の効果が得られるパラメータを知ることはない。私たちが知っているのは、条件と文脈が変化するということである。条件が変化するのは、人間である教師は教えたことを解釈し、それに独自の特徴づけをするためである。実験的処理は、人間である教師がその処理を媒介する場合、文字通りに再現されることはない。文脈が変わるのは、生徒集団が他の生徒集団と同じではなく、教室も同じではないからである。生徒がその場に何をもたらすか、どのように反応するかはさまざまであり、それゆえに教師は常に、その指導が、教えている生徒にとって重要であり、適切であるように、指導を**芸術的**に仲介する必要がある。かつて教育研究の理想として機能していた一般化の類は、教師が扱う現象――短時間のうちに予測できない仕方で変化する生徒や教室について考え感じること――に、より適するよう修正されてきたのである。このように新しく、より穏当で、より現実的な見方をすると、以前は「より実証的な」見方に傾倒していた人たちでさえも、一般化を指導の芸術への序論であると見なす。例えば、ゲイジは、科学的な一般化は、実際には芸術に依拠しているものに対して科学的な基盤を提供するものだと認めている(Gage, 1978)。

指導の芸術は、その最も重要な点で医学や工学のようなものではないことを指摘しておきたい。医学や工学には、教育よりもはるかに文脈に依存せず、特異な適用がなされることがはるかに少ない、多くの知識が存在している。ソークワクチンや体温計の使用、虫垂の摘出、骨折した足へのギプスの適用、乳がんの特定などは、教育にはない標準化された手順を持っている。これは、上記のような医療行為がどれも同じと言っているのではなく、教育研究では、それに匹敵する標準的な操作手順を実践者に提供することができないということである。

その理由は、私が思うに明白である。例えば乳がんを特定することの目的は常に同じである。つまりがんがあるなら、それを発見することである。平均して、マンモグラフィは約85％の効果があると考えられている（Feig & McLelland, 1983）。教育の目標は常に同じというわけではないし、ある生徒集団に効果があると判明した「道筋」が、別の状況で生活し学んでいる別の生徒集団にも効果があるとは限らない。教育における一般化は、統計的な研究であれ、事例研究であれ、あくまでも暫定的な指針、検討すべきアイデアとして扱われるべきであり、従うべき処方箋ではない。「場合による」というのが、おそらく特定の教育方法の有効性に関する問いへの回答につける最も有用な修飾語であると思われる。

質的研究における「知の蓄積」について

質的研究で信じられている弱点の一つは、知の蓄積への貢献に限界があることである。質的研究者が研究する状況が唯一無二であり、研究方法は個人の適性に大きく依存しているため、蓄積する知を提供することが特に難しいと考えられている。実際、質的研究は非蓄積的であるという考え方もある。蓄積という概念は、よくよく考えてみると興味深い比喩である。蓄積という概念は、成長するもののイメージを呼び起こす —— ドルは蓄積できるし、ゴミも蓄積できる。ドルが蓄積するのは、共通の通貨システムに参加しているため、あるいは等価性を計算するための変換ルールが存在するためである。ゴミが溜まるのはその量が増えるからだが、ゴミには通貨に匹敵するような秩序はない。

従来型の研究であれ、質的な研究であれ、どちらの蓄積イメージが研究に適しているだろうか。私には、異なる分野間では言うまでもなく、特定の分野 —— 例えば心理学のような分野 —— で採用されている理論、概念、方法の多様性を考えると、**蓄積**という言葉を、ドルが蓄積するという意味で使うことはできないことは明らかだと思われる。同じ名前の変数であっても、それを測定するために異なるテストを使用すると、異なる意味になる。たとえば、人々が他者の行動について何らかの属性を割り当てて説明しようと強化モデルが用いられると、「帰属理論」から得られた知見とは異なるものになるだろう。ピアジェ派とエリクソン派は能力の発達について異なる視点を提供している。人間発達のフロイトモデルに従う人びともまた異なる。スタンバーグ（Sternberg, 1988）とジェンセン（Jensen, 1969）は、ハント（Hunt, 1961）やガードナー（Gardner, 1983）と同様に、根本的に異なる方法で知性を概念化している。

研究が異なる理論の下で行われ、異なる中核概念や、主要な変数を測定、記述するための異なる手段を用いた場合、研究成果の蓄積を期待することは妥当だろうか。そのような蓄積は、どのような意味で起こりうるのだろうか。確かに、ドルを蓄積するという意味ではない。しかし、ゴミが適切な比喩というわけでもない。私たちがお金を蓄積する方法よりも現実的で、ゴミを蓄積する方法よりも不快でない知の蓄積を概念化する方法はあるのだろうか。私はあると考える。

第一に、知が蓄積するという考えは、知は収集し、貯蔵し、備蓄することができる不活性な物質であることを示唆する。知を不活性なものと見なすことは、それを物象化することである。知は研究によって発見される不活性な物質ではなく、人間の認知の機能的側面であり、個々人の経歴、思考、行動の中に生きている資源であって、人が備蓄したり指し示したりできるものではない。知が存在するためには、それが知られていなければならない。知られるためには、誰かがそれに基づいて行動しなければならない。つまり、知は動詞なのである。

第二に、知が蓄積と言えるなら、教育もその他の社会科学においても、その成長は垂直的なものというより水平的なものである。水平的とは、私たちが教育問題を探究することによって生み出されるものは、世界を見るための概念的な枠組みや視点、比喩の発展や洗練に寄与するアイデアであるということを意味する。私たちは、それらの視点で見て動き、視点を変え、複数の視点から状況を検討し、他の人が見つけたものを探索や観察の手がかり、すなわちヒントにすることを学ぶ ―― あるいは学ぶことができる。私たちがエリクソンの視点（Erikson, 1963）から人間の発達を見れば、依存性、自律性、そして集団のアイデンティティが焦点となる。人間の発達を合理的選択の視点（Raiffa, 1970）から見ると、機会費用、長期的・短期的な利益、リスクが焦点となる。この後者の視点を考えると、人間は省察的で合理的な行為者で、ほとんどの場合、一連の経済的規準によって動かされているように見なされる。つまり、合理的な行為者は、それぞれの可能性のある選択肢から見込まれる純利益を計算し、その潜在的なコストと比較考量する。学問的合理主義（Eisner, 1985b）の価値観からカリキュラム選択を見るなら、私たちは、偉大な書物やその他の偉大な人間の作品の中に存在する永遠の真実性を若い人びとに紹介しようとするだろう。他方、生徒の特定の適性を開発することや、学校での勉強の個人的関連性を高めることを目的とした教育的に優れたカリキュラムを考えるなら、他のカリキュラムを選択するだろう。

エリクソン的子どもの見方がスキナー的な視点の上にうまく蓄積されうるかは明らかではない。知の蓄積は、ブロックを使った建物のようなものではない。しかし、エリクソンもスキナーも、人間の発達の側面に私たちが関心を向けるための潜在的に有用な手助けをしてくれる。このように、研究を実施する際に生じるといえるのは、他者が興味を持っている状況を考察するのに利用できる資源を創造することである。複数の視点を持つことは、必ずしもどちらが正しいかを決定するためにパラダイム間の争いに至るわけではない。どの視点がどの目的に役立つかを決定することがより建設的な機能である。

このような見方をすると、質的研究は蓄積できないという主張は誤りである。蓄積はあるが、それは垂直的な蓄積というよりは、水平的な蓄積である。それは、一揃いの概念的ツールの拡大である。この見解に立つと、社会科学を統一する単一の理論や、言語の複数性では達成できないことを可能にする単一の言語が存在しうるという期待は誤ったものと見なされる。パラダイムの多元性を厄介なものと見る人もいる。しかし、すべてのものを評価するために、一つの枠組み、一つの言語、一つの規準しか使えないこと以上に奴隷のような状態があるだろうか。異なる適性、価値観、興味を持つ研究者や教師が耳を傾けることができるドラム奏者が複数いることで、世界は利益を得ることができると私は信じている。

ここでの私の論点は、研究の成果物がお互いに関係がなく、何らつながっていないと主張することではない。むしろ、すべての研究者が共通の知的通貨を使用しなければならず、その利益は銀行にお金が貯まるのと同じように加算されていくという考え方に挑戦したいのである。研究は、同じ分野の関連領域であっても、独自の解釈の世界を作り上げる。そうしたつながりは読者によって構築される必要がある。読者は、共通の言語に適用される完璧な論理ではなく、類推や外挿によって一般化しなければならない。社会科学の問題は、パズルのピースを組み合わせて一つの統一された絵を作るよりも複雑である。方法、概念、理論の多様性を考えると、何が有効で、何が特定の場に適しているかを見取り、状況を解釈するための多様な視点を生み出すことがより重要なのである。

このような知の蓄積という概念は、社会科学においても、パズルのピースをはめ込んで絵を完成させるよりは、ドンモイヤー（Donmoyer, 1980）たちが述べる自然主義的な一般化の形式に近い。人間は、与えられた情報を超えてギャップを埋め、解釈を生み出し、外挿し、推論して意味を導き出すという目を見張るような能力を持っている。このプロセスを通じて知が蓄積され、知覚が洗練され、意味が深まっていく。このような知の蓄積モデルは、銀行口座に預金をするようなものではなく、洗練された食事を用意するようなものである。実際、銀行口座の整然とした合理性よりも、また、ゴミ捨て場の雑然とした状況よりも、洗練された食事の方がイメージしやすい。食事の中では、一つ一つの皿が他の皿とつながり、補いあう。このようなイメージは、質的研究における知の蓄積の悪くないモデルである。

注

［1］一般化のプロセスがすべての学習に内在するものであることを私に最初に示唆してくれたのは、デイヴィッド・バーリナーであった。この章のこのセクションの基礎となった彼の鋭い洞察に感謝する。

［2］熟練したパフォーマンスは、省察することなく行われていると思われることが多い。この点、私にはそうは思えない。最も迅速な情報処理形式においても、認知は働いている。心の関与がなければ選択はできず、行為は単なる行動へと堕落する。心は、最速の形式であっても活動を媒介する。

［3］総合的な評価のプロセスにおけるイメージの重要性を見過ごしてはならない。複雑な構成要素の分析をしなくても、物や出来事の質を評価する私たちの能力は、さまざまな分野の目利きによって示されている。特に視覚芸術の分野では、対面しているイメージと、評価対象となる作品のジャンルの中で美徳とされるイメージとの関係に基づいて、迅速な総合的判断が下される。

［4］これらの質問は、マイク・アトキンが「スタンフォードと学校研究（Stanford and the Schools Study）」でリーダーシップを発揮していたときに提起した内容とはわずかに異なっている。Atkin, Kennedy & Patrick

（1989）を参照のこと。

［5］カリキュラムを「据え付け」、学年間の配列を行うことに加えて、私たちはほぼ6000マイルごとに教師を「点検」しているかのようである。これらの用語に関して重要なことは、それが思い起こさせるイメージと、それが依拠する前提である。私たちが自動車の比喩を使い続ける限り、教師、指導、子どもたち、そして学習を自動車の整備や修理に似たものとして扱うことになるだろう。

［6］教育批評をはじめとする質的探究形式から導き出された一般化を、研究する際の知的資源として捉えることで、「研究が教えてくれること」に時に伴う独断的な確信のようなものを和らげることができる。一般化は個々の文脈に完全に適合することはないため、常に修正が必要である。この修正には、知的な実践者の判断が必要である。したがって、研究者が研究を終えた後、状況に応じて行動しなければならないのはこうした人たちである。最終的に、利用可能なアイデアが自分の状況に適切かどうかを判断しなければならないのは、アイデアの利用者である実践者なのである。

訳注

［＊1］記号論理学（symbolic logic）とは、概念、命題などを人工的な記号で表し、論理的思考を数学的演算に類する操作で行う論理学。

［＊2］第3章訳注［＊13］参照。

第10章　質的研究における倫理的緊張、論争、ジレンマ

心には理性で分からない理由がある。

パスカル

正しい行動を知る

この章では、質的研究と評価の厄介で複雑な、時には「危険」であり、有害となりうる側面に目を向ける。ここでは、質的研究に伴う倫理的緊張、論争、ジレンマについて論じる。

研究者と評価者の間には、自分の仕事や行動が倫理的であるべきだという一致した見解がある。研究者は非倫理的な行動を避けるべきであり、害を与えるよりも良いことをする方が望ましいという点は一致している。欺くことは悪いことであり、正直であることは良いことであるということも、ほぼ全員が同意している。私たちは皆、研究対象者であっても他者との間に徳のある関係を保ちたいと考

えており、他者を欺くという考えは、私たちの個人的な道徳規範に反している。この問題は、さっさと片づけてしまおう。倫理に反する行為は、いかなる種類の質的研究や評価にも受け入れられない。私たちは常に倫理的でなければならず――可能なら有徳の模範となって――、それによって、他者から信用されるだけでなく、後のより良い人生への道筋をも確かにするのである。

問題がこのように非常に単純であれば、社会調査における倫理的な問題に関する書籍、チャプター、学術論文は不要だろう。適用すべき単純なルールがあれば、それに従うことは簡単に教えられ、そうすれば常に自分たちがやっていることの正しさにも自信を持てる。残念なことに、私の知る限り、そのようなルールは存在しない。あるのは原則、概念、考慮事項である。そして、真のジレンマがある。この章での私の目的は、一連のルールを提示することではない。というのも、そんなものは提示できないからである。そうではなく、この問題を探り、私自身の経験――つまり私が犯した過ちについての一種の告白――を分かち合って、質的研究における倫理的配慮に関するより複雑な理解を深めることである。

インフォームド・コンセントによる同意は可能か

まず、教育研究・評価の目的は、知の創造という美徳の達成であり、それによって教育への理解を拡張し、教育の改善につなげるという前提から始めたい。つまり、教育研究者は、質的研究であれ統計的研究であれ、社会的に有用なことをしようとしている。研究は研究者のキャリアアップになるかもしれないが、その公的な目的は公共善を推し進めることにある。

しかし、社会的な善を行うことは、その善を達成するために他者を傷つけることを伴うことがある。これは、生物医学の分野に最もよく表れている。１９３２年にアメリカ保健省は、今では「タスキーギ研究」と呼ばれる研究を実施した。この研究の過程で、アトランタの疾病管理センターは、梅毒の進行過程を研究するために、３９９人の梅毒に罹っている黒人男性の病気の治療を拒否した。この研究は、ペニシリンが利用できるようになり、おそらく治療が可能になった１９４０年代に入ってからも続けられた（Jones, 1981）。この純然たる悪事は、いくらか医学的に有用な知を提供したかもしれないが、患者の権利を侵害することによってのみ為しえたことである。ナチスドイツの強制収容所では、収容者を氷水に浸して人間への影響を研究した（Shirer, 1959; Lifton, 1986）。その目的は、ドイツ空軍のパイロットが大西洋で飛行機を放棄しなければならない場合に、極寒の海を生き延びることができるようにするためであった。これらのナチスの実験の結果は最近公開された（Shabecoff, 1988）。これらの結果は、私たちの理解を深めるために利用されるべきなのだろうか。この問題については、激しい議論と幅広い意見の相違がある。どのような原則に訴えるべきなのだろうか。

社会科学の研究では、今述べたような規模のホラー・ストーリーが生まれることはめったにない。服従に関するスタンレー・ミルグラムの研究（Milgram, 1974）でさえ、私が引用した例とは質的に異なる。**インフォームド・コンセント**の概念は、生物医学分野における個人の権利を侵害する実験行為を防ぐために考案された（Beauchamp et al., 1982）。次いで、社会科学の研究にも応用され、現在に至っている。インフォームド・コンセントの概念が社会科学の分野で適切かどうか、また、それが質的研究を行う上でどのような意味を持つのかだけでも十分明らかだとは言えない。インフォームド・コンセントの概念は、研究者が観察するべき事象が生じる前に、その事象が何であるか、どのような影響を及ぼすかを知っていることを含意している。では、どのようにしてそのような知を得るのだろうか。許可を得ていない人の写真を撮る場合のように、密かに観察されることはプライバシーの侵害ではないだろうか。異議を唱える人もいるだろう。異議を唱えるだろう人たちに対して研究者はどのような義務を負っているのだろうか、また、研究者は許可を求めずに、どうやって知ることができるだろうか。そして、研究者が同意を求め、それを得た場合に、その研究は行われるべきなのだろうか。観察されていることが分かっていると、人びとの行動は変わってしまうのではないだろうか。拒否する人もいるだろう。もしそうなら、サンプルに偏りが生じて研究を台無しにしてしまうのではないだろうか。

教室の観察はどうだろう。実験的な学校の中には、密かに観察する目的でマジックミラーを設置しているところもある。子どもたちの権利は、そのような実践によって侵害されるのだろうか。教師はどうだろう。子どもたちを密かに観察することは許されるが、教師の観察は許されないのだろうか。大人には子どもよりも保護される権利があるのだろうか。通常は逆である。7歳児に許可を求めることは道徳的、現実的に意味があるのだろうか。こうした問いへの答えは単純ではないし、また後に見るように、訴えることのできる倫理原則は、具体的かつ個別的なものではなく、抽象的で一般的なものである。

私が指摘したように、インフォームド・コンセントという概念は、現場で生じるだろう出来事を、研究者が予測でき、それについて観察対象者が情報を与えられることを含意している。これはフィールド研究の特徴とは言いがたい。研究者は、おそらく一般的なテーマを除いて、何が現れるのかを通常は知らないため、被観察者に対して予想されることを伝える立場にはないのである。

フィールド調査の典型的な戦術の一つは、立案も予想もできなかったような手がかりを追いかけることである——研究者は鼻がきくことが多く、感度が良ければ、彼らが書いたものは興味深く重要なものとなる。例えば、化学コースの課題を切り抜ける方法として、現在履修しているコースの昨年のテストを学生が横流ししていることを誰が知っていただろうか。ビルが他の教師から手に入れたノートを偽造して、実に巧妙な授業妨害の方法を実際に開発するなど誰が知っていただろうか。イタリア語をほとんど話さず、イタリア文化については「イタリア人は赤ワイン好き」程度にしか認識していない教員がイタリア語の授業を担当していると誰が知っていただろうか。校長が、自分には影響力がないと思い込んでいる教育力の乏しい教師を見限ってしまうことがよくあり、そうすることで、潜在的に重要な教科に取り組む意欲を間接的に生徒から奪っていることを誰が知っていただろうか。このような予期せぬことは、研究者に何らかの義務を課すことになるのだろうか。

研究者は教師たちに、彼らの指導についての本音を話すべきなのだろうか。著しく力量のない教師のことを校長に話すことは、守秘義務違反になるのだろうか。もしそうしなければ、そのような指導に苦しめられ、教育を受ける権利を侵害される生徒がどれほど増えるだろうか。

このように、私たちは皆、インフォームド・コンセントの考え方を好むが、誰がその同意を申し出るのか、どの程度の同意が必要なのか、また、同意を得るために何が必要なのかを予測するのが難しいときにどのように他者に伝えればよいのかということさえ、あまりよく分かっていない。

ここでさらに、私たちが実施したいと考えている研究についての説明と根拠を観察対象者に提供する慣例について考えてみたい。例えば、ある学校の校長や学区の教育長に、私たちが実施したい研究に参加を希望する教師や校長を集めてもらうように依頼する。研究では、2週間、毎日、終日授業を観察する必要がある。観察されたことを説明し、評価する報告書が作成されるだろう（Eisner, 1985c）。この研究の目的は、高校生と教師がどのような環境で学習活動を行っているか、またそのような環境が学習活動にどのような影響を与えているのかについての理解を深めることである。これは重要なことであると、教師たちは告げられる。というのも、一般の人びとが学校の質を評価する方法として、標準化されたテストの点数を過度に信頼しているからである。標準化されたテストでは、何が教えられ、何が学ばれているのかはほとんど把握されず、教師が生徒の教育的成長のために行っている非常に重要な貢献を見えにくくする。そのうえ、学校のさらに根深い問題は、「課題に取り組む時間を増やす」「必修科目を増やす」「基準を高くする」「テストを増やす」「宿題を増やす」などでは克服できない要因によるのかもしれない。教師と生徒の双方を悩ませている学校の問題は、当然もっと複雑で微妙だろう。

さらに、教師が生徒に与える最も重要な貢献は、到達度テストでは測れない相互作用の中にあるといわれている。それゆえ、本当に優れた教育の多くは、それに値する可視化が行われていない可能性がある。とはいえ、一般の人びとは学校を公正に評価するために、何が起こっているのかを知る必要がある。私たちは、その地域の少なくともいくつかの学校のより包括的な分析を専門家や一般の人びとに提供するために、実際の教室を比較的長期間にわたって直接見ることで、学校で何が起こっているのかを理解したいと思っている。先生方には、「2週間の教室見学の許可をいただければと思っています。2週間の終わりには、ご希望であれば、私たちが見取ったこと、そしてそれが何を意味していると考えるのかについて、何らかのフィードバックをさせていただきます」と伝える。

ほとんど議論することなく、教師と管理職は参加に同意してくれる。参加の許可を得られたことで、私たちは彼らの教室にアクセスでき、研究の最後に彼らがフィードバックを望むなら、私たちは彼らにそれを提供するだろう。

これはインフォームド・コンセントの例だろうか。私たちはボランティアで活動した。研究の目的と意義を説明した。誰もが、私たちがどのくらいの期間教室にいるのかだけは知っていた。研究が終了したときにフィードバックを望むなら、それを約束した。では、他に何か提示できることはあるだろうか。たくさんある。

教師たちは、研究が発表される前に成果物を読んでコメントをする機会があるかどうかを知らなかった。また、重大な誤解が生じていると考えられる場合や、自分たちが不当に記述されていると考える場合に、彼らの見解が取り入れられるかどうかも知らなかった。生徒が自分たちの授業についてどのように感じているかを確かめるために生徒にインタビューをするのか、それとも研究の過程で私たちが当の教師たちに相談するのかは知らなかった。また、私たちがいったん教室に入ってからどのように行動するのか、生徒からの要請があった場合に生徒に支援を行うかどうかも知らなかった。また、匿名性がどの程度確保されるのか、私たちが見取ったことを校長に話すのかどうかについても彼らは尋ねなかった。また、研究者の目的に関連する課題のために学校で追加の時間を過ごす必要があるかどうかも訊かれなかった、等々。

ここで問題となるのは、次の点である。この分野に熟練した人なら提起しうる疑問を投げかける技術的な素養や専門知識を持っていない場合、個人や集団は、十分な情報を得られるだろうか。研究者は、次のような二重の役割を果たす倫理的責任があるのだろうか ―― つまり第一は、研究目的を果たすことを目指してプロジェクトを遂行する研究者の役割であり、第二は、実務家の代弁者としての役割で、実務家がリスクを適切に評価できるように、研究者には分かっているしかるべき疑問を提起することである。

私たちは経験上、部分的な情報を提供することは、情報を提供しないことと同様に誤解を招く可能性があることを知っている。また、人びとが与えられた情報を正しく評価する能力が必ずしもあるとは限らないことも知っている。専門知識がほとんどない、あるいはまったくない、したがって予見しようがない技術的な問題の場合は特にそうである。私たちの利益を危険にさらすだろう情報の提供を差し控えることは、欺瞞の一つの形なのだろうか。自分たちの目的を進めるような信頼を抱かせるために、親密な関係を築くこと、さらには実際に感じている以上の友好関係を示すことも欺瞞なのだろうか。換言すれば、私たちは小さな欺瞞、不完全なストーリー、偽りの熱意なしに社会生活を送ることができるだろうか。本当はそうではないのに、私たちは何回同僚に「あなたの論文に感銘を受けました」と言ったことがあるだろう。これは欺瞞の一形態なのだろうか。その答えは、同僚を良い気分にさせようとしているのか、それとも自己利益のための個人的な動機を持っているためなのだろうか。

質的研究者が現場で研究をするときは、常に「オン」の状態にある。しかしこれはつまり、質的研究者は可能なら何でも利用するということである。生徒や教師、親が何気なく発したコメント、教室の掲示板で見たもの、校長先生に対する教師の話し方、昼食時誰が誰の隣に座っているか等々。こうしたことのすべてや、それ以外の多くのことが、研究という粉ひき器のための穀物になる。加えて、親密な関係を築くということは、人びとを心理的に快適だと感じさせることを意味する。居心地の良さを感じると、人びとは研究者に対して本音を開示してくれやすくなるため、それは重要である。つまり、目指されているのは、研究対象者の目標が主なのではなく、研究者の目標なのである。

また、多くの人は、長い時間をかけてじっくりと話を聞いてくれる人に出会うことはほとんどない。その意味で、教師や生徒の意見や考えに真摯に関心を向ける質的研究者は、インタビューをされている本人も提供しているとは気づかないまま、多くの情報を引き出す可能性が高い。加えて、インタビューを受けた人は、その過程で一種のセラピー的な体験をすることが多く、それは「荷を下ろす」ことからくるものである。

一方で、人が考えていること、感じていること、恐れていることを打ち明けられるような心理的な心地よさを作り出すことができるのは、優れたフィールド・リサーチャーの証しである。他方で、インタビューを受けた人たちは、自分が言ったことを後で後悔することもあるかもしれない。彼らは無防備だと感じるかもしれない。このような実践は、それ自体は私が議論してきた規範のいずれにも違反していないように見えるが、研究者がいつでも、親密さを共有することを超えて、自分自身をセラピストの役割に位置づける場合、その規範を逸脱する可能性がある。要するに、研究者は、他者への最も大切な贈り物の一つ —— 私たちに伝えようとしていることに対して真剣に、そして親身になって耳を傾けるという贈り物 —— の魅力によって、疑似セラピー的関係を利用することがある。

守秘義務

守秘義務の問題をもう一度考えてみたい。私たちは研究対象者に守秘義務を約束する。約束を破ることが正しい場合はあるだろうか。約束を破っても許される、いや、正当な場合はあるのだろうか。仲間の専門家との約束を破ることや、他人を欺くことは、醜い考えである。私たちは、自分がそのような行為に屈するとは考えたくない。しかし、次のようなシナリオを考えてみたい。研究者は、観察を依頼した教師に次のような約束をする。第一に、観察したことを秘密にすること、第二に、レポートが書かれた場合、その内容は、誰が観察されたか分からないように匿名化すること。観察者は観察を始めたある日、38歳の男性教師が7歳の女児の体を触っていることに気づいた。研究者は何をすべきだろうか。見たことを漏らさないという教師との約束を守るべきか、校長に急いで報告するべきか。ここでの答えは明らかだと思われる。犯罪がなされているなら、犯罪を報告する義務は、加害者との約束に勝る。実際、観察者が確信していたならば、起こったことを報告しないこと自体が犯罪である。

しかし、観察されたものが、それほど悪質なものでも、目に余るものでも、犯罪でもない場合はどうだろうか。研究者が、きわめて力量のない教師を観察したとする。生徒がその授業と教科への嫌悪を学んでいることは、合理的疑いの余地がない。彼らはこの授業で時間を無駄にし、知見を備えた教師と一緒に勉強する機会を無駄にしているのである。どのくらい授業が悪ければ、研究者は校長に告げるべきなのか。それとも、観察されたことを他人に漏らさないと約束している場合、研究者は誰にも何も言わないのだろうか。おそらく校長は、教師の力量がないことを知ってはいるが、それについて何もしないし、何もできないのである。研究者の責任とは何だろうか。

もし、人種の点で偏見を持つ教師が、子どもたちに偏見を持つようさりげなく促しているのを研究者が目にしたらどうだろう。研究者は誰かに話して、守秘義務の約束を破るべきだろうか。知の追求は、子どもたちの直接的な利益に優先するほど重要なのだろうか。

私が挙げた例は、教師の力量のなさが示される問題領域に関係している。高いレベルの有能な行動を扱うことが倫理的な問題になることはめったにない。とはいえ、研究者は自分が観察した教師の、優れているがいまだ認識されていない功績を共有するために、どんな義務があるのだろうか。見方を変えて、逆に仕事では本当は優れているのに、同僚や管理職からは平均的、あるいは平均以下と見なされている教師に対する誤解を正す責任があるのだろうか。換言すれば、否定的な批判をするのと同様に、賞賛する義務は、もしそれが義務であるなら、重要だろうか。非常に強い調子で述べてしまったが、読者には私の言いたいことを分かっていただけるだろう。良いことをしているのに、その良さが認められていない人は、不公平な扱いを受けていることになる。研究者には、観察対象者の公正な扱いを促す倫理的責任があるのだろうか。

研究対象者は手を引くことができるのか

研究者は、観察対象者——例えば教師——に、望むときはいつでも研究を辞退する権利があることを知らせるべきなのだろうか。そのような申し出は、一部の教師がその権利を行使する可能性を高めるだろうか、また行使した場合、その研究にどう影響するだろうか。しかし、最初にそのようなオプションが与えられていなければ、彼らは自分が研究を辞退する権利を持っていることに気づかないかもしれない。結局のところ、研究対象者と書面による契約書に署名している研究者はほとんどいない。教師や学校の管理職は、研究が押し付けであるとか、不快に感じるとか、その時間でやるべき他のことがあると判断することもあるだろう。実際、観察対象者は、望まない場合は、いつでも観察されたくないという決断を下すことができる。最初にそれが選択肢の一つであることを知らされるべきなのか、それとも、そのときになったら考えればよいのか。

このような問題を解決する一つの方法は、倫理的行動の指針となる原則に訴えることである。正当と認められる原則が整っていて、あるいは定式化されていて、研究者が行う倫理的な決定がそのような原則と一致していれば、その原則に導かれた決定は倫理的であると仮定するのが妥当であると考えられる。しかし、正当と認められる原則は複数存在する可能性があるし、そのような原則は、時に衝突することもある。

例えば、そうしなければ、観察対象者が研究者、ひいては研究の利益に反する決定を下すことになってしまうような情報を、研究者が差し控えることを考えてみたい。研究者は、その情報を伏せることの潜在的帰結を検討した結果、観察対象者にはほとんど悪影響を及ぼすことがなさそうだと合理的に判断する。さらに、その研究が他の人びとにもたらす潜在的利益には議論の余地がない場合である。

さて、これはかなり簡単なケースのように見える。ある情報を伏せることで、社会的に有益な研究が進められる可能性が高まるのである。また、情報を伏せたとしても、それが研究対象者に害を及ぼすことはないと考えられる。このような状況でも、なぜ情報を伏せるべきではないのだろうか。潜在的な利益は潜在的な害をはるかに上回っている。実際、危害が生じる確率は非常に小さい。

質的研究者の一人であるリンカーン（Lincoln, 1990）はカントの定言命法[＊1]である、「汝の行動が汝の意志によって自然の普遍的な法則となるように行動せよ」に依拠している。「権利」の立場が採用されているため、ここには文脈的な倫理が入り込む余地はない。人は、文脈と関係なく、他者の目的のための手段としてのみ利用されるべきではない。しかし、もう一つの原則、功利主義原理[＊2]があり、それは、ある決定によって害よりも多くの善が生み出される可能性があるかどうかを問うことになる。前者の原則に導かれた決断は、ある行動に至り、後者の原則に導かれた決断は、まったく別の行動に至る。

定言命法およびその派生論は、重要な考慮事項ではあってもまったく不適切であるという理由で功利主義原理を否定する。人間には妥協すべきではない権利があると論じられるだろう。自己決定権もその一つである。他者の目的のためだけに利用されてはならないというのは、第二の権利である。たとえ、観察対象者に何の害も及ばず、公衆が利益を得ると確信していたとしても、観察対象者が行動するために必要な情報を伏せることは、観察対象者の自己決定権を縮減し、ひいてはその個人の自由を奪うことになるだろう。

この議論への反論として、厳密に定義された権利の原理は、社会的な進歩を阻害し、知の拡張を不合理に妨げることによって、より大きな利益を害するというものである。社会生活は厳格な軛の下では十分に生きられない。異なる文脈や状況では、単純な厳密さ以上に知的な判断が必要とされる。実際、私たちはしばしば、観察対象である他者からの同意を求める必要がないとする社会規範を採用している。というのも、もしそうした同意を求めたら、私たちが必要とする情報、つまり公共善に資する情報を確保できないからである。百貨店は隠しカメラを使用し、それによって自分たちの利益を守るが、他人のプライバシーを侵害している。警察は、まだ正式に告発されていない容疑者を尾行する。マジックミラーは、授業中のクラスを観察するためにときどき使用される。観察されている人は観察されていることを知らないかもしれない。彼らは知るべきだろうか。教師は知るべきだろうか。生徒に同意を求めるとすれば、何歳から求めるべきだろうか。

これらの事例の示す論点は、私たちが社会として達成しようとする目的によって正当化された、秘密監視の長い歴史があるという事実を単に示すことにある。[1] 私たちは、いくつかの理由から、監視していることを他人に知らせない。第一に、その実践が観察される人びとにとって重要でないならば、許可は不必要であると考えるためである。第二に、私たちが関心を持っている行動を観察する許可を求めると、私たちが行いたい研究が不可能になる恐れがあるためである。第三に、いくぶんかのプライバシーの侵害があったとしても、より広く、より一般的な社会的理由で倫理的判断を下さなければならない場合があり、公共善への実質的な貢献は、個人のプライバシーの「軽微な」侵害を正当化すると考えるためである。

「対象者」に情報を与えない理由としての上記の正当化は、倫理面で「権利」の観点を持つ人たちには拒絶されるだろう。正直に言うと、私はこの食い違いをどのように解決すればすべての当事者を満足させられるのか分からない。人生の多くの問題と同様に、この問題には常に単一の満足のいく解決策があるわけではない。実際、人生の問題の多くは問題ではなくジレンマであり、同様に、質的研究における倫理的問題の多くも、問題ではなくジレンマであり、無傷では済まされない。

質的研究における倫理的配慮に特別な注意を払う必要性は、非常に正当な理由で特に重要である。倫理的配慮を怠ると、研究者と研究対象者の双方に深刻な問題を引き起こす可能性がある。従来の量的研究では、データは短時間で収集されるのが一般的で、学生に標準化されたテストを実施したり、観察調査票に沿って誰かが1~2時間教室に滞在したりするだけだった。質的研究者は、研究対象者の周囲にはりついている。研究者は当事者と知り合いになったり、時には研究対象者と友達になったり、研究者も研究対象者も予想していなかったことについて学んだりする。彼らは授業や学校の様子を親密に見取ろうとする。さらに、報告の形式は、一般的で抽象的なものよりも、はるかに詳細で具体的なものである。優れた教育批評においては、例えば、描写された人びとはリアルになり、他の誰も研究対象の状況や人びとを特定できなくても、研究対象になった人はできる。したがって、高揚と同様、苦痛をもたらす可能性が常にある。[2]

量的研究は通常、平均、分散、確率を報告し、迅速に収集されたデータに基づいて、抽象的に報告される。生徒のテストの得点が低い学校や教師が特定された場合、学校の評判が悪くなる可能性はあるが、そのようなデータは、質的研究で得られるような類の情報のように個人的な情報であることはほとんどない。

このような可能性があるからこそ、質的研究を行う際には、特に注意を払う必要がある。次のセクションでは、私自身の経験の「実際」を描くことで、私の善意と世間知らずが、ある学校でどのように問題を引き起こしたかを示す。この例は先に触れたが、ここではより詳細に説明する。

実際に起こったいくつかの過ち

この研究では、カリフォルニア州サンフランシスコ湾岸地域の六つの高校に焦点を当てた（Eisner, 1985c; Atkin, Kennedy & Patrick, 1989）。私の目的は、学校の組織、学校の報酬制度、学校全体の風土が、生徒の教育経験や授業のあり方にどのような影響を与えているのかを理解することであった。加えて、観察の過程で優れた指導の例が明らかになり、それらが記述されることで、少なくともカリフォルニア州のこの地域には、中等教育の優れた学校があることを一般の人びとに認識してもらう助けになればと考えた。私は、この研究が、『危機に立つ国家』（USA Research, 1984）や、研究が始まる少し前に他の出版物で報告された、アメリカの中等教育についての悲観的な分析のいくつかを打ち消すものになることを願っていた。

研究の主要な部分の一つは、大学院生が六つの高校のそれぞれで2週間、生徒をシャドーイングすることだった。こうすることで、学校内や個々のクラスへの立ち入りが可能になり、また10代のガイドを得て、そのコメントや一般的な会話から、何が起こっているのかを理解しやすくなる。大学院生は、2週間毎日、午前8時から午後3時まで生徒をシャドーイングしている間、現場のフィールドノートをまとめ、各学校について教育批評を作成した。

六つの学校を調査したため、書かれている教育批評をすべて検討し、それぞれを内容分析して、重要な共通のテーマを見つけ出した。そして、それらのテーマを具体的な例を挙げて描き出した。最終的には、24の教育批評を情報源とする報告書を作成した。学校、教師、学生には、最終報告書における匿名性を約束した。

私たちは、六つの地区の教育長に連絡を取り、研究内容を説明し、地区内の高校の校長に話をしてもらうよう要請した。すべての場合において、教育長からの許可を得た。校長に対しても同様の手続きを踏んだが、それ以外にここでは、その学校で研究を実施する許可を得るために、学校の教職員全体に話を聞いてもらうように依頼した。ここでも、研究の目的と方法を説明した後、校長と教育長の両方の許可を得た。

次に、各学校の英語教師に、スタンフォード大学の大学院生が2週間シャドーイングしてよいかどうかクラスの生徒に確認してもらった。教師は生徒にこの研究の目的を説明した。私たちは、シャドーイングされることを申し出た生徒のリストを作成し、彼らが受講しているプログラムと学習歴のフォルダを確認し、私たちの目的に適した生徒を特定した。校長は、特定した生徒の中から、この研究に特に適していると思われる生徒を選んだ。次に、私たちは校長が提案したリストからシャドーイングを行う生徒を選んだ。各生徒は、シャドーイング開始に向け、スタンフォード大学大学院生から連絡を受け、シャドーイングを始められるように、会う時間と場所が決定された。

2週間のシャドーイング期間（実際には1週間のシャドーイング、1週間の休み、もう1週間のシャドーイングの3週間）の終わりに、各研究者が教育批評を書き、次の学校に移動して、同じ手順を繰り返した。すべての学校でのシャドーイングが終了し、教育批評がすべて書かれた後、24の教育批評の内容分析を行い、最終報告書の執筆の指針となる共通のテーマを取り出した。

最終報告書を作成する前に、各校長にフィードバックを行った。研究対象となった6校の校長のうち、4校がフィードバックを希望した。彼らと、参加を希望した先生方に口頭でフィードバックを行い、次の年度に、最終報告書を準備する予定だった。私は、翌年度はヨーロッパに滞在する予定であったため、報告書を書き、その研究の実施を指揮した教育学部長と共有する時間がとれるはずだった。

この章のはじめの方で、インフォームド・コンセントに関して私が犯した過ちをいくつか挙げた。私は、教員や管理職に、書かれた報告書の公開前に確認したりコメントをしたりする機会がないことを伝えていなかった。教師がどのような責任を負うのか、あるいは教師が自分の授業以外に研究に時間を割くことを要求されるのか、といったことを明確にしていなかったのである。ただし、これらの不備は、なされた唯一のものではなかったし、最も深刻なものでもなかった。

ある学区の教育長が、スタンフォード大学の大学院生が行っている観察の補足として、その学区内の高校の経験豊富な教師4人が3日間、4人の高校生をシャドーイングしてはどうかというすばらしい提案をしてくれた。私は快諾した。高校の校長は4人の教師を選び、私は彼らに方法を説明し、彼らが観察を終えた後に、簡単な教育批評かそれに近いものを準備するよう依頼した。

重要なのは、この研究の目的の一つが優れた指導を見きわめることであり、また、この研究を通して、中等教育学校の評価されていない成果を一般の人びとに紹介することであったことを忘れないことである。実際、教師や学校がさらされてきたマスコミの否定的な批判の嵐に対抗するために、誇りにできることがたくさん見つかることを期待していた。

私の願望は思ったようには叶わなかった。観察したどの学校でも、誇りにできるようなことはほとんどなかった。目を見張るような授業はいくつかあったが、それらの教師が例外であったことは明らかだった。私たちが観察した教師のグループの水準は、多くの理由から、あまり高くはなかった。その理由のいくつかは、学校の構造、内発的なモチベーションを低下させる近視眼的な報酬システムの使用、指導に関するフィードバックの少なさ、そして、誰も本当に自分の仕事に関心を持っていないという教師間でよく生じる感情に関係していた。私は、これらの問題点を報告書の中で論じた。要するに、いくつかの稀なケースを除いて、私たちは期待していたものを見つけることができなかった。

しかし、私たちの観察は、大学の「バイアス」を持って学校に来ていたためか、私たちの期待が大きすぎたのか、あるいは私たちが見取ったものを誤解していたのかもしれない。とはいえ、自分の学校で生徒をシャドーイングした経験豊富な先生方の観察は、私たちのものと一致しており、彼らの報告も私たちのものと一致していた。この研究から見えてきた高校の姿は、すばらしい瞬間はあるものの、全体的にはあまり喜ばしいものではなかった。[3]

先ほど述べた通り、私はヨーロッパにいる間に報告書を書き、スタンフォードに航空便で送った。私がまだヨーロッパにいる間に、報告書は複製され、学校がコメントをする前に、学校とマスコミに公開された。さらに悪いことに、ある記者が、報告書の叙述の元となっているのがどの学校の教師かを突きとめたことである。彼女が教えている学校の生徒の生活について、私はどちらかと言えば否定的な言葉で論じて報告書に入れていた。次に、この教師の写真が地元の新聞に掲載され、その教師はインタビューを受け、学校、その学校の校長、そして地区の教育長は、私が約束していた匿名性を失ってしまった。

結果は予想できた。校長は非常に動揺していた。賢明で稀有な教育者である教育長は、さらなる情報を求め、何が起こっているのかを確かめるために、自ら学校を訪れた。私は教育長、校長、管理職、そして学校で生徒をシャドーイングした先生方のうち何人かに面会した。教師たちは、報告書に書かれていることのほとんどに異議を唱えることはなかった。彼ら自身が書いた文章はずっと短いものであったが、私たちの論評と異なるところはなかった。問題が完全に解決することはなかった。校長は裏切られたと感じていた。私は、報告書が私の許可なく公表されたことに非常に申しわけなさを感じていたし、今日に至るまで、その学校で別の研究を行うことは、どのような研究者にとっても困難であり、おそらく不可能だろう。これは、現場をきれいにせずに去ったことを、身をもって体験した事例である。

このケースでの過ちはすべて、善意ではあるが世間知らずな人びと、つまり自分たちが犯している手抜かりと過失を予見できていなかった人びとが犯した過ちである。私は自分の義務について十分に深く考えていなかったがゆえに、この研究や彼らの権利や責任について学校の教員に適切に伝えられていなかった。スタンフォードの教育学部の誰かが、それが良いことだと思って、私の許可なしにこの研究報告書を配布した。誰かが、私が報告書で言及した教員の名前を新聞記者に教えたのは、(おそらく研究の宣伝になり)役に立とうとしたからである。

この話は、悪意のある行動ではなく、間違って行われた善意や、経験不足による無知を示している。倫理的な配慮は、私の関心事や懸念事項の議題の中で、特に重視されていたわけではなかった。こうしたことは今では変化している。

要約

本章の目的は、質的研究における倫理的緊張、論争、ジレンマのいくつかを**特定する**ことであり、それらの倫理的緊張を解決することではない。この章では、それらのいくつかを明らかにし、複数の原理が対立することになる状況を説明しようと試みた。私たちは皆、研究対象者からインフォームド・コンセントを得て、高潔に行動したいと願っているが、研究の経過を常に他の人に知らせることができないのは、研究の経過を予測できないことが多いためだけでなく、時として自分の目的を予測できないためであることは明らかである。もちろん、ある一般的な問いを念頭に置いて現場に入ることはできるが、それらの問いが支配的であり続けるかどうかは、ひとたび現場に入って経験した状況をどのように意味づけるかにかかっている。さらに私たちの研究に情報を提供してくれる人すべての同意を得ることはできない。そんなことをしたら、研究が不可能になるからである。そのため、ある程度は他人のプライバシーを侵害することになる。私たちは、自分たちの目的のために他人を利用することになる。私たちはどのように振る舞うべきなのだろうか。私たちは、研究対象者に何を返さなければならないのだろうか。私たちは行動指針としてどのような原理に訴えることができるだろうか。

抽象的で一般的なレベルにおいてさえ、議論の余地のある二つの倫理的立場の間で対立することがある。私たちが権利の概念――一種の定言命法――を受け入れる場合、私たちは、正統派の宗教的原則に導かれている人たちと同じように、一定のルールに基づいて生活を送ることになる。宗教的正統派の人びとにとって、妥協や文脈に沿った倫理観は概して魅力的ではなく、しばしば受け入れられない選択肢である。しかし、行為の結果を判断することが知恵には必要だと私たちが考えるなら、研究対象者にとってだけでなく、私たちが学んだことから利益を受けるだろう人びとにとっての結果も予想しようとする。もし私たちが認識論的実在論者であり[*3]、真理を探究していると仮定するならば、研究対象者の利益を損なうことの正当性は、私たちがもっぱら真理を求めているのではなく、誤りを免れないが利用できる世界のバージョンを求めていると信じている場合よりも、大きいかもしれない。十戒にあるのは、定言命法である――「もし」や「そして」、「しかし」は存在しない。帰結主義[*4]や功利主義にあるのは、文脈の評価と判断の行使である。しかし、帰結主義では、最終的には正当化されるべきではないものを正当化するために使われるような楔の薄刃を打ち込んでしまうことになる。

そうだとすると私たちはどうすればよいのか。私たちは、インフォームド・コンセントを確保したいが、事前に分かっているわけではないため、常に情報を与えることができるわけではない。私たちは個人のプライバシーを保護し、守秘義務を保証したいと考えているが、常に保証できるわけではない。私たちは誠実でありたいと思っているが、時には誠実さが不適切な場合もある。私たちは、自分の専門的な目的のために他人を利用していると考えたくはないが、私たちが構想し、指示し、執筆する研究に乗り出す場合、私たちは自分の目的のために他人を利用することを事実上、認めている。

このことが私にとって個人的に意味することは、実際には、私たちの研究の理想として機能しているあらゆる定言命法を満たすことができるとは思えないということである。どのような領域においても、理想というのは常に多少手の届かないところにある。同様に、私は、事実上あらゆる行動を正当化するような、功利主義や帰結主義的な立場に訴えるような質的研究へのアプローチには満足できない。

はじめに述べた緊張や論争、ジレンマを、私たちは抱えたままである。しかし、私は今、私たちが考慮すべき問題や配慮事項に関する、多少なりとも大きな自覚を持っている。このような自覚を持つことで、私たちは、繊細な感受性、趣味判断、そして最も貴い人間の能力である合理的な判断力を発揮できるようになる。倫理の問題において私たちは、厳密なルールがないままであることを余儀なくされている。おそらくそれはあるべき姿であり、私たち全員が、かなりの自由を「宣告されている」

ことを示す確かな証しなのだろう。

注

[1] 監視方法と現代社会におけるその影響についての最近の明快な分析は、Gary T. Marx (1988) *Undercover: Police Surveillance in America* に見ることができる。

[2] Nancy Schepper-Hughes は、著書 *Saints, Scholars, and Schizophrenics: Mental Illness in Rural Ireland* (1979) の中で、彼女が研究したアイルランドの村の住民が自分たちのことであると特定できたことを示している。多くの意味でこれは驚くことではない。書き手が世界やその一部の側面を望ましいほど生き生きと描写することに成功している場合はなおさらである。

[3] 私は、他の中等教育学校研究では見落とされていた新しい一連の見方を提供できるような、立派な学校教育の特徴を描きたいと思っていたため、これは私にとって残念なものだったと正直に言わざるを得ない。私たちが見出したことからすると、このような視点を求めていた私の願望は叶わなかった。

訳注

[＊1] 定言命法 (categorical imperative) とは、カントの説いた道徳法則の形式。道徳的実践は命令の形で理性に与えられるが、それは「もし… ならば、… せよ」というように、快とか幸福などの他の目的のための手段として働くような仮言的性格のものであってはならず、単に「… せよ」という無条件的、絶対的なものでなければならない。

[＊2] 功利主義原理 (utilitarian principle) とは、倫理的判断や、政策、立法などの正否の判断において、帰結としてもたらされるであろう快楽と苦痛の量を比較し、社会全体の幸福を増やす行為や規則を正しいとする原理。

[＊3] 認識論的実在論者 (epistemological realists) とは、認識するべき真理が存在するという考えに立つ者を指

し、本文に示されているように、アイスナーはこれに批判的である。第4章注［2］も参照のこと。

［＊4］帰結主義（consequentialism）とは、ある行為の道徳的正しさについて、その行為から生じると予測される帰結に基づいて判断する立場のこと。

第11章　未来を見据えて——質的研究者の育成

思索を拒む者は未来への裏切り者である。

アルフレッド・ノース・ホワイトヘッド

未来を発明する

教育における質的探究への関心の高まりは、既存の探究方法の単なる洗練以上のものを示している。それは、知の本質とそれがいかに創造されるかに関する新しい考え方の始まりを意味する。さらに、教育研究に質的考察を取り入れることで、従来の研究アプローチの前提をいっそう明確に理解できる。そうすることで、質的方法の新たな理解のみならず、従来の研究形態の理解を深めることにも貢献する。

読者は、質的な探究様式と、従来型の様式——例えば分散分析によって効果が決定される実験

——を取り上げたことで、私が誤った二分法、二者択一の表現、あるいは現実の世界と一致しない方法論的な二極性といったものを生み出しているのではないかと心配するかもしれない。読者は、私たちが本当に捉えるべきは、質的アプローチと量的に報告された実験との種類の違いではなく、研究方法が連続体のどこに位置するかの違いであると主張するかもしれない。それに対して私は以下のように応答する。「連続体」という概念は包括的であって、適切な参照の枠組みがあれば、実質的には何でも——性別でさえも——連続体の上に置くことができる。実験室での実験と教育批評の方法や認識論の基本的な違いを却下したり軽視したりすることは、それぞれの研究ジャンルの独自の貢献を見逃してしまうことになる。そうした研究の間には違いがあり、たとえ架空の連続体の上に置いたとしても、根本的に異なる特徴を消し去ることはできない[1]。私は、統一性の名の下に違いを覆い隠そうとするよりも、違いを認識し、複数性を利用する方が良いというスミスとヘシュシウス（Smith & Heshusius, 1986）の見解に同意する。私たちは、その分野で手続きの多元性や認識論的多様性があったとしても、お互いに語り合い、共通の目的に向かって努力することができる。実際、方法の多元性は、単一の正当な探究モデルへの忠誠よりも、はるかに希望に満ちている。私たちが必要としているのは、ジャンルを問わず優れた研究であり、パースペクティブを変えることができて、どのような設問や規準で研究を行うべきかを知ることについて十分な柔軟性を持った学者である。

どうすれば優れた質的研究を実施できるのだろうか。そして、そのような研究を創造できる若い研究者を育成するためには、どのようなプログラムが有用なのだろうか。本章では、これらの問いと、教育における質的探究の未来について述べる。

質的研究者の育成

私が書く上で想定している読者は、教育における質的研究、特に教育批評と呼ばれる形式の研究を学びたいと考えている人たちである。そこには、現役の教師や学校の管理職、特に教育分野の博士課程の学生が含まれる。

多くの点で、質的研究者の育成は1970年代初頭に比べて容易になっている。第一に、教育研究における質的方法は、当時よりも今日の方がはるかに受け入れられている。主要な研究系大学には、質的方法に関するコースが開講されている教育学部や学科がある —— いくつか挙げるだけでもスタンフォード大学、ハーバード大学、シカゴ大学、コロンビア大学ティーチャーズカレッジ、ミシガン州立大学、イリノイ大学などがある。第二に、1970年代初頭には存在しなかった教育における質的研究のモデルが存在し、アメリカ教育学会でもそのような方法論への関心が高まっている。1988年に設立された新しいジャーナルである *International Journal of Qualitative Studies in Education* 誌では、質的方法とその成果に焦点を当てた論文を掲載している。実際、*Educational Researcher* 誌でさえ、過去5年間に掲載された論文のうち、約10%を質的研究の論文が占めている。教育研究コミュニティにおける関心の多様性を考えると、この注目度の高さは印象的である。

1970年代にスタンフォード大学の教育学部で質的方法を用いて博士論文を執筆するためには、

学生はプロポーザルから論文執筆に至るまで、質的方法の使用を正当化するための長い序論を書かなければならなかった。私が指導したある論文には、教育批評の使用を正当化する70ページに及ぶ章があった。今日では、状況は異なる。スタンフォード大学教育学部では、大学院生が勉強しなければならない方法論の要件に質的方法が加わっている。

しかし、一つだけ厄介な傾向がある。それは、質的調査をエスノグラフィーに還元する傾向である。エスノグラフィーは質的な研究方法であるが、すべての質的研究がエスノグラフィーであるわけではない。この点については、教育現場における質的研究者養成のための方針を示す前に、改めて述べておきたい。

エスノグラフィーは人類学の一分野であり、文化の研究に関する学問である。自然人類学者は、しばしば人工物の測定と分析を通じて文化の進化を研究している。文化人類学者は通常、その文化に参与している人びとが共有する意味を理解しようとする。教育分野の質的研究者は通常、地域社会、学校、授業などを研究して、何が彼らの心を動かすのかを理解するのが一般的であるため、エスノグラフィー――ギアーツ(Geertz, 1973)いわく、書き記すことに関係する人類学の一分野である――に目を向ける傾向は理解できる。しかし、人類学は一連の方法――フィールド調査、情報提供者の確保、記述、人工物の分析など――によって特徴づけられるだけでなく、焦点を定め、解釈を達成するための一連の概念と理論によっても特徴づけられる。これらの概念や理論――適応、文化、親族関係、タブー、トーテミズム、近親相姦、共同体――、そして、レヴィ＝ストロースの構造主義[＊1]、マリノフスキーの機能主義[＊2]、ラドクリフ＝ブラウンの構造的機能主義[＊3]、ルース・ベネディクトの形態主義[＊4]などの概念や理論は、知識としてどうでもよいものではない。これらはそれぞれ独自の方法でパースペクティブを形成し、独自の解釈枠を課している。これらの概念や理論は、たとえフィールドワークの中で暗黙のうちにしか機能していないとしても重要である。それらは研究に焦点を与える。ベネディクトが文化の中で何が適合するのか、何がその独自の秩序、パターン、風合いに寄与するのかについて問いかけていることは、マリノフスキーの機能主義とは異なる。マリノフスキーは、例えば、ある文化をその特定の環境の中で生き残らせるうえでの通過儀礼の有用性に焦点を当てている。それぞれの理論は、いわば、世界に独自の疑問を投げかけ、それゆえに独自の答えを得るのである。

しかし、これらの文化理論家たちが提起した問いは、まとめて考えたとしても、提起しうる問いや、見取ったものを説明するための理論を網羅しているわけではない。エスノグラフィーは、全体として見ても、意味構造の限られたレパートリーを構成しているにすぎない。したがって、質的研究をもっぱらエスノグラフィーと見なすことは、質的研究が何でありうるかを限定することになる。

各理論が示唆する概念や理論、そして問いが焦点を形成し、見取ったことを説明する上で重要であるなら、異なる概念や理論を用いることは、社会現象の豊かさを明らかにする上で重要である。そのような概念や理論はどこに見出せるだろうか。少なくとも一つの場所は、社会科学という学問分野にあり、特に教育の分野で発展してきた概念や理論にある。私たちは、マーガレット・ミード(Mead, 1928)がサモアの生活を観察したのと同じように、文化としての学校を観察することができる。しかし政治学の観点から権力構造として、特定のイデオロギーを育む機関として、また、交渉や取引、政治的連合の場として学校を観察することもできる。

私たちは教室を、教育哲学が展開される競技場として、また、「話者交替」の場所として、希少な財 ── つまり高成績 ── をめぐる競争路として、また、教師が制度上の規範を満たしながら、自らが強く抱く職業的価値を実現する方法を密かに生み出す場面として観察することができる。社会学的な観点から学校を検討し、地位、ジェンダー、社会構造の問題や、若い人びとを暗黙の社会規範に導き入れることの適切性について問うこともできる。これらの概念はいずれも社会科学の学問分野に由来するものであり、質的研究の解釈の中心となりうるものである。このような研究は、(1) その場で何に注意を払うか、(2) 観察した情報をどのように記録するか、(3) 観察されたことをどのように統合して重要なものにするかという三つの要素によって定義される。人類学的な観点は、描写や解釈の用語が、人類学的な意味で文化的なものである研究を生み出す。研究の焦点は、伝統と、人類学の分野で機能する理論的関心によって形成される。興味が他にあって他の概念 ── 例えば権力 ── に関心がある場合は、政治学がより適切な情報源となる。

質的探究は、世界をどのように見て描出するか、また、見取ったことをどのように理解するかという概念的志向によって特徴づけられる。質的探究は、歴史学的、社会学的、政治学的、教育学的など、さまざまなものでありうる。実際、質的探究の性格は、その焦点、描写、説明をもたらしたどの学問分野からも派生しうる。生物学における初期の分類や類型化は、質的な取り組みであった。社会科学のすべてに共通しているのは、観察している質の中にパターンを探し、これまで気づかれなかったものを照射して表示する営み、そして見取ったことを説明しようとする試みである。それが、特定の学問分野の目的に関連する概念や理論を発明したり使用したりする理由である。

私たちの課題は、熟練した質的研究者の育成に役立つプログラムの特徴を概念化することであるため、質的探究のあらゆる形態の核心である知覚力の開発にまず目を向ける。

知覚力、あるいは私が鑑識眼と呼んでいる能力を養うことは、あらゆる種類の質的研究にとってきわめて重要である。なぜなら、教室、学校、地域社会、教科書、教材、生徒の作文などの経験の蓄積こそが、パターンを知覚し、解釈を行うための材料を提供するからである。研究者が、ある場の中で何が重要であるかを認識できなければ、その後に興味を引くようなことが起こる可能性は低い。教師が行為の根拠を持つためには、クラスの質を経験する必要がある。質的研究者は、何らかの理論的解釈の根拠を持つために、教室に浸透している質を経験しなければならない。理論や概念、認知枠組みやカテゴリーは、見るための手がかりを提供してくれるが、手がかりは単なる指針にすぎない──やはり、示された質を経験できなければならない。その意味で、理論的言語──実際、どのような言語であっても──は、発見的なものとして探索をより効率的にすることができるが、感性を磨くことで、現象そのものが経験において実感できるようになるのである。

このような経験のための主要なリソースとして、概念や理論とは別に、またそれ以上に重要なのは、関心領域に関連する洗練された感性である。ここで「関心領域」と述べたのは、感性の一般化には限界があることを強調するためである。代数の授業のニュアンスを体験することは、美術の授業のニュアンスを体験することとは異なる。このように、見取ることを学ぶこと──より広義には経験することを学ぶこと──は、制限のあるパラメータの中で機能する。アフリカ美術の愛好家はフランス・バロックの美術には敏感でないかもしれない。物理学の教育を評価する能力のある人は、歴史の教育とは無縁であるかもしれない。ストドルスキー（Stodolsky, 1988）が述べるように、「主題が重要」なのである。[2]

一連の現象の知覚は、視覚分化に明らかに依存している。視覚分化には、洗練された感性 ── それこそが分化の意味するところである ── が必要とされるだけでなく、比較するための認知枠組みや、知覚的な探索を行うための認知枠組みも必要とされる。実際、ある領域における鑑識眼の発達は、認知枠組みのストックを意味しており、それを使うことは、探索というよりも、熟練した実践者が持つ切れ目のない楽々とした動きのようなものであることが多い。洗練された感性と適切な認知枠組みを持っている人は、素早く見取ることができる。さらに、彼らは見取ったことの意味を理解する。例えば、社会科での議論について、彼らの解釈は、ある教育的な参照枠組みの中で何が重要であるかについて、ねらいを定めやすくなる（Berliner, 1988）。

人はどのようにして目利きになるのか

私たちが直面している問題は、知覚や鑑識眼のスキルをどのように発達させることができるかという点にある。そのためには、自分が学びたいと思う現象を分析する上で、指針となる実践が必要である。例えば、社会科の指導の知覚力を養うためには、多くの社会科の授業を観察しなければならない。博士課程の学生や教員は、すでに多くの授業を観察した経験を持っていると言えるかもしれない。なにしろ、他の分野を選ぶ人と違って、教育研究の世界に入る人は、5歳のときから教室で生活している。それゆえ、彼らには膨大な経験を用いることができると思われる。

ただし、物事はそれほど単純ではない。あるコミュニティで生涯を過ごしても、人はそこにあるもののほんの一部しか経験できない。人が見落としているものを指摘するには、知覚力があって明晰な書き手が必要なのだ。教室で多くの時間を過ごし、子ども時代の大部分を過ごしたとしても、なおその教室の主な特徴の多くを見逃すことはある。ある学校の生徒という役割は、学校教育全般における生徒の役割と同じではない。それぞれの役割に関連している知覚的態度は異なる。つまり、質的研究を行おうとする学生は、見取ることを学ぶ練習が必要であるということを意味する。その方法はいくつかある。

第一に、リアルタイムの授業の様子を撮影したビデオが分析の題材となりうる。学校や教育学部の教材として、さまざまな分野や学年の授業を撮影したビデオがあるはずである。ビデオは、学級担任の許可さえ得られれば、比較的簡単に作成できる。ビデオは、州内や国内各地の学校の教室で作成し、他の機関との協力関係を通じて共有することもできる。

教師や授業のビデオを見るのと、教室で参観するのとでは大きな違いがあるが——ビデオカメラの画角やフォーカスは人間の目ほど柔軟ではないし、迅速ではない——、ビデオテープを使うことには非常に重要な利点がある。ビデオテープは再生できる。再生の重要性は、私がビデオの分析者に課している一つの「ルール」に関連している。学生は、見取ったものについての描写、解釈、または評価を裏づけるビデオ映像の質に言及できなければならないというルールである。

このルールの働きは、行動主義者[*5]の規準に合わせるためではなく、注意力と省察力を高めるためであり、学生がビデオをロールシャッハ・テストのように使ったり、そこで見取るべきことに頓着なく好きなことを何でも言うためのライセンスとして使ったりしないように促すためである。もちろん、見取ったことの大半は解釈の余地がある。例えば、生徒の先生への熱い視線は本物だったのか、それとも偽物だったのか。解釈の違いは、たとえ描写の違いであっても、熟考や議論のための文脈を作り、まさに教育的鑑識眼の発達に寄与する証拠の一種の収集となる。私の経験では、学生たちは、授業の複雑さと、40分のビデオテープで語りうることの無尽蔵さに感じ入る。議論や分析が進むにつれて、より多くのことが語られ、見取られるようになる。第一印象が維持されることもあるが、たいていは修正される。目的はテープを余すところなく使い切ることではなく、生徒がさらに見取るべきものがあることを学べる状況を提供する点にある。学生たちは、仲間のコメントから、そして自分自身の気づきの高まりから学ぶのである。

これらのテープは編集しないことが重要である。冴えない、時に退屈な教室生活の側面は重要であり、意義ある心理的機能を担っている。そのような材料を編集することは、テープをより面白くするかもしれないが、学校教育を専門とする学生が理解する必要がある状況を大幅に変更してしまうことになる。

40分のテープの最初の4~5分の分析の後、このような限られた断片は教師の仕事の公正なサンプルではないとコメントする学生もいるだろう。もちろん、その通りである。彼らの分析が教師の仕事に対する決定的な言葉と捉えられることはないと安心させる必要がある。これは学ぶための演習であって、特定の教師についてのレポートではない。40分間の観察もビデオも、個々の教師やその教室について信頼できる判断を下すのに十分な情報源ではない。

通常、教師は教壇の中央にいるため、ビデオは教師がしていることだけに焦点を当てることが多い。これは避けるべきである。ここでの問題は、生徒の反応がしばしば無視されてしまうことである。良いカメラオペレーターは、教師だけでなく生徒にも焦点を当て、最初の段階で教室全体を広角で撮影し、男女の人数や部屋のレイアウトなど、全体の様子が分かるようにしておく。最初の段階では、学生たちが実際にその場にいるかのような感覚を持てることが重要である。教室のビデオ撮影の技術的な詳細についてはこれ以上立ち入るつもりはない。ただし教師がワイヤレスマイクを装着し、カメラオペレーター以外の誰かがガンマイクを使って生徒のコメントを拾う必要があることだけは言っておく。このセクションでの私の強調点は、教育的鑑識眼を発達させる上でビデオテープが有用であることである。

ビデオを描写し、解釈し、評価することは、現実のもの ― つまり実際の教室や動いている学校 ― のためのブートキャンプとなる。その場にいることに勝るものはない。その場にいれば、初心者の研究者でも、作業や目的、満足度、不満などについて教師や生徒と話ができる。その場にいれば、どんなにうまく作られたビデオテープでも分からない情報を拾い上げることができる。その場にいれば、彼ら自身が編集者として行動できるが、他の誰かがカメラをどこに向け、何を音声として拾うかを決めると、それは犠牲にされる。その場にいることとビデオを見ることを比較すると、注目したり目を逸らしたり、周辺視野からの情報を受け取ったり、複数のチャンネルで処理したり、複雑な発話や動作に対応するなどの能力が鮮明になってくる。もちろん、教室にいたら再生はできず、時間を止めることもできない。ビデオには独特の効用があり、鑑識眼を養う上での効用は計り知れない。しかし、大学の教室でビデオを見ているときには、子どもや思春期の若者たちでいっぱいの教室に自ら入り込むときには対処しなければならない経験である、教室の質感や匂いは、まったくない。したがって、演習において、第二の主要な、そして最も重要な情報源は、実際の教室や学校へのアクセスである。鑑識眼のスキルが養われるのは、このようなアクセス、導かれた実践、見取ったことの分析を通してである。

知覚分化は、質や構成を比較・対照する機会を持つことによって育てられる。例えば、2人の教師が同じ教科、できれば同じトピックを、比較可能な子どもたちに教えている授業をビデオで見たり、教室を観察したりすることは、類似点と相違点への気づきを醸成するための豊富な情報源となる。マカッチャン（McCutcheon, 1976）は、彼女の研究において、同じ学区内の三つの小学校の科学の授業の中で、3人の男性教師が同じ学年の子どもたちに同じトピックを教えるという、まさにそのような資料を作成した。そうした資料は、知覚の洗練に加えて、各教師が授業に自分の署名を刻み込むこと、そして、教師が同じカリキュラムの授業計画や教科書を用いたとしても、単一のレベルで共通するカリキュラムは存在しないという重要な教訓を示している。

教室における知覚と解釈のいくつかの違いは避けられないものであり、駆け出しの研究者は、これらの違いには解決できないものがあることを予想しておくとよい。観察者の間で解決できない違いは一時的に保留できる —— 実際、それらは永久に後回しにされるかもしれない。その一方、解決できないように見えたことが、非常に有益な議論を生み出し、より深い分析のための刺激となることもある。

質的探究の実施における知覚力の重要性はどれほど強調してもしすぎることはない。この点が実践的に含意しているのは、方法論的なトレーニングとして研究デザインの能力や統計分析のスキルの開発に焦点を当てるのと同程度に、知覚のスキルを洗練することに焦点を当てるべきだということである。私たちは、感性を育てる必要はなく、要は理論であって、見取ることの学びはすでに発達している、もしくは、学生がどんな知覚力を持っていても適切であると思い込んでいるかのようである。率直に言って、私は、鑑識眼の開発に明らかな注意が払われていないのは、伝統的に無視されてきたことが一因であると考えている――鑑識眼の開発は、教授たちが学生だったときに受けた準備教育にはなかった部分だからである。また、経験を積めば観察者はひとりでに知覚力を身につけていくと思い込んでいることも一因である。私は30年間テレビでアメリカンフットボールを見ているが、いまだに何が起こっているのかを見取るのに苦労することがある。繰り返しになるが、経験は**獲得されるもの**である。それは成熟の自動的な結果ではないし、誰かが何かをする回数の単なる関数でもない。

見取ったことを表象する

知覚力の開発が質的なコインの片面であるとすれば、もう片面は表象スキルの開発である。質的研究者の準備には、世界を明らかにするさまざまな方法に触れることが含まれなければならない。これは、象徴形式の認識論について、ある程度洗練されるようにすることを意味する。ここではネルソン・グッドマンの著作（Goodman, 1976, 1978）が非常に助けになる。

認識論的な面から言うと、表象する必要性が人間としての条件の基本的な部分であることを学生には理解してもらいたい。人間には、内的なものを外に出す、コミュニケーションする、自分の経験を他者と共有するという根源的な欲求がある。そのためには、想像力や感情、そして信念に、公的で明確な存在感を与えられる表象形式をどのように使うかを学ぶべきである。芸術、音楽、ダンス、散文、詩などは、この機能を果たすために発明された形式の一部である。それぞれのものは翻訳不可能である。バッハの《ロ短調ミサ曲》には言語的な等価物はなく、「壁の修復[*6]（Mending Wall）」には文字通りの等価物はない。このように、認識論的課題の一部は、それぞれの形式のさまざまな用途を理解しようとすることである。散文では語れないことを、詩で語れるだろうか。詩のどのような特徴がそれを可能にするのだろう。表象形式が持つ独特の機能を理解し、形式とそれが表現できる内容との関係を把握することで、私たちが今当たり前だと思っていることをより深く理解できるかもしれない。私たちは散文を当たり前だと思っている。実際、私たちは文字通りの散文がすべてを語りうると信じているようだ。しかし、それはできない。研究の目的は明らかにすることであるゆえ、鑑識眼によって利用可能になったものを表象するために使用される形式の限界と効用を理解することは、各形式が内容を形作る仕方——つまり、表象不可能なものを除外することによって——を理解するというだけの理由であっても重要である。

別の意味で、世界が表象されている仕方を学生が見定める力を発達させることは重要であり、それが生じるためには、さまざまな方法で世界をうまく表象しているモデルに出会うことが有用である。『ドン・キホーテ』はリーダーシップについて何らかのことを教えてくれるし、マキアヴェリの『君主論』もそうである。『ハムレット』は優柔不断についてなにがしか明らかにできている。『アンナ・カレーニナ』も同様である。ウォルコット（Wolcott, 1984）の『校長室の男（*The Man in the Principal's Office*）』は学校の管理職であることがどのようなものであるかの一つの描写を提供する。ジョン・ファイルダーズ（Feilders, 1982）『プロフィール（*Profile*）』は別の見方を提示している。アーヴィング・ゴフマン（Goffman, 1961a）は、精神科施設について『アサイラム』で語っている。キージー（Kesey, 1970）の『カッコーの巣の上で』はまた別の像を明らかにする。ハワード・ベッカー（Becker, 1963）の『白衣の青年たち（*Boys in White*）』は専門家の社会化について語っているが、メル・コナー（Konner, 1987）の『医者になること（*Becoming a Doctor*）』はまた別のストーリーを語っている。

近年、社会科学者、特に社会学と人類学の人たちが、社会学的、人類学的な世界の知を伝えるためのツールとして写真を使うことに強い関心を持つようになったことは意義深い。この動きのリーダーであるハワード・ベッカーは、写真は社会的世界を理解するための重要なツールであると考えている。ベッカーは、写真というメディアの潜在的な欠点を認識しながらも、その十分な探求と、それが持つ認識論的な可能性を強調している（Becker, 1986）。

視覚人類学者も同様の見解を持っており、実際、グレゴリー・ベイトソンとマーガレット・ミード（Bateson & Mead, 1952）は、バリの家族の生活を明らかにするための非常に初期の労作で、映像と写真の両方を使用した。そしてもちろん、フラハティとレブロン・フレレス（Flaherty & Freres, 1922）の《極北のナヌーク（*Nanook of the North*）》は、イヌイット以外の人びとにイヌイットの生活の厳しさを理解してもらうための古典的な労作である。

このようなモデルは、おそらく何よりも直接的に、学生に質的探究の可能性を示すものである。いくつかの研究雑誌への掲載を希望する著者に求められる標準化されたフォーマットは、研究間の比較を容易にするという利点を持っている。また、適切かどうかはともあれ、共通の枠組みの制約を研究者に課す責任もある。

ニュアンスを明らかにする言語能力を習得するための特に有用な情報源となるのは、批評家の著述である。例えば美術批評家は、言葉を使って絵画を生き生きと描き出すという課題に取り組んでいる。美術批評家は、その作品の持つ質を察知し、芸術的背景を理解し、作品の美的メリットを評価した上で、その作品を、芸術にあまり精通していない鑑賞者にも見えるように言語で橋渡しをしなければならない。批評家の著述がうまくいくと、その作品は理解しやすいものとなる。うまくできていないときは、言語そのものが称賛の対象になってしまう。

映画の批評家は、質的研究者の仕事にさらに近づいている。レナ・ヴェルトミュラーの映画《七人の美女（*The Seven Beauties*）》を考えてみたい。初期に美術史を学んだ精神分析学者の故ブルーノ・ベッテルハイムは、1976年8月2日付の『ニューヨーカー』紙にこの映画をレビューした。ベッテルハイムのレビューは、この映画の中に埋め込まれたより大きな社会的な意味を見取り、洞察し、開示する彼の能力を見事に証明している。この映画は、第二次世界大戦末期にドイツ軍に捕らえられた2人の逃亡イタリア兵の物語である。ベッテルハイムの批評は、この映画の主要テーマである「生き残ること」に焦点を当てている。この映画は、ドイツの強制収容所に収容されたイタリア人兵士たちが生き延びようとする姿を鮮やかに描いている。ベッテルハイムはこの映画だけではなく、監督の背景を分析し、この映画の社会的な意味合いを論じている。彼は、アメリカとヨーロッパの観客の反応を比較し、この映画が描く事実を歴史的な文脈の中に置いている。彼の批評には、歴史的なディティールに関する幅広い理解が含まれ、芸術と歴史の両方のバックグラウンドを批評の根拠としている。ベッテルハイム（Bettelheim, 1979）の『生き残ること』を読んだ後では、もはや以前のようにヴェルトミュラーの作品を鑑賞することはできない。ある意味では、作品が「露わにされた」だけでなく、その社会的価値観が検証され、観客に支持された理由も明らかにされた。ベッテルハイムは、この作品を芸術作品としてだけでなく、社会的ドキュメントとして扱っている。その深いメッセージが一般的には間違って理解されていると彼は思っているのだが。

批評家の仕事が質的であることは明確であるが、それは研究なのだろうか。それは知を伝えているのか。それとも経験的なのか。批評家の仕事は経験的世界の質を扱っているため、きわめて経験的である。何にもまして経験的である。その目的は、読者が世界について何かを知るのを助けることであり、その判断基準は言及の妥当性にある。では、それは知を伝えているのか。それが効果的である場合に限られるのか。それは研究なのか。アーヴィング・ゴフマン（Goffman, 1961a）による精神病院の描写、トクヴィルの描いた『アメリカの民主々義』（Tocqueville, 1898）、リンドらの『ミドゥルタウン』（Lynd & Lynd, 1929）、ペシュキンの『神の選択（*God's Choice*）』（Peshkin, 1986）を研究と呼ぶならば、批評家の著述もまた研究の一ジャンルであると考えなければならない。いずれも、世界のごく一部を描写し、解釈するという共通の事業であり、その世界の理解を深めることを目的としている。

私が今提起した類の問いは、質的研究者を養成するプログラムで検討されるべきだと考えている。ある意味では、上記のような問いに明確に答えるよりも、養成期間で問われる方が重要である。そのような問いによって生じる当惑は、生産的な結果をもたらす。そうした当惑が知的な会話を深め、視野を広げる。そこに世界の描写方法のモデルを組み合わせることで、学生が研究を行う際に考慮できる探究形式の幅が広がることになる。より多くのドラマーがいると——そして他の楽器もあれば——、音楽はより面白くなる。

理論を利用し生成するスキル

私はすでに、社会現象の認識と解釈において理論が果たす焦点化の役割について言及してきた。その重要な機能を考えると、質的研究者を養成する上での主要な課題の一つは、彼らが描写する内容を説明するために理論を使う練習である。ただし、理論が一般性を持つのに対して、事象は質的特異性をもつので、理論を使うことは容易ではない。それにもかかわらず、それは試みる価値のある課題である。幸いなことに、私たちにはそうした研究の良いモデルがある。社会学におけるアーヴィング・ゴフマンの仕事は、理論がいかに社会的世界と関連づけられるかを示す、とりわけ強力なモデルである。ゴフマンが行ったことは、すでに発展している理論を彼が研究している社会状況に当てはめるだけではない。彼はそうした状況を新たな理論的概念を創案するために用いている。

教育の分野では、サラ・ローレンス・ライトフット（Lightfoot, 1983）の良い高校の概念や、ジャクソン（Jackson, 1986）による指導の解釈が非常に参考になる。

社会的世界における質の分析は、理論構築のための豊かな情報源である。新しい現象が経験されると、新しい概念が創案される可能性が高くなる。このような創案が起こると、質的研究者の道具箱に新たなツールが追加される。実践的な関心が教育的であり、教育的な場——例えば学校や教室など——であれば、決定的に教育的な概念を生み出すのに適した条件が揃っている。興味のある現象——この場合は教育——をより適切に扱うために、新しい概念をフレーミングするプロセスを経て、学問が創造され、洗練されていくのである。学問とは人工物であり、何らかの有用な機能を果たすために設計された想像力の産物である。精神の研究である**心理学**、社会的世界の研究である**社会学**、生命の研究である**生物学**、血液の研究である**血液学**があるように、教育の研究である**教育学**（educology）という分野が存在しない理由はない[＊7]。抽象度や学問分野の対象は恣意的なものである。私たちは、理にかなった方法なら、いかようにも世界を切り取ることができる。

教育界には、原理的に教育についての学問は存在しえないと考える人びとがいる。実際、彼らは教育の実践を応用社会科学と考えている。どうやら彼らは、学問とは文化的な所産ではなく、自然な存在であると考えているようである。私は、教育状況についての質的研究は、教育という学問を創造するために最も有望な方法の一つであると考えている。

ここでの私の第一の目的は、教育という学問のために弁護することではなく、質的研究者を育成する上での理論の重要性と、質的研究における理論が果たす役割を論じることである。質的研究における理論の応用はしばしば難しく、どちらかといえば乏しいというのが私の経験である。これにはいくつか理由がある。第一に、教育研究者が利用できる理論の多くは、あまりにも一般的すぎるか、記述する現象に適していないかのどちらかである。うまく適合していないのである。第二に、状況に固有な特徴は、利用可能な理論が提供できる以上に、カスタマイズされ、文脈に特化した解釈を必要とすることが多いからである。第三に、ほとんどの質的研究は、仮説検証としてではなく、事後的な説明を提供する取り組みとして行われている。つまり、研究者には興味のある一般的なテーマがあったとしても、通常その焦点は創発的なものである。多くの場合、研究者はその文脈の中に没頭するまでに、何を研究しようとしているのかが実際にはわからない。課題は、理論を検証するための質を探すことよりも、見取ったことを探求することに関わる。

加えて、日常的な諸問題の分析において、単一の理論が適切であることはありそうにない。シュワブ（Schwab, 1969）が指摘するように、物事をまとめたり、複数の解釈をしたり、橋渡しをしたり、類推による理由づけをしたりする折衷的な技術が必要である。いくつかの事例について特定の場で何年もフィールドワークをしてきた後だとしても、真理というより、ありうる解釈と説得力のある洞察こそが主要な願望なのである。[3]

とはいえ、学生が自分の研究している現象について説得力のある理論的解釈をすることが難しい主な理由の一つは、そのような経験が少ないからかもしれない。ほとんどの大学院教育学研究科では、授業中にシミュレーションや実物資料を使用することはほぼない。印刷物を理解することが、いまだにコミュニケーションの主要な手段となっている。印刷物という媒体だけがメッセージを伝えるのであって、分析や理論を事例に適用することは一般的には行われていない。私の考えでは、必要なのは、説明という目的に理論を応用できるビデオや録画、映像、そして現場の訪問である。実際には、状況が解釈されうるさまざまなやり方を例示するために、学生が複数の理論をある状況に適用する機会を持つことは有用であろう。

もちろん、理論を実生活に適用するのが難しいもう一つの理由もある。その理論が単に無関係であったり、不十分であったりするからである。要するに、教育における社会的あるいは教育学的場面を十分に説明できる理論は、私たちが思っている以上に乏しいのかもしれない。

質的研究者の養成についてこれまでに提案してきたことは、第一に、教育状況の、できれば比較対照が可能な教育状況の描写・解釈・評価において導かれた経験を通して、鑑識眼の訓練を行うことである。第二に、学生がさまざまな表象形式の多様な使い方を理解できるようなナラティブや解釈のモデルに出会うことの重要性を指摘した。第三に、述べてきた状況を説明する手段として、社会の複雑な状況に理論を適用するスキルを身につけることの重要性を論じた。最初に必要なのは、知覚の育成である。次に必要なのは、世界を記述する方法の多様性を理解することである。三つ目に必要なのは、知覚がもたらしたものを説明できるように理論を使う能力を身につけることである。もちろん、このようなスキルと理解を発達させるコースを大学のプログラムとして展開できるだろう。しかし、現在のところそのようなコースはほとんどない。

先ほど、質的研究者の養成の一環として、認識論についてのある程度の理解を発達させる重要性を強調した。次にこの問題に目を向ける。

認識論の前提条件の理解

研究者の専門的社会化に関して顕著な特徴の一つは、研究者が、自らが向かう社会化の前提や価値を批判的に検証することがめったにないということである。その結果、学んだ研究方法に対する批判的な意識がほとんど育っていない。

次の問いについて考えてみたい。すべてのものは、原則として、測定することができるのだろうか。この問いに答えるには、測定の意味を分析する必要がある。また、測定が何を記述し、何を記述から省いているかの理解も必要である。しかし、ほとんどの研究者はそのような分析を行わず、結果として、測定されたものがその主題を適切に表象していると考えている。測定の目的は、一連の質について正確で手続き的に客観性のある説明を提供することであるため、これは特に検討を要する。質が正確に測定されているかどうかは、用いられた手段の性質に左右される。用いられている手段が非常に正確な場合もあれば、そうでない場合もある。そして、バイアスは、ある程度は全体に対して部分をとることとの関数であるとすれば、測定は常に部分的であるがゆえに、常にバイアスがかかっていることになる。バイアスは、作為と同様に省略のためにも生じ、すべてを含む表象形式は存在しないいため、この特定の意味において、すべての表象形式にはバイアスがかかっていることになる。質的研究者も、従来の研究方法で訓練を受けた研究者も、このような考察を無視してはならない。それらは単なる哲学的な思索ではなく、私たちが信頼できると考えていることに直接関係しているのである。

では、知はどのように定義されるのだろうか。認知とは何を意味するのか。影響とは何か。確率的な知に基づいて原因を知ることができるのか。信念と知の間には違いがあるのか。何かを知るための適切な根拠を構築するものは何か。そして、あらゆる形式の知は、その根拠を検証できる真の命題に帰結するのか。もしそうだとしたら、人びとが知っていると言うとしても明晰にできないものを、私たちはどのように見なすべきなのか。異なる記号体系や表象形式があるとすれば、その認識論的機能は何か。絵や詩の形式で表象されているものには、どのような理由で認識論的な地位が与えられるのか。私が今提起した問いは哲学的なものである。その重要性は、方法についての見方を発達させる上で決定的である。しかし悲しいことに、多くの教育学部では教育哲学を履修する者が減少しており、退職した人や退職間近の人の後任として、この分野の新しい教授を採用していない。残念なことに、哲学は、教育研究と教育実践の実際においては周縁的なものとして扱われることが多いのである。このような短絡的な展望がもたらす長期的な結果は不幸なものとなる。

研究プロポーザルの作成

博士課程で最も重要なことの一つは、論文の構想を立案し、プロポーザルを作成することである。プロポーザルの作成と研究論文の執筆は、博士課程の中で最も困難で、最も忍耐を要する仕事である。実際に、すべての博士課程の学生は、受け入れられるプロポーザルや論文を書くことに悩んでいる。それも不思議ではない。一般に、大学院生は、特に博士課程の学生は非常に脆弱な立場にある。彼らは、学位を取得するだけでなく、教授から高い評価を得られるかどうかでキャリアが決まるとしばしば考えている。彼らは大きく間違っているわけではない。教授が何を重要なテーマと考え、何を適切な方法と見なすかは、博士課程の研究において非常に重要である。指導教員グループのメンバーだけでなく、口頭試問委員会の委員や推薦状を書く人からも、肯定的に評価されるであろうと大学院生が考えることが、トピックや方法の選択において非常に大きくのしかかってくる。質的研究に対する教授陣の態度、質的研究を行う者に提供されるサポートの深さ、そして質的研究のプロポーザルを評価する際に不適切な規準を用いないようにする教授陣の能力は、この分野の将来を形成する上で最も重要である。

私は、研究方法に関する前提や論文の評価規準が、質的研究の方法とそれが依拠する認識論の両方について理解不足である教授に対して、少なくない博士課程の学生がぶつかるのを経験してきた。このような事態に陥ると、博士課程の学生の中には、本心は他の場所にあるにもかかわらず、怖くなって従来の研究へと足を踏み入れてしまう人もいる。質的研究は受け入れられないという、時に大げさな（噂ではよく起こることだが）メッセージを真に受ける学生もいる。多くの場合、教授は質的研究は容認できないとは言わず、「単に」、しばしば暗黙のうちに、質的研究は他の種類の研究にふさわしいルールに従わなければならないというメッセージを伝えている。例えば、質的研究に量的研究と同じように再現性があることを期待している教授もいる。実際は、量的研究は人びとがしばしば考えているような形での再現性があることはほとんどなく、再現性があったとしても、そのような再現性はほとんどの質的研究にはふさわしくない。

妥当性に関する問題は、しばしば誤って受け取られている（Wolcott, 1990）。参照的妥当性[＊8]という概念はしばしば誤解されており、実現可能な理想として存在論的客観性を追求する認識論がいまだに多く存在している。また、知の相互生成的概念や、教育研究によって可能となる知の種類に関してはほとんど理解されていないことが多い。その結果、質的研究のプロポーザルは、そもそも適用されるべきではないはずの規準を満たすために変形されてしまうことがある。その過程で、研究は骨抜きにされてしまうことが多い。例えば、大学院生や教授が、心理学の実験室でできるような種類のものに倣って質的研究の手順を設計することを期待しても意味がない。質的研究の重要な部分の一つは、研究が始まったときには生じることが分からなかったような経路をたどっていく研究者の能力にある。研究生産的なセレンディピティ、すなわち思いがけない発見は防ぐべきものではなく、むしろ追求すべきものである。

質的研究のプロポーザルには、調査対象となるトピックの十分な説明、そのトピックと関連する研究の提示と分析、トピック内の論点、あるいはその研究者のトピックが重要なものであることを示すための先行研究の不十分さが含まれていなければならない。さらにプロポーザルには、どのような情報が収集可能か、またそうした情報を収集するために用いられるさまざまな方法や技法を記述しなければならない。プロポーザルでは、描写した内容を解釈するために使われ、取り組むべき場所や人、資料といったものを描写する理論的または説明的な情報源の性質を特定しなければならない。

プロポーザルの機能は、研究者が従うべき完璧な青写真や公式を提供することではなく、提案者が研究を行うために必要な経歴を持ち、その研究を行うために用いられるであろう情報源について明確な考えを持っていること、そして取り上げられるトピック、問題、または論点が教育的に重要であることを、識者である読み手にはっきり示すような説得力のある事例を展開することである。

これらのコメントが、質的研究を行うには計画性は必要ないとか、あるいはよく言われるように「何でもあり」という意味に解釈されないように、私が言っていることがどのように解釈されるべきではないかを明らかにしておきたい。計画性は必要である。しかし、それはレシピや台本であってはならないし、そのように機能するものでもない。証拠は重要である。主張することを裏づける責任はあるが、裏づけとして、測定された証拠は必ずしも必要ではない。一貫性、妥当性、有用性は、社会の複雑さに対処しようとする際に受け入れられやすい。私が言いたいのは、無政府状態を提唱することでも、学校や教室の研究をロールシャッハの投影に還元することでもない。研究プロポーザルの作成や研究調査の分析には、そのジャンルに適した規準を用いるべきだと主張しているのである。このような評価を行う教授は、大学院生と同様に、このジャンルの性質を理解し、適切な規準を設定し、なぜそれが適切なのかを理解するべきである。

質的研究を軽視したり、その特徴を誤解したりするような学部や学科で質的研究者が養成できると信じることは、単純に言って価値がない。より多くの教育機関、しばしば最も強い組織的権威を持つ教育機関が、質的研究を受け入れるようになっていることは心強い。ギアーツ（Geertz, 1973）が示唆するように、質的研究を弱体化させるのは、他の研究者が、質的研究の実践が提供できること以上のものを期待したり、その実践者が二流の仕事をしたりすることである。同時に、少なくともアメリカの教育界では比較的新しい研究形態であるのに、従来の研究調査にあるような技術的な緻密さをもって行われることを期待するのは非現実的である。人間の行動研究における統計分析の使用は、80年以上の歴史がある。教育分野における質的研究の成熟には、それに匹敵する時間を必要とする。

教科の理解と価値指向

教育における質的研究者の養成について、もう二点指摘したいことがある。一つは、教科におけるコンピテンスに関係すること、もう一つは、教科の指導の指針として正当に利用できるさまざまな価値指向を理解する必要性に関することである。ストドルスキー（Stodolsky, 1988）が指摘しているように、教科は教師の教え方に大きな影響を与える。彼女の研究によれば、同じ教師でも教科によって教え方が異なることが明らかにされている。このことは、各教科には、構造や一連の制約や要件があるだけでなく、教師が受け継いできた伝統があることを示唆している。私たちは数学の教え方を、数学を教えられた方法によってある程度学んでいる。また、数学を教えることを教えられた方法によっても学んでいる。数学を教えることを教えられた方法は、いくらかは、数学が教科としてどのように概念化されてきたか、また、教え方を方向づける教育的価値にも左右される。例えば、１９６０年代初頭に新しい数学がアメリカの教育現場に入ってきたとき、数学の指導で重要になったのは、主に生徒が正確に計算できるようになることではなく、数学の構造を学ぶのを助けることだった。集合の意味を理解することは、正確に乗算表を暗唱することを学ぶよりも重要だと考えられた。

この数学教育の概念は、当時、「学問の構造」(Bruner, 1961)に、そして生徒が教科を学ぶのを助ける最良の方法は、学者がその分野で研究している方法で学習することであるという考えに影響を受けていた。帰納的思考、発見による学習、問題中心のカリキュラムが教育の流行であった。

ここで数学のカリキュラムの特徴に言及したのは、数学教師や数学を教えている担任教師を観察する質的研究者が、何が起こっているのかを適切に評価することができるためには、その授業を動かしている前提や価値を知る必要があるからである。例えば、正確な計算をあまり重視しない教師は、他の教育的価値の方が重要であると考えているのかもしれない。研究者が、教師の選択肢とその根拠を理解していれば、教師の活動に対する説明はかなり説得力のあるものになるだろう。

美術の指導について考えてみたい。ある教師は、美術の指導と学習の中心的な目標は、生徒が美術の作品や環境の中にある美的な質を知覚できるようにすることだと考えているかもしれない。この教師の価値体系では、美術教育の目的は、主に創造性を開発したり、自己表現のための道を提供したりすることではなく、洞察力を磨くことになる。その結果、カリキュラムでは、見ること、視覚的な分析をすること、議論すること、作品間の比較をすること、絵画や彫刻に見られる質と環境全体に見られる質との間のつながりを見出すことに重点が置かれる。その結果、生徒が画材を扱う時間は大幅に減り、視覚的な芸術作品の形式と内容の関係を見取ったり、議論したりする時間が大幅に増えることになる。

この教師を観察している質的研究者は、美術の授業がどのようなものであるべきかについて、まったく異なる概念を持つこともあるだろう。見取っているものが自分の認知枠組みに合わないと、彼女は、教師の実践は不十分だと見なす。本当に不十分なのは、研究者の限定的な認知枠組みの数々である。美術を教える上での教育学的な美徳に関する彼女の考えは、要するにあまりにも限定的である。

教科を教える方法が多様であるという事実は、多様性の名のもとに何でも受け入れる理由にはならない。むしろ、美術の指導例は、どんな分野にも多様なアプローチが存在することを物語っている。どのような教科の指導も、一つの「正しい」イメージで評価するのは間違いである。

この考え方は、教室での実践を観察する質的研究者にとって大きな意味を持つ。つまり、教室での実践を観察する人には、教えられている教科の内容と教育法に関するある程度の知識が必要になるということである。私は、一人の人間がすべての教科の専門家になれるわけではないことを承知している。同時に、事実上すべての指導に共通していることもある――例えば、生徒を飽きさせない工夫などである。とはいえ、教科の教え方の多様性を認識することで、指導の多様性に対して寛容になることが期待できる。

質的研究者を養成するという意味では、観察する対象分野の背景を理解・把握し、さまざまな教科の教え方や、それぞれのアプローチの根拠を熟知しておく必要があるということを、この概念は表している。理想的には、そのような違いをビデオで観察し、分析する経験を経ることが望ましい。実際、このような背景を学ぶことは、質的研究者が観察した現象を解釈できるよう社会科学理論の手ほどきをすることと同じくらい重要である。教科の指導に関する社会科学理論の限界の一つは、通常、その教科の教育に対応できていないか、どの教科であれその教育を方向づけるさまざまな教育的価値を考慮していないことである。したがって、質的研究者が教師による教科指導の観察を準備する場合、その教科の教え方、さらには教科そのものについて分かっていなければならない。

質的研究者の育成に関して、すべての学位論文や調査研究は、文章という一つの産物だけを持つと考えてはならない。学位論文や学術論文の形をした文章は、長い間当然のこととして、学生などが研究を実施した結果として期待されてきたものである。また、図書館の棚に並べられることも期待されている。しかし、文章は、学校や教室、あるいは社会的世界の他の側面を誰かに知らせるための一つの方法にすぎない。例えば、ビデオや映像も有用な手段の一つである。実際のところ、ビデオや映像は、書かれたナラティブよりも状況を理解するための豊かな情報源であることが多い。ビデオでは、視聴者は学習環境を見たり、出演する人たちの声を聞いたり、行動を「生」で観察したりできる。研究者は、本の中身と同じように、分析的または理論的な解説を加えることもできる。

ビデオや映像を中心的要素として用いた博士課程の研究は、スタンフォード大学のマカッチャン

（McCutcheon, 1976）やジョーンズ（Jones, 1982）によって行われている。これらの視覚資料には、それぞれの事例に文章が添えられており、見る者を教室や学校に導き入れる。これらは、文章だけでは実現できない、はるかに生き生きとしたものである。論文にそれぞれ文章を添付する必要性は、ビデオの限界から生じたものではなく、大学の伝統から生じたものである。博士課程の学生は論文を書くことを期待されているが、これは長年行われてきた慣例にすぎない。

新しい技術が利用可能になったことで新しい表象形式が可能になったが、習慣や伝統は、研究成果を伝える主要な手段としてそうしたものを用いることを妨げる。しかし、私は古い習慣や伝統は変わると信じている。そうなれば、博士課程の学生をはじめとする質的研究を行う人びとは、映像やビデオの制作が可能になるだけでなく、それを真に有用なものにするためのスキルを身につけることが重要になってくるだろう。これらのスキルは、今はまだ普及していないが、コンピュータのスキルと同じように、これから発展していくと考えている。

このような発展の結果は、映像やビデオの制作にとどまらず、制作されたものを評価するために必要となるスキルの種類にも影響を与えることになるだろう。それらは、開催される学会の種類や研究を共有する方法にも影響を与えるだろう。学術的と見なされる研究の種類にも影響を与えるだろう。創作物の質を昇進委員会が評価するのに用いる規準にも影響を与えるだろう。要するに、教育研究の武器としての新しい技術 ―― ビデオや映像 ―― の出現は、研究成果がどのようなものであるか、またその評価に用いられる適切な規準とはどのようなものであるかという私たちの概念に重大な影響を及ぼすだろう。

エピローグ

本書は、質的思考と人間理解の関係を考察することから始めた。私は本書のほとんどのページを、感性と想像力がイメージを生み出す方法と、そのイメージを公に表現するための形式に費やしてきた。概念的な問題に重点を置いたのは意図的であり、私たちがどのように物事を知るのかということに対して新たな思考法を切り開き、私たちが知っていることを公表する形式を探究することに関心があったためである。文学、映像、詩、ビデオなどの形式は、人びとが重要な問題や出来事を見たり理解したりするのを助けるために、長年にわたって私たちの文化の中で用いられ続けてきた。しかし、教育研究にはほとんど使われていない。私たちは、高性能の統計ツールを使って教えることを研究しているが、それを実践的な芸術として研究することはあまりない。私の目的は、教育問題への探究のあり方について、これまでとは異なる新たなビジョンを創造することである。

教育的探究の新たなビジョンを生み出すことは、学校教育を研究する方法の幅を広げるだけでなく、さらに重要なことは、人間の認知に関する私たちの概念を拡張し、新たな教授学的実践形式の開発に寄与することである。思考は言語だけに媒介されるものではなく、また、知性は言葉や数値を用いた課題で使い尽くされるものではないことを理解できれば、私たちの学校では、より多様で公平なプログラムを提供しやすくなると確信している。そのようなプログラムは、現在のカリキュラムでは顧みられない人びとが、教育において日の目を見ることを後押しする。新しい心のモデル、新しい知性の概念、そしてより偏見のない知識観は、教育プログラムの内容や、そのプログラムを若い世代へつなぐ方法の再考に役立つはずである。例えば、視覚世界、音楽やダンス、詩や文学などのリソースを活用した教育実践は、文章では明らかにできないことを子どもたちに理解させることができる。このようなリソースの創造と活用は、すべてのプログラムにおいて、学校における真の教育の公平性を高めることに大いに貢献できる。このような意味で、――研究に関してであれ教育に関してであれ――方法とは究極的には政治的な取り組みである。私たちが採用する方法は、招き入れると同時に排除するものでもある。教育的世界が描写され、解釈され、評価される形式の幅を広げ、内容を利用可能にする方法や、指導法が多様化されることで、実践の政治は、ずっと偏りのないものになる。本書で展開されたアイデアを追求するのか、それとも慣れ親しんだ水域に留まるのか。少なくとも私にとっては、古い港に停泊するよりも、新しい海を見つけて航海する方がはるかに興味深い。これまでの章で提供した例が、少なくとも何人かの人たちに、こうした新しい海図を描き、そこでどのような風が吹いているかを見取ることを促すほど十分に魅力的なものとなることが私の望みである。

注

[1] エゴン・グバは特に、研究パラダイム間の違いを強調している。これらの違いに関する広範な議論については、Guba（1990）を参照されたい。

[2] 教育学的観点から主題の内容を理解することの重要性については、Lee Shulman（1987）を参照されたい。

［3］この問題については、1988年5月11日付の『ニューヨーク・タイムズ』紙中でクリフォード・ギアーツが述べているコメントを参照のこと。「人類学者、30年ぶりに足跡をたどり衝撃を受ける」（リチャード・バーンスタイン著）

訳注

［＊1］構造主義（structuralism）は、可変的な表層的諸現象の背後に隠された深層的で不変な構造を探究しようとする思想的立場。

［＊2］機能主義（functionalism）は、諸要素の機能や相互の関係に着目し、それぞれが全体の維持にどうかかわっているかという観点から、文化・社会現象をとらえようとする思想的立場。

［＊3］構造機能主義（structural-functionalism）は、社会を構成する制度、関係、役割、規範のそれぞれが目的を果たし、それぞれが他の制度や社会全体の存続に不可欠であるとする思想的立場。

［＊4］形態主義（configurationalism）は、社会現象を孤立した変数や原因に還元するのではなく、社会現象の構成（パターン）を理解することの重要性を強調する思想的立場。

［＊5］行動主義者（behaviorist）は、心理学において、科学的な心理学の課題は、客観的観察と数量的計測によって、外的刺激とそれに対する反応、つまり行動との関係を法則的に明確化するところにあると考える立場の人。

［＊6］「壁の修復（Mending Wall）」は、アメリカの詩人ロバート・フロストが書いた詩のタイトル。この詩は、2人の隣人が毎年壁を修理する様子を描いたもので、自然と人間関係のテーマを探究している。

［＊7］教育学（pedagogy）という学問は、19世紀にすでに成立しているが、ここで敢えてeducologyという言葉を用いて、「**教育学**という分野が存在しない理由はない」と述べられているのは、すでにある教育学ではなく、質的研究からこれまでとは異なる教育学を構想しようとしたからだと思われる。

［＊8］参照的妥当性（referential adequacy）は、調査結果の正確性と信頼性を高めるために、調査中に収集した資料を参照し、参加者の経験や視点が正確に表現され、事実であるかをチェックすること。

解説にかえて ―― アートベース・リサーチの先駆としての『啓発された眼』

小松佳代子

本書は、Elliot Eisner, *The Enlightened Eye: Qualitative Inquiry and the Enhancement of Educational Practice*（Macmillan, 1991）の全訳である。1998年にペーパーバック版がメリルから出され、2017年にはN・ノディングスのまえがきと、P・B・ウールマッハーとC・M・モロイによる序文がつけられて、ティーチャーズ・カレッジ・プレスから再版されている。確認した限り、三者の本文に異同はない。副題は「質的探究と教育実践の強化」であり、以下に論じるように、この副題にはアイスナーが本書を執筆した意図が込められているが、あまりに生硬なため手に取りやすさも考えて、本書における重要な概念である「教育的鑑識眼と教育批評」を副題とした。

アイスナーの著書はこれまで、*Educating Artistic Vision*（Macmillan, 1972）が『美術教育と子どもの知的発達』（黎明書房 1986）として、また*Cognition and Curriculum: A Basis for Deciding What to Teach*（Longman, 1982）が『教育課程と教育評価 ―― 個性化対応へのアプローチ』（建帛社 1990）として翻訳されている。編著書である*Confronting Curriculum Reform*（Little, Brown & Company, 1972）は『カリキュラム改革の争点 ―― ウッズホール会議以後10年の発展』（黎明書房 1974）として翻訳されている。『美術教育と子どもの知的発達』には、1985年までのアイスナーの業績目録がついている。また田中耕治『「教育評価」の基礎的研究 ―― 「シカゴ学派」に学ぶ』（田中 2022）192～1

９３ページには、アイスナーの主要著作が列挙されている。

アイスナーについては日本においても教育評価論やカリキュラム論、あるいは芸術教育論などの分野で先行研究の蓄積がある。アイスナー研究者ではない私たち訳者は、こうした研究動向からではなく、アイスナーが提唱し、２０１０年前後から芸術教育分野で注目されるようになってきたアートベース・リサーチ（Arts-Based Research. 以下ＡＢＲと略記する）への関心から本書にアプローチしている。内外で多くの蓄積があるアイスナー研究を踏まえた解説を書くことには到底至らないため、ここではＡＢＲとの関係で本書がどのように位置づけられるのかを考察することで解説にかえたい。

教育評価論とＡＢＲとの結節点としての『啓発された眼』

「アートベース・リサーチは、美的な考慮を根拠として、また最良の場合には芸術作品に近い何かを創造するような表象へのアプローチの潜在的可能性を考察しようとする活動を表す」（Barone & Eisner, 2012, p.1）。ＡＢＲの基礎文献と言われるトム・バロンとアイスナーの*Arts Based Research*で、ＡＢＲはこのように説明される。「美的な考慮を根拠」とするとはどういうことか、また研究において「芸術作品に近い何かを創造する」とはどういうことか。ＡＢＲについて論じるさまざまな文献を読んでいくと、質的研究の文脈から出てきた考えであること、エビデンスに基づいた客観的真理を目指す従来の社会科学研究に対して、アートを研究に組み込むことによって、単一的で正統的な見方だけでは捉えきれない事象を理解する新たなアプローチであることはわかってきた。しかし、ＡＢＲがすでに一定の広がりをもって研究が積み重ねられつつあった２０１０年代半ばにこの考え方に出会った私には、アートをベースにするとはどういうことかが当初はよくわからずにいた。ＡＢＲに関する学会（4th Conference on Arts-Based Research and Artistic Research：ヘルシンキ２０１６年）や、ＡＢＲをキーワードの一つに掲げていたヨーロッパ教育学会（European Conference on Educational Research：ダブリン２０１６年）の芸術教育部会、国際美術教育学会（35th InSEA World Congress：テグ２０１７年）などの議論においても、その定義について研究者間に何らかの合意が形成されているわけでもないように見えた。

矢継ぎ早に出される新しい研究を追いかけているだけでは、ＡＢＲの内実がどうしても見えてこない。ＡＢＲの端緒は、上記のバロンとアイスナーの共著書（Barone & Eisner, 2012）の冒頭で論じられているように、１９９３年にスタンフォード大学で実施された、学生や実践家向けの教育イベントに求められるのが定説になっているが、そもそもなぜアイスナーはＡＢＲを提唱したのかということはわからないままであった。それを明らかにすべく「ＡＢＲの由来」を探るなかで、本書に出会うことになる。

「ＡＢＲの由来」については、『アートベース・リサーチの可能性——制作・研究・教育をつなぐ』（小松編著2023）第1章第1節で詳しく論じた。鍵となるのは、本書『啓発された眼』の第4章、第5章で扱われる「教育的鑑識眼と教育批評」である。本文で示されているように、学校教育について考察する研究者が、実践の前提となっている目標や、実践を支えている制度様式、教育内容や評価、隠れたカリキュラムも含めた慣習的行動など、教室に浸透している質を的確に見て取り、それを洞察力に満ちた方法で他者に伝えることが重視される。それがアイスナーの言う「質的探究」である。

しかしアイスナーの「教育的鑑識眼と教育批評」は、本書以前に、教育評価論として展開されたものであり（Eisner, 1976, 1977）、日本においてアイスナーのこの概念が注目されてきたのも、1970年代に支配的であったラルフ・W・タイラーやベンジャミン・S・ブルームなどの設計主義に基づく行動目標論を批判する独自の教育目標論、教育評価論、それらを含めたカリキュラム構成論を展開したアイスナーの議論に即してのことである（岡村2023; 田中2022; 桂2020, 2021; 佐々木2020; 佐藤2018a, 2018b; 近藤2018など）。

こうした研究において、本書『啓発された眼』は、アイスナーの「教育評価論の集大成」（佐藤2018b, p.186）と言われる一方で、本書以降、「「教育的鑑識眼と教育批評」の基本的な主張には変更はないものの」、「「質的研究」の一様式としての説明が強調されるような輪郭の変化がある」と指摘されている（桂2020, p.155）。桂はまた、「教育的鑑識眼」と「教育批評」が「その後の一連の「芸術を基礎とした教育研究」（Arts-Based Educational Research）の源流の一つになった」とも述べている（桂2012, p.111）。

「教育的鑑識眼と教育批評」がアートベース、つまりアートに基づくということの内実であることは、おそらく間違いない。アイスナー自身、「教育的鑑識眼と教育批評 ── 教育評価に対するアートに基づくアプローチ」（Eisner, 2003）という論文を書いている。この論文では、「教育的鑑識眼と教育批評は、その性質上、アートに基づくものである（arts based in character）」として、次のように言われる。「教育的鑑識眼と教育批評が依拠しているアートに基づく新しいパラダイムは、評価実践がいかに進行するかを省察する、これまでとは異なる基盤をもたらすだけでなく、それがなければ見過ごしてしまうものを認識する機会を与え、学校が真の意味で教育の場となるような諸条件を創造する」(Eisner, 2003, pp.164-165)。アイスナーは、行動目標という標準を決めてそれを実践現場に適用するような教育評価論を批判して、アートにおける鑑識眼と批評を教育に持ち込む。あらかじめ目標を設定してそこへ向かって学習を進めていくのではなく、学習活動のなかで目標が見いだされ、「表現的成果（expressive outcome）」が得られるような教授－学習活動の質を評価することを目指した（岡村2023, p.114; 田中2022, pp.179-180など参照）。データを集めて統計的に測定しようとする従来の評価実践に対して、アイスナーは、小説や視覚芸術などの個々の作品評価において用いられるような「鑑識眼と批評」に依拠した教育評価の可能性を探ろうとする。それを「教育的鑑識眼と教育批評」と呼び、両者を用いることを「アートに基づく」という言葉で表しているのである。

教育評価に求めたこのような「教育的鑑識眼と教育批評」を、質的な教育研究として展開したのが「アートベース教育研究（Arts-Based Educational Research. 以下ＡＢＥＲと略記する）」であり、教育に限らないさまざまな研究領域にこの考え方が広がることで、ＡＢＲが成立したと見ることができる。つまり、「教育的鑑識眼と教育批評」は、当初は教育評価論において論じられていたものであったが、それが後に科学に依拠する教育研究を乗り越えていく文脈でも援用されていったということである。この意味において、本書『啓発された眼』は、アイスナーの教育評価論とＡＢＲとの結節点に位置づけられるとまずは言うことができる。

『啓発された眼』の目論見 —— 教育政策への対峙

同じ「教育的鑑識眼と教育批評」という概念によって、アイスナーはなぜ教育評価論から質的研究論へと議論を移行させたのだろうか。桂直美は、アイスナーの「教育的鑑識眼と教育批評」は１９８０年代から日本で紹介されてきたが、「評価論の側面からのみ取り上げられてきたために、「教育批評」が質的研究に関するパラダイム論と方法論にまたがる提案であったことが十分に理解されてきたとはいえない」（桂 2006, p.57）と指摘し、そのような見方は、これまでの研究がアイスナーの主著である『教育的想像力（*Educational Imagination*）』の初版（1979）をもとにしているゆえであるとしている。

こうした先行研究に対して、桂は、『教育的想像力』第３版（Eisner, 1994）では、アイスナーが「自己の「教育的鑑識眼と教育批評」を評価の一方法であるとともに質的研究の一つの方法であると述べている」こと、また、前節でも見たように、「「教育的鑑識眼と教育批評」の基本的な主張には変更はないものの、１９９１年の『啓かれた眼』（*The Enlightened Eye*）〔＝『啓発された眼』〕以降では、教育批評の働きの一局面として「主題生成」を付け加えており、「質的研究」の一様式としての説明がより強調されるような輪郭の変化がある」ことを指摘している（桂 2020, pp.155-156. 各括弧内引用者、以下同様）。

この桂の指摘は、先にも見たように、本書『啓発された眼』が教育評価論とＡＢＲとの結節点に位置づけられることを示すうえで、非常に示唆的である。桂が指摘する「教育批評の働きの一局面としての「主題生成」は、本書第5章「教育批評」における四つの次元、描写・解釈・評価・主題生成の一つに位置づけられている。『教育的想像力』においては、初版では、「教育批評の二つの側面」として描写的・解釈的・評価的側面が挙げられていたが、第3版では「教育批評の第四の側面」として、「主題生成」が加えられている。「主題生成」とは、「先立つ資料から引き出されることになった主要な見解や結論の蒸留物」であり、「主題の特定は批評の本質的な論点を要約するだけでなく、他の教育的状況を理解する一つの方法として批評を用いることを可能にする」と言われている（Eisner, 1994, p.233）。本書『啓発された眼』第5章では次のようになっている。

> 教育批評における主題の設定とは、批評家が記述する状況に浸透している、何度も現れるメッセージを特定することである。主題とは、その状況や人物の支配的な特徴であり、アイデンティティを定義し記述する、場所、人、物の性質である。ある意味では、主題は浸透的な質のようなものである。浸透的な質は、状況や対象物に浸透し、統一する傾向がある。絵画には通常一つの浸透的質しかないが、教室や学校には多くあるかもしれない。教室や教師、学校の質的研究では、複数の主題が立ち現れることがある。これらの主題は、遭遇したことを蒸留したものである。ある意味では、それらは本質的な特徴の要約を提供する。それらはまた、主題が抽出された状況と同様の他の状況を知覚することへの手がかりやヒントを提供する。（Eisner, 1991, p.104、本書177〜178ページ）

『教育的想像力』第3版の叙述とほぼ同様の主張であることがわかるだろう。

教育批評の一つの次元に「主題生成」が加わったことが、「「質的研究」の一様式としての説明がより強調されるような輪郭の変化」と捉えられるのはなぜか。いま見たように、「主題」は、描写・解釈・評価の対象である教育実践から「浸透的な質」を蒸留・抽出することで見出される。それができるためには、実践に深く関わりつつも、そこから一定の距離をとって俯瞰して事象を考察することが必要になる。それこそが教育研究の役割と見ることができる。しかしそもそも、アイスナーはなぜこの時期に、「教育的鑑識眼と教育批評」を柱とした教育研究を推し進めたのだろうか。

アイスナーは『教育的想像力』第3版冒頭で、次のように述べている。

> 『教育的想像力』の第3版は、教育改革に対する最新の新たな国家的取り組みのただ中で生まれた。過去の取り組みは成功したとは言い難い。国の認証する目標と計測された成績、国の認証する基準と公開報告書、ナショナルカリキュラムの枠組みと国の認証する教員資格基準を強調する目下の取組みは、目的を達成するだろうか、それともこの改革の取り組みは過去の失敗した取り組みの繰り返しになるだろうか。(Eisner, 1994, p.v)

アイスナーの『教育的想像力』の改訂による変遷を検討している近藤茂明は、アイスナーがこの本を3回にわたって世に問うたことを、「アメリカの戦後教育政策に見られるカリキュラム論・教育評価論等を通した「客観性」「説明責任」「量的基準」という目的達成を最優先した時代的潮流に抗して、そこで埋没しそうになる「多義性」「柔軟性」「質的規準」という「オープンエンドで柔軟なアプローチ」

としての「質的探究」にこだわり続けたアイズナーの持続的・連鎖的な戦いの姿」と見ている（近藤2017, 25）。『教育的想像力』第3版が対峙している主な教育政策は、1983年に「教育の優秀性に関する全米審議会（National Commission on Excellence in Education）」が出した『危機に立つ国家』と、その教育改革が成功していないとして教育省が2000年までに達成すべき目的地点を1991年に示した「アメリカ2000」である（Eisner, 1994, p.1）。

1991年に出版された『啓発された眼』が対峙しているのは、『危機に立つ国家』である。アイスナーは本書第6章で以下のように述べている。

> 1980年代初頭（およびそれ以前）から、公立学校の質についての懸念が広まっていた。質の低下を示す主な指標は、SATのスコア、つまり標準テストのスコアと、高卒者が仕事をするのに必要な基本的なスキルを持っていないという雇用主の見解である。さらに、軍隊は識字率を高めるために特別な学校を作らざるをえなくなっていた。大学でさえも、新入生に提供する「補習」英語コースの数を増やす必要があることが明らかになった。20世紀第4四半期に発表された教育に関する報告書の中で、最も影響力のある『危機に立つ国家——その全容』（USA Research, 1984）は、合衆国の学校を惨状と見なし、著者たちの意見によれば、それは外国の軍隊による侵略よりも国家の安全保障にとって大きな脅威である」。（Eisner, 1991, p.118、本書202ページ）

こうした危機意識から標準テストを指標とした新自由主義的な教育政策が進められていくことに対

して、アイスナーは、実効性のある教育改革のためにも、研究者が現実の学校現場でなされている実践の質を的確に見て取り、それを多くの人が実感を持って理解できる形で記述していくことが重要であると考えていたのだと思われる。そのことは、以下のアイスナーの記述に見えてくる。

教師や学校の管理職に提案されていることの多くは、文脈とは無関係に、しかも改善を求めようとする当の実践に無知な人たちによって語られることが多い。教育における質的探究が何かを目指すとすれば、それは教師や子どもたちが活動する場の中で何が行われているかを理解しようとすることである。この目的を達成するために――もちろん質的探究の目的には他にも同様に重要なものはあるが――私たちが関心を持っている学校や教室と「接触をもち」、それらを実際に見取り、見取ったことを解釈や評価のための情報源として利用することが必要である。(Eisner, 1991, p.11、本書18ページ)

教育政策が経済界や政治的な論理で駆動されている状況に対して、教育研究者が的確な「鑑識眼と批評」による質的探究を行うことで、教育実践を改革していくことこそが重要だと考えていたのだと思われる。そのような意図が、本書の副題「質的探究と教育実践の強化」に込められていると言えよう。この意味において、桂の言うように、本書『啓発された眼』が「質的研究に関するパラダイム論と方法論にまたがる提案であった」ことの背景には、教育をめぐる現実の動向に影響を与えることを目指すという時論的な意味もあったと見ることができよう。

『啓発された眼』をとりまく教育研究動向

桂が指摘していたように、『啓発された眼』以降、教育評価論と同じく「教育的鑑識眼と教育批評」を論じながらも、「「質的研究」の一様式としての説明が強調されるような輪郭の変化がある」のは、一つには、今見たように、教育の論理と無関係に進む教育政策に対抗しうる教育研究を構築するというアイスナーの課題意識があったからである。ただ私は、アイスナーが本書で、教育評価論にとどまらない、後のＡＢＲにつながるような「教育研究におけるアートの役割に関する彼の展望を詳述した」(Barone, 2005, p.122) のには、少なくとも、もう一つ理由があると考える。そのヒントとなったのが、『教育的想像力』の初版第11章と第3版第10章の「教育的鑑識眼と教育批評の形式と機能」の叙述のわずかな違いである。

両者は、前節で見たように、教育批評の第四の側面として「主題生成」を加えた他に、章末の叙述が異なっている。初版は次のような一節で終わっている。

ここまでの叙述で私は、教育の文脈において質的探究が何であるか私の考えるところを述べようとした。そうした探究の見込みを示すのに必要な研究は、スタンフォード大学だけでなく、世界中の他の様々な場所で進行中である。私の望みは、近い将来、教育評価の一種としての教育批評が、教育プログラムの過程と結果を評価するのに長く支配的な方法であった量的手法に対する有用な補完となることである

(Eisner, 1979, p.225)。

この文章は、第3版では、「私の望みは」以降が次のように書き換えられている。「実際、1980年代以降、研究の一形式としての質的探究が隆盛している。質的研究の多様な側面を述べた書籍が多数出版され、物語だけが語ることができることを開示する一つの方法として、ナラティブを使うことがますます重要なものになっている」(Eisner, 1994, pp.247-248)。そして、「アート的に基礎づけられた、またそのほかの質的なアプローチを、指導(teaching)の形式と結果を理解する方法として用いる教育研究者がますます増えている」として、マキシン・グリーンやトム・バロン、エゴン・グバ、イヴンヌ・リンカーン、サラ・ローレンス・ライトフットなど、何人かの研究者の名前を挙げている。さらに、過去10年ほどの間に、従来の量的な志向性をもつ研究アプローチに代わる方法論が導入されただけでなく、実際にこれまでとは全く異なる形式によって経験を表象することが実現し、独自の人間理解に貢献していることが論じられる。そのうえで、「教育と研究方法論におけるこの新たな展開は、私の見るところ、20世紀に生じた教育的探究の最も見込みのある展開の一つである」という言葉でこの章が締めくくられている(Eisner, 1994, p.248)。

このように見てくると、この時期にアイスナーが質的研究を前面に押し出すようになったのは、彼が推し進めようとしていたABRも含む質的研究が一定程度蓄積され、研究パラダイムとして一つの趨勢となりつつあったためだと思われる。本書『啓発された眼』においても、スタンフォード大学で1986年に博士学位を取得したジェームズ・クンツの博士論文の一部が、教育批評の事例として示されている（本書第7章）。

アイスナーは、１９９３年にアメリカ教育学会の会長に就任する。『啓発された眼』が出版された１９９０年代は、アートベース教育研究（ＡＢＥＲ）にとって追い風が吹いていた時期なのだと見ることができる。いくつもの教育系の学会誌でＡＢＥＲのアプローチをとった学術論文が掲載され、特集号が組まれたり、学会でＡＢＥＲの分科会が設けられたりした（Barone, 2005, pp.121-122）。１９９７年にアメリカ教育学会が出した『教育研究の現代的方法（*Complementary Methods for Research in Education*）』第2版において、１９８８年に出された第1版にはなかった「全く新しいセクション」（Jaeger, 1997, p.ii）として、バロンとアイスナーによる「アートベース教育研究」と題されたセクションが設けられたことは、アイスナーの提唱するアートに基づく教育研究が、学会において認められた証左でもあろう。

このように、本書『啓発された眼』は、当時の教育研究動向に棹さすものとしても位置づけられるのである。

アイスナーへの批判を超えるために――美術教育論から『啓発された眼』へ

このように学会などでＡＢＥＲが認められるという動向があったにもかかわらず、その後アイスナーの考えがすぐに大きな広がりを見せたとは言い難い。『啓発された眼』に対しても、学校教育を的確に見て取る「鑑識眼」を身につけるのに、なぜ博士課程で学ぶ必要があるのかといった厳しい書評が出されている（Schrag, 1992, p.391）。アメリカ教育学会会長就任演説に対しても、「理解の前進」を目的とするアイスナーの研究概念は、あまりに広すぎて、研究と他の活動とを区別するのに不十分であるという批判が出されている（Phillips, 1995, p.74）。２００５年の時点でも、バロンは次のように述べている。「今日、アイスナーや他の多くの人の努力によって相当程度の進歩がなされたにもかかわらず、ＡＢＥＲは教育研究の領域における周辺に位置づけられたままで、例えば主要な教育研究の入門書においていまだ言及されることはない。ＡＢＥＲの性質や目的に関する誤解はまだ根強い。ＡＢＥＲの支持者は、反科学だという信念がいくつかの方面でいまだに聞かれる」（Barone, 2005, p.123）。

一方、アイスナーの教育評価論は、佐藤絵里子によれば、「２０００年以降のアメリカにおける新自由主義的教育改革に対する批判を背景として、美術教師の政治的エンパワメントや感性を重視した立場として存在感を高めている」（佐藤 2018b, p.186）。すなわち、ブッシュ政権下で２００１年に制定された「どの子も落ちこぼしにしない法（No Child Let Behind Act）」以降、「スタンダードに基づくアカウンタビリティ・システムの厳格化が行われたアメリカの現状を批判する」文脈で参照されているのだという（佐藤 2018b, p.185）。一義的な標準による測定ではなく、ルーブリックに基づく「パフォーマンス評価」が注目されている評価論の展開のなかで、「教育的鑑識眼」が再び注目されていると見ることもできる（佐藤 2018b, p.186）。ただし、アイスナーの「教育的鑑識研究」は、「従来の教育実践研究の方法論的な偏りを是正・補正しようとするものにすぎず、教育や学習のあり方を根本的にとらえ直そうとするものではない」（松下 2002, p.225）という批判もある。

前節で見たように、ＡＢＲは、質的研究の一動向としては一定の評価を得ているが、アイスナー自身は社会科学にルーツを持つ質的教育研究と、アートにルーツをもつそれとを区別している（Barone, 2005, p.118）。『教育的想像力』でも、エスノグラフィーに関連づけられる質的研究と、アーティストの実践と結びついた自らの研究とが異なるものであることに言及している（Eisner, 1994, p.212）。本書『啓発された眼』においても、アメリカの教育研究において質的探究とエスノグラフィーが同一視されているのに対して、「質的研究や、より広い意味での質的探究は、エスノグラフィーよりもはるかに広い範囲にわたっている」（Eisner, 1991, p.15、本書26ページ）としている。この違いの理由を、桂直美は、アイスナーの質的研究論がジョン・デューイの質的思考論に由来していることに求めている。「多くの質的研究方法論の中で、アイスナーの方法論は例外的にデューイの経験の哲学を基盤とし、とりわけデューイの質的思考理論に言及していることから、他の質的研究と異なる特徴を持つと考えられる」（桂 2012, p.58）。

アイスナーのデューイへの依拠は明らかである。とりわけ「教育的鑑識眼と教育批評」という概念が、デューイの『経験としての芸術』第13章「批評と知覚」に触発されていることは見えやすい。しかし、アイスナーの言う質的研究論がアートと結びついた「教育的鑑識眼と教育批評」を重視し、「芸術的アプローチ」と呼ばれる独自の展開を見せている（森谷 1994, p.66; 秋田 2007, pp.13-15）のは、アイスナー自身の美術教育観が大きく関係している。

アイスナーは、1972年に出版された『アート的な見方を教育する（*Educating Artistic Vision*）』（Eisner, 1972. 邦訳『美術教育と子どもの知的発達』）において、子どもの美的能力の発達の自然性を主張するヴィクトール・ローウェンフェルドを批判して、「美術の学習は指導によって助長することができる」(Eisner, 1972, p.66) と述べる。その際にアイスナーが依拠するのは、ルドルフ・アルンハイムのゲシュタルト心理学における「知覚分化 (perceptual differentiation)」という概念である。「知覚分化」とは、例えばワインに精通している人がワインの微妙な特色を識別できるように、専門家 (expert) や目利き (connoisseur) に見られる能力であり、視覚芸術においては、批評家やアーティストが備えているような「高度に洗練された知覚力」(Eisner, 1972, p.66) のことである。批評家やアーティストと同じように、「子どもたちもまた質を知覚する能力を発達させうるのである」とアイスナーは述べている (Eisner, 1972, p.66)。

本書『啓発された眼』の第4章「教育的鑑識眼」においても、鑑識眼について説明するために、まずワインの鑑定について論じていた (Eisner, 1991, pp.63-64, 本書106〜110ページ)。このことから考えても、アイスナーの「鑑識眼」に関する議論は、質的探究や教育評価論以前に、美術教育を通じて涵養される子どもの「知覚分化」を出発点としていることがわかる。「知覚分化」によって、「環境における視覚的な質 (visual qualities)」(Eisner, 1972, p.67) や「質の微妙な差異 (nuances of qualities)」などが判断できるようになる (Eisner, 1972, p.68)。

アイスナーは、このような質に関する理解を、美術の「表現的領域」だけでなく、「批評的領域」の学習に深く結びつけている。

カリキュラムの批評的領域に関する学習には二つのタイプの能力が含まれる。一つは、美術教育プログラムを通じて、子どもたちが質と、その質の美的・表現的性格に関する関係性を見て取ることができるようになるまで、視覚的感受性を発達させることである。・・・批評的領域が含む第二のタイプの能力は、視覚的形態を構成している質を的確に叙述することである。この能力はおそらく美術批評家によって最もよく示されている。」(Eisner, 1972, p.134)

まさに「鑑識眼と批評」である。この議論において、デューイ『経験としての芸術』第13章「批評と知覚」が参照されている。

このように見てくると、アイスナーの「教育的鑑識眼と教育批評」は、子どもの美術教育によって涵養が目指される「知覚分化と批評」を発展させて、教育評価や質的研究に携わる教員や研究者に求められるようになったと見ることができる。アイスナーの「教育的鑑識眼」については、目利き(connoisseur)という言葉のイメージゆえにか、「退廃的である」とか「エリート主義的である」といった批判(Shank & Koos, 1999, p.95)や、「この言葉の持つエリート主義的ニュアンスは払拭されていない」(桂 2012, p.112)という指摘がある。また「批評」についても、「エキスパートから未熟な者に向けて一方向的に提示されるものでしかありえず、鑑識眼についてもエキスパートのものでしかなかった」(桂 2012, p.120)と言われるが、見てきたように、「鑑識眼と批評」が、そもそも子どもの美的能力の発達の内実であるならば、これはエリート主義でもエキスパートのものでもないだろう。むしろ、美術の学習を通して子どもが身につけるべき基礎的な力を意味している。

アイスナーは、「鑑識眼は基本的に個人的なものである」としていることから(Eisner, 1991, p.85, 本書144ページ)、「「鑑識眼」の獲得や伝達の過程がアイスナーにおいては問われない」(桂 2012, p.113)

と言われるが、アイスナーの「鑑識眼」の議論が美術教育論に発しているとすれば、「鑑識眼」の獲得や伝達もアイスナーの視野には入っていたと言うことができる。また、鑑識を「私的な行為」とするアイスナーの議論に対しては、「鑑識としての評価が単に個人的なものではなく同時に共同体によって支えられていることを強調する」立場からの批判もある（松下 2002, p.226）。しかし、『アート的な見方を教育する』で、表現的領域は、「批評的および、文化的領域を伴って初めて完全になる」（Eisner, 1972, p.134）と述べられ、鑑識眼と批評が一つのセットになって美術教育を構成するものとして位置づけられていたことを鑑みれば、鑑識眼が個人的なものに終始するものではないと言えよう。

アイスナーの質的研究論の独自性は、このように、教育実践研究における質的探究と、教育実践における質的評価と、子どもの美術教育における質的思考の涵養とを串刺しにして、そのどれにも、批評家やアーティストが備えている「鑑識眼」と、知覚したことを的確に翻案表現（rendering）する「批評」が働くことが重要であることを示したことにある。この意味において、本書『啓発された眼』は、教育評価論とＡＢＲとの結節点に位置づけられるにとどまらず、アイスナーの美術教育論とも深く結びついている。アイスナーの「質的探究」は、まさに「制作・研究・教育をつなぐ」ものであると言うことができるのである。

『啓発された眼』の未発の可能性

ここまで見てきたように、アイスナーにとって「鑑識眼と批評」は非常に重要な概念である。美術教育によって涵養すべき「知覚分化と批評」を教育評価論へと展開したのが「教育的鑑識眼と批評」（Eisner, 1976）である。田中耕治は、アイスナーの初期論集（Eisner, 1985）と退職記念論集（Eisner, 2005）の両方に重複して収録されている初期の論文が計7本あり、「その重要性がわかる」と述べている（田中 2022, p.193）。そのうち2本は「教育的鑑識眼と教育批評」に関するものであり（Eisner, 1976, 1977）、もう一本は、質的研究についての「芸術的アプローチ」について述べたものである（Eisner, 1981）。「教育的鑑識眼と教育批評」は、アイスナーの研究の基盤となる重要な概念だと言ってよいだろう。

だが不思議なことに、現在、美術教育の分野にとどまらない広がりを見せているＡＢＲに関する論文や書籍で、この概念が目立つことはない。ＡＢＲがＡＢＥＲから出発していることさえ忘れられ、ＡＢＥＲはＡＢＲの派生形だという間違った議論さえ散見される。ましてや、ＡＢＲが子どもの「知覚分化と批評」に由来していることを論じているものに、管見の限り出会ったことがない。なぜこれほどまでにアイスナーが重視した概念がＡＢＲにおいて忘れられてしまったのか。

多くの研究者がＡＢＲについて考察する際、基礎文献としてバロンとアイスナーによる*Arts Based Research*（Barone & Eisner, 2012）を参照していることにその原因があるのかもしれない。この書において「教育的鑑識眼」という言葉は見当たらない。アイスナーの『教育的想像力』の「教育批評」が一度だけ、ついでのように言及されるだけである（Barone & Eisner, 2012, p.65）。索引には「鑑識眼」「教育的鑑識眼」も「批評」「教育批評」もない。しかもＡＢＲの事例について言及される際に、「美術批評（art criticism）」と区別されるような形で述べられてさえいる（Barone & Eisner, 2012, p.23）。アイスナーにとって重要概念であり、見てきたように、ＡＢＲにおけるアートをベースにするということの内実であるこれらの概念がＡＢＲの基礎文献で登場しないのはなぜなのか。

２００６年にアメリカ教育学会が出した『教育研究の現代的方法ハンドブック（*Handbook of Complementary Methods in Education Research*）』にバロンとアイスナーは「アートベース教育研究」という論文を書いている（Barone & Eisner, 2006）。ここでは三つの種類のアートベース教育研究が紹介されている。一つ目は「ナラティブ的構築と物語を書くこと（Narrative Construction and Storytelling）」であり、探究の形式としての物語を書く手法である。これは、人文・社会科学における「ナラティブ的転回」、エスノグラフィーや社会学で生じた「文学的転回」の動向を背景としている。教育事象を再構築したりフィクションとして物語にしたりすることで、「そうでなければ考慮されることがなかったであろう深い教育的問いを提起し、教育事象に関する言説のレベルを上げる」ことを目指すものである（Barone & Eisner, 2006, pp.98-100）。二つ目が「教育的鑑識眼と教育批評」であり、その内容は本書『啓発された眼』で述べられていることと同じである（Barone & Eisner, 2006, pp.100-101）。三つ目は「教育研究の非言語的形態」であり、学校における言葉にできない側面を伝えるために、アートという非言語的形態で研究のデータを示す新たな方法を指している（Barone & Eisner, 2006, p.101）。

前節まで見てきたようにＡＢＥＲにとって最も重要な概念は「教育的鑑識眼と教育批評」であるはずなのに、ここではそれが二番目にされ、第一に挙げられているのは「ナラティブ的構築」「ナラティブ的分析」である。ナラティブ的アートベース教育研究は、バロンによって主に推し進められてきたものである。

このハンドブックから遡ること約10年前、1997年には、先に見たように、アメリカ教育学会の出した『教育研究のための現代的方法』第2版に、「アートベース教育研究」のセクションが新しく設けられ、そこに、2006年ハンドブックと同じ題目だが内容の異なる論文「アートベース教育研究」(Barone & Eisner, 1997) が掲載されている。この時点では、「教育批評」が先に置かれて、「ナラティブ的な物語を書くこと (Narrative Storytelling)」は、「アートベース教育研究の第二の部門」とされていた (Barone & Eisner, 1997, p.82)。

10年ほどの間に、「教育的鑑識眼と教育批評」と「ナラティブ的物語」との順序が入れ替わっているのである。このような変化がなぜ生じているのだろうか。その理由ははっきりとはわからないが、2006年の共著論文の辺りから、ABERのアートをベースにすることの内実が、バロンを中心として推し進められてきた、ナラティブ的な記述へと変容したのではないか。アイスナー自身、2008年発刊の論文集で次のように述べている。重要な転換なので、少々長くなるが引用したい。

当初繰り返し考えていた、アートと教育研究との関係についての私のこの考え (生き生きと再現するような形式を創ることで、通常は省みられない教育的生活の側面に注意を向けることができること) は、最初は教育的鑑識眼と教育批評という、アートにルーツをもつ二つの概念で表現していた (Eisner, 1991『啓発された眼』)。例えば、指導や学校のカフェテリアや高校の数学の教室で起こりつつあることについて、私たちの理解を拡張するやり方で、想像的で表現的なある形式を創りあげることに依拠した教育研究のアプローチがありうるかを私は自問していた。教育的鑑識眼と教育批評は、アートの形式を生み出すときに中心にあるというよりも、ほとんどの場合、周辺的なものである。確かに批評と鑑識眼は、何かがいかに翻案表現されるかについて判断する際に美的な規準を認め、実際それを用いるが、それはアート作品それ自体を創る努力であるよりも、それを見取り描写するためのツールであった。（Eisner, 2008, p.18）

アイスナーはこの後、アメリカ教育学会でなされた、小説は博士論文となりうるかというハワード・ガードナーとの論争について言及している。アイスナーが学術研究にアートを組み込むことの可能性を論じようとしたとき、バロンを中心として進められているナラティブによるＡＢＲが進展しているという研究状況もあり、またアート作品の制作と研究とを結びつけるためにも、ナラティブ的なアートベース教育研究へと重点がシフトしていったのだと推測できる。

このような状況下で書かれたのが、ＡＢＲの基礎文献として多くの研究者が参照している『アートベース・リサーチ』（Barone & Eisner, 2012）であるとすれば、この書で、「教育的鑑識眼と教育批評」にほとんど言及されないという事態も納得できる。しかしそうであるなら、逆にこの書だけでＡＢＲを理解することは危険だということにもなろう。ここまで見てきたように、アイスナーの提唱した「鑑識眼と批評」は、子どもの美術教育と、教育評価論と、教育をめぐる質的研究とに、レベルは違っても共通して求められるものであった。それがＡＢＲへと展開したことによってひらかれる可能性が、２０１２年の『アートベース・リサーチ』では消えてしまっているからである。

以上の議論から見ると、本書『啓発された眼』は、ＡＢＲにとって非常に重要な書籍であるということになる。本稿で見てきたように、本書は、アイスナーの教育評価論とABRとの結節点に位置づけられる。アートをベースにすることの内実は、そもそも「鑑識眼と批評」にあり、この概念は、教育評価論や質的探究論にとどまるものではなく、アイスナーの美術教育論とも深く結びついている。アイスナーは、子どもの美術教育、教育評価論、教育研究を貫くものとしてABRを位置づけていた。私はここにABRのゆたかな可能性があると考える。アイスナーは、ABRを学術研究として喧伝することに注力するあまり、自らこのようなABRの可能性を十分に展開できていないのである。本書『啓発された眼』は、美術教育から教育研究までを分断することなくつなぐという意味で、アイスナー自身も十分に展開しないままであった壮大な構想を示す可能性をもった書籍だと言える。その意味で、本書はABRの未発の可能性を明らかにするうえで、必読の書である。本書が多くの人に読まれることによって、ABRへの理解も広がっていくことを期待したい。

あとがき

池田吏志

この本を読めば、アイスナーが好きになる。

本書を出版した経緯

筆者は、美術教育を専門とする研究者ではあるが、アイスナーを専門に研究している訳でもアメリカの美術教育を専門に研究している訳でもない。筆者を知る人は不思議に思われるだろう。では、なぜ私が本書『啓発された眼――教育的鑑識眼と教育批評（原文：*The Enlightened Eye: Qualitative Inquiry and the Enhancement of Educational Practice*）』を翻訳・出版したのか。その経緯を説明する。

アイスナーのことは、仲瀬律久先生らが翻訳された著書二冊、『美術教育と子どもの知的発達』（黎明書房）と『教育課程と教育評価――個性化対応へのアプローチ』（建帛社）を読んでいたので、ある程度のことは知っていた。１９８０年代にＤＢＡＥ（Discipline-Based Art Education）と呼ばれる運動を牽引した人であること。ローウェンフェルドの創造的な子ども像を批判し、美術教育の知的側面を強調したこと。関連して、鑑賞、美術史、美術批評、美学等を重視したカリキュラム論を展開したこと、ゲッティ財団のプロジェクトの主導者であったこと等である。また、私が大学に着任し、研究生活を始めた時期の２０１４年、アイスナーが他界し、ニュースになったこともよく覚えている。アイスナーの印象は、１９７０年代〜１９８０年代に活躍した人、もしくは、美術教育を〝学ぶ教科〟としてカリキュラム論を展開した人といったことだった。

それらのアイスナー像に大きな変化が起こるきっかけとなったことが二つある。一つは、私が国際学会に参加しはじめたこと、もう一つは、こちらが大きかったことであるが、東京学芸大学の笠原広一先生の科研に参加させていただいたことである。

私は研究職に就いてから、海外にも目をむけなければと思い、美術教育の国際学会であるInSEA（International Society for Education Through Art）に参加し始めた。２０１４年のメルボルン世界大会、２０１６年のウイーン・ヨーロッパ地区大会、２０１７年のテグ世界大会に参加したところ、何やら、Arts-Based Research（以後、ＡＢＲと記す）と言われる聞き覚えのない考え方（メソドロジー）がさかんに議論されていた。もちろん、当時はそれが何なのかさっぱり分からない。発表題目にこのワードが多く使われており、２０１７年のテグ大会では特別セッションが設けられ、今思い返すと、リタ・アーウィン先生やミラ・カリオ＝タヴィン先生らがセッションを主導されていた。当時は、リタ先生がInSEAの会長をされていたので、お名前くらいは知っていたが、どのような仕事をされているのかというところまでは知る由もなかった。

そのような状況で、東京学芸大学の笠原広一先生と科研でご一緒することになった。笠原先生のテーマは、ＡＢＲの研究である。アートを研究として行うこと、質的研究でも量的研究でもない新たなパラダイムを目指す考え方であること、制作活動や執筆活動を通して、主観を研究に含みながら研究者自身が生成変化することが目指されていることなど、科研の研究会が開かれるごとに少しずつ学んでいった。笠原先生の科研に参加させていただいたおかげで、本書の共訳者である小松佳代子をはじめ、国内外でＡＢＲに取り組む第一線の研究者と知り合うことができた。また、２０１８〜２０１９年には、リタ先生の国際研究プロジェクトにも参加させていただき、笠原先生が代表を務める日本チームのメンバーの一人として活動を共にできた。２０１９年のInSEAバンクーバー世界大会では、大会前に行われたＡＢＲのカンファレンスやワークショップ、展覧会にも参加でき、大会終了後も、ブリティッシュコロンビア大学博士課程に在籍されているリタ先生の学生さんが広島に来られ、一緒に研究をしたりもした。

そうしてＡＢＲに関する様々な情報に触れる中で、ＡＢＲはそもそもアイスナーが１９９０年代初頭に提唱したということが分かった。そしてその思想が脈々と受け継がれ、２０１０年代には多くの研究者が関心を寄せる一つの動向となり、今なお発展を続けていることも分かった。ＡＢＲの発表を聞いたり、論文を読んだりすると、確かにアイスナーが引用されている。ＡＢＲにおけるアイスナーの議論の中心は、世界を表象する方法は複数あり、アートはいわゆる学術研究と同様にリサーチとなり得るというものだった。

そう、このアイスナーの姿は、冒頭で述べた、私が知っているアイスナーとは全く違っていたのである。私がぼんやり知っている１９８０年代のＤＢＡＥのアイスナーから、２０００年代のＡＢＲの導き手となったアイスナーとの間に何があったのか。それを知りたい。これが、原書を読み始めたきっかけである。もちろん、その時には、翻訳書を出すことになるとはみじんも思っていなかった。

そしてもう一つ、実際に読み始めることを間接的に後押ししたことがある。それが、2019年末から世界中に広がったCOVID－19である。2020年には感染拡大により各地でロックダウンが実施され、大学では対面授業がオンラインに代わり、予定されていた学会等のイベントがことごとく中止になった。そこで、これまで多忙を言い訳に手を出せなかった（出さなかった）本を読む時間ができ、気になっていたアイスナーの著書を読むことにした。これが、本書が生まれた間接的な理由である。

そこで、何を読もうかと複数のデータベースを調べてみると、突出して引用されている本があった。それが、本書『啓発された眼』である（本書が出版された2024年には、被引用数が1万回を超えている）。初版の出版年も1991年であり、1980年代と2000年代の間のアイスナーの思考を知るにはちょうどよい。さらに、初版から四半世紀の時を経た2017年には、ネル・ノディングスが序文を記した再版版が出版されている。これはきっと重要な本に違いない。そうして、この本が選ばれ、1991年の初版を翻訳することにした。このように、かなり個人的な動機と、あまり学術的とはいえない理由、そして、コロナという思いがけない出来事が相まって、翻訳は始まった。

あわせて、翻訳書として出版することになった経緯も述べておく。これも半ば偶然による。2023年8月に、彫刻と哲学をもとにABRの研究もされている武蔵野大学の生井亮司先生が、ご子息と共に広島に来訪された。市内をご案内する車中で、今どんな仕事をしているのかという話になった。そこで、「今、アイスナーを翻訳していて、とてもおもしろい本なので出版できるといいのですが…」という話をした。すると、生井先生から、「小松先生に相談してみてはどうか。自分から話をしておくので」というお話をいただいた。後に共訳者となる小松は、教育哲学を専門とし、いつも切れ味鋭く、すでにABRの書籍『美術教育の可能性 ── 作品制作と芸術的省察』(勁草書房)、『アートベース・リサーチの可能性 ── 制作・研究・教育をつなぐ』(勁草書房)を出版している、この分野を先導する研究者である。笠原先生の科研で何度か同席することはあったが、私が直接共訳の依頼をすることにかなり気後れした。しかし、ABRの現状に精通する小松が、2020年代の未来から、1990年代初頭のABRの萌芽となるアイスナーの書籍を翻訳するのは、今後の美術教育の発展のためにも未来指向で良いのではないかと思い、勇気を出して依頼の連絡をした。

そこで、これまでの経緯を説明し、共訳の承諾を得た。小松には、私の意訳で穴だらけの訳文を詳細に修正し、全体を立て直してもらった。つごう4年をかけ、合計8回の全文を通した翻訳、そして本書を出版いただいた新曜社代表取締役の塩浦暲氏、第一編集部の市川友博氏による編集を通して、本書は完成した。

本書の何が私たちを惹きつけるのか

本書を読み始めると、アイスナーの、教育/研究/芸術への深い愛情と、謙虚で洞察に満ちた思考の虜になり、どんどん読み進めていける。この本を読んでいると、気持ちがわくわくするのである。私が本書に惹かれる理由はたくさんあるが、アイスナー風に、次の四点として整理してみたい。

一つ目は、本書が常に心と共に語られている点である。本書は研究方法論の書籍にもかかわらず、最初にベートーベンの《荘厳ミサ曲第1曲キリエ》の楽譜冒頭の言葉が引用され、「心」という言葉が使われる。研究では、極力〝私〟を秘匿することが求められる（と思い込んでいる）にもかかわらず、アイスナーは臆せず〝私〟を前面に出す。この姿勢は本書を通して貫かれ、書かれた文章には、アイスナーの人柄がにじみ出ている。

　アイスナーは序章で、「読者には、この著者が人間であり、自分の署名を隠す言語的慣例によって非人格化された、身体を持たない抽象的な存在ではないことを知ってもらいたいと思っている」と述べる。この言葉は、研究を行う際の研究者もしくは人の役割とは何かという問いかけを含んでいる。もちろん、質的研究では研究する人がどのような人であるかを明示することが推奨される。アイスナーはそこからさらに一歩踏み込み、知覚された世界の表象（representation）とは、「解釈のプロセスや再構築のプロセス」であると言い（第2章）、さらに、理論的な考えは、「イメージを基盤にしている」という（第9章）。つまり、私たちは世界をありのままに写し取ることはできず、さらに人がつくりだすイメージによって世界はつくられるというのである。

　一方で、このことは、研究手法さえマスターすれば、その手順に沿って誰でも研究ができるということを許さない。私たちが目にする学校の様子や目の前で繰り広げられる授業から何を取り出すのか、そしてそれをどのように表象するのか、常に書き手の感性や想像力、そして知覚の深さが問われるのである。つまり、「心」を持ち出すことは決してロマンチックな話ではなく、一人一人の身体を通して生まれる言葉、もしくは言葉に代わる視覚的・聴覚的・動作的な表象が重視されていると捉えた方がよい。

このことは本書のいたる所でみられ、特に表象においてアイスナーは多彩でユーモラスで思慮に満ちた「喩え話」を駆使し、イメージを通した概念理解を助けてくれる。学校で行われる授業はワインに喩えられ、複雑さと捉え難さが表現される。また、学校の管理者や研究者による上意下達の教育政策は、農業普及員から農民への情報伝達に喩えられ、強く批判される。また、ナチスの収容所とサラダを比較することで私たちの日常生活に質が浸透していることを説明し、全米教育長はリングに上がったボクサーのように描き出される。これらのセンスはアイスナーならではのものと思われ、その語りは、借りものでも、定型でもない、生きた言葉から発散される新鮮さであふれている。第7章で披露されるアイスナーの教育批評は感動的ですらある。

アイスナーその人がもつ、染み出るような感性や、縦横無尽に広がる様々な思考の通路は、読み手の心にも響く。本書でのアイスナーの記述は、知識というよりも経験に近く、さらに言えば未経験の体験をした時に近い驚きと喜びを伴って私たちの体のどこかに養分として取り込まれる。これが、本書の一つ目の魅力である。

二つ目の魅力は、私たちの知覚の精度を高めてくれる点である。知覚とは、単に見たり聞いたり感じたりするといった感覚的な刺激ではなく、「複雑で微妙な質をきめ細かく識別する能力」(第4章)とされる。本書は『啓発された眼』という、やや分かりづらい書名ではあるが、全文を読み終えると、この書名の意味が実感される。この本を読み終えた後に学校に赴き、教室で授業を参観すると、これまで見取ることができなかったこと、すくい取ることができなかったことが認識できるようになる。さらに、文章を書く時にも、知覚の解像度が上がり、慎重さと生気を含んで書けるようになると感じるのは、きっと私だけではないと思う。

本書では、これらをもたらす概念が、「教育的鑑識眼」と「教育批評」として語られる。「鑑識眼とは、私たちが特別な関心を持っている世界の複雑さ、ニュアンス、繊細さという側面を知るための手段」（第4章）とされ、「教育批評」とは、「教室や学校、あるいは教えるとか学ぶという行為や経験の質を、公共の形に変換するという神秘的な偉業」（第5章）とされる。アイスナーは、鑑識眼を「鑑賞の芸術」と呼び、批評を「開示の芸術」と呼ぶ（第5章）。

さらに、アイスナーは、教育的鑑識眼と教育批評のためのガイドをクリアに示している。教育的鑑識眼を持つためには、（1）意図的な次元、（2）構造的な次元、（3）カリキュラム的な次元、（4）教授学的な次元、（5）評価的な次元があること、そして、教育批評では、（1）描写、（2）解釈、（3）評価、（4）主題生成によって開示を検討・生成することが示唆されている。アイスナーの慎重さは、これらが決して順序的ではないこと、また、これらを網羅すればよいわけではないこと、そして、これらがすべての項目ではないことに言及している点である。詳細は本書第4章、第5章を読んでいただければと思うが、これらの項目は、学校という複雑きわまりない場所を訪れ、その複層的な営みから何かを得たいと考えた時、何をどのように見取るのか、そして、見取ったことをどのように表象すればよいのかを検討するための心強いガイドとなる。これら、アイスナーが提示する鑑賞と開示の知見は、教員養成課程のみならず、現職教員の研修においても有用だと思われ、何より私たち一人一人の教育的な知覚力と表現力を強化するのに役立つ。

本書の三つ目の魅力は、実践現場への理解と教師への信頼が通底している点である。現職の教師や教職経験のある人がこの本を読むと、何度も何度もうなずく場面に遭遇するだろう。例えば、「なぜ授業期間の延長によって教育の成果が促進されると思い込むのだろうか。特に、授業期間の延長を望む人たちが、学校は子どもにとって特に良い場所ではないと訴えているというのに」といった皮肉を込めた批判は、教職経験者であれば一度は頭をよぎったことがあるだろう。また、アイスナーは学校での何気ない会話の中で発された「学校というのは柔らかい表面がほとんどない場所なんです」という学校長の言葉を取り上げ、その発言が「一連の新鮮な思索をひらき、その思索は理論的な影響力を持ち、新たな疑問を投げかけた」と述べている。アイスナーは、学校での広範で濃密なリサーチやそこで働く人たちとのやりとりを通して、一歩踏み込まなければ見えてこない実践現場の姿を描写する。

アイスナーはさらに、教師の位置づけを、単に決められたことを実行する存在としてではなく、新しい知を生み出す存在として捉えている。本書第8章には、教師の役割に関する期待が述べられ、教師が専門家として尊敬され、自律性を高めることで、大学の研究者と公立学校の教師との間の平等意識が高まり、将来的には、教師自身が自らの研究課題に取り組むようになるだろうと予見している。本書は、約30年前にアメリカで書かれたものであるが、教師が自身の研究課題を探究する姿は、現在我が国の教育系の大学院で多く取り組まれている、現職教員もしくは教員志望者によるアクションリサーチに近い。教師を専門家として捉え、学校を新たな知を生み出す場所として捉えるアイスナーは、教師や学校、そして実践現場が持つ固有の探究に期待しているのである。

最後の四つ目の魅力は、世界を捉えるための多様な見方や表象の仕方を肯定している点である。アイスナーの批判は、ある特定の考え方や思想の内容そのものに向けられるのではなく、ある特定の考え方や思想に固執することや、自分たちの考え方や思想以外を認めないことそのものに向けられる。アイスナーによれば、歴史、美術、文学、舞踊、演劇、詩、音楽は、人間が自身の経験を表象し、形づくってきた最も重要な形式であり、それにもかかわらず、これらの形式は従来、知に対する偏狭で限定的な概念ゆえに、教育的探究において重要視されてこなかったという（序章）。それに対し、アイスナーは「方法論的多元主義」という本書の中心的なテーマを掲げ、芸術、人文科学、社会科学の方法、内容、仮説を使用し、学校や教室をよりよく理解するための方法を探究すること、そして、「知る」ことの意味に関する見解を拡張することを目指している（序章）。

アイスナーのいう方法論的多元主義は、みんな違ってみんないい、ということでも、ロールシャッハの染みのような恣意的な読み取りでもない。その、〝なんでもあり〟になりかねない疑念に対し、一貫性、合意、そして道具的有用性が必要であると、丁寧な議論を展開する（第3章）。

さらに、アイスナーは教育の営みの複雑さを捉えるための多元的な知の生成を提唱する。例えば、文学、詩、ビデオ、映画などの形式を教育研究に取り込むことについて、「異なる記号体系や表現形式があるとすれば、その認識論的機能は何か。絵や詩の形式で表現されているものには、どのような理由で認識論的な地位が与えられるのか」（第11章）と問いかける。もちろん、この問いに答えようとすると、旧来の研究で用いられてきた標準や基準は通用せず、新たなパラダイムが必要となる。この、芸術的な表象形式を研究に取り込む考え方は、後のＡＢＲの萌芽と思われ、特に第11章には、関連する記述がちりばめられている。

アイスナーの「方法論的多元主義」は、これまでの研究に付加する、というよりも、別の認識枠組みを創造する試みといえる。この提案によって起こった様々な議論や批判（具体的には小松の「解説にかえて」を参照）はもちろんあるが、アイスナーの提案には魅力がある。その魅力は、アイスナーが新たな研究方法論のパラダイムを提唱したことのみならず、それが学校教育を変えていくことに向けられている点である。第11章には、アイスナーが目指す学校の姿、もしくは子どもたちや教師の姿が次のように描かれている。少し長いが引用する。

教育的探究の新たなビジョンを生み出すことは、学校教育を研究する方法の幅を広げるだけでなく、さらに重要なことは、人間の認知に関する私たちの概念を拡張し、新たな教授学的実践形式の開発に寄与することである。思考は言語だけに媒介されるものではなく、また、知性は言葉や数値を用いた課題で使い尽くされるものではないことを理解できれば、私たちの学校では、より多様で公平なプログラムを提供しやすくなると確信している。そのようなプログラムは、現在のカリキュラムでは顧みられない人びとが、教育において日の目を見ることを後押しする。新しい心のモデル、新しい知性の概念、そしてより偏見のない知識観は、教育プログラムの内容や、そのプログラムを若い世代へつなぐ方法の再考に役立つはずである。例えば、視覚世界、音楽やダンス、詩や文学などのリソースを活用した教育実践は、文章では明らかにできないことを子どもたちに理解させることができる。このようなリソースの創造と活用は、すべてのプログラムにおいて、学校における真の教育の公平性を高めることに大いに貢献できる。（第11章424〜425ページ）

約100年前、ピカソがその代表作《アヴィニョンの娘たち》を発表したとき、また、デュシャンが便器の作品《泉》を展覧会に出品したとき、多くの人は困惑し、わからなさ故に批判をした。しかしそれら〝得体の知れない分からないもの〟は時を経て数多の議論を呼び、その分野の領域を拡張した。彼らはリスクを背負って新たな地平の開拓に挑戦している。アイスナーもその一人だと思う。スタンフォード大学時代の教え子であるブルース・P・ウールマッハーは、アイスナーを「教育のアーティスト」と呼んだ。批判を覚悟しつつも、どこか明るく、慎重に、かつ力強く探究の道を示し、一人一人が肯定され、複数の価値が共存するアイスナーのビジョンに、私はきっと惹かれるのだと思う。

以上が、私が思う、本書の魅力である。本書は約30年前に書かれた本であるが、何度読み返しても新鮮な発見がある。それはまるで名画のようである。同じ文章（作品）であっても、私たちの成長や関心の度合いによって、輝いて見える箇所が変わり、その都度、私たちを深い洞察に導いてくれる。

おわりに

ここまで、本書の魅力を述べてきたので、最後にアイスナーへの注文を二つ述べる。

一つは、本書が、「見ること」「見取ること」を強調しており、あまりに視覚優位な点である。これは、筆者が障害を研究対象にしているからかもしれない。見えない、もしくは見えにくい人たちのことが置き去りになっているように思うのである。書名の翻訳にあたり、Enlightened Eye の Eyeを、「目」ではなく、「眼」とした。これは、目で見ることのみならず、得られた情報の質を感じとり、解釈し、表象する点が重要なのだということを示すためである。つまり、認識を中心とした意味として「眼」を用いた。ただ、きっと、アイスナーが本書が出版された2020年代に生きていたとしたら、ニューロダイバーシティの理論を引用しながら、一人一人が固有に持つ神経多様性を含めて、鑑識眼の意味を書き換えていたのだろうとも思う。

もう一つの注文は、技術的な問題であるが、文献情報について。原書では、掲載されている参考文献の発行年の間違いや記載もれが散見された。ここにも人間らしさがあると言えばあるのだが、この間違いは、2017年の再版版でもそのまま引き継がれており、翻訳の過程では、その都度文献を探し、確認をしていった。ただ、今回、日本語版で修正できたことは、発行から30年の時を経て本書の完成度の高まりにわずかでも貢献できたともいえ、そういった意味では嬉しく思っている。

謝辞

最後に、本書の出版にあたり、お世話になった方にお礼の言葉を述べる。まず翻訳の過程では、大邱カトリック大学のロベルト・ベガ・ラバンダ（Roberto Vega Labanda）氏にご助力をいただいた。今回の翻訳では、アイスナーの独特で複雑な言い回しの訳出に苦労することが多々あった。どうしても解決できない時にはラバンダ氏に相談をし、英文の細かなニュアンスについて丁寧なアドバイスをいただいた。記して謝意を示したい。

また、校正段階では長岡造形大学大学院生および大学院修了生にお世話になった。初校、第2校、第3校ともに確認・修正期間をタイトに設定したため、彼ら／彼女らには分担をして原稿のチェックや修正箇所の転載をしてもらった。尽力いただいたことに感謝するばかりである。

そして、本書の出版にあたっては、新曜社代表取締役の塩浦暲氏にたいへんお世話になった。質的研究に関する本を出版するなら新曜社でと思っていた私は、紹介いただける人もいなかったので、通常の問い合わせフォームから飛び込みで出版の依頼をした。その後、本社に伺い、初対面の状態でお話をする中で、出版の決断をいただいた。その後も塩浦氏には、自ら原書を精読いただき、我々の翻訳を対照しながら確認・編集をしていただいた。改めて、深く感謝申し上げるとともに、今回の出版の決断が英断であったと言われることを願うばかりである。

本書の出版に際しては、ＪＳＰＳ科研費JP23K22279および長岡造形大学特別研究費の助成を受けた。また、本翻訳は、ＪＳＰＳ科研費JP23K22279、JP21K00233、JP20KK0045の研究成果の一部である。

人名索引

■た行

■な行

■は行

事項索引

■か行

■さ行

■た行

■な行

■は行

■ま行

■ら行

■わ行

文　献

Adler, M. (1982). *The Paideia proposal: An educational manifesto*. New York: Macmillan.〔アドラー, M. J.／佐藤三郎（訳）(1984).『教育改革宣言』教育開発研究所〕

Adorno, T. W. (1950). *The authoritarian personality*. New York: Harper.［アドルノ, T. W.／田中義久・矢沢修次郎・小林修一（訳）(1980).『権威主義的パーソナリティ（現代社会学大系12）』青木書店］

Apple, M. (1982). *Education and power*. Boston: Routledge and Kegan Paul.［アップル, M. W.／浅沼茂・松下晴彦（訳）(1992).『教育と権力（アクト叢書）』日本エディタースクール出版部］

Arnheim, R. (1969). *Visual thinking*. Berkeley: University of California Press.［アルンハイム, R.／関計夫（訳）(1974).『視覚的思考 ── 創造心理学の世界』美術出版社］

Arnheim, R. (1986). *New essays on the psychology of art*. Berkeley: University of California Press.［アルンハイム, R.／関計夫（訳）(1987).『芸術心理学』地湧社］

Arnold, M. (1932). *The letters of Matthew Arnold to Arthur Hugh Clough*. Oxford: Oxford University Press.

Atkin, J. M. (1989). Can educational research keep pace with education reform? *Kappan, 71*(3) (November), 200 - 205.

Atkin, J. M., Kennedy, D., & Patrick, C. (1989). *Inside schools: A collaborative view*. London: Falmer Press.

Ausubel, D. (1978). *Educational psychology* (2nd ed.). New York: Holt, Rinehart & Winston.

Barker, R. (1968). *Ecological psychology*. Stanford: Stanford University Press.

Barone, T. (1978). Inquiry into classroom experiences: A qualitative holistic approach. Ph.D. dissertation, Stanford University, Stanford, CA.

Barone, T. (1983). Things of use and things of beauty: The story of the Swain County High School Arts Program. *Daedalus, 112*(3), 1 - 28.

Barthes, R. (1972). *Mythologies*. New York: Hill and Wang.［バルト, R.／篠沢秀夫（訳）(1967).『神話作用』現代思潮社］

Barthes, R. (1985). *The responsibility of forms*. New York: Hill and Wang.

Bateson, G., & Mead, M. (1952). A Balinese family [Film]. New York: New York University Film Library.

Bateson, G., & Mead, M. (1954). Bathing babies in three cultures [Film]. New York: New York University Film Library.

Beauchamp, T. L., et al. (Eds.). (1982). *Ethical issues in social science research*.

Baltimore: Johns Hopkins University Press.
Becker, H. (1963). *Boys in white: Student culture in medical school.* Chicago: University of Chicago Press.
Becker, H. (1986). *Doing things together.* Evanston: Northwestern University Press.
Berliner, D. (1988). The development of expertise in pedagogy. Unpublished manuscript.
Bernstein, B. (1971). On the classification and framing of educational knowledge. In M. Young (Ed.), *Knowledge and control* (pp. 47 - 69). London: Collier - Macmillan.
Bestor, A. (1953). *Educational wastelands.* Champaign: University of Illinois Press.
Bettelheim, B. (1979). *Surviving, and other essays.* New York: A. Knopf. [ベテルハイム, B.／高尾利数（訳）(1992).『生き残ること（叢書・ウニベルシタス　373）』法政大学出版局]
Boulding, K. E. (1956). *The image.* Ann Arbor: University of Michigan Press. [ボウルディング, K. E.／大川信明（訳）(1962).『ザ・イメージ ── 生活の知恵・社会の知恵』誠信書房]
Boyer, E. (1983). *High school: A report on secondary education in America.* New York: Harper and Row. [ボイヤー, E. L.／天城勲・中島章夫（監訳）(1984).『アメリカの教育改革 ── ハイスクール新生の12の鍵』リクルート出版部]
Bridgman, P. (1936). *The nature of physical theory.* Dover: Louis Clark Van Uxem Foundation.
Broudy, H. (1976). Search for a science of education. *Kappan, 58*(1) (September), 104 - 111.
Broudy, H. (1987). *The role of imagery in learning.* (Occasional Paper No. 1). Los Angeles: Getty Center for Education in the Arts.
Bruner, J. (1961). *The process of education.* Cambridge: Harvard University Press. [ブルーナー, J. S.／鈴木祥蔵・佐藤三郎（訳）(1985).『教育の過程（新装版）』岩波書店]
Bruner, J. (1964). The course of cognitive growth. *American Psychologist, 19*(1) (January), 1 - 15.
Bruner, J. (1973). *Beyond the information given: Studies in the psychology of knowing.* New York: W. W. Norton. [ブルーナー, J. S.／平光昭久・大沢正子（訳）(1978).『認識の心理学 ── 与えられる情報をのりこえる（海外名著選　77 - 79）』明治図書出版]
Callahan, R. (1962). *Education and the cult of efficiency.* Chicago: University of Chicago Press. [キャラハン, R. E.／中谷彪・中谷愛（訳）(1996).『教育と能率の崇拝』教育開発研究所]
Capote, T. (1965). *In cold blood.* New York: Random House. [カポーティ, T.／佐々田雅子（訳）(2006).『冷血』新潮社（新潮文庫）]
Capouya, J. (1988). A gift for the game. *Sport, 79*(2), 59 - 60.

Cassirer, E. (1960). *The logic of the humanities*. London: Yale University Press.
Cassirer, E. (1961-64). *The philosophy of symbolic forms* (R. Manheim, Trans.; preface and introduction by C. W. Hendel). 3 vols. New Haven: Yale University Press.
Cattell, R. B. (1971). *Abilities: Their structure, growth, and action*. Boston: Houghton Mifflin.
Cohen, R. S. (1973). *Language and cognition*. New York: McGraw-Hill.
Connelly, F., & Clandinin, D. (1988). *Teachers as curriculum planners: Narratives of experience*. New York: Teachers College Press.
Cronbach, L. (1977). *Aptitudes and instructional methods: A handbook for research on interactions*. New York: Irvington.
Cronbach, L. J. (1984). *Essentials of psychological measurement*. New York: Harper and Row.
Cross, R. C. (1964). *Plato's Republic*. New York: St. Martin's Press.
Cuban, L. (1988). *The managerial imperative and the practice of leadership in schools*. Albany: State University of New York Press.
Dewey, J. (1929). *The quest for certainty*. New York: Minton, Balch. ［デューイ, J.／加賀裕郎（訳）, 田中智志（解題）(2018).『確実性の探求 ── 知識と行為の関係についての研究（デューイ著作集４ 哲学４）』東京大学出版会］
Dewey, J. (1931). *Philosophy and civilization* (rpt. 1963). New York: Capricorn Books.
Dewey, J. (1934). *Art as experience*. New York: Minton, Balch.［デューイ, J.／栗田修（訳）(2010)『経験としての芸術』晃洋書房］
Dewey, J. (1938). *Experience and education*. New York: Macmillan. ［デューイ, J.／市村尚久（訳）(2004).『経験と教育』講談社（講談社学術文庫）］
Dickie, G., & Scalafani, R. (Eds.). (1977). *Aesthetics: A critical anthology*. New York: St. Martin's Press.
Digest of education statistics, 1989: Twenty-fifth edition. Washington, DC: U.S. Department of Education, Office of Educational Research and Improvement.
Donmoyer, R. (1980). Alternative conceptions of generalization and verification for educational research. Ph.D. dissertation, Stanford University, Stanford, CA.
Donmoyer, R. (1990). Curriculum evaluation and negotiation of learning. *Language Arts, 67*(3) (March), 274-285.
Dreeben, R. (1968). *On what is learned in school*. New York: Addison-Wesley.
Dretske, F. (1969). *Seeing and knowing*. London: Routledge and Kegan Paul.
Dunn, P. (1978). Teaching students through their individual learning styles. In *Curriculum materials*. Reston: Reston.
Ecker, D. (1963). The artistic process as qualitative problem-solving. *Journal of Aesthetics and Art Criticism, 21*(3) (Spring), 283-290.

Eddington, A. S. (1929). *The nature of the physical world*. New York: Macmillan.

Edwards, B. (1979). *Drawing on the right side of the brain*. Los Angeles: Jeremy P. Tarcher.［エドワーズ, B.／野中邦子（訳）(2021)『決定版 脳の右側で描け』河出書房新社］

Eisner, E. W. (1969). Instructional and expression objectives: Their formulation and use in curriculum. In W. J. Popham, (Ed.), *Instructional objectives* (pp. 1 - 31). (American Educational Research Association, Monograph on Curriculum Evaluation.) Chicago: Rand McNally.

Eisner, E. W. (1976). Educational connoisseurship and educational criticism: Their forms and functions in educational evaluation. *Journal of Aesthetic Education, Bicentennial issue, 10*(3 - 4), 135 - 150.

Eisner, E. W. (1981). On the differences between scientific and artistic approaches to qualitative research. *Educational Researcher, 10*(4), 5 - 9.

Eisner, E. W. (1982). *Cognition and curriculum: A basis for deciding what to teach*. New York: Longman.［アイスナー , E. W.／岡崎昭夫・長町充家・福本謹一（共訳), 仲瀬律久（監訳)(1990).『教育課程と教育評価 ── 個性化対応へのアプローチ』建帛社］

Eisner, E. W. (1985a). Aesthetic modes of knowing. In E. W. Eisner (Ed.), *Learning and teaching the ways of knowing: Eighty - fourth yearbook of the National Society for the Study of Education, Part II* (pp. 23 - 36). Chicago: University of Chicago Press.

Eisner, E. W. (1985b). *The educational imagination* (2nd ed.). New York: Macmillan.

Eisner, E. W. (1985c). *What high schools are like: Views from the inside*. Stanford: Stanford School of Education.

Eisner, E. W. (1986). A secretary in the classroom. *Teaching and Teacher Education, 2*(4), 325 - 328.

Eisner, E. W. (1988). The ecology of school improvement: Some lessons we have learned. *Educational Leadership, 45*(5) (February), 24 - 29.

Eisner, E. W., & Peshkin, A. (1990). *Qualitative inquiry in education: The continuing debate*. New York: Teachers College Press.

Eisner, E. W., & Walker, D. (1989). *Report to the Getty Center for Education in the Arts on the implementation of DBAE in four school districts*. Stanford: Stanford University.

Elkind, D. (1988). *The hurried child* (rev. ed.). Reading: Addison - Wesley.［エルカインド, D.／戸根由紀恵（訳)(2002).『急がされる子どもたち』紀伊國屋書店］

Epstein, T. (1989). An aesthetic approach to the teaching and learning of the social studies. Ph.D. dissertation, Harvard University, Cambridge, MA.

Erikson, E. (1963). *Childhood and society* (2nd. ed.). New York: W. W. Norton.［エリク

ソン, E.／仁科弥生（訳）(1977-1980).『幼児期と社会』みすず書房]

Feig, S., & McLelland, R. (Eds.). (1983). *Breast carcinoma: Current diagnosis and treatment.* New York: Masson.

Feilders, J. (1978). Action and reaction: The role of an urban school superintendent. Ph.D. dissertation, Stanford University, Stanford, CA.

Feilders, J. (1982). *Profile: The role of the chief superintendent of schools.* Belmont: Fearon Education.

First lessons: A report on elementary education in America. (September, 1986). Washington, DC: U.S. Department of Education.

Fish, S. (1980). *Is there a text in this class?* Cambridge: Harvard University Press. [フィッシュ, S.／小林昌夫（訳）(1992).『このクラスにテクストはありますか（解釈共同体の権威 3）』みすず書房]

Fiske, D. W., & Shweder, R. A. (Eds.). (1986). *Metatheory in social science: Pluralisms and subjectivities.* Chicago: The University of Chicago Press.

Flaherty, R., & Freres, R. (1922). *Nanook of the North* [Film]. Chicago: Dist. Facets Films.

Flinders, D. (1987). What teachers learn from teaching: Educational outcomes of instructional adaptation. Ph.D. dissertation, Stanford University, Stanford, CA.

Freud, S. (1933). *New introductory lectures on psycho-analysis.* New York: W. W. Norton.

Gage, N. (1978). *The scientific basis of the art of teaching.* New York: Teachers College Press. [ゲイジ, N.／山本芳孝（訳）(1995).『授業の実践力を高める方法 ── 教授法の科学的基礎』田研出版]

Gardner, H. (1983). *Frames of mind: The theory of multiple intelligences.* New York: Basic Books.

Geertz, C. (1973). *The interpretation of cultures.* New York: Basic Books. [ギアーツ, C.／吉田禎吾ほか（訳）(1987).『文化の解釈学（岩波現代選書 118-119）』岩波書店]

Geertz, C. (1988). *Works and lives: The anthropologist as author.* Stanford: Stanford University Press. [ギアーツ, C.／森泉弘次（訳）(2012).『文化の読み方／書き方』岩波書店]

Getzels, J. (1974). Images of the classroom and visions of the learner. *School Review, 82*(4) (August), 527-540.

Goffman, E. (1961a). *Asylums.* Garden City: Anchor. [ゴッフマン, E.／石黒毅（訳）(1984).『アサイラム ── 施設被収容者の日常世界』誠信書房]

Goffman, E. (1961b). *Encounters: Two studies in the sociology of interaction.* Indianapolis: Bobbs-Merrill. [ゴッフマン, E.／佐藤毅・折橋徹彦（訳）(1985).『出会い ── 相互行為の社会学』誠信書房]

Goodlad, J. (1984). *A place called school: Prospects for the future*. New York: McGraw-Hill.

Goodlad, J., & Anderson, R. (1959). *The non-graded elementary school*. New York: Harcourt, Brace.

Goodman, N. (1976). *The languages of art: An approach to a theory of symbols* (2nd ed.). Indianapolis: Hackett.［グッドマン, N.／戸澤義夫・松永伸司（訳）(2017).『芸術の言語』慶應義塾大学出版会］

Goodman, N. (1978). *Ways of worldmaking*. Indianapolis: Hackett.［グッドマン, N.／菅野盾樹（訳）(2008).『世界制作の方法』筑摩書房（ちくま学芸文庫）］

Goodman, P. (1960). *Growing up absurd*. New York: Vintage Books.［グッドマン, P.／片桐ユズル（訳）(1971).『不条理に育つ ── 管理社会の青年たち』平凡社］

Goodman, P. (1964). *Compulsory miseducation*. New York: Horizon Press.［グッドマン, P.／片岡徳雄（監訳）(1979).『不就学のすすめ』福村出版］

Greene, M. (1988). *The dialectic of freedom*. New York: Teachers College Press.

de Groot, A. (1946). *Thought and choice in chess*. The Hague: Mouton.

Grumet, M. (1988). *Bitter milk: Women and teaching*. Amherst: University of Massachusetts Press.

Guba, E. (1990). *The paradigm dialog: Options for social science inquiry*. Beverly Hills: Sage.

Gusfield, J. (1981). *The culture of public problems*. Chicago: University of Chicago Press.

Hagberg, H. (n.d.). Where to park. Unpublished manuscript, Stanford University.

Harper, W. A., & Meerbote, R. (Eds.). (1984). *Kant on causality, freedom and objectivity*. Minneapolis: University of Minnesota Press.

Harris, M. (1968). *The rise of anthropological theory*. New York: Thomas Y. Cravello.

Hawthorne, R. (1988). Classroom curriculum: Educational criticisms and teacher choice. Ph.D. dissertation, Stanford University, Stanford, CA.

Hellman, L. (1976). *Scoundrel time*. New York: Little Brown.［ヘルマン, L.／小池美佐子（訳）(1989).『眠れない時代』筑摩書房（ちくま文庫）］

Heyns, B. (1988). Educational defectors: A first look at teacher attrition. *Educational Researcher, 17*(3), 24-32.

Hintzman, D. (1978). *The psychology of learning and memory*. San Francisco: W. H. Freeman.

Hirst, P. (1974). *Knowledge and the curriculum*. London, Boston: Routledge and Kegan Paul.

Hockings, P. (Ed.). (1975). *Principles of visual anthropology*. Paris: Mouton.［ホッキングズ, P.／牛山純一（編）(1979).『映像人類学（映像記録選書）』日本映像記録センター］

Hoy, C. (Ed.). (1963). *Hamlet*. New York: W. W. Norton.

Hunt, J. (1961). *Intelligence and experience*. New York: Ronald.

Hunter, M. (1982). *Mastery teaching*. El Segundo: T.I.P.

Jackson, P. (1968). *Life in classrooms*. New York: Holt, Rinehart & Winston.

Jackson, P. (1981a). Comprehending a well-run comprehensive: A report on a visit to a large suburban high school. *Daedalus, 110*(4) (Fall), 81-96.

Jackson, P. (1981b). Secondary schooling for children of the poor. *Daedalus, 110*(4) (Fall), 39-58.

Jackson, P. (1981c). Secondary schooling for the privileged few: A report on a visit to a New England boarding school. *Daedalus, 110*(4) (Fall), 117-130.

Jackson, P. (1986). *The practice of teaching*. New York: Teachers College Press.

Jensen, A. (1969). How much can we boost I.Q. and scholastic achievement? *Harvard Educational Review, 39*(1), 1-123.

Jones, J. H. (1981). *Bad blood: The Tuskegee syphilis experiment*. New York: Free Press.

Jones, K. (1982). The use of film in educational evaluation. Ph.D. dissertation, Stanford University, Stanford, CA.

Judd, C. H. (1915). *Psychology of high school subjects*. Boston: Ginn.

Kant, I. (1959). *Foundations of the metaphysics of morals* (L. W. Beck, Trans.). Indianapolis: Bobbs-Merrill.［カント, I. ／大橋容一郎（訳）(2024).『道徳形而上学の基礎づけ』岩波書店（岩波文庫）］

Kesey, K. (1970). *One flew over the cuckoo's nest*. New York: French.［キージー , K.／岩元巌（訳）(2021).『カッコーの巣の上で』パンローリング］

Kidder, T. (1989). *Among schoolchildren*. Boston: Houghton Mifflin.［キダー , T.／曽田和子（訳）(1995).『クリス先生と子供たち』TBS ブリタニカ］

Konner, M. (1987). *Becoming a doctor*. New York: Viking.

Kounin, J. (1970). *Discipline and group management in classrooms*. New York: Holt, Rinehart & Winston.

Kozol, J. (1968). *Death at an early age*. New York: Bantam.［コゾル, J.／斎藤数衛（訳）(1968).『死を急ぐ幼き魂 ── 黒人差別教育の証言』早川書房］

Kuhn, T. S. (1962). *The structure of scientific revolutions*. Chicago: University of Chicago Press.［クーン, T. S.／青木薫（訳）(2023).『科学革命の構造（新版）』みすず書房］

Kuhn, T. (1977). *The essential tension*. Chicago: University of Chicago Press.［クーン, T. S.／安孫子誠也・佐野正博（訳）(2018).『科学革命における本質的緊張（新装版）』みすず書房］

Kuntz, J. F. (1986). The transmission of values in two Jesuit high school classrooms. Ph.D. dissertation, Stanford University, Stanford, CA.

Langer, S. (1942). *Philosophy in a new key*. Cambridge: Harvard University Press.［ランガー, S.／塚本明子（訳）(2020).『シンボルの哲学 ── 理性、祭礼、芸術のシンボル試論』岩波書店（岩波文庫）］

Langer, S. (1976). *Problems of art*. New York: Charles Scribner's Sons.［ランガー, S.／池上保太・矢野萬里（訳）(1967).『芸術とは何か』岩波書店（岩波新書）］

Lepper, M., & Greene, D. (Eds.). (1978). *The hidden cost of reward: New perspectives on the psychology of human motivation*. Hillsdale: L. Erlbaum Associates.

Levin, J., Shriberg, L., & Berry, J. (1983). A concrete strategy for remembering abstract prose. *American Educational Research Journal, 20*(2), 277-290.

Lifton, R. (1986). *The Nazi doctors*. New York: Basic Books.

Lightfoot, S. L. (1981a). Portraits of exemplary secondary schools: Highland Park. *Daedalus, 110*(4) (Fall), 59-80.

Lightfoot, S. L. (1981b). Portraits of exemplary secondary schools: St. Paul's School. *Daedalus, 110*(4) (Fall), 97-116.

Lightfoot, S. L. (1981c). Portraits of exemplary secondary schools: George Washington Carver Comprehensive High School. *Daedalus, 110*(4) (Fall), 17-39.

Lightfoot, S. L. (1983). *The good high school: Portraits of character and culture*. New York: Basic Books.

Lincoln, Y. S. (1990). Toward a categorical imperative for qualitative research. In E. Eisner & A. Peshkin (Eds.), *Qualitative inquiry in education: The continuing debate*. New York: Teachers College Press.

Lincoln, Y. S., & Guba, E. (1985). *Naturalistic inquiry*. Beverly Hills: Sage.

Luce, D. (1986). *Response times: Their role in inferring elementary mental organization*. New York: Oxford University Press.

Lynd, R. S., & Lynd, H. M. (1929). *Middletown: A study in contemporary American culture*. New York: Harcourt, Brace.［リンド, R. S.・リンド, H. M.／中村八朗（訳）(1990).『ミドゥルタウン（現代社会学大系 9）』青木書店］

Lynd, R. S., & Lynd, H. M. (1937). *Middletown in transition: A study in cultural conflicts*. Harcourt: Brace.［リンド, R. S.・リンド, H. M.／中村八朗（訳）(1990).『ミドゥルタウン（現代社会学大系 9）』青木書店］

MacDonald, B. (1977). A political classification of evaluation studies. In D. Hamilton et al. (Eds.), *Beyond the numbers game: A reader in educational evaluation* (pp.224-228). London: Macmillan Education Ltd.

Marx, G. T. (1988). *Undercover: Police surveillance in America*. Berkeley: University of California Press.

Mastropieri, M., Scruggs, T., & Levin, J. (1987). Learning disabled students' memory for expository prose: Mnemonic versus nonmnemonic pictures. *American Educational*

Research Journal, 24(4), 505 - 519.
Mathieson, S. (1988). Why triangulate. *Educational Researcher, 17*(2) (March), 13 - 17.
Matson, J., & DiLorenzo, T. (1984). *Punishment and its alternatives: A new perspective for behavior modification*. New York: Springer.
McCarthy, B. (1987). *The 4MAT system: Teaching to learning styles with right/left mode techniques*. Barrington: Excel.
McCutcheon, G. (1976). The disclosure of classroom life. Ph.D. dissertation, Stanford University, Stanford, CA.
McKeon, R. (Ed.). (1941). *The basic works of Aristotle*. New York: Random House.
Mead, M. (1928). *Coming of age in Samoa*. New York: William Morrow. [ミード, M.／畑中幸子・山本真鳥（訳）(1976).『サモアの思春期』蒼樹書房]
Meiland, J. W., & Krausz, M. (Eds.). (1982). *Relativism: Cognitive and moral*. Notre Dame: University of Notre Dame Press. [メイランド, J. W.・クラウス, M.（編）／常俊宗三郎・戸田省二郎・加茂直樹（訳）(1989).『相対主義の可能性』産業図書]
Miles, M., & Huberman, M. (1984). *Qualitative data analysis: A sourcebook of new methods*. Beverly Hills: Sage.
Milgram, S. (1974). *Obedience to authority: An experimental view*. New York: Harper and Row. [ミルグラム, S.／山形浩生（訳）(2012).『服従の心理』河出書房新社（河出文庫）]
A nation prepared: Teachers for the 21st century. (1986). New York: Carnegie Forum on Education and the Economy.
Neisser, U. (1976). *Cognition and reality: Principles and implications of cognitive psychology*. San Francisco: W. H. Freeman. [ナイサー, U.／古崎敬・村瀬旻（共訳）(1982).『認知の構図 ―― 人間は現実をどのようにとらえるか（人文社会叢書 1）』サイエンス社]
Newell, R. W. (1986). *Objectivity, empiricism, and truth*. London: Routledge and Kegan Paul.
Nisbet, R. (1976). *Sociology as an art form*. London: Oxford University Press. [ニスベット, R.／青木康容（訳）(1980).『想像力の復権』ミネルヴァ書房]
Noss, J. B. (1952). *Man's religions*. New York: Macmillan.
Peirce, C. S. (1931). *Collected papers* (Charles Harshorne and Paul Weiss, Eds.), vol.1: *Principles of Philosophy*. Cambridge: Harvard University Press.
Peshkin, A. (1985). Virtuous subjectivity: In the participant observer's I's. In D. Berg & K. K. Smith (Eds.), *Exploring clinical methods for social research*. Beverly Hills: Sage.
Peshkin, A. (1986). *God's choice: The total world of a fundamentalist Christian school*. Chicago: University of Chicago Press.
Phillips, D. (1983). After the wake: Postpositivistic educational thought. *Educational*

Researcher, 12(5) (May), 5 - 12.

Phillips, D. C. (1987). Validity in qualitative research, or, why the worry about warrant will not wane. *Education and Urban Society, 20*(1) (November), 9 - 24.

Piaget, J. (1973). *The child and reality: Problems of genetic psychology* (Arnold Rosin, Trans.). New York: Grossman.［ピアジェ, J. ／芳賀純（訳）(1975).『発生的心理学 ── 子どもの発達の条件』誠信書房］

Piaget, J., & Inhelder, B. (1964). *The early growth of logic in the child: Classification and seriation* (E. A. Lunzer and D. Papet, Trans.). New York: Harper & Row.

Pinar, W. (Ed.).(1988). *Contemporary curriculum discourses*. Scottsdale: Gorsuch Scavisbrick.

Polanyi, M. (1958). *Personal knowledge: Toward a post - critical philosophy*. Chicago: University of Chicago Press.［ポラニー, M.／長尾史郎（訳）(1985).『個人的知識 ── 脱批判哲学をめざして』ハーベスト社］

Polanyi, M. (1967). *The tacit dimension*. London: Routledge and Kegan Paul.［ポランニー, M.／高橋勇夫（訳）(2003).『暗黙知の次元』筑摩書房（ちくま学芸文庫）］

Popper, K. (1959). *The logic of scientific discovery*. New York: Basic Books.［ポパー, K. R.／大内義一・森博（訳）(1971 - 1972).『科学的発見の論理』恒星社厚生閣］

Powell, A. G., Farrar, E., & Cohen, D. K. (1985). *The shopping mall high school: Winners and losers in the educational marketplace*. Boston: Houghton Mifflin.

Raiffa, H. (1970). *Decision analysis: Introductory lectures on choice under uncertainty*. Menlo Park: Addison - Wesley.

Ramist, L. (1985). Validity of the ATP tests: Criterion - related validity. In *Admissions testing program technical manual*. New York: College Entrance Examination Board.

Read, H. (1944). *Education through art*. London: Pantheon.［リード, H.／宮脇理・岩崎清・直江俊雄（訳）(2001).『芸術による教育』フィルムアート社］

Reese, W. L. (1980). *Dictionary of philosophy and religion: Eastern and Western thought*. Atlantic Highlands: Humanities Press.

Reichenbach, H. (1953). *The rise of scientific philosophy*. Berkeley: University of California Press.［ライヘンバッハ, H.／市井三郎（訳）(1985).『科学哲学の形成』みすず書房］

Restructuring California education: A design for public education in the twenty - first century, recommendations to the California Business Round Table. (1988). Berkeley: B. W. Associates.

Rist, R. (1980). Blitzkrieg ethnography: On the transformation of a method into a movement. *Educational Researcher, 9*(2), 8 - 10.

Robeck, M. C. (1978). *Infants and children: Their development and learning*. New York: McGraw - Hill.

Rorty, R. (1979). *Philosophy and the mirror of nature.* Princeton: Princeton University Press.［ローティー, R.／野家啓一（監訳)、伊藤春樹ほか（訳)(1993).『哲学と自然の鏡』産業図書］

Rosenberg, H. (1985). *Art and other serious matters.* Chicago: University of Chicago Press.

Rosenshine, B. (1976). Classroom instruction. In N. Gage (Ed.), *The psychology of teaching methods: Seventy-fifth yearbook of the National Society for the Study of Education* (pp. 335-371). Chicago: University of Chicago Press.

Rosenthal, R. (1986). *Pygmalion in the classroom.* New York: Irvington.

Rubin, L. (1985). *Artistry in teaching.* New York: Random House.

Rubinek, B. (1982). Writing about literature: Three instructional contexts. Ph.D. dissertation, Stanford University, Stanford, CA.

Schachtel, E. (1959). *Metamorphosis: On the development of affect, perception, attention, and memory.* New York: Basic Books.

Scheffler, I. (1982). *Science and subjectivity* (2nd ed.). Indianapolis: Hackett.

Schepper-Hughes, N. (1979). *Saints, scholars, and schizophrenics: Mental illness in rural Ireland.* Berkeley: University of California Press.

Schön, D. (1983). *The reflective practitioner: How professionals think in action.* New York: Basic Books.［ショーン, D.／柳沢昌一・三輪建二（訳)(2007).『省察的実践とは何か ── プロフェッショナルの行為と思考』鳳書房］

Schutz, A., & Luckman, T. (1973). *The structure of the life world.* London: Heinemann Educational Books.

Schwab, J. (1969). The practical: A language for curriculum. *School Review, 78*(5) (November), 1-24.

Schwartz, B. (1975). *Queuing and waiting: Studies in the social organization of access and delay.* Chicago: University of Chicago Press.

Scriven, M. (1973). Goal free evaluation. In E. R. House (Ed.), *School evaluation: The politics and process.* Berkeley: McCutcheon.

Shabecoff, P. (1988, March 23). Head of E.P.A. bars Nazi data in study of gas. *The New York Times*, p. 1.

Shirer, W. L. (1959). *The rise and fall of the Third Reich.* New York: Simon and Schuster.［シャイラー, W. L.／松浦伶（訳)(2008).『第三帝国の興亡』東京創元社］

Shulman, L. (1987). Knowledge and teaching: Foundations of the new reform. *Harvard Educational Review, 57*(1), 1-23.

Shuy, R. (1986). Secretary Bennett's teaching: An argument for responsive teaching. *Teaching and Teacher Education, 2*(4), 315-323.

Siggers, W. (1980). Changing teacher correcting behavior: Using aversive and positive

contingencies. *Educational Research Quarterly, 5*(3), 25-32.
Singer, M. (1990). Senses of history: An inquiry into form, meaning, and understanding. Ph.D, dissertation, Stanford University, Stanford, CA, in progress.
Sizer, T. R. (1984). *Horace's compromise: The dilemma of the American high school.* Boston: Houghton Mifflin.
Skinner, B. F. (1938). *The behavior of organisms: An experimental analysis.* New York: D. Appleton-Century.
Skinner, B. F. (1953). *Science and human behavior.* New York: Macmillan. [スキナー, B. F.／河合伊六ほか（訳）(2003).『科学と人間行動』二瓶社]
Slavin, R. (1983). *Cooperative learning.* New York: Longman.
Smith, J., & Heshusius, L. (1986). Closing down the conversation: The end of the quantitative-qualitative debate. *Educational Researcher, 15*(1), 44-53.
Smith, L. (1971). *Anatomy of educational innovation: An organizational analysis of an elementary school.* New York: John Wiley & Sons.
Smith, L., & Geoffrey, W. (1968). *The complexities of education in an urban classroom.* New York: Holt, Rinehart & Winston.
Stake, R. (Ed.). (1975). *Evaluating the arts in education: A responsive approach.* Columbus: Merrill.
Steinberg, L. (1972). *Other criteria: Confrontations with twentieth century art.* London: Oxford University Press.
Stephens, J. M. (1967). *The process of schooling: A psychological examination.* New York: Holt, Rinehart & Winston.
Sternberg, R. (1988). *The triarchic mind.* New York: Viking.
Stodolsky, S. S. (1988). *The subject matters: Classroom activity in math and social studies.* Chicago: University of Chicago Press.
Stone, R. A. (1971). *John F. Kennedy: 1917-1963: Chronology--documents--bibliographical aids.* New York: Oceana.
Thorndike, E. L. (1910). The contribution of psychology to education. *Journal of Educational Psychology, 1.*
Thorndike, E. L. (1927). *The measurement of intelligence.* New York: Bureau of Publications, Teachers College, Columbia University.
Time for results: The governor's 1991 report on education. Washington, DC: National Governors' Association Center for Policy Research.
Tocqueville, Alexis de. (1898). *Democracy in America* (H. Reeve, Trans.). New York: Century. (Original work published 1835) [トクヴィル, A.／杉木謙三（訳）(1957).『アメリカの民主々義』朋文社]
Tomorrow's teachers: A report of the Holmes Group. (1986). East Lansing: Michigan

State University Press.

Toulmin, S. (1982). The construal of reality: Criticism in modern and post modern science. In W. J. T. Mitchell (Ed.), *The politics of interpretation* (pp. 99-118). Chicago: University of Chicago Press.

Tufte, E. (1983). *The visual display of quantitative information*. Cheshire: Graphics Press.

Tyack, D. (1974). *The one best system: A history of American urban education*. Cambridge: Harvard University Press.［タイアック, D. B.／中谷彪・岡田愛（訳）(2022).『アメリカ都市教育史』晃洋書房］

Uhrmacher, B. (1990). Waldorf schools marching quietly unheard. Ph.D. dissertation, Stanford University, Stanford, CA, in progress.

USA Research. (1984). *A nation at risk: The full account*. Cambridge: Author.

Vallance, E. (1975). Aesthetic criticism and curricular description. Ph.D. dissertation, Stanford University, Stanford, CA.

Walker, D., & Schaffarzick, J. (1972). Comparing curricula. *Review of Educational Research, 44* (Winter), 83-112.

Waller, W. (1932). *The sociology of teaching*. New York: John Wiley & Sons.

Webb, E. J., Campbell, D. T., Schwartz, R. P., & Sechrest, L. (1966). *Unobtrusive measures: Nonreactive research in the social sciences*. Chicago: Rand McNally.

Weber, M. (1968). *On charisma and institution building: Selected papers* (S. N. Eisenstadt, Ed.). Chicago: University of Chicago Press.

What works [Educating disadvantaged children], (1987). Washington, DC: U.S. Department of Education.

Who will teach our children? (1985, November). Sacramento: California Commission on the Teaching Profession.

Whyte, W. F. (1961). *Street corner society* (2nd ed.). Chicago: University of Chicago Press.［ホワイト, W. F.／奥田道大・有里典三（訳）(2000).『ストリート・コーナー・ソサエティ』有斐閣］

Wiesel, E. (1969). *Night*. New York: Discus Books, Avon.［ヴィーゼル, L.／村上光彦（訳）(2010).『夜』みすず書房］

Wiesel, E. (1970). *Dawn*. New York: Avon.

Wiesel, E. (1972). *Souls on fire: Portraits and legends of Hasidic masters*. New York: Random House.

Wiesel, E. (1978). *A few today*. New York: Random House.

Winch, P. (1958). *The idea of a social science and its relation to philosophy*. London: Routledge and Kegan Paul.［ウィンチ, P.／森川真規雄（訳）(1977).『社会科学の理念── ウィトゲンシュタイン哲学と社会研究』新曜社］

Wittrock, M. (Ed.). (1986). *Handbook of research on teaching* (3rd ed.). New York: Macmillan.
Wolcott, H. (1975). *Ethnographic approaches to research in education: A bibliography on method*. ERIC.
Wolcott, H. (1984). *The man in the principal's office: An ethnography*. Prospect Heights: Waveland Press.
Wolcott, H. (1990). On seeking—and rejecting—validity in qualitative research. In E. Eisner & A. Peshkin (Eds.), *Qualitative inquiry in education: The continuing debate*. New York: Teachers College Press.
Wolfe, T. (1973). *The new journalism*. New York: Harper & Row.
Yolton, J. (1977). *The Locke reader: Selections from the works of John Locke with a general introduction and commentary*. Cambridge: Cambridge University Press.

解説にかえて ── アートベース・リサーチの先駆としての『啓発された眼』参考文献

Barone, T. (2005). Arts-based educational research and the professional heroism of Elliot Eisner. In P. B. Urmacher & J. Matthews (Eds.), *Intricate palette: Working the ideas of Elliot Eisner* (pp.117-126). Upper Saddle River: Pearson.
Barone, T., & Eisner, E. (1997). Arts-based educational research. In M. J. Jaeger (Ed.), *Complementary methods for research in education* (2nd ed.)(pp.73-103). Washington, D.C. : American Educational Research Association.
Barone, T., & Eisner, E. (2006). Arts-based educational research. In J. L. Green et al (Eds.), *Handbook of complementary methods in education research* (pp.95-109). Mahwah: Lawrence Erlbaum Associates.
Barone, T., & Eisner, E. (2012). *Arts based research*. Los Angeles : Sage.
Eisner, E. (1972). *Educating artistic vision*. New York: Macmillan.［アイスナー, E.／仲瀬律久ほか（訳）(1986).『美術教育と子どもの知的発達』黎明書房］
Eisner, E. (1976). Educational connoisseurship and criticism: Their form and functions in educational evaluation. *The Journal of Aesthetic Education, 10*(3/4), 135-150.
Eisner, E. (1977). On the uses of educational connoisseurship and criticism for evaluating classroom life. *Teachers College Record, 78*(3), 345-358.
Eisner, E. (1979). *The educational imagination: On the design and evaluation of school programs*. New York, London: Macmillan.
Eisner, E. (1981). On the difference between scientific and artistic approaches to qualitative research. *Educational Research, 10*(4), 5-9.

Eisner, E. (1985). *The art of educational evaluation: A personal view*. London, Philadelphia: Falmer Press.

Eisner, E. (1991). *The enlightened eye: Qualitative inquiry and the enhancement of educational practice*. New York: Macmillan.

Eisner, E. (1994). *The educational imagination: On the design and evaluation of school programs* (3rd ed.). New York: Macmillan.

Eisner, E. (2003). Educational connoisseurship and educational criticism: An arts-based approach to educational evaluation. In T. Kellaghan, D. L. Stufflebeam & L. A. Wingate (Eds.), *International handbook of educational evaluation* (pp.153-166). Dordrecht: Kluwer Academic Publishers.

Eisner, E. (2005). *Reimagining schools: The their selected works of Elliot W. Eisner*. London, New York: Routledge.

Eisner, E. (2008). Persistent tensions in arts-based research. In M. Cahnmann-Taylor & R. Siegesmund (Eds.), *Arts-based research in education: Foundation for practice*. New York, Abingdon: Roultledge.

Jaeger, M. J. (Ed.) (1997). *Complementary methods for research in education* (2nd ed.). Washington, D.C. : American Educational Research Association.

Phillips, D. C. (1995). Art as research, research as art. *Educational Theory, 45*(1), 71-84.

Schrag, F. (1992). Review. *Journal of Curriculum Studies. 24*(4), 389-393.

Shank, D-S., & Koos M. (1999). Book Review. *Studies in Art Education, 41*(1). 94-96.

秋田喜代美 (2007). 教育・学習研究における質的研究. 秋田喜代美・能智正博（監修), 秋田喜代美・藤江康彦(編), はじめての質的研究法 教育・学習編 (pp.3-20). 東京図書.

岡村亮佑 (2023). E. W. アイズナーの教育目標論の再検討. 京都大学大学院教育学研究科紀要, *69*, 109-122.

桂直美 (2006). E・アイスナーの「教育的鑑識眼と教育批評」の方法論 ── 質的研究法としての特徴. 教育方法学研究, *15*, 57-72.

桂直美 (2012). 教育実践研究における「批評と鑑識眼」の意義 ── デューイの芸術論に基づくアイスナーの「鑑識眼」概念の批判的検討. 日本デューイ学会紀要, *53*, 111-122.

桂直美 (2020). 芸術に根ざす授業構成論 ── デューイの芸術哲学に基づく理論と実践. 東信堂.

桂直美 (2021). 芸術批評が提起するカリキュラム構成の枠組み. 教育学研究, *88*(3), 419-431.

小松佳代子（編著)(2023). アートベース・リサーチの可能性 ── 制作・研究・教育をつ

なぐ. 勁草書房.
近藤茂明 (2017). E. アイズナーの教育思想の軌跡を読み解く ── The Educational Imagination の改訂を中心に. 名古屋音楽大学研究紀要, *36*, 15-29.
近藤茂明 (2018). 教師に求められる資質・能力に関する研究 ── E. アイズナーの「鑑識眼」「批評」概念を拠り所として. 名古屋音楽大学紀要, *37*, 17-32.
佐々木優 (2020).「創発モデル」に基づくカリキュラム・マネジメントに関する考察 ── エリオット・アイズナーの経験に根差したカリキュラム論の再評価を通して. 教育学研究紀要, *66*(1), 102-107.
佐藤絵里子 (2018a). １９５０～７０年代のアメリカにおけるアイスナーとバイテルの理論に関する一考察. 美術教育論集（日本美術教育連合), *51*, 1-18.
佐藤絵里子 (2018b). １９６０～７０年代におけるエリオット・W・アイスナーの教育評価論の展開に関する一考察. 美術教育学研究, *50*(1), 185-192.
田中耕治 (2022).「教育評価」の基礎的研究. ミネルヴァ書房.
松下良平 (2002). 教育的鑑識眼研究序説 ── 自律的な学びのために. 天野正輝（編), 教育評価論の歴史と現代的課題 (pp.212-228). 晃洋書房.
森谷宏幸 (1994). E.W. アイスナーの質的教育研究方法論の検討. 福岡教育大学紀要 第2分冊 社会科編, *43*, 65-78.

著者紹介

エリオット・W・アイスナー

(Elliot Wayne Eisner, 1933 – 2014)

シカゴ大学で1958年に修士号、1962年に博士号を取得。1965年から2006年まで、スタンフォード大学リー・ジャックス記念教授として教育学と芸術学を教える。芸術教育、カリキュラム改革、質的研究、アートベース・リサーチなど多方面の分野で活躍し、教育思想と教育実践に大きな影響を与える。アメリカ教育学会（AERA）、全米美術教育学会（NAEA）、国際美術教育学会（InSEA）の会長を歴任。1997年にサー・ハーバート・リード賞、2004年にブロック国際賞、2005年にグロウメイヤー賞など受賞多数。

訳者紹介

池田吏志（いけだ さとし）

広島大学大学院人間社会科学研究科教職開発専攻准教授
筑波大学大学院芸術研究科美術専攻修了　博士（教育学）広島大学
著書：『子どもの表現とアートベース・リサーチの出会い　ABRから始まる探究（2）初等教育編』（編著，学術研究出版，2022)、『重度・重複障害児の造形活動 ── QOLを高める指導理論』（単著，ジアース教育新社，2018）
論 文：Positioning video making in art museums at the intersection of multiple contexts, *Studies in Art Education, 65*, in print. An online art project based on the affirmative model of disability in Japan, *International Journal of Art & Design Education, 41*(4), 532-546, 2022.

小松佳代子（こまつ かよこ）

長岡造形大学大学院造形研究科教授
東京大学大学院教育学研究科博士課程単位取得退学　博士（教育学）東京大学
著書：『アートベース・リサーチの可能性 ── 制作・研究・教育をつなぐ』（編著，勁草書房，2023)、*Arts-Based Methods in Education Research in Japan*（編著，Brill，2022)、『アートベース・リサーチがひらく教育の実践と理論　ABRから始まる探究（1）高等教育編』（編著，学術研究出版，2022)、『モノの経験の教育学 ── アート制作から人間形成論へ』（今井康雄編，共著，東京大学出版会，2021)、『美術教育の可能性 ── 作品制作と芸術的省察』（編著，勁草書房，2018）
翻訳書：パトリシア・リーヴィー『アートベース・リサーチ・ハンドブック』（第2章・第6章担当，福村出版，2024）

啓発された眼
教育的鑑識眼と教育批評

初版第1刷発行　2024年10月10日

著　者　エリオット・W・アイスナー
訳　者　池田吏志・小松佳代子
発行者　塩浦　暲
発行所　株式会社　新曜社
101－0051　東京都千代田区神田神保町3－9
電話（03)3264－4973（代）・FAX（03)3239－2958
e-mail : info@shin-yo-sha.co.jp
URL : https://www.shin-yo-sha.co.jp

組　版　Katzen House
印　刷　星野精版印刷
製　本　積信堂

ISBN978-4-7885-1859-9 C1037